합격 기준 박문각 임용
동영상강의 www.pmg.co.kr

2022
전공역사
중등교원임용 시험대비

선생님을
위한,

한문사료
노트

중세사/근세사

구영모 편저

PMG 박문각

머리말

매년 김구 전공역사 강의를 듣는 많은 분들이 합격의 영광을 거머쥐기도 하지만, 간발의 차이로 불합격의 고배를 드는 분들도 많다. '이러한 분들을 조금이나마 더 줄일 방법은 없을까?'라는 수많은 고민 끝에 기획한 책이 바로 이 〈선생님을 위한 한문사료노트〉이다. 근래 임용 역사 시험에서 한문 사료는 한국사와 동양사에서 각각 1문제씩 필수적으로 출제가 되고 있으며, 배점은 무려 총합 4-8점가량을 차지할 정도로 비중이 높기 때문이다. 동시에 한문 사료 문항은, 정답률이 50% 미만인 경우가 대부분이므로 여기서 점수를 올릴 여지가 크다고 본 것이다.

이 〈한문사료노트〉는 근래 임용 역사 시험의 경향에 철저히 맞추어 기획되었다. 근래 역사 임용 시험에서 출제되는 한문 사료들은 교과서에 있는 한글 사료 등이 원문으로 출제되는 경우가 많았다. 또한 역사 임용 시험에서 기출되었던 한글 사료가 원문으로 나오거나, 출제되었던 한문 사료가 그대로 출제되는 경우도 많았다. 따라서 본서는 이러한 출제 경향에 맞춰 교과서 사료와 기출 사료를 집중적으로 탐구하는 형식을 취했다. 이에 덧붙여 교과서나 기출문제 등에 수록되지 않았음에도 근래 학계의 경향상 출제에 반영될 수 있겠다고 생각한 사료들도 과감하게 실었다.

이 책은 출제가 될 수 있는 사료들을 읽어보고, 관련 내용을 혼자서도 점검해볼 수 있도록 구성되었다. 한문 사료와 해석, 주요 어휘와 한자음은 물론이고, 해당 사료에 대한 간단한 해설, 그리고 해당 사료와 관련해서 출제된 각종 국가시험의 출제 내용들을 빈칸 문제로 풀어볼 수 있도록 구성하였다. 이를 통해 한문 사료에 대한 두려움을 타파하고, 관련 학습 내용들을 잘 점검해 나갈 수 있도록 만들어둔 것이다. 또한 교과서에 있는 모든 사료를 다룰 수 없는 관계로 '사료 Plus' 등을 통해 추가적으로 관련 사료들을 짚어볼 수 있도록 하였다.

다만, 다양한 내용 요소를 집어넣는 과정에서 몇 가지 축약된 기호를 사용하였다. 먼저 '역, 한, 세, 동' 이라고 표시되어 있는 것들은 각각 '역사, 한국사, 세계사, 동아시아사 교과서'를 의미한다. 이 기호와 함께 출판사의 명칭을 기록해둠으로써 해당 사료가 어느 출판사의 교과서에 수록되어 있는지 한눈에 알아볼 수 있도록 하였다. 또한 기출 문제 빈칸에는 '주, 동, 전, 공'이라는 표시가 있는데, 이는 순서대로

'**수능**(대학수학능력시험), 한국사**능**력검정시험, **전**공역사임용시험, **공**통사회임용시험에서 출제'되었다는 의미이다. 이렇게 직관적인 축약 기호를 통하여 다양한 국가시험에서 어떻게 출제가 되었는지 꼼꼼히 살펴볼 수 있도록 구성하였다.

한편, 이 책은 본디 올해는 한 권의 책으로 출간할 생각이었다. 그리고 수업과 교재 연구 등을 통해 내용을 보완하여 내년에는 한국사와 동양사로 각각 분권화할 생각이었다. 그러나 올해 처음으로 기획 및 집필하는 과정에서 다소 많은 시간이 소요되어, 시간 관계상 시기별로 분권화하여 출간하게 되었다. 한국사와 중국사 모두 약 9−10세기를 기준으로 나누었는데, 〈고대사−중세사〉 편에서는 남북국 시대와 당나라 시기까지를 다루고 있고, 〈중세사−근세사〉 편에서는 고려에서 조선 시대까지와 송에서 청나라에 이르는 시기까지를 다루고 있다. 그리고 본 교재는 김구 전공역사 3−6월 강의(박문각)에서 활용할 예정이다.

이렇게나마 본 교재를 내보낼 수 있었던 것은 학계에 계신 연구자분들의 연구 성과를 참조한 덕분이다. 집필 과정에서 여러 선생님의 글 등을 읽으며 정말 많이 놀라기도 하고 감탄하기도 했다. 학계에 있는 분들의 연구 덕분에 이렇게 수험서를 만들 수 있었지만, 일반적으로 수험서의 성격상 일일이 각주를 남기기는 어려워 마지막에 참고문헌으로 대신했다. 또한 조악한 원고를 구색을 갖춘 수험서로 출간할 수 있게 해준 박문각 출판팀에도 감사의 말씀을 전하고 싶다. 기획 내용과 원고 초본을 보내드렸을 때부터 흔쾌히 받아주셨기 때문이다. 출간 과정에서 들어가는 많은 노고에 늘 진심으로 감사드린다.

마지막으로 이 수험서가 부디 우리 김구 전공역사 수강생분들에게 한문 사료 문항을 격파할 수 있는 좋은 무기가 되기를 소망한다. 그리고 그 덕분에 한 명이라도 더 많은 수강생분들이 합격하기를 소망한다.

편저자 구영모

CONTENTS

차 례

PART 01 고려의 성립과 발전

Theme 001 후삼국의 성립 ··· 8
Theme 002 고려의 통일 과정 ··· 12
Theme 003 훈요 10조 ··· 17
Theme 004 광종의 전제권력 강화 ··· 22
Theme 005 최승로의 시무 28조 ··· 26
Theme 006 거란과의 관계 ··· 31
Theme 007 숙종 시기 남경길지설의 대두 ··· 36
Theme 008 여진 정벌과 이후 여진의 성장 ··· 40
Theme 009 이자겸의 권력 전횡과 금과의 사대 관계 ··· 45
Theme 010 묘청의 난 ··· 49
Theme 011 금과의 관계에 대한 논쟁 ··· 53
Theme 012 무신정변과 무신 정권 ··· 56
Theme 013 이의민과 김사미·효심의 난 ··· 61
Theme 014 최씨 정권의 성립 ··· 65
Theme 015 몽골의 침입과 삼별초의 항쟁 ··· 69
Theme 016 원 간섭기 고려의 통치체제 변화 ··· 74
Theme 017 도평의사사 체제 ··· 78
Theme 018 충선왕의 개혁 정치 ··· 82
Theme 019 충목왕의 개혁 정치 ··· 87
Theme 020 공민왕의 개혁 정치 ··· 90
Theme 021 전시과 제도의 확립 과정 ··· 95
Theme 022 녹과전 ··· 99
Theme 023 과전법 ··· 102
Theme 024 화폐의 주조 ··· 106
Theme 025 문벌의 형성 ··· 112
Theme 026 고려 사회의 개방성 ··· 116
Theme 027 주현-속현 질서와 향리 ··· 120
Theme 028 권문세족의 등장 ··· 123
Theme 029 사대부의 등장 ··· 126
Theme 030 고려 시대 여성의 지위 ··· 130

Theme 031 고려 시대 상속 제도 ··· 134
Theme 032 균여의 활동 ··· 137
Theme 033 의천의 활동 ··· 140
Theme 034 지눌의 활동 ··· 144
Theme 035 혜심의 활동 ··· 148
Theme 036 요세의 활동 ··· 152
Theme 037 유학의 발달 ··· 156
Theme 038 성리학의 유입 ··· 160
Theme 039 배불론의 등장 ··· 164
Theme 040 대장경의 조판 ··· 167
Theme 041 삼국사기 ··· 170
Theme 042 삼국유사 ··· 173
Theme 043 동명왕편 ··· 176
Theme 044 제왕운기 ··· 179
Theme 045 금속활자 인쇄술의 발달 ··· 183

PART 02 조선 사회의 성립

Theme 046 정도전의 재상론 ··· 188
Theme 047 6조 직계제의 시행 ··· 192
Theme 048 의정부 서사제의 시행 ··· 196
Theme 049 법전의 편찬 ··· 199
Theme 050 유향소와 경재소 ··· 203
Theme 051 사림의 등장과 사화 ··· 208
Theme 052 기묘사림의 활동 ··· 211
Theme 053 기묘사화 ··· 215
Theme 054 군역 제도의 동요 ··· 218
Theme 055 대명 외교의 성격 ··· 220
Theme 056 여진과의 관계 ··· 224
Theme 057 일본과의 관계 ··· 227
Theme 058 임진왜란의 발발 ··· 230
Theme 059 과전법과 직전법, 관수관급제 ··· 234

Theme 060 공법의 시행 ⋯ 237
Theme 061 농사직설 ⋯ 240
Theme 062 상속과 제사 ⋯ 243
Theme 063 향약의 시행 ⋯ 247
Theme 064 성리학의 발달 ⋯ 251
Theme 065 동국통감의 편찬 ⋯ 254

PART 03 조선 사회의 변동

Theme 066 붕당 정치의 확립과 분화 ⋯ 260
Theme 067 광해군의 중립 외교 ⋯ 264
Theme 068 호란의 발생 ⋯ 267
Theme 069 비변사 체제 ⋯ 271
Theme 070 군사 제도의 개편 ⋯ 274
Theme 071 효종의 북벌론 ⋯ 277
Theme 072 예송 논쟁 ⋯ 280
Theme 073 환국 정치 ⋯ 283
Theme 074 영조의 탕평책 ⋯ 286
Theme 075 정조의 탕평책 ⋯ 289
Theme 076 홍경래의 난과 세도 정치 ⋯ 293
Theme 077 영정법의 시행 ⋯ 296
Theme 078 대동법의 시행 ⋯ 298
Theme 079 균역법의 시행 ⋯ 301
Theme 080 삼정의 문란과 임술농민봉기 ⋯ 304
Theme 081 농업의 발달 ⋯ 308
Theme 082 시전상인의 성장과 난전의 분쟁 ⋯ 311
Theme 083 사상의 성장 ⋯ 313
Theme 084 신해통공의 실시 ⋯ 316
Theme 085 상평통보의 주조와 전황 ⋯ 319
Theme 086 대외 무역의 전개 ⋯ 323
Theme 087 광업의 발달 ⋯ 326
Theme 088 상속과 가족 제도의 변화 ⋯ 330

Theme 089 향촌사회의 변동 ⋯ 333
Theme 090 중인층의 성장 ⋯ 336
Theme 091 노비 제도의 변화 ⋯ 339
Theme 092 천주교의 유입과 황사영 백서 사건 ⋯ 342
Theme 093 실학의 발달: 농업 중심 개혁론 ⋯ 345
Theme 094 실학의 발달: 상업 중심 개혁론 ⋯ 349
Theme 095 세계관의 변화 ⋯ 353
Theme 096 한백겸의 동국지리지 ⋯ 357
Theme 097 이익의 삼한 정통론 ⋯ 360
Theme 098 동사강목의 편찬 ⋯ 363

PART 04 중국의 역사 下

Theme 099 왕안석의 신법 ⋯ 368
Theme 100 성리학의 탄생과 영향 ⋯ 372
Theme 101 자치통감과 강목·기사본말체 ⋯ 377
Theme 102 삼통의 편찬 ⋯ 381
Theme 103 거란의 통치체제 ⋯ 384
Theme 104 금의 건국과 통치체제 ⋯ 387
Theme 105 원의 통치 제도 ⋯ 390
Theme 106 원의 대외교류 ⋯ 393
Theme 107 정난의 변과 북경 천도 ⋯ 398
Theme 108 금화은의 시행 ⋯ 401
Theme 109 장거정의 개혁과 일조편법 ⋯ 405
Theme 110 왕양명의 활동 ⋯ 408
Theme 111 이탁오의 사상 ⋯ 411
Theme 112 황종희의 명이대방록 ⋯ 413
Theme 113 지정은제의 성립 ⋯ 416
Theme 114 사통과 문사통의 ⋯ 419
Theme 115 해국도지의 영향 ⋯ 421
Theme 116 캉유웨이의 사상 ⋯ 424

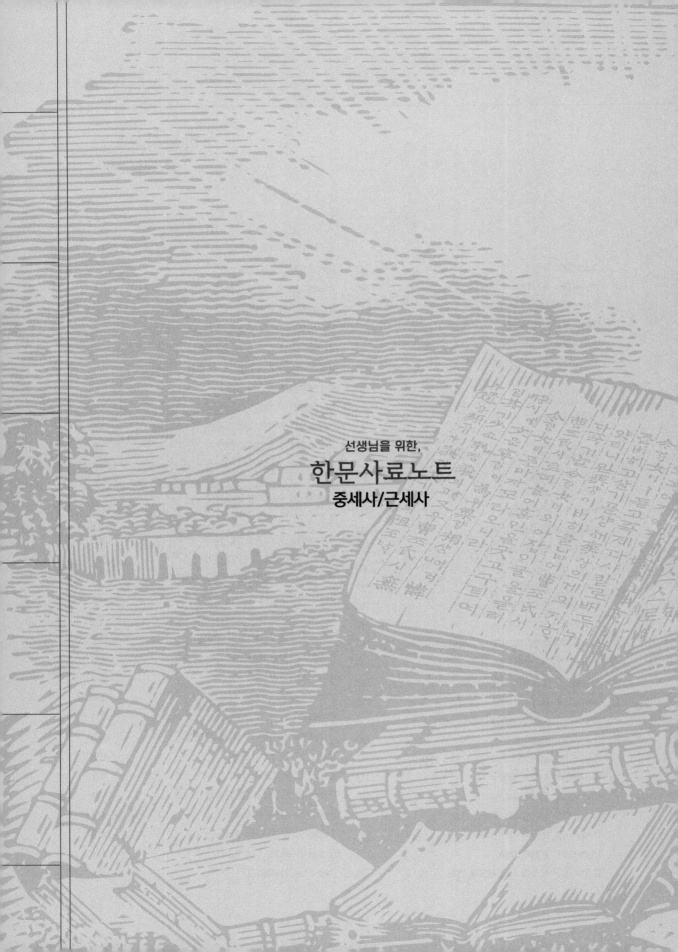

선생님을 위한,

한문사료노트
중세사/근세사

PART 01

고려의
성립과 발전

001 | 후삼국의 성립

ⓗ해냄에듀

① 見新羅衰季, 政荒民散, 王畿外州縣, 叛附相半, 遠近羣盜, 蜂起蟻聚. ② 善宗謂乘亂聚衆, 可以得志, 以眞聖王即位五年, 大順二年辛亥, 投竹州賊魁箕萱. … ③ 景福元年壬子, 投北原賊梁吉, 吉善遇之, 委任以事, 遂分兵, 使東略地. … ④ 善宗自以爲衆大, 可以開國稱君, 始設內外官職. … ⑤ 天復元季辛酉, 善宗自稱王, 謂人曰. ⑥ "往者新羅請兵於唐, 以破高句麗, 故平壤舊都鞠爲茂草, 吾必報其讎." ⑦ 蓋怨生時見棄, 故有此言. … ⑧ 天祐二年乙丑, 入新京, 修葺觀闕樓臺, 窮奢極侈. ⑨ 改武泰爲聖冊元年, 分定浿西十三鎭. ⑩ 平壤城主將軍黔用降, 甑城赤衣黃衣賊明貴等歸服. ⑪ 善宗以强盛自矜, 意慾倂呑, 令國人呼新羅爲滅都, 凡自新羅來者, 盡誅殺之.

—『三國史記』「列傳」弓裔

주요 어휘 ||||||||||||||||

季 끝 계	荒 거칠 황	散 흩을 산	叛 배반할 반	附 붙을 부
半 반 반	遠 멀 원	近 가까울 근	羣 무리 군	盜 훔칠 도
蜂 벌 봉	起 일어날 기	蟻 개미 의	聚 모일 취	賊 도둑 적
魁 으뜸 괴	箕 키 기	萱 원추리 훤	投 던질 투	梁 들보 양
吉 길할 길	設 설치할 설	破 깨뜨릴 파	鞠 기를 국	讎 원수 수
蓋 덮을 / 아마도 개	怨 원망할 원	葺 기울 / 깁다 즙	觀 볼 관	闕 대궐 궐
樓 다락 누	臺 돈대 대	窮 다할 궁	奢 사치할 사	極 다할 극
侈 사치할 치	浿 강 이름 패	黔 검을 검	甑 시루 증	矜 불쌍히 여길 긍
滅 멸망할 멸	誅 벨 주			

한자 독음 ⅠⅠⅠⅠⅠⅠⅠⅠⅠⅠⅠⅠⅠⅠⅠⅠⅠⅠ

① 견신라쇠계, 정황민산, 왕기외주현, 반부상반, 원근군도, 봉기의취. ② 선종위승란취중, 가이득지, 이진성왕즉위오년, 대순이년신해, 투죽주적괴기훤. … ③ 경복원년임자, 투북원적양길, 길선우지, 위임이사, 수분병, 사동약지. … ④ 선종자이위중대, 가이개국칭군, 시설내외관직. … ⑤ 천복원년신유, 선종자칭왕, 위인왈. ⑥ "왕자신라청병어당, 이파고구려, 고평양구도국위무초, 오필보기수." ⑦ 개원생시견기, 고유차언. … ⑧ 천우이년을축, 입신경, 수즙관궐누대, 궁사극치. ⑨ 개무태위성책원년, 분정패서십삼진. ⑩ 평양성주장군검용항, 증성적의황의적명귀등귀복. ⑪ 선종이강성자긍, 의욕병탄, 영국인호신라위멸도, 범자신라내자, 진주살지.

1. 국문 해석

① 신라가 쇠약해진 말기에 정치가 잘못되고 백성이 흩어져 왕기(王畿) 밖의 주현(州縣) 가운데 반란 세력에 따라붙는 자가 거의 반에 이르고, 먼 곳과 가까운 곳에서 도적들이 벌떼처럼 일어나 그 아래 백성이 개미처럼 모여들었다. ② 선종(善宗)은 이러한 혼란기를 타서 무리를 모으면 자신의 뜻을 이룰 수 있다고 생각하여 진성왕 즉위 5년, 즉 대순(大順) 2년 신해(辛亥)에 죽주(竹州)의 도적 괴수 기훤(箕萱)에게 의탁하였다. … ③ 경복(景福) 원년 임자(壬子), 북원(北原)의 도적 양길(梁吉)에게 의탁하니, 양길이 잘 대우하며 일을 맡기고 드디어 군사를 나누어 주어 동쪽으로 땅을 점령하도록 하였다. … ④ 선종이 자기의 무리가 많아졌으므로 나라를 세워 임금을 칭할 수 있다고 생각하여 비로소 내외의 관직을 마련하였다. … ⑤ 천복(天復) 원년 신유(辛酉), 선종은 스스로 왕이라 칭하고 사람들에게 말하였다. ⑥ "지난날 신라가 당나라에 군사를 청하여 고구려를 멸하였으므로 평양(平壤)의 옛 도읍이 잡초로 무성하니 내가 반드시 그 원수를 갚겠다." ⑦ 출생 시에 버림을 받은 것을 원망하여 이런 말을 한 듯하다. … ⑧ 천우 2년 을축(乙丑), 새로운 서울에 들어가 궁궐과 누대를 수축하였는데 사치스럽기가 극에 달하였다. ⑨ 연호 무태를 고쳐 성책(聖冊) 원년이라 하였고, 패서 지역을 13개의 진으로 나누어 정하였다. ⑩ 평양성주(平壤城主)인 장군 검용(黔用)이 항복하였고 증성(甑城)의 적의(赤衣)·황의(黃衣) 도적과 명귀(明貴) 등이 복속하여 왔다. ⑪ 선종은 강성한 세력에 자만해져 병탄할 생각을 갖고 나라 사람들에게 신라를 멸도(滅都)라고 부르게 하였으며, 신라에서 오는 사람은 모조리 죽여버렸다.

— 『삼국사기(三國史記)』 「열전(列傳)」 궁예(弓裔)

2. 사료 해설

신라 왕자 출신이라고 전하는 궁예는 선종(善宗)이라는 법호를 갖고 승려 활동을 하였다. 그러다가 신라 말기 각지에서 호족 등이 봉기를 하자 기훤(箕萱), 양길(梁吉) 등의 휘하에서 활동하였다. 특히 양길 아래에서 활동하던 도중 명주(溟州)에서 자신을 따르는 무리와 함께 독자적인 세력으로 발돋움하였다. 이윽고 궁예는 철원을 중심으로 세력을 확장하여, 양길의 세력을 흡수하고 경기도와 강원도, 충북 일대까지 차지하였다.

궁예는 901년(효공왕 5년) 스스로를 왕이라고 칭하면서 이 지역 민중들의 호응을 얻고자 국호를 '고려'라고 하였다. 궁예는 호족적 세력 기반이 부재하다는 약점을 극복하고자 각지 호족들을 받아들이는 형태인 호족 연합적 성격의 정권을 구성하고 있었다. 904년(효공왕 8년)에는 국호를 '마진(摩震)'이라고 고치고, 연호를 '무태(武泰)'로 정하였다. 이와 함께 광평성(廣評省)과 병부(兵部) 등의 관부를 설치하고, 황해도 일대까지 영역을 넓혔다. 이듬해에는 수도를 송악에서 자신의 본거지였던 철원으로 옮기고, 연호를 성책(聖冊)으로 고쳤다.

911년(효공왕 15년) 궁예 정권은 국호를 '태봉(泰封)', 연호를 '수덕만세(水德萬歲)'로 고쳤다. 이 무렵 궁예는 점차 신정적 전제 왕권을 지향하였다. 궁예는 스스로를 미륵불로 칭했고, 자신의 아들들을 신광보살(神光菩薩), 청광보살(靑光菩薩) 등으로 칭하며 신격화하였다. 또한 궁예는 미륵관심법(彌勒觀心法)을 내세워 강력한 전제정치를 행했다. 이러한 궁예의 움직임은 신료들의 우려와 불교계의 비판에 직면하였다. 궁예는 이를 강력하게 누르기 위해 승려 석총(釋聰)과 형미(逈微) 등을 살해하였으나, 이로 인해 민심을 더욱 잃게 되었다.

견훤은 상주 지방의 농민 아자개(阿慈介)의 아들이라고 전하는데, 아자개는 이후 장군이 되었다고도 한다. 정황상 견훤의 집안은 대대로 이 지역을 기반으로 활동한 부농(富農)으로 보이며, 점차 세력을 규합해 호족 세력으로 성장한 것으로 보인다. 견훤은 서남해 지역의 방수군(防戍軍)으로 활동하였으며, 이곳에서 공을 세워 비장(裨將)이 되었다. 이 무렵부터 그는 자신을 따르는 세력을 나름대로 구축한 것으로 보인다. 견훤은 군대 내에서 자신을 따르는 세력을 기반으로 자립하여 892년(진성여왕 6년) 무진주(武珍州) 지역을 점령하고, 스스로를 왕이라 칭하였다. 그리고 900년(효공왕 4년)에는 정식으로 후백제왕을 칭하며 관직을 설치하고 국가 체제를 갖추기 시작하였다.

견훤은 전라도 지역을 기반으로 세력을 확장해 나갔다. 특히 남중국의 오월(吳越), 일본 등과도 교류하였고, 신라 방면으로의 진출을 가속화하였다. 927년(경애왕 4년)에는 신라의 왕경에 쳐들어가 경애왕(景哀王)을 살해하고, 경순왕(敬順王)을 세우기도 하였다.

이러한 후삼국의 정립으로 말미암아 신라는 수도 경주 부근의 경상도 일대를 지배하는 소국으로 전락하게 되었다.

사료 Plus+

주량(朱梁) 건화(乾化) 원년 신미(辛未), 연호 성책을 고쳐 수덕만세(水德萬歲) 원년이라 하고, 국호를 태봉(泰封)이라 하였다. 태조를 보내 병사를 거느리고 금성(錦城) 등을 치게 하고 금성을 나주(羅州)로 고쳤다. 전공을 논하여 태조를 대아찬장군으로 삼았다. 선종은 스스로 미륵불(彌勒佛)이라 칭하여 머리에는 금고깔을 쓰고 몸에는 방포(方袍)를 입었으며, 맏아들을 청광보살(靑光菩薩)이라 하고 막내아들을 신광보살(神光菩薩)이라 하였다. 외출할 때면 항상 백마를 탔는데 고운 비단으로 말갈기와 꼬리를 꾸미고, 소년·소녀들로 일산과 향화를 받들게 하여 앞에서 인도하고, 또 비구 2백여 명에게 찬불가를 부르며 뒤따르게 하였다. 또한 스스로 불경 20여 권을 저술하였는데, 그 내용이 요망하여 모두 정도에 맞지 않는 것이었다. 때로는 단정하게 앉아서 강설을 하였는데 승려 석총(釋聰)이 이를 두고 말했다. "전부 요사스러운 말이고, 괴이한 이야기로 가르칠 수 없는 것이다." 선종이 이 말을 듣고 노하여 철퇴로 그를 쳐죽였다.

― 『삼국사기(三國史記)』 「열전(列傳)」 궁예(弓裔)

▌ 사료 텍스트 완성하기

교과서 텍스트

1. 한 궁예는 (   )을/를 자처하며 가혹한 통치로 민심을 잃었다.

2. 한 궁예는 왕건이 지휘하는 수군을 보내 (   )을/를 점령하고 후백제의 배후를 위협하였다.

3. 역 궁예는 국호를 (   )(으)로 고치고, 수도를 송악에서 (   )(으)로 옮겼다.

4. 한 왕건은 고구려를 계승한다는 의미로 나라 이름을 (   )(이)라 하고, 이듬해에는 수도를 (   )에서 송악으로 옮겼다.

기출 텍스트

1. 능 궁예는 (   )을/를 도읍으로 정하고 후고구려를 건국하였다.

2. 능 궁예는 (   )의 화신임을 자처하면서 백성들을 현혹하고 폭압적인 정치를 자행하였다.

3. 능 견훤은 (   )을/를 도읍으로 후백제를 건국하였다.

4. 능 견훤은 신라의 수도를 습격하여 (   )을/를 죽게 하였다.

빈칸 정답		교과서 텍스트	기출 텍스트
	1	미륵불	송악
	2	나주	미륵불
	3	마진, 철원	완산주
	4	고려, 철원	경애왕

002 | 고려의 통일 과정

① 十年九月, 甄萱攻燒近品城, 進襲新羅高鬱府, 逼至郊畿, 新羅王遣連式告急. ② 王謂侍中公萱, 大相孫幸, 正朝聯珠等曰. ③ "新羅與我同好已久, 今有急, 不可不救." ④ 遣公萱等, 以兵一萬赴之. ⑤ 未至, 萱猝入新羅都城. ⑥ 時羅王與妃嬪宗戚, 出遊鮑石亭, 置酒娛樂, 忽聞兵至, 倉卒不知所爲. ⑦ 王與夫人, 走匿城南離宮, 從臣伶官宮女, 皆被陷沒. ⑧ 萱縱兵大掠, 入處王宮, 令左右索王, 置軍中, 逼令自盡. ⑨ 强辱王妃, 縱其下, 亂其嬪妾. ⑩ 立王表弟金傅爲王, 虜王弟孝廉, 宰臣英景等, 盡取子女百工兵仗珍寶以歸. ⑪ 王聞之大怒, 遣使弔祭, 親帥精騎五千, 邀萱於公山桐藪, 大戰不利. ⑫ 萱兵圍王甚急, 大將申崇謙·金樂力戰死之. ⑬ 諸軍破北, 王僅以身免.

⑭ 十三年一月丙戌, 王自將, 軍古昌郡瓶山, 甄萱軍石山, 相去五百步許. ⑮ 遂與戰, 至暮萱敗走, 獲侍郎金渥, 死者八千餘人.

⑯ 十九年秋九月, 王率三軍, 至天安府合兵, 進次一善郡, 神劍以兵逆之. ⑰ 甲午, 隔一利川而陣, 王與甄萱觀兵. … ⑱ 百濟左將軍孝奉·德述·哀述·明吉等四人, 見兵勢大盛, 免胄投戈, 降于甄萱馬前, 於是, 賊兵喪氣不敢動. … ⑲ 王命大將軍公萱, 直擣中軍, 三軍齊進奮擊, 賊兵大潰.

— 『高麗史』「世家」太祖

주요 어휘 ‖‖‖‖‖‖‖‖‖‖‖‖

甄 질그릇 견	萱 원추리 훤	攻 칠 공	燒 불사를 소	襲 엄습할 습
鬱 막힐 울	逼 닥칠 핍	郊 성 밖 교	畿 경기 기	告 알릴 고
急 급할 급	好 좋을 호	救 건질 구	赴 나아갈 부	猝 갑자기 졸
嬪 아내 빈	戚 겨레 척	遊 놀 유	鮑 절인 어물 포	匿 숨을 닉

離 떼놓을 리	陷 빠질 함	沒 가라앉을 몰	縱 내버려둘 종	索 찾을 색
盡 다할 진	强 굳셀 강	辱 욕되게 할 욕	妾 첩 첩	傅 스승 부
虜 포로 로	怒 성낼 노	精 뛰어날 정	騎 말 탈 기	甚 심할 심
破 깨뜨릴 파	北 패할 배	甁 병 / 단지 병	暮 저물 모	敗 깨뜨릴 패
獲 얻을 획	進 나아갈 진	逆 거스를 역	陣 진칠 진	降 항복할 항
賊 도둑 적	喪 잃을 상	擣 찌를 도	奮 떨칠 분	擊 부딪칠 격
潰 무너질 궤				

한자 독음 ||||||||||||||||

① 십년구월, 견훤공소근품성, 진습신라고울부, 핍지교기, 신라왕견연식고급. ② 왕위시중공훤, 대상손행, 정조연주등왈. ③ "신라여아동호이구, 금유급, 불가불구." ④ 견공훤등, 이병일만부지. ⑤ 미지, 훤졸입신라도성. ⑥ 시라왕여비빈종척, 출유포석정, 치주우락, 홀문병지, 창졸부지소위. ⑦ 왕여부인, 주닉성남이궁, 종신령관궁녀, 개피함몰. ⑧ 훤종병대략, 입처왕궁, 령좌우색왕, 치군중, 핍령자진. ⑨ 강욕왕비, 종기하, 난기빈첩. ⑩ 입왕표제김부위왕, 로왕제효렴, 재신영경등, 진취자녀백공병장진보이귀. ⑪ 왕문지대노, 견사조제, 친수정기오천, 요원어공산동수, 대전불리. ⑫ 훤병위왕심급, 대장신숭겸·김락역전사지. ⑬ 제군파배, 왕근이신면.

⑭ 십삼년일월병술, 왕자장, 군고창군병산, 견훤군석산, 상거오백보허. ⑮ 수여전, 지모훤패주, 획시랑김악, 사자팔천여인.

⑯ 십구년추구월, 왕솔삼군, 지천안부합병, 진차일선군, 신검이병역지. ⑰ 갑오, 격일리천이진, 왕여견훤관병. … ⑱ 백제좌장군효봉·덕술·애술·명길등사인, 견병세대성, 면주투과, 항우견훤마전, 어시, 적병상기불감동. … ⑲ 왕명대장군공훤, 직도중군, 삼군제진분격, 적병대궤.

1. 국문 해석

① 10년 9월, 견훤(甄萱)이 근품성(近品城)을 공격하여 불태운 후, 신라(新羅)의 고울부(高鬱府)를 기습하고 나아가 수도 부근까지 바짝 이르자 신라왕이 연식(連式)을 보내어 위급함을 알려왔다. ② 왕이 시중(侍中) 공훤(公萱)과 대상(大相) 손행(孫幸) 및 정조(正朝) 연주(聯珠) 등에게 말하였다. ③ "신라는 우리와 서로 좋았던 지가 이미 오래인데 지금 위급함이 있으니 구원하지 않을 수 없다." ④ (그리하여) 공훤 등에게 군사 10,000명을 거느리고 가서 구원하게 하였다. ⑤ 하지만 이르기도 전에 견훤이 갑자기 신라의 수도로 들어갔다. ⑥ 그때 신라왕은 비빈(妃嬪)·종척(宗戚)과 함께 포석정(鮑石亭)으로 놀러 나가 술자리를 벌여 즐기고 있었는데, 문득 적병이 이르렀다는 말을 듣자 갑자기 어찌할 바를 알지 못했다. ⑦ 왕은 부인과 더불어 달아나 성의 남쪽에 있는 이궁(離宮)에 숨었으나, 따르던 신하와 악공(樂工) 및 궁녀는 모두 죽임을 당하였다. ⑧ 견훤은 군사를 풀어서 마음껏 약탈하게 하였으며, 왕궁에 들어가 앉아서 좌우에 명하여 왕을 찾아내고 군영(軍營)에 두어 핍박하여 자살하게 하였다. ⑨ 자신은 강제로 왕비를 욕보였으며 자기 부하들은 빈첩(嬪妾)을 강간하게 하였다.

⑩ 왕의 외사촌 동생 김부(金傅)를 왕으로 세우고 경애왕의 동생 박효렴(朴孝廉)과 재신(宰臣) 영경(英景) 등을 포로로 잡았으며, 백성과 각종 장인, 병장기와 진귀한 보물을 다 거두어 돌아갔다. ⑪ 왕이 그 소식을 듣고 크게 노하여 사신을 보내 조문하고, 직접 정예 기병 5,000명을 거느리고 공산(公山)의 동수(桐藪)에서 견훤(甄萱)을 맞아 크게 싸웠으나 형세가 불리하였다. ⑫ 견훤의 군사가 왕을 포위하여 매우 위급해지자 대장(大將) 신숭겸(申崇謙)과 김락(金樂)은 힘껏 싸우다가 전사하였다. ⑬ 전군이 패배하였고 왕은 겨우 목숨을 건졌다.

⑭ 13년 1월 병술, 왕이 스스로 군사를 거느리고 고창군(古昌郡)의 병산(瓶山)에 진을 치고 견훤(甄萱)은 석산(石山)에 진을 치니 서로의 거리가 500보 남짓이었다. ⑮ 드디어 더불어 싸우다가 저녁이 되자 견훤이 패하여 달아났으며, 시랑(侍郞) 김악(金渥)을 사로잡고 죽은 자가 8,000여 인이었다.

⑯ 19년 가을 9월, 왕이 삼군(三軍)을 거느리고 천안부(天安府)에 이르러 병력을 합하고 일선군(一善郡)으로 나아가자 신검(神劍)이 무력으로 역공(逆攻)하였다. ⑰ 갑오일에 일리천(一利川)을 사이에 두고 진(陣)을 친 뒤 왕이 견훤(甄萱)과 더불어 군대를 사열(査閱)하였다. … ⑱ 후백제(後百濟) 좌장군(左將軍) 효봉(孝奉)·덕술(德述)·애술(哀述)·명길(明吉) 등 4인은 고려(高麗) 군사의 군세가 크게 성한 것을 보자 갑옷을 벗고 창을 던져 견훤(甄萱)이 탄 말 앞으로 와서 항복하니, 이에 적병(賊兵)이 기세를 잃어 감히 움직이지 못하였다. … ⑲ 왕이 대장군(大將軍) 공훤(公萱)에게 명하여 곧바로 중군을 치게 하고는 삼군(三軍)이 나란히 나아가 맹렬하게 공격하니 적병이 크게 무너졌다.

— 『고려사(高麗史)』 「세가(世家)」 태조(太祖)

2. 사료 해설

왕건은 918년 궁예를 축출하고 왕위에 오르며 국호를 고려(高麗)라고 하였다. 이듬해 왕건은 수도를 자신의 근거지였던 송악으로 다시 옮겼다. 왕건은 궁예와 달리 토착적 기반이 있었기 때문에 이를 바탕으로 후삼국의 통일에 전념할 수 있었으며, 호족에 대한 우호적인 모습을 보였으므로 호족층의 지지를 이끌어낼 수 있었다.

왕건은 궁예나 견훤과는 다르게 신라에 우호적인 자세를 견지하였다. 견훤이 927년(경애왕 4년) 신라의 수도에 쳐들어가 경애왕을 죽이고 경순왕을 세울 때, 왕건은 친히 군대를 이끌고 공산(公山)에서 후백제군과 맞붙어 싸우기도 하였다. 비록 이 전투에서 고려는 패배하였지만, 이를 계기로 신라와 친선 관계를 맺을 수 있었다. 그리하여 931년(경순왕 5년) 경순왕의 초청으로 직접 신라의 경주를 방문할 수도 있었다. 신라에 대한 우호적인 모습은 당시 형세를 관망하던 호족의 지지를 얻어내는 계기가 되었다.

호족에 대한 왕건의 우대 정책은 고려의 세력이 단기간 내에 성장할 수 있는 바탕이 되었다. 이윽고 930년 고창(古昌) 전투에서도 이 지역의 호족이었던 김선평(金宣平) 등의 지원을 얻어 승리를 거둘 수 있었다. 932년에는 충청도의 대호족 공직(龔直)이 고려로 귀부하는 사건이 발생하였다. 공직의 귀부로 말미암아 충청도 지역 호족들의 향배가 중요한 문제로 떠올랐고, 왕건은 934년 유금필

(庾黔弼) 등을 보내 이 지역을 차지하고자 하였다. 이에 견훤은 군대를 보내 왕건의 군대와 맞붙어 싸우도록 했으나, 고려의 승리로 결판이 났다. 그리하여 운주와 그 주변의 30여 군현이 고려에 항복하게 되었다.

점차 불리한 상황 속에 놓인 후백제는 내분에 휩싸였다. 935년 3월, 견훤의 장남 신검(神劍)이 정변을 일으켜 견훤을 금산사(金山寺)에 유폐하는 일이 벌어졌다. 그러자 935년 6월, 견훤은 유폐되어 있던 절을 탈출하여 고려군이 점령하고 있던 금성(錦城)으로 피신하였다가 개경으로 망명하였다.

이러한 상황에서 신라 경순왕(敬順王)은 935년 10월, 나라를 보존하기 어렵다고 판단하고 신하들과 함께 고려로 투항할 것을 의논하였다. 신하들의 의견이 분분한 가운데 마의태자(麻衣太子)가 나서서 반대했으나 경순왕은 시랑 김봉휴(金封休)를 시켜 왕건에게 투항을 요청하였다. 그리고 11월, 경순왕은 문무백관과 함께 송악(松嶽)으로 향함으로써 신라의 역사는 종말을 맞이하였다.

왕건은 내분으로 분열된 후백제를 통합하기 위해 진격하였다. 936년 9월 일리천(一利川)에서 고려와 후백제가 맞붙게 되었는데, 견훤이 고려군으로 참전한 것을 보고 사기가 떨어져 고려에 투항하는 후백제군이 속출하였다. 이러한 형세 속에서 신검의 후백제군은 결국 황산 지역으로 패주하였다가 항복을 하기에 이르렀다. 이로써 왕건은 후삼국을 통일하고 새로운 시대를 개창할 수 있었다.

사료 Plus⁺

- 공직(龔直)이 직달에게 일러 말하길, "지금 이 나라를 보니 사치스럽고 도가 없다. 내 비록 그에게 붙어 있지만 다시는 오고 싶지 않다. 듣건대 고려 왕공(王公)의 문덕(文德)이 백성을 안정시키고, 무덕(武德)이 포악한 이들을 막기에 충분하다고 한다. 그러므로 사방에서 그의 위엄을 경외하고 그의 덕을 마음에 품지 않은 이가 없다. 나는 그에게 귀부하고자 하는데, 너의 뜻은 어떠하냐?"라고 하였다. 직달이 말하길, "인질로 들어온 이후 풍속을 보았사온데, 오직 부유함과 강함만을 믿고 교만함과 자부심을 다투는 데 힘쓰니 어찌 나라를 다스릴 수 있겠습니까? 지금 대인(大人)께서 현명한 군주에게 귀순하여 저희 마을을 안전하게 지키고자 하시니 어찌 마땅하지 않겠습니까? 저도 반드시 남동생, 여동생과 함께 틈을 두고 가겠습니다. 만약 가지 못하더라도, 아버님의 현명함 덕분에 자손들에게 남은 경사가 이어질 것이니 저는 죽어도 한이 없습니다. 아버님께서는 염려하지 마십시오."라고 하였다.

  ─ 『고려사(高麗史)』 「열전(列傳)」 직달(直達)

- 견훤이 막내아들 능예, 딸 애복, 애첩 고비 등을 데리고 나주로 달려와서 고려에 들어가기를 청하였다. 태조가 장군 유금필 … 등을 시켜 전함 40여 척을 가지고 바닷길로 가서 견훤을 맞이하게 하였다. 견훤이 들어오자 태조는 다시 그를 상부(尙父)라고 불렀으며, 남쪽 궁궐을 주고 지위는 모든 관리의 위에 있게 하고 양주를 식읍으로 주었다. 또한, 금과 은을 주고 노비 40명과 10필의 말을 주었다.

  ─ 『고려사(高麗史)』 「세가(世家)」 태조 18년

- 궁예는 그 신하에게서 버림을 받았고, 견훤의 화는 그 아들에게서 일어났으니, 모두 스스로 불러온 것이다. 또 누구를 탓하리오? 궁예와 견훤과 같은 흉악한 인간이 어찌 우리 태조에게 대항할 수 있으랴? 다만 태조를 위하여 백성들을 몰아준 자들이었다.

  ─ 『고려사(高麗史)』

사료 텍스트 완성하기

교과서 텍스트

1. 한 고려 태조 왕건은 대외적으로 중국의 (   )와/과 활발히 교류하면서 후백제와 경쟁하였다.

2. 한 왕건은 후백제의 공격을 받아 곤경에 처한 신라를 지원하여 (   )들의 지지를 얻었다.

3. 역 신라의 (   )은/는 스스로 나라를 고려 태조에게 넘겨주었다.

4. 한 고려는 삼국 시대부터 형성된 (   )을/를 계승하여 자국 영토와 영향력이 미치는 주변 지역을 (   )(으)로 인식하였다.

기출 텍스트

1. 수 왕건은 후삼국 통일 이전에 (   ) 지역을 점령하였다.

2. 전 고창 전투에는 이 지역의 호족이었던 (   ) 등이 고려 태조 왕건 편에 서서 고려군의 승리를 도왔다.

3. 전 고창 전투에서 패배한 견훤은 얼마 후 장남 (   )에 의해 왕위에서 쫓겨나 금산사에 유폐되었다.

4. 전 (   ) 전투에서 승리한 고려군은 여세를 몰아 황산 일대까지 추격전을 펼쳐 후백제를 궁지에 몰아넣었다.

빈칸정답		교과서 텍스트	기출 텍스트
	1	5대	나주
	2	호족	김선평
	3	경순왕	신검
	4	독자적 천하관, 해동 천하	일리천

003 | 훈요 10조

고금성, 고동아, 고리베르, 고미래엔, 고비상, 고지학사, 고천재 / 한동아, 한리베르, 한비상, 한지학사, 한천재, 한해냄에듀

① 其二曰, 諸寺院, 皆道詵推占山水順逆而開創. ② 道詵云, "吾所占定外, 妄加創造, 則損薄地德, 祚業不永." ③ 朕念後世國王公侯后妃朝臣, 各稱願堂, 或增創造, 則大可憂也. ④ 新羅之末, 競造浮屠, 衰損地德, 以底於亡, 可不戒哉?

⑤ 其四曰, 惟我東方, 舊慕唐風, 文物禮樂, 悉遵其制, 殊方異土, 人性各異, 不必苟同. ⑥ 契丹是禽獸之國, 風俗不同, 言語亦異, 衣冠制度, 慎勿效焉.

⑦ 其五曰, 朕賴三韓山川陰佑, 以成大業. ⑧ 西京水德調順, 爲我國地脈之根本, 大業萬代之地, 宜當四仲巡駐, 留過百日, 以致安寧.

— 『高麗史』 「世家」 太祖

주요 어휘 ||||||||||||||||||

推 추천할 추	順 순할 순	逆 거스를 역	創 만들 창
損 덜 손	薄 엷을 박	念 생각할 념	造 지을 조
妃 왕비 비	願 원할 원	堂 집 당	侯 제후 후
浮 뜰 부	屠 죽일 도	衰 쇠할 쇠	后 임금 후
戒 경계할 계	哉 어조사 재	惟 생각할 유	憂 근심할 우
悉 다 실	遵 좇을 준	殊 죽일 수	損 덜 손
禽 날짐승 금	獸 짐승 수	愼 삼갈 신	舊 옛 구
朕 나 짐	賴 힘입을 뢰	勿 말다 물	契 부족 이름 글
根 뿌리 근	仲 버금 중	調 고를 조	順 순할 순
		駐 머무를 주	丹 붉은 란
		留 머무를 류	效 본받을 효
			脈 맥 맥
			底 밑 저
			慕 그리워할 모
			過 지날 과

한자 독음 ‖‖‖‖‖‖‖‖‖‖‖‖‖‖

   ① 기이왈, 제사원, 개도선추점산수순역이개창. ② 도선운, "오소점정외, 망가창조, 즉손박지덕, 조업불영."
③ 짐념후세국왕공후후비조신, 각칭원당, 혹증창조, 즉대가우야. ④ 신라지말, 경조부도, 쇠손지덕, 이저어망,
가불계재?

   ⑤ 기사왈, 유아동방, 구모당풍, 문물예악, 실준기제, 수방이토, 인성각이, 불필구동. ⑥ 글란시금수지국,
풍속불동, 언어역이, 의관제도, 신물효언.

   ⑦ 기오왈, 짐뢰삼한산천음우, 이성대업. ⑧ 서경수덕조순, 위아국지맥지근본, 대업만대지지, 의당사중순
주, 유과백일, 이치안녕.

1. 국문 해석

   ① 둘째, 모든 사원은 도선이 산수(山水)의 순역(順逆)을 계산하여 개창한 것이다. ② 도선이 말
하길, "내가 지정한 곳 외에 함부로 더 창건하면 지덕(地德)을 상하게 하여 왕업이 길지 못할 것이
다."라고 하였다. ③ 때문에 짐은 후세의 국왕·공후·후비·조신(朝臣)들이 각각 원당(願堂)을 핑
계로 혹여 사원을 더 창건한다면 큰 걱정거리가 될 것이라 생각한다. ④ 신라 말에 절을 다투어
짓더니 지덕을 손상하여 망하기에 이르렀으니 어찌 경계하지 않겠는가?

   ⑤ 넷째, 우리 동방은 예부터 당나라의 풍속을 본받아 문물과 예악이 다 그 제도를 준수하여 왔
으나 그 지역이 다르고 인성이 각기 다르니 분별없이 똑같이 할 필요는 없다. ⑥ 거란은 짐승과
같은 나라인지라 풍속이 같지 않고 언어도 다르니 복식 및 제도 등을 삼가 본받지 말라.

   ⑦ 다섯째, 짐은 삼한의 산천 신령의 도움에 힘입어 대업을 성취하였다. ⑧ 서경은 수덕이 순조
로워 우리나라 지맥의 근본이 되며 대업을 만대에 전할 땅인 까닭에 마땅히 사중월(四仲月)에는
행차하여 100일 이상 머물며 안녕을 이루도록 하라.

─『고려사(高麗史)』「세가(世家)」태조(太祖)

2. 사료 해설

고려 태조 왕건이 세상을 떠나기 한 해 전에 박술희(朴述希)를 불러 후세의 귀감이 될 열 가지 유훈(遺訓)을 남겼는데, 이것이 오늘날 전하는 훈요 10조이다. 이를 통해 고려를 건국한 왕건의 통치 철학을 다음과 같이 엿볼 수 있다.

첫째, 훈요 10조에는 불교의 숭상이 담겨있다. 그러면서 도선(道詵)의 산수순역론(山水順逆論)에 따른 사찰 운영과 사찰의 남설을 경계하기도 하였다. 하지만 부처의 힘에 힘입어 대업을 이룬 것을 강조하면서 부처를 섬기는 연등회(燃燈會) 등을 지속할 것을 강조하였다.

둘째, 훈요 10조는 풍수도참에 입각한 정치 운영을 내세우고 있다. 앞서 언급한 산수순역에 따른 사찰 건립 이외에도 서경(西京)에 대한 중시, 나아가 금강 이남 지역민들에 대한 차별적 등용을 지시하고 있다. 이는 당시 유행한 음양오행 사상과 풍수도참 사상 등을 빌려 왕조의 안녕을 추구한 것으로 보인다.

셋째, 훈요 10조는 전통문화 수호와 함께 화이론(華夷論)에 따른 차별적 문화 수용을 제시하였다. 중국과 고려는 토질과 인성이 다르므로 구태여 같이할 필요가 없다고 하였고, 거란은 금수의 나라라고 절하하였다. 또한 팔관회(八關會)와 같은 전통문화를 통해 군신이 모두 화합할 수 있도록 강조하였다.

넷째, 훈요 10조는 왕도 정치를 위한 유교 사상을 정립하고자 하였다. 백성에 대한 부세와 요역을 가볍게 할 것과 문무백관의 녹봉을 함부로 바꾸지 말 것 등을 강조하였다. 동시에 참소에 휘둘리지 말고, 간언을 따를 것을 강조하였다. 또한 태조는 군수의 치도는 곧 군주의 수신에 달려 있음을 인식하였고, 이를 위해 옛일을 거울삼아 지금을 경계하라고 하면서『서경(書經)』「무일(無逸)」편을 늘 보라고 하였다.

다섯째, 훈요 10조는 고려의 왕위 계승 원칙을 정립하였다. 유교의 적장자 계승의 원리를 준수할 것을 강조하면서도 부득이한 경우 어진 사람인지의 여부에 따라 형제간의 선양을 제시한 것이다. 이는 특히 태조가 후백제 견훤이 내분에 휩싸인 원인이 후계자 선정 때문임을 알았던 것에서 연유한 것으로 보인다.

태조는 신라의 쇠망과 후삼국의 성립, 그리고 고려의 통일을 진두지휘하고 목격한 인물로서 그 과정에서 체득한 가르침을 후손들에게 남기고 싶어했던 것으로 보인다. 그리하여 훈요 10조 전체 조항에 대해 마음속에 간직하고 실천할 것을 당부하는 '중심장지(中心藏之)'를 남기기도 하였다. 이러한 태조의 훈요 10조는 불교와 유교, 토착 신앙, 도참설 등의 다양한 사상을 통해 국가 통합의 원리를 제시한 것이다. 여기에 담긴 사상은 혈통 중심의 고대 정치·사회 운영을 극복하고 중세적 정치로 나아갈 방안을 제시한 것이기도 하다.

사료 Plus⁺

- 첫째, 우리나라의 대업은 분명히 여러 부처가 지켜 준 데 힘을 입은 것이다. 그렇기에 선종과 교종 사원을 창건하고 주지(住持)를 파견해 불도를 닦도록 하여 각각 그 업(業)을 다스리도록 하였다. 후세에 간신이 정권을 잡아 승려의 청탁을 따르면 각자가 사원을 경영하면서 서로 바꾸고 빼앗게 될 것이니 반드시 이것을 금지하라. … 셋째, 맏아들에게 나라를 전하는 것이 비록 보편적인 예법이기는 하지만, 단주(丹朱)가 어질지 못하여 요가 순에게 선양한 것은 참으로 공명정대한 마음에서 나온 일이었다. 만약 원자가 어질지 못하면 그 다음 아들에게 전하고, 그 아들도 그러하거든 형제 중에서 여러 사람의 추대를 받는 자에게 전하여 주어 대통을 계승하게 하라. … 여섯째, 짐이 지극히 원하는 바는 연등(燃燈)과 팔관(八關)에 있으니 연등은 부처를 섬기는 것이며 팔관은 천령(天靈) 및 오악(五嶽), 명산, 대천과 용신(龍神)을 섬기는 것이다. 후세에 간사한 신하가 더하고 줄일 것을 권하는 자가 있거든 필히 그것을 금지하라. 나도 당초부터 맹세하여 회일(會日)이 나라의 기일(忌日)과 맞물리지 않게 하고 임금과 신하가 같이 즐겁게 하였으니 마땅히 삼가 뜻을 받들어 행하라. 일곱째, 임금이 백성의 마음을 얻는다는 것은 심히 어려우므로 그 마음을 얻고자 하려면 간언을 따르고 참소를 멀리하는 것이 중요하다. 간언을 따르면 성군이 될 것이니 참언은 꿀 같아도 믿지 않으면 스스로 그치게 된다. 또 때를 가려 백성을 부리고 요역을 가볍게 하고 부세를 적게 하며 농사일의 어려움을 안다면 저절로 민심을 얻어 나라는 부유해지고 백성은 평안해질 것이다. 옛사람이 "좋은 미끼를 드리우면 반드시 고기가 걸려들고 상을 후하게 주면 반드시 좋은 장수가 나온다. 활을 당기면 반드시 피하는 새가 있고 인(仁)을 베푸는 정치가 있으면 반드시 선량한 백성이 모여든다."라고 하였으니 상벌이 공평하면 음양이 순조로워질 것이다. 여덟째, 차현(車峴) 이남과 공주강(公州江) 밖은 산의 모양과 땅의 형세가 함께 개경과 반대 방향으로 뻗었는데 그 지역 사람의 마음도 또한 그러하다. 저 아래 고을 사람이 조정에 참여하여 왕후(王侯), 국척(國戚)과 혼인하고 국정을 잡으면 나라를 어지럽게 하거나 나라를 병합당한 원한을 품고 임금을 시해하려 난을 일으킬 것이다. 또 일찍이 관청의 노비와 진·역(津·驛)의 잡척(雜尺)에 속하던 무리가 권세에 빌붙어 신분을 바꾸거나 종실·궁원(宮院)에 빌붙어 말을 간교하게 하여 권세를 농락하고 정사를 어지럽혀 재앙을 일으키는 자가 반드시 있을 것이니, 비록 양민이라 할지라도 마땅히 벼슬을 주어 일을 맡기지는 말라. 아홉째, 문무백관의 녹봉은 나라의 규모를 보아 정한 것이니 함부로 늘리거나 줄여서는 안 된다. … 열째, 나라를 다스리는 자는 근심이 없는 때에 경계하고 널리 경사(經史)를 보아 옛일을 거울삼아 오늘을 경계하여야 한다. 주공(周公) 같은 대성(大聖)도 「무일(無逸)」 1편을 성왕(成王)에게 바쳐 경계하였으니 마땅히 이것을 그림으로 붙여 놓고 들어오고 나갈 때 보고 반성하도록 하라.

   — 『고려사(高麗史)』「세가(世家)」 태조(太祖)

- 처음 태조의 『신서훈요(信書訓要)』를 전쟁으로 불타서 잃게 되었는데, 최제안이 최항(崔沆)의 집에서 얻어 간직하여 두었다가 조정에 바치니, 이로 인하여 세상에 전하게 되었다.

   — 『고려사(高麗史)』「열전(列傳)」 최제안(崔齊顔)

- 우리 국가의 대업은 필히 모든 부처가 보호하고 지켜 준 힘에 도움받았다. 이 때문에 선종과 교종의 사원을 창립하고 … 내가 삼한 산천의 도움을 받아 왕업을 이루었다.

   — 『고려사절요(高麗史節要)』 태조신성대왕(太祖神聖大王)

사료 텍스트 완성하기

교과서 텍스트

1. 한 태조는 민심을 얻어 왕조의 기반을 다지고자, 백성들의 조세를 줄여 주고 빈민 구휼을 위해 (   )을/를 설치하였다.

2. 역 태조는 불교를 숭상하고 (   )·팔관회 등의 국가 행사를 중시하였다.

3. 한 태조는 (   ) 계승 의식을 내세우며 북진 정책을 적극적으로 추진하여 (   ) 유역까지 영토를 확장하였다.

4. 한 태조는 국호를 고려, 연호를 (   )(으)로 고쳤다.

기출 텍스트

1. 전 훈요 10조는 중국 문물에 대한 (   )적 수용 입장을 가지고 있다.

2. 전 훈요 10조는 신라가 중국 문물을 (   )적으로 수용하였다고 비판하였다.

3. 능 왕건은 『정계』와 (   )을/를 지어 관료의 규범을 제시했다.

4. 능 왕건은 발해를 멸망시킨 (   )을/를 적대시하였다.

빈칸 정답		교과서 텍스트	기출 텍스트
	1	흑창	선별
	2	연등회	전면
	3	고구려, 청천강	『계백료서』
	4	천수	거란

004 | 광종의 전제권력 강화

역천재 / 한동아, 한씨마스, 한지학사, 한천재

① 命按檢奴婢, 推辨是非. ② 奴背其主者, 不可勝紀. ③ 由是, 陵上之風大行, 人皆嗟怨, 王妃切諫, 不納. … ④ 命翰林學士雙冀知貢擧, 試以詩賦頌及時務策, 取進士. ⑤ 御威鳳樓, 放榜, 賜甲科崔暹等二人明經三人卜業二人及第. ⑥ 用冀議, 初置科擧, 自此, 文風始興. … ⑦ 評農書史權信, 譖大相俊弘, 佐丞王同等謀逆, 貶之. ⑧ 自是, 讒佞得志, 誣陷忠良. ⑨ 奴訴其主, 子讒其父, 囹圄常溢, 別置假獄, 無罪而被戮者相繼. ⑩ 猜忌日甚, 宗族多不得保, 雖一子佃, 亦自疑阻, 不使親近.

— 『高麗史節要』 「光宗大成大王」

주요 어휘 ||||||||||||||||||

按 살필 안	檢 검사할 검	推 헤아릴 추	辨 분별할 변	背 배반할 배
勝 넘칠 승	紀 기록할 기	陵 업신여길 능	嗟 탄식할 차	怨 원망할 원
切 간절히 절	納 간할 간	雙 쌍 쌍	冀 바랄 기	賦 문장 부
頌 기릴 송	務 일 무	策 책 책	御 어거할 어	威 위엄 위
鳳 봉새 봉	樓 다락 루	放 게시할 방	榜 고시할 방	賜 하사할 사
譖 참소할 참	謀 꾀할 모	逆 거스를 역	貶 떨어뜨릴 폄	佞 아첨할 녕
誣 무고할 무	陷 빠질 함	訴 하소연할 소	讒 참소할 참	溢 넘칠 일
假 거짓 가	獄 옥 옥	被 이불 피	戮 죽일 륙	繼 이을 계
猜 샘할 시	雖 비록 수	疑 의심할 의	親 친할 친	近 가까울 근

한자 독음 ||||||||||||||||||

① 명안검노비, 추변시비. ② 노배기주자, 불가승기. ③ 유시, 능상지풍대행, 인개차원, 왕비절간, 불납. … ④ 명한림학사쌍기지공거, 시이시부송급시무책, 취진사. ⑤ 어위봉루, 방방, 사갑과최섬등이인명경삼인복업이인급제. ⑥ 용기의, 초치과거, 자차, 문풍시흥. … ⑦ 평농서사권신, 참대상준홍, 좌승왕동등모역, 폄지. ⑧ 자시, 참녕득지, 무함충량. ⑨ 노소기주, 자참기부, 영어상일, 별치가옥, 무죄이피륙자상계. ⑩ 시기일심, 종족다부득보, 수일자주, 역자의조, 불사친근.

1. 국문 해석

① (7년) 노비(奴婢)를 상세히 조사하고 살펴서[按檢] 옳고 그름을 따져 밝혀내도록 명하였다. ② 주인을 배반하는 노비들이 이루 다 셀 수가 없을 정도였다. ③ 이로 말미암아 상전(上典)을 능멸하는 풍조가 크게 일어나 사람들이 모두 탄식하고 원망하므로 왕비가 간절하게 간언하였으나, 왕이 받아들이지 않았다. … ④ (9년) 한림학사(翰林學士) 쌍기(雙冀)를 지공거(知貢擧)로 임명하고, 시(詩)·부(賦)·송(頌)과 시무책(時務策)을 시험하여 진사(進士)를 뽑게 하였다. ⑤ 위봉루(威鳳樓)에 임어하여 급제자를 발표하고[放榜], 갑과(甲科) 최섬(崔暹) 등 2명, 명경(明經) 3명, 복업(卜業) 2명에게 급제를 하사하였다. ⑥ 쌍기의 의견을 채택하여 처음으로 과거(科擧)를 설치하니, 이로부터 문풍(文風)이 비로소 흥성하였다. … ⑦ (11년) 평농서사(評農書史) 권신(權信)이 대상(大相) 준홍(俊弘)과 좌승(佐丞) 왕동(王同) 등이 반역(叛逆)을 꾀한다고 참소(讒訴)하자 이들을 내쫓았다. ⑧ 이로부터 참소하고 아첨하는 이들이 뜻을 얻어 충성스럽고 선량한 사람을 모함하였다. ⑨ 종이 그 주인을 고소하고 자식이 그 아비를 참소하니, 감옥[圄圄]이 늘 넘쳐나 별도로 임시 감옥을 두었고 죄 없이 죽임을 당하는 자가 계속 생겼다. ⑩ 시기함이 날로 심해져 왕실 종족(宗族)도 많이 보호받지 못하였으며, 비록 왕의 외아들 왕주(王伷)라도 의심을 받아 왕을 가까이하지 못하였다.

― 『고려사절요(高麗史節要)』 광종대성대왕(光宗大成大王)

2. 사료 해설

태조 왕건은 후삼국의 통일이라는 역사적 과업은 완성했지만, 호족 세력을 조직적으로 흡수하여 중앙집권적 지배체제를 정비하는 것까지는 이르지 못했다. 호족들은 독자적인 세력 기반을 매개로 왕실을 위협하는 존재로 남아있었으므로 왕권은 안정되지 못했다. 이로 인해 태조를 뒤이어 즉위한 혜종(惠宗)과 정종(定宗)은 왕위 계승 분쟁의 소용돌이 속으로 빨려 들어갈 수밖에 없었다.

이러한 상황에서 즉위한 광종(光宗)은 왕권을 안정적으로 확립해 나갈 수 있도록 노심초사하였다. 즉위 후 7년 동안에는 온건한 방법으로 호족 세력을 무마하며, 왕권을 안정시키기 위해 노력하였다. 광종은 호족들을 예우하는 모습을 보이기 위해 국초의 공역자(公役者)를 고정하여 쌀을 하사하고 이를 예식(例食)으로 삼았다. 또한 광덕(光德)이라는 연호를 선포하고, 중국 후주(後周)와의 외교를 통해 자신의 권위를 높이기도 하였다. 광종 2년(951)에는 봉은사(奉恩寺)를 창건하여 태조의 원당(願堂)으로 삼았고, 불일사(佛日寺)를 창건하여 자신의 어머니였던 유씨(劉氏)의 원당으로 삼아 정통 왕위계승자로서의 위치를 확보하기 위하여 노력하였다.

광종은 왕위가 어느 정도 안정되었다고 판단한 즉위 7년(956)부터 본격적으로 호족 세력에 대한 억압 및 왕권 강화를 위한 정치 개혁에 돌입하였다. 먼저 노비안검법(奴婢按檢法)의 실시(956)를 통해 노비의 신분을 조사하여 본래 양인이었던 자들을 해방시켰다.

이는 후삼국이 혼란한 시기에 호족들이 양민을 노비로 만들어 경제적·군사적 세력기반으로 삼았던 것을 견제하고, 나아가 양인의 수를 확보함으로써 국가 수입의 증대를 도모하기 위한 방편이었다. 또한 후주(後周)에서 귀화한 쌍기(雙冀)의 건의에 따라 과거 제도를 실시(958)하였는데, 이는 기존 개국공신 계열의 훈신 대신 국왕에게 충성하는 신진 관료 집단을 중용하겠다는 의미였다. 그리고 광종은 백관(百官)의 공복(公服)을 제정하여 자(紫)·단(丹)·비(緋)·녹(綠) 등 네 가지 색깔로 구분함으로써 관료 사이의 위계질서를 관료제의 서열로써 확립하고자 하였다.

중앙에서의 왕권 강화를 기반으로 광종은 스스로를 황제라고 칭하고 개경(開京)을 황도(皇都), 서경(西京)을 서도(西都)라고 부르게 하였다. 또한 자신을 보호하는 시위군(侍衛軍)을 크게 강화하고, 순군부(徇軍部)를 군부(軍部), 내군(內軍)을 장위부(掌衛部)로 개편하는 등의 군제 개혁을 실시하였다. 이러한 조치에 반발하는 훈신들에 대해 직접적인 숙청 작업에 나서기도 하였는데, 대상(大相) 준홍(俊弘), 좌승(佐丞) 왕동(王同) 등을 모역죄로 제거한 것을 시작으로 개국공신 계열의 구신(舊臣)·숙장(宿將)들을 대규모로 숙청하기에 이르렀다.

그러나 광종 시기의 왕권 강화에도 불구하고 지방에 대한 본격적인 통제는 아직 이루어지지 못했다. 지방에 대한 통제 조치는 이후 성종 시기에 이르러서 점차 시행되었다.

사료 Plus⁺

- 삼국 이전에는 과거 제도가 없었다. 고려 태조는 먼저 학교를 세웠으나 과거로 선비를 취할 겨를이 없었다. 광종이 쌍기의 말을 받아들여 과거로 선비를 뽑았는데, 이로부터 학문을 숭상하는 풍조가 비로소 일어났다. 대체로 과거는 당의 제도를 사용하였다. … 과거에는 제술업·명경업, 의업·지리업 등의 잡업이 있었다. … 비록 이름 있는 경(卿)·대부(大夫)라 할지라도 반드시 과거로 관직에 진출하는 것은 아니었다. 과거를 보는 것 이외에도 숨은 인재의 추천, 공로 있는 사람의 후손 등용, 임금을 모시는 신하들의 선발과 배치, 남반과 잡로(雜路)를 통한 승전(陞轉)이 있어서 관리로 진출하는 길은 하나가 아니었다.
  ─『고려사(高麗史)』「지(志)」선거(選擧)

- 대광(大匡) 박수경(朴守卿) 등에게 명하여 정국(定國) 초기에 공로가 있는 사람을 상고하고, 네 번 공을 세운 사람에게는 쌀 25석을, 세 번 공을 세운 사람에게는 20석을, 두 번 공을 세운 사람에게는 15석을, 한 번 공을 세운 사람에게는 12석을 하사하도록 하여 이것을 예식(例食)으로 삼았다.
  ─『고려사(高麗史)』「세가(世家)」광종(光宗) 즉위년(卽位年)

- 3월, 백관(百官)의 공복(公服)을 정하여 원윤(元尹) 이상은 자삼(紫衫), 중단경(中壇卿) 이상은 단삼(丹衫), 도항경(都航卿) 이상은 비삼(緋衫), 소주부(小主簿) 이상은 녹삼(綠衫)으로 하였다. 개경(開京)을 황도(皇都)라고 하고, 서경(西京)을 서도(西都)라고 하였다.
  ─『고려사절요(高麗史節要)』광종(光宗) 11년(年)

사료 텍스트 완성하기

교과서 텍스트

1. 헌 광종은 (   )을/를 실시하여 공신과 호족 출신 세력의 경제적·군사적 기반을 약화시키고, 국가 재정을 확충하였다.

2. 역 광종은 (   ) 등 다수의 귀화인을 등용하여 개혁을 펼쳤다.

3. 헌 광종은 과거제를 실시하여 (   )적 소양을 갖춘 신진 세력을 등용하였다.

4. 헌 광종은 (   )·'준풍'과 같은 독자적인 연호를 사용하였다.

기출 텍스트

1. 수 광종은 (   ) 제도를 도입하여 신구(新舊) 세력의 교체를 도모하였다.

2. 능 광종은 백관의 (   )을/를 제정하여 4등급으로 구분하였다.

3. 능 광종은 대상 준흥, 좌승 왕동 등을 모역죄로 제거하고 (   )들을 숙청하였다.

4. 능 광종은 노비안검법을 실시하여 (   )을/를 해방시켰다.

빈칸 정답		교과서 텍스트	기출 텍스트
	1	노비안검법	과거
	2	쌍기	공복
	3	유교	훈신
	4	'광덕'	양인 출신의 노비

005 | 최승로의 시무 28조

폐금성, 폐동아, 폐리베르, 폐미래엔, 폐비상, 폐지학사, 폐천재 / 한금성, 한동아, 한미래엔, 한비상, 한씨마스, 한지학사, 한천재, 한해냄에듀

① 我國家, 統三以來四十七年, 士卒未得安枕, 糧餉未免糜費者, 以西北隣於戎狄, 而防戍之所多也. ② 願聖上, 以此爲念. ③ 夫以馬歇灘爲界, 太祖之志也, 鴨江邊石城爲界, 大朝之所定也. ④ 乞將此兩處, 斷於宸衷, 擇要害, 以定疆域. ⑤ 選土人能射御者, 充其防戍, 又選其中二三偏將, 以統領之, 則京軍免更戍之勞, 芻粟省飛挽之費矣. … ⑥ 王者之理民, 非家至而日見之. ⑦ 故分遣守令, 往察百姓利害. ⑧ 我聖祖統合之後, 欲置外官, 蓋因草創, 事煩未遑. ⑨ 今竊見, 鄉豪每假公務, 侵暴百姓, 民不堪命, 請置外官. ⑩ 雖不得一時盡遣, 先於十數州縣, 幷置一官, 官各設兩三員, 以委撫字. … ⑪ 華夏之制, 不可不遵, 然四方俗習, 各隨土性, 似難盡變. ⑫ 其禮樂詩書之敎, 君臣父子之道, 宜法中華, 以革卑陋, 其餘車馬衣服制度, 可因土風, 使奢儉得中, 不必苟同. … ⑬ 我國春設燃燈, 冬開八關, 廣徵人衆, 勞役甚煩, 願加減省, 以紓民力. ⑭ 又造種種偶人, 工費甚多, 一進之後, 便加毀破, 亦甚無謂也. ⑮ 且偶人非凶禮不用, 西朝使臣, 嘗來見之, 以爲不祥, 掩面而過, 願自今勿許用之. … ⑯ 行釋敎者, 修身之本, 行儒敎者, 理國之源, 修身是來生之資, 理國乃今日之務. ⑰ 今日至近, 來生至遠, 舍近求遠, 不亦謬乎.

—「高麗史節要」「成宗文懿大王」

주요 어휘 |||||||||||||||

枕 잠잘 **침**	糜 죽 **미**	狄 오랑캐 **적**	處 살다 **처**	疆 지경 **강**
射 궁술 **사**	防 막다 **방**	戍 지킬 **수**	芻 건초 **추**	挽 당길 **만**
理 다스릴 **리**	遣 보낼 **견**	察 살필 **찰**	害 손해 **해**	統 거느릴 **통**
欲 하고자 할 **욕**	蓋 대개 **개**	煩 번거로울 **번**	遑 급할 **황**	竊 마음속으로 **절**
假 거짓 **가**	侵 침노할 **침**	暴 사나울 **폭**	堪 견딜 **감**	盡 모든 **진**
撫 어루만질 **무**	華 중국 **화**	夏 중국 **하**	遵 좇을 **준**	俗 풍속 **속**
習 익힐 **습**	隨 따를 **수**	難 어려울 **난**	變 변할 **변**	苟 진실로 **구**
設 베풀 **설**	燃 사를 **연**	燈 등잔 **등**	徵 부를 **징**	勞 일할 **로**
減 덜 **감**	紓 느슨할 **서**	造 지을 **조**	偶 허수아비 **우**	甚 심할 **심**
毀 헐 **훼**	破 깨뜨릴 **파**	謂 이를 **위**	嘗 일찍이 **상**	掩 가릴 **엄**
釋 석가 / 불교 **석**	源 근원 **원**	資 재물 **자**	務 일 **무**	遠 멀 **원**
謬 그릇될 **류**				

한자 독음 |||||||||||||||

① 아국가, 통삼이래사십칠년, 사졸미득안침, 양향미면미비자, 이서북린어융적, 이방수지소다야. ② 원성상, 이차위념. ③ 부이마헐탄위계, 태조지지야, 압강변석성위계, 대조지지정야. ④ 걸장차양처, 단어신충, 택요해, 이정강역. ⑤ 선토인능사어자, 충기방수, 우선기중이삼편장, 이통영지, 즉경군면갱수지로, 추속성비만지비의. … ⑥ 왕자지리민, 비가지이일견지. ⑦ 고분견수령, 왕찰백성이해. ⑧ 아성조통합지후, 욕치외관, 개인초창, 사번미황. ⑨ 금절견, 향호매가공무, 침폭백성, 민불감명, 청치외관. ⑩ 수부득일시견, 선어십수주현, 병치일관, 관각설양삼원, 이위무자. … ⑪ 화하지제, 불가부준, 연사방속습, 각수토성, 사난진변. ⑫ 기예악시서지교, 군신부자지도, 의법중화, 이혁비루, 기여거마의복제도, 가인토풍, 사사검득중, 불필구동. … ⑬ 아국춘설연등, 동개팔관, 광징인중, 노역심번, 원가감성, 이서민력. ⑭ 우조종종우인, 공비심다, 일진지후, 편가훼파, 역심무위야. ⑮ 차우인비흉예불용, 서조사신, 상래견지, 이위불상, 엄면이과, 원자금물허용지. … ⑯ 행석교자, 수신지본, 행유교자, 이국지원, 수신시래생지지, 이국내금일지무. ⑰ 금일지근, 내생지원, 사근구원, 불역류호.

1. 국문 해석

① 우리나라가 삼한을 통일한 지가 47년이지만, 병사들이 아직 편안히 잠을 자지 못하고 군량[糧餉]을 소비해야만 하는 것은, 서북쪽이 오랑캐[戎狄]와 이웃하여 방위해야 할 곳이 많기 때문입니다. ② 바라옵건대 성상(聖上)께서는 이러한 일을 염두에 두십시오. ③ 대체로 마헐탄(馬歇灘)을 경계로 삼자는 것은 태조의 뜻이며, 압록강가의 석성(石城)을 경계로 삼자는 것은 중국[大朝]이 정한 것입니다. ④ 간청하건대 장차 이 두 곳 중 성상께서 마음속으로 판단하셔서 요충지를 가려 강역을 정하시길 바랍니다. ⑤ 토착인으로 활쏘기와 말타기를 잘하는 사람들을 뽑아서 그곳의 방어에 충당하게 하고, 또한 그 가운데 두세 명의 편장(偏將)을 뽑아서 이들을 통솔하게 하시면 경군(京軍)들은 교대로 경비하는 노고를 면할 수 있으며, 말먹이[芻]와 군량[粟]은 급히 운반하는[飛挽] 데에 드는 비용을 줄일 것입니다. …

⑥ 왕이 백성을 다스리는 것은 집집마다 가서 돌보고 날마다 이를 보는 것이 아닙니다. ⑦ 그러므로 수령을 파견하여 가서 백성의 이익과 손해를 살피게 하는 것입니다. ⑧ 우리 태조께서 나라를 통일한 후에 외관(外官)을 두고자 하였으나, 대개 초창기에 일이 번잡하여 미처 할 겨를이 없었습니다. ⑨ 지금 보건대 지방의 호족들이 항상 국가의 일이라고 속이고 백성을 수탈하니 백성이 그 명령을 견뎌내지 못하므로 외관을 두기를 청합니다. ⑩ 비록 모든 지역에 한꺼번에 다 보낼 수는 없더라도 먼저 10여 주·현을 묶어 하나의 관청을 두고 관청마다 두세 명의 관원을 두어 백성 다스리는 일을 맡기소서. … ⑪ 중국의 제도는 따르지 않아서는 안 되지만, 천하의 세속 풍습은 각각 그 지역의 토성(土性)을 따르는 것이기 때문에 전부 고치기는 어렵습니다. ⑫ 그 예·악·시·서의 가르침과 군신·부자의 도리는 마땅히 중국을 본받아 비루한 풍속을 고쳐야 되겠지만, 그 밖의 거마(車馬)·의복의 제도는 그 나라의 풍속대로 하여 사치와 검소를 알맞게 하되 굳이 중국과 같이 할 필요는 없습니다. … ⑬ 우리나라에서는 봄에는 연등회를 벌이고 겨울에는 팔관회를 개최하는데, 사람을 많이 동원하고 쓸데없는 노동이 많으니, 원컨대 그 가감을 살펴서 백성이 힘을 낼 수 있게 해 주소서. ⑭ 또 갖가지 인형을 만들어 비용이 매우 많이 드는데, 한 번 쓰고 난 후에는 바로 부수어 버리니 이 또한 매우 사리에 맞지 않습니다. ⑮ 더구나 인형은 흉례(凶禮)가 아니면 쓰지 않는 것이므로 서조(西朝)의 사신이 그 전에 와서 이것을 보고 상서롭지 못하다고 하면서 얼굴을 가리고 지나쳤으니, 원컨대 지금부터는 사용을 허락하지 마소서. … ⑯ 불교를 행하는 것은 몸을 닦는 근본이며 유교를 행하는 것은 나라를 다스리는 근원이니, 몸을 닦는 것은 다음 생을 위한 밑천이며 나라를 다스리는 것은 곧 지금의 할 일입니다. ⑰ 오늘날은 지극히 가깝고 다음 생은 지극히 머니, 가까운 것을 버리고 먼 것을 구하는 일이 또한 그릇된 것이 아닙니까.

-『고려사절요(高麗史節要)』성종문의대왕(成宗文懿大王)

2. 사료 해설

성종이 즉위한 시기는 신구(新舊) 세력이 나름대로 조화를 이루고 있는 시기였다. 즉 광종 시기 대두한 신진 세력들은 광종 이후 즉위한 경종의 일시적인 복수법 허용으로 인해 큰 타격을 받았고, 개국공신 계열은 광종 시기 이미 타격을 받은 상황이었기 때문이다.

이러한 상황에서 성종은 새로운 지배체제와 사회질서 수립을 위해 노력하였다. 이를 위해 성종은 모든 관리에게 시무와 관련한 상소를 올릴 것을 명하였는데, 이에 최승로(崔承老)가 장문의 시무책을 올렸다. 최승로가 올린 이 시무 상서는 앞서 5대조의 정치에 대해 본받을 것과 경계할 것을 언급한 「오조정적평(五朝政績評)」과 구체적 시무책을 제시한 「시무 28조」로 구성되어 있다. 「시무 28조」에는 현재 22조의 내용만 전해지고 있는데, 주요한 내용은 다음과 같다.

첫째, 유교는 국가를 다스리는 이념으로 설정하였다. 그는 중국 선진 문화의 핵심을 유교 문화로 파악하였다. 그리하여 이에 대한 수용을 이야기하면서도, 토풍을 강조하여 너무 지나치게 수용하지 않을 것을 주장하였다. 둘째, 불교를 비판하면서도 불교를 수신(修身)의 근본으로 여기고 정교의 분리를 주장했다. 이는 현실적으로 불교가 이미 국교화되어 있음을 인정하는 선상에서 나온 것이었다. 셋째, 지방의 호족 세력을 억제하고, 이를 위해 지방에 상주하는 외관을 파견해야 한다고 주장하였다. 넷째, 광종 시기 지나치게 강화된 왕의 군대와 궁중 노비를 줄여야 한다고 하였다. 이외에도 최승로는 국방 및 외교 문제, 신분 제도, 관료에 대한 예우 문제 등을 언급하였다.

    이러한 최승로의 건의를 수용한 성종은 다방면으로 정치체제 확립에 힘을 기울이게 되었다. 통치 기구로서 중서문하성(中書門下省)이 성립되고, 뒤이어 상서성(尙書省)과 중추원(中樞院), 대간(臺諫) 제도 등이 확립되었다. 그리고 지방에 대해서도 주요 지역인 12목에 지방관인 목사(牧使)가 파견되어 지방에 대한 통제가 이루어지기 시작하였고, 향직(鄕職)을 제정함으로써 당대등(堂大等)을 호장(戶長)으로 바꾸는 등 지방 호족들을 외관의 보좌역인 향리로 격하시켰다. 그러면서 국자학(國子學)과 향교(鄕校) 등의 건립을 통해 지방 호족들을 중앙의 관료로 흡수하려고도 하였다.

사료 Plus⁺

- 셋째, 우리 조정에서 임금을 호위하는 군졸들은 태조 당시에는 다만 궁성(宮城)을 숙위하는 일에만 충당되었기에 그 수가 많지 않았습니다. 광종께서 참소를 믿어 장수와 재상들을 죽이거나 문책하고, 스스로 의심하는 마음을 가지게 됨에 이르러서는 주(州)·군(郡)의 풍채가 있는 자들을 뽑아 궁궐에 들여 호위하게 하였으니, 당시의 의론이 번거롭고 이익이 없는 일이라고 여겼습니다. 경종 때에 이르러 비록 조금 감소하기는 하였지만, 오늘날에는 그 수가 오히려 많아졌습니다. 엎드려 바라건대, 태조의 법을 좇아서 다만 날래고 용맹한 자들만을 남겨두시고 그 나머지는 모두 파하여 돌려보내신다면 사람들 사이에 탄식과 원망이 없어질 것이며, 나라에는 비축물이 쌓이게 될 것입니다.

- 열다섯째, 태조께서는 궁궐에 소속된 노비로서 궁궐에서 공역(供役)하는 자를 제외하고 그 나머지는 교외로 나가 거주하면서 밭을 갈아 세금을 납부하게 하였으며, 궁궐 내 마구간에 있는 말 중 당장 부리는 것 외에는 궁 밖의 마구간으로 나누어 보내 기르게 함으로써 국가의 재정[國用]을 절약하였습니다. 광종 때에 이르러 불사(佛事)를 많이 일으켜 부역이 날로 번다하여지자, 이에 바깥에 있는 노비들을 징발하여 부역에 충원하였고, 내궁(內宮)의 재정으로는 지급하기에 부족하여 창고의 쌀을 아울러 소비하였습니다. 지금 궐내의 마구간에서 기르는 말의 수가 많아 그 비용이 매우 많이 드니, 백성들이 그 피해를 받고 있으며, 변경지역에 변란이 생길 경우에는 군량이 부족하게 될 것입니다. 성상께서는 모두 태조의 제도에 의거하여 궁중의 노비와 마구간 말의 수를 잘 헤아려 결정하시고, 그 나머지는 모두 궁 밖으로 나누어 내보내시기 바랍니다.

- 스물둘째, 우리 조정에서 양인과 천인을 구분하는 법은 그 유래가 오래되었습니다. 태조께서 즉위한 초기에 노비가 없던 신하는 포로로 얻거나 재물을 주고 사서 노비를 구하였습니다. 태조께서는 일찍이 포로들을 해방하여 양인으로 삼고자 하였습니다만 공신들이 동요할까 염려하여 그들의 편의대로 둘 것을 허락하였습니다. 그래서 60여 년이 지나도록 노비 관련 소송을 하는 자가 없었습니다. 광종 때에 이르러 공신들의 노비를 조사하여 불법으로 소유한 노비를 가려내라고 명령하시자, 공신들은 탄식하고 원망하였습니다. 다만 왕후께서 그만둘 것을 요청하였지만 임금께서는 받아들이지 않았습니다. 이로 인해 천민과 노비들이 귀한 사람들을 업신여겼으며, 허위 사실로 주인을 모함한 것을 이루다 기록할 수 없었습니다. 전하께서는 지난 일을 거울삼아 천한 노비들이 귀한 이들을 업신여기지 못하게 하시고, 노비와 주인과의 관계를 적절히 처리하도록 하십시오.

─ 『고려사절요(高麗史節要)』 성종문의대왕(成宗文懿大王)

사료 텍스트 완성하기

교과서 텍스트

1. 한 성종은 최승로의 건의를 받아들여 (   )의 중앙 관제를 정비하였다.

2. 한 성종은 전국 (   )에 지방관을 파견하였으며, 향리 제도를 정비하였다.

3. 한 성종은 국자감과 (   )을/를 설립하여 유학 교육을 장려하였다.

4. 한 성종 대에는 군사 기밀, 왕명 출납을 담당하는 (   )을/를 설치하여 중서문하성과 더불어 양대 기구로 삼았다.

기출 텍스트

1. 전 최승로는 선진 문화의 핵심적 내용을 중국의 (   ) 문화로 보고 있다.

2. 수 성종은 전국 주요 지역에 12목을 설치하고 (   )을/를 파견하였다.

3. 능 성종 시기에는 전국이 (   )(으)로 개편되었다.

4. 능 최승로의 주장으로 인해 개경과 서경의 (   )이/가 폐지되었다.

빈칸 정답		교과서 텍스트	기출 텍스트
	1	2성 6부	유교
	2	12목	목사
	3	향교	10도
	4	중추원	팔관회

006 | 거란과의 관계

역금성, 역리베르, 역천재 / 한미래엔, 한지학사

① 二十五年冬十月, 契丹遣使, 來遺橐駝五十四. ② 王"以契丹嘗與渤海, 連和, 忽生疑貳, 背盟殄滅. ③ 此甚無道, 不足遠結爲隣." ④ 遂絶交聘, 流其使三十人于海島, 繫橐駝萬夫橋下, 皆餓死.

—『高麗史』「世家」太祖

⑤ 熙曰. ⑥ "非也. ⑦ 我國卽高勾麗之舊也. ⑧ 故號高麗, 都平壤, 若論地界, 上國之東京, 皆在我境, 何得謂之侵蝕乎? ⑨ 且鴨綠江內外, 亦我境內, 今女眞盜據其閒, 頑黠變詐, 道途梗澁, 甚於涉海, 朝聘之不通, 女眞之故也. ⑩ 若令逐女眞, 還我舊地, 築城堡通道路, 則敢不修聘? ⑪ 將軍如以臣言, 達之天聰, 豈不哀納?"

—『高麗史』「列傳」徐熙

⑫ 契丹主, 獲通州城外收禾男婦, 各賜錦衣, 授紙封一箭, 以兵三百餘人, 送興化鎭諭降. ⑬ 其箭封有書曰. ⑭ "朕以前王誦, 服事朝廷, 其來久矣. ⑮ 今逆臣康兆, 弑君立幼, 故親率精兵, 已臨國境. ⑯ 汝等擒康兆, 送駕前, 便卽回兵, 不然直入開京, 殺汝妻孥."

—『高麗史』「列傳」楊規

⑰ 至興化鎭, 選騎兵萬二千, 伏山谷中, 以大蠅貫牛皮, 塞城東大川, 以待之. ⑱ 賊至, 決塞發伏, 大敗之. ⑲ 遜寧[排狎]引兵, 直趨京城, 民瞻追及於慈州來口山, 又大敗之. ⑳ 侍郎趙元, 又擊於馬灘, 斬首萬餘級.

—『高麗史』「列傳」姜邯贊

주요 어휘 ‖‖‖‖‖‖‖‖‖‖‖

槖 전대 탁	駝 낙타 타	忽 소홀히 할 홀	疑 의심할 의	貳 두 이
殄 다할 진	滅 멸망할 멸	遂 이를 수	絶 끊을 절	繫 맬 계
餓 주릴 아	舊 옛 구	侵 침노할 침	蝕 좀먹을 식	盜 훔칠 도
據 의거할 거	頑 완고할 완	黠 약을 힐	變 변할 변	梗 막힐 경
澁 막힐 삽	涉 건널 섭	聘 찾아갈 빙	還 돌아올 환	築 쌓을 축
敢 감히 감	修 닦을 수	達 통달할 달	豈 어찌 기	獲 얻을 획
收 거둘 수	禾 벼 화	賜 하사할 사	錦 비단 금	衣 옷 의
授 줄 수	紙 종이 지	送 보낼 송	鎭 진압할 진	諭 깨우칠 유
降 항복할 항	朕 나 짐	服 옷 복	久 오랠 구	逆 거스를 역
弑 죽일 시	境 지경 경	擒 사로잡을 금	駕 멍에 가	妻 아내 처
孥 자식 노	蠅 파리 승	賊 도둑 적	敗 깨뜨릴 패	輜 거느릴 치
瞻 볼 첨	趙 나라 조	擊 부딪칠 격	灘 여울 탄	

한자 독음 ‖‖‖‖‖‖‖‖‖‖‖‖‖

① 이십오년동십월, 글란견사, 내견탁타오십필. ② 왕"이글란상여발해, 연화, 홀생의이, 배맹진멸. ③ 차심무도, 부족원결위린." ④ 수절교빙, 유기사삼십인우해도, 계탁타만부교하, 개아사.

⑤ 희왈. ⑥ "비야. ⑦ 아국즉고구려지구야. ⑧ 고호고려, 도평양, 약논지계, 상국지동경, 개재아경, 하득위지침식호? ⑨ 차압록강내외, 역아경내, 금녀진도거기한, 완힐변사, 도도경삽, 심어섭해, 조빙지불통, 여진지고야. ⑩ 약령축여진, 환아구지, 축성보통도로, 즉감불수빙? ⑪ 장군여이신언, 달지천총, 기불애납?"

⑫ 글란주, 획통주성외수화남부, 각사금의, 수지봉일전, 이병삼백여인, 송흥화진유항. ⑬ 기전봉유서왈. ⑭ "짐이전왕송, 복사조정, 기래구의. ⑮ 금역신강조, 시군입유, 고친솔정병, 이임국경. ⑯ 여등금강조, 송가전, 편즉회병, 불연직입개경, 살여처노."

⑰ 지흥화진, 선기병만이천, 복산곡중, 이대승관우피, 색성동대천, 이대지. ⑱ 적지, 결색발복, 대패지. ⑲ 손녕[배압]인병, 직추경성, 민첨추급어자주래구산, 우대패지. ⑳ 시랑조원, 우격어마탄, 참수만여급.

1. 국문 해석

① (태조) 25년 10월 거란이 사신을 보내 낙타 50필을 선사하였다. ② 왕은 "거란이 일찍이 발해와 화친을 이어 오다가 돌연히 발해를 의심하고는 두 마음을 품어 맹약(盟約)을 어기고 멸망시켰다. ③ 이는 매우 도리에 어긋난 일이니 화친하여 국교를 맺을 바가 되지 못한다."라고 하였다. ④ 외교 관계를 끊고, 사신 30명을 섬으로 유배 보내고 낙타를 만부교(萬夫橋) 아래에 매어 놓아 모두 굶어 죽게 하였다.

－『고려사(高麗史)』「세가(世家)」태조(太祖)

⑤ 서희가 말하였다. ⑥ "아니다. ⑦ 우리나라가 곧 고구려의 옛 땅이다. ⑧ 그러므로 국호를 고려라 하고 평양에 도읍하였으니 만일 국토의 경계로 말한다면 상국(거란)의 동경(東京)은 전부 우리 지역 안에 있는데 어찌 영토를 침범한 것이라 하는가? ⑨ 그리고 압록강의 안팎 또한 우리의 지역인데 지금 여진(女眞)이 그 사이에 도둑질하여 차지하고는 교활하게 대처하고 있어 길의 막힘이 바다를 건너는 것보다 더 심하니 조빙의 불통은 여진 때문이다. ⑩ 만일 여진을 내쫓고 우리 옛 땅을 되찾아 성과 요새를 쌓고 도로를 만들면 어찌 교빙하지 않겠는가? ⑪ 장군이 만일 신의 말을 천자에게 전하면 어찌 가엾이 여겨 흔쾌히 받아들이지 않겠는가?"

― 『고려사(高麗史)』 「열전(列傳)」 서희(徐熙)

⑫ 거란 임금은 통주(通州)의 성 밖에서 추수하는 남녀를 사로잡아 각각 비단옷을 하사하고 종이로 감싼 화살 한 개를 주었으며, 군사 300여 명으로 하여금 흥화진까지 호송하여 항복을 권유하게 하였다. ⑬ 화살에 밀봉한 편지가 있었는데 다음과 같았다. ⑭ "짐은 전왕(前王) 왕송(王誦)이 우리 조정에 복속하고 섬겼는데, 그 유래가 오래되었다. ⑮ 지금 역신 강조가 임금을 시해하고 어린 아이를 세웠으니, 이 때문에 친히 정예군을 거느리고 이미 국경에 당도하였다. ⑯ 너희들이 강조를 체포하여 짐[駕] 앞으로 보내면 그 즉시 회군하겠지만, 그렇지 않으면 바로 개경(開京)으로 쳐들어가서 너희 처자들을 죽일 것이다."

― 『고려사(高麗史)』 「열전(列傳)」 양규(楊規)

⑰ 흥화진(興化鎭)에 이르러 기병 12,000명을 뽑아 산골짜기에 매복시킨 후에, 큰 동아줄을 소가죽에 꿰어서 성 동쪽의 큰 냇물을 막고 그들을 기다렸다. ⑱ 적들이 오자 막아 놓았던 물줄기를 터놓고 복병을 돌격시켜 크게 패배시켰다. ⑲ 소손녕[배압]이 군사를 이끌고 바로 개경으로 진격하자, 강민첨은 자주(慈州)의 내구산(來口山)까지 쫓아가서 다시 크게 패배시켰다. ⑳ 시랑(侍郎) 조원(趙元)은 또 마탄(馬灘)에서 공격하여 목 벤 것이 10,000여 급(級)이었다.

― 『고려사(高麗史)』 「열전(列傳)」 강감찬(姜邯贊)

2. 사료 해설

태조 왕건은 고려(高麗)를 건국하면서 자신의 근거지였던 송악과 가까운 평양 지역을 주목하였다. 당시 후삼국의 분립 상황에서 각 지역은 유력한 호족 세력에 의해 점유되어 있었는데, 이 지역은 유력한 세력이 부재한 상황이었기 때문이다. 그리하여 이 지역을 점유하고, 대도호(大都護)로 삼아 왕식렴(王式廉)을 보내 지키도록 하였다. 이로 인해 평양 대도호는 고려 왕실의 정치적 군사적 기반으로 자리잡을 수 있게 되었다.

이러한 상황에서 북방 지역에서는 거란의 세력이 점차 팽창하기 시작하였다. 이윽고 태조 9년(926)에는 거란이 발해를 멸망시키고 고려와 국경을 접하게 되었다. 이때 거란은 고려에 사신을 보내 낙타 등을 선물하면서 화친을 맺으려 하였으나, 태조는 거란의 사신을 유배 보내고 낙타를 만부교 아래 굶겨 죽이는 등 과감한 조치를 취하였다.

이후 거란은 송(宋)과의 대결을 위해 발해 유민들이 세운 정안국(定安國)을 멸망시키고, 고려에 대한 공격을 시도하였다. 성종 12년(993) 10월 동경유수 소손녕이 80만 대군을 이끌고 침입하였을 때 고려 조정에서는 서경 이북의 영토를 떼어 주자는 할지론(割地論)이 대두하였다. 이러한 상황에서 서희(徐熙)는 외교적 담판을 통해 거란의 침입을 저지하고자 하였다. 당시 거란은 송과의 전쟁에 전념하려는 의도 속에서 고려를 침입하였기 때문에 이를 잘 이용하면 담판을 지을 수 있다고 본 것이었다. 당시 서희의 전략은 성공하여 고려는 거란과 외교 관계를 맺고, 송과의 관계를 끊는 것으로 거란의 군대를 회군시킬 수 있었다. 또한 고려가 압록강 유역의 땅을 차지하는 것을 인정함으로써 강동 6주 지역을 확보할 수 있었다.

강동 6주가 설치된 이후 거란은 그 전략적 가치를 새삼 인식하게 되었다. 그리하여 강동 6주에 대한 할양을 요구하였고, 거절당한 상황에 대해 불만을 품게 되었다. 이에 거란은 고려에서 발생한 강조의 정변을 구실삼아 2차 침입을 감행하였고, 고려 현종은 나주까지 피난하였다. 그러나 거란은 결국 고려왕의 친조를 조건으로 철군하게 되었는데, 이는 강동 6진에 분포되어 있는 고려의 군사력을 신경썼기 때문이었다.

이후 거란은 고려에게 현종의 입조를 독촉하였으나, 고려는 왕의 병 등을 핑계로 계속 회피하였다. 이에 거란은 강동 6주의 반환을 재차 요구하게 되었고, 이 역시 거절당하자 1018년(현종 9년) 소배압(蕭排押)이 10만 대군을 이끌고 3차 침입을 감행하였다. 그러나 강감찬(姜邯贊) 등이 이끄는 군대에 의해 흥화진(興化鎭), 귀주(龜州) 등지에서 연이어 패배함에 따라 거란의 침입은 완전히 실패하게 되었다. 이후 고려는 개경에 나성(羅城)을 축조하였고, 이후 천리장성(千里長城)을 완공하여 국경 방비를 더욱 튼튼하게 하였다.

사료 Plus⁺

- 왕경(王京) 개성부(開城府)는 본래 고구려(高句麗)의 부소갑(扶蘇岬)이다. 신라(新羅)에서 송악군(松嶽郡)으로 고쳤다. 태조(太祖) 2년(919)에 송악(松嶽)의 남쪽에 도읍을 정하여 개주(開州)라 하고 궁궐을 창건하였다. 시전(市廛)을 세우고, 방리(坊里)를 구분하여 5부(五部)를 나누었다. 광종(光宗) 11년(960)에 개경(開京)을 황도(皇都)로 고쳤다. 성종(成宗) 6년(987)에 5부 방리(坊里)를 다시 정하였다. 성종 14년(995)에 개성부(開城府)가 되어, 적현(赤縣) 6개와 기현(畿縣) 7개를 관할하였다. 현종(顯宗) 9년에 부(府)를 없애고 현령(縣令)을 두어, 정주(貞州) · 덕수(德水) · 강음(江陰)의 세 현(縣)을 관할하고, 또 장단현령(長湍縣令)을 두어 송림(松林) · 임진(臨津) · 토산(兎山) · 임강(臨江) · 적성(積城) · 파평(坡平) · 마전(麻田)의 7개 현을 관할하게 하여, 모두 상서도성(尙書都省)에 직속시키고, 이를 경기(京畿)라 불렀다. 현종 15년에 또 경성(京城)의 5부 방리를 정하였다.

  ─ 『고려사(高麗史)』「지(志)」 지리(地理)

- 왕가도(王可道)가 아뢰길, "거란은 우리와 우호를 맺고 예물도 교환하지만 매번 우리를 집어삼키려는 뜻을 갖고 있습니다. 지금 임금이 죽고 부마(駙馬) 필제(匹梯)가 동경(東京)을 근거지로 반역하였으니, 마땅히 이 틈을 타서 압록강(鴨綠江)의 성과 다리를 허물고 억류한 우리 사신[行人]들을 돌려달라고 요청하십시오. 만약 거란이 듣지 않으면 마땅히 그들과 외교 관계를 끊어야 합니다."라고 하였다. 이에 표문을 첨부해 그 일을 요청하였으나, 거란은 들어주지 않았다. 왕이 명령을 내려 신하들에게 대책을 의논하게 하니, 서눌(徐訥) 등 29명이 말하기를, "저들이 우리의 요구를 거절하였으니, 마땅히 우호 관계를 끊어야 합니다."라고 하였다. 그러나 황보유의(皇補兪義) 등 39명이 논박하여 말하길, "지금 우호 관계를 끊는다면 반드시 화가 미칠 것이니, 우호 관계를 지속하면서 백성을 안정시키는 것만 같지 못합니다."라고 하였다. 왕은 왕가도와 서눌 등의 의견에 따라 하정사(賀正使) 파견을 중지하였으나, 거란 성종(聖宗)의 태평(太平)이란 연호는 그대로 사용하였다.

　　　　　　　　　　　　　　　　　　　　　　　　　　　　　　─『고려사(高麗史)』「열전(列傳)」 왕가도(王可道)

✏ 사료 텍스트 완성하기

교과서 텍스트

1. 한 거란의 1차 침입 때 고려는 (　　　)의 활약으로 송과의 관계를 끊고 거란과 교류하는 대신, 강동 6주를 확보하였다.

2. 한 강조의 정변을 구실로 쳐들어온 2차 침입 때는 개경이 함락되고 현종이 (　　　)까지 피란 가는 어려움을 겪었으나, (　　　)을/를 조건으로 강화를 체결하였다.

3. 한 거란의 3차 침입에서는 (　　　)이/가 물러가는 거란군을 귀주에서 크게 격파하였다.

4. 역 고려는 거란의 3차 침입을 물리친 이후 (　　　)을/를 쌓는 등 북방 민족의 침략에 대비해 국방을 강화하였다.

기출 텍스트

1. 능 서희의 외교 교섭 결과 (　　　)을/를 차지할 수 있었다.

2. 전 거란의 2차 침입 당시 거란은 (　　　)을/를 구실로 침입하였다.

3. 전 거란의 2차 침입 당시 (　　　)은/는 나주까지 피난하였다.

4. 능 강감찬의 활약 이후 개경에 (　　　)을/를 축조하여 침입에 대비하였다.

빈칸 정답		교과서 텍스트	기출 텍스트
	1	서희	강동 6주
	2	나주, 친조	강조의 정변
	3	강감찬	현종
	4	천리장성	나성

007 | 숙종 시기 남경길지설의 대두

지학사

① 新羅末, 有僧道詵, 入唐學一行地理之法而還, 作秘記以傳. ② 謂髀學其術, 上書請遷都南京曰. ③ "道詵記云. ④ '高麗之地, 有三京, 松嶽爲中京, 木覓壤爲南京, 平壤爲西京. ⑤ 十一·十二·正·二月, 住中京, 三·四·五·六月, 住南京, 七·八·九·十月, 住西京, 則三十六國朝天.' ⑥ 又云, '開國後百六十餘年, 都木覓壤.' ⑦ 臣謂今時, 正是巡駐新京之期. ⑧ 臣又竊觀道詵踏山歌曰. ⑨ '松城落後向何處, 三冬日出有平壤. ⑩ 後代賢士開大井, 漢江魚龍四海通.' … ⑪ 又曰, '四海神魚朝漢江, 國泰人安致大平.' … ⑫ 又三角山明堂記曰. ⑬ '… 憑三角山作帝京, 第九之年四海朝.' ⑭ 故此明王盛德之地也."

— 『高麗史』「列傳」金謂髀

주요 어휘 |||||||||||||||||

秘 숨길 비	傳 전할 전	髀 검은 돌 제	遷 옮길 천	嶽 큰 산 악
覓 찾을 멱	駐 머무를 주	竊 훔칠 절	落 떨어질 락	憑 기댈 빙

한자 독음 |||||||||||||||||

① 신라말, 유승도선, 입당학일행지리지법이환, 작비기이전. ② 위제학기술, 상서청천도남경왈. ③ "도선기운. ④ '고려지지, 유삼경, 송악위중경, 목멱양위남경, 평양위서경. ⑤ 십일·십이·정·이월, 주중경, 삼·사·오·육월, 주남경, 칠·팔·구·십월, 주서경, 즉삼십육국조천.' ⑥ 우운, '개국후백육십여년, 도목멱양.' ⑦ 신위금시, 정시순주신경지기. ⑧ 신우절관도선답산가왈. ⑨ '송성낙후향하처, 삼동일출유평양. ⑩ 후대현사개대정, 한강어룡사해통.' … ⑪ 우왈, '사해신어조한강, 국태인안치대평.' … ⑫ 우삼각산명당기왈. ⑬ '… 빙삼각산작제경, 제구지년사해조.' ⑭ 고차명왕성덕지지야."

1. 국문 해석

① 신라 말기에 승려 도선(道詵)이 당에 들어가 일행(一行)의 지리법(地理法)을 배우고 돌아와 비기(秘記)를 지어 후세에 전하였다. ② 김위제가 도선의 술법을 공부하여 남경(南京)으로 천도하자고 요청하는 상서를 올리며 말하였다. ③ "「도선기(道詵記)」에는 다음과 같이 언급되어 있습니다. ④ '고려의 땅에는 3경(京)이 있으니, 송악(松嶽)이 중경(中京)이 되고, 목멱양(木覓壤)이 남경이 되며, 평양(平壤)이 서경(西京)이 된다. ⑤ 11월·12월·정월·2월에는 중경에 거주하고, 3월·4월·5월·6월에는 남경에 거주하며, 7월·8월·9월·10월에는 서경에 거주하면 36개 나라가 와서 조공을 바칠 것이다.' ⑥ 또한 이르기를, '개국하고 160여 년 뒤에 목멱양에 도읍을 정한다.'라고 하였습니다. ⑦ 신(臣)은 지금이 바로 새 도읍을 돌아보시고 거기에 거주하실 때라고 생각합니다. ⑧ 신이 또한 도선의 「답산가(踏山歌)」를 가만히 보건대 다음과 같이 언급하였습니다. ⑨ '송성(松城)이 떨어진 뒤에 어느 곳으로 향할 것인가. 삼동(三冬)에는 해 뜨는 평양이 있도다. ⑩ 후대의 현사가 대정(大井)을 열매 한강의 어룡(魚龍)이 사해에 통하도다.' … ⑪ 또 이르기를, '사해의 신어(神魚)가 한강에서 모이니, 나라는 태평하고 사람들은 편안하여 태평성대를 이루리라.'라고 하였습니다. … ⑫ 또 「삼각산명당기(三角山明堂記)」에서 다음과 같이 이르렀습니다. ⑬ '… 삼각산(三角山)에 기대어 황제의 서울을 짓는다면 9년째 되는 해에 온 천하가 조공을 바칠 것이다.' ⑭ 고로 이는 명왕(明王) 성덕(盛德)의 땅입니다."

－『고려사(高麗史)』「열전(列傳)」김위제(金謂磾)

2. 사료 해설

신라 말 도선(道詵)은 풍수지리설을 체계화하였다. 그는 중국에서 발달한 참위설을 바탕으로 하여 지리쇠왕설(地理衰旺說), 비보사탑설(裨補說) 등을 주장하였다. 도선에 따르면, 지기(地氣)는 쇠왕(衰旺)과 순역(順逆)이 있고, 이를 막기 위해서는 인위적으로 사탑을 건립해 지기(地氣)를 보완해야 한다고 하였다[裨補寺塔說]. 이러한 주장은 태조 왕건의 훈요 10조에도 반영되어 고려 왕조에서 유훈처럼 간직되어 왔고, 이를 바탕으로 여러 차례 천도 논의가 발생하기도 하였다.

문종 때를 전후하여 한양이 좋은 땅이라는 '한양 명당설'이 널리 퍼졌다. 이는 당시 한양이 개경 관료 집단의 시지(柴地) 분급지 등으로 지속적인 발달이 진행된 결과 나타난 것으로 보인다. 이러한 주장에 힘입어 문종 때 한양을 남경으로 승격시키기도 하였다.

숙종은 이자의(李資儀) 등을 누르고 즉위하였는데, 이 과정에서 많은 이들을 살육하고 즉위하였다. 이에 대해 당시 고려의 문벌 관료들은 이 무렵 발생한 자연재해를 하늘의 경계로 여기면서, 숙종의 비정상적인 왕위 계승을 간접적으로 비판하기도 하였다. 이러한 상황 속에서 음양관(陰陽官)이던 김위제(金謂磾)가 '남경 천도'를 주장한 것이었다. 이는 숙종이 정치적으로 수세에 몰릴 수도 있는 상황 속에서 국면을 전환하는 데 큰 도움을 주었다.

당시 숙종은 개경을 중심으로 한 문벌 세력을 억누르고 왕권을 강화하기 위해 '남경 천도'를 추진하였다. 숙종이 직접 남경의 지세를 답사하기도 하였고, 숙종 6년(1101)에는 남경개창도감을 설치해 천도를 실제로 추진하기도 하였다. 그러나 숙종이 얼마 지나지 않아 죽음을 맞이함(1105)으로써 남경 천도는 실현되지 못하였다.

하지만 이를 계기로 남경에 대한 개발은 계속 진척되었고, 남경의 중요성은 계속 주목받았다. 그리하여 고려 말 천도 논의에서 남경 천도는 지속적으로 언급될 수밖에 없었고, 결국 고려 말 조선 초에 접어들어 한양 천도로 이어지게 되었다.

사료 Plus⁺

- 팔관회(八關會)를 열고 왕이 신봉루(神鳳樓)에 거둥하여 백관에게 술과 음식[醑]을 하사하였으며, 저녁에 법왕사(法王寺)에 행차하였다. 다음날 대회(大會)에서 또 술과 음식을 하사하고 음악 공연을 관람하였으며, 동경(東京)과 서경(西京), 동로(東路)와 북로(北路)의 병마사(兵馬使), 4도호(四都護), 8목(牧)이 각각 표문(表文)을 올려 축하하였다. 송(宋)의 상인, 동번(東蕃), 서번(西蕃), 탐라국(耽羅國)이 또한 토산물을 바쳤으므로, 의례를 관람할 수 있는 자리를 하사하였는데 후에는 이것이 상례가 되었다.
  　　　　　　　　　　　　　　　　　　　　　　　　　　－ 『고려사(高麗史)』 「세가(世家)」 정종(靖宗)

- 대관(大觀) 경인년(庚寅年), 천자께서 저 먼 변방에서 현묘한 도를 듣고자 하는 뜻을 헤아려, 고려에 사신을 파견하면서 도사 두 명을 딸려 보내 교법(敎法)에 통달한 자를 골라 가르치도록 하였다. 왕우(王俁)는 신앙이 돈독하여 정화(政和) 연간에 복원관(福源觀)을 처음 세워 도가 높고 참된 도사 십여 명을 받들었다.
  　　　　　　　　　　　　　　　　　　　　　　　　　　－ 『선화봉사고려도경(宣和奉使高麗圖經)』

- 호랑이가 새 도읍[新都]의 문하부(門下府)로 들어와 사람을 치고 도망갔다. 당시 한양(漢陽)으로 천도한 지 겨우 며칠밖에 안 되었는데 호랑이가 많은 사람과 가축을 해치니 사람들이 모두 두려워했다. 왕이 사신을 보내서 백악(白岳), 목멱(木覓), 성황(城隍)에 제사를 지내어 재앙이 물러가도록 빌게[禳] 하였다.
  　　　　　　　　　　　　　　　　　　　　　　　　　　－ 『고려사(高麗史)』 「지(志)」 오행(五行)

- 고려 태조는 삼한(三韓)을 통일하고 비로소 6위(六衛)를 설치하였다. 위(衛)에는 38령(領)을 두었는데, 영은 각각 1,000명이었다. 상하가 서로 연결되고 체계가 서로 짜임새가 있어 당(唐)나라의 부위제(府衛制)와 거의 비슷하였다. 숙종(肅宗) 때 이르러 동여진(東女眞)이 전쟁을 일으키려는 조짐을 보이자, 마음을 단단히 하여 힘써 이를 방어하고자 날마다 군사를 훈련하다가 마침내 별무반(別武班)을 조직하였다. 여기에는 산관(散官)·이서(吏胥) 들로부터 상인·천예(賤隸)·승려에 이르기까지 소속되지 않은 이가 없었다. 비록 이것은 옛 제도와 맞지는 않았으나, 한때 이를 활용하여 성과를 거둔 것은 높이 평가할 만하다.
  　　　　　　　　　　　　　　　　　　　　　　　　　　－ 『고려사(高麗史)』 「지(志)」 병(兵)

사료 텍스트 완성하기

교과서 텍스트

1. 역 숙종은 (   ) 등 과거를 통해 진출한 신진 관료와 함께 문벌 세력이 권력을 독점하는 것을 막기 위해 노력하였다.

2. 한 숙종은 기병 중심의 여진을 당해 내기 위해 윤관의 건의를 받아들여 (   )을/를 편성하였다.

3. 한 고려 시대에는 여러 차례 천도 주장이 제기되기도 하였는데, 대표적으로 서경 천도론, (   ) 천도론이 있다.

기출 텍스트

1. 전 숙종은 (   )의 건의로 남경에 궁궐을 지었다.

2. 수 김위제의 주장에 담긴 사상은 (   )의 서경 천도 운동이 일어나는 데 영향을 끼쳤다.

3. 능 숙종 시기 의천은 (   ) 유통의 필요성을 주장하였다.

빈칸 정답		교과서 텍스트	기출 텍스트
	1	윤관	김위제
	2	별무반	묘청
	3	남경	화폐

008 | 여진 정벌과 이후 여진의 성장

역금성, 역미래엔, 역지학사 / 한씨마스, 한지학사, 한해냄에듀

---

① 今上嗣位, 亮陰三載, 甫畢祥禪, 謂左右曰. ② "女眞, 本勾高麗之部落, 聚居于盖馬山東, 世脩貢職, 被我祖宗恩澤深矣. ③ 一日背畔無道, 先考深憤焉. …" ④ 乃命守司徒·中書侍郎平章事尹瓘, 爲行營大元帥, 知樞密院事·翰林學士承旨吳延寵, 爲副元帥, 率精兵三十萬, 俾專征討. … ⑤ 斬首六千餘級, 載其弓矢, 來降於陣前者, 五十千餘口, 其望塵喪魄, 奔走窮北, 不可勝數. … ⑥ 瓘獻俘三百四十六口, 馬九十六匹, 牛三百餘頭, 城宜州·通泰·平戎二鎭與咸·英·雄·吉·福州·公嶮鎭, 爲北界九城, 皆徙南界民, 以實之.

— 『高麗史』「列傳」 尹瓘

⑦ 金新破遼, 遣使請結爲兄弟, 大臣極言不可, 至欲斬其使者. ⑧ 富儀, 獨上疏曰. ⑨ "臣竊觀漢之於凶奴, 唐之於突厥, 或與之稱臣, 或下嫁公主, 凡可以和親者, 無不爲之. ⑩ 今大宋與契丹, 迭爲伯叔兄弟, 世世和通. … ⑪ 昔成宗之世, 禦邊失策, 以速遼人之入寇, 誠爲可鑑. ⑫ 臣伏願, 聖朝思長圖遠策, 以保國家而無後悔." ⑬ 宰樞無不笑且排之, 遂不報.

— 『高麗史』「列傳」 金富儀

주요 어휘 ‖‖‖‖‖‖‖‖‖‖‖

嗣 이을 사	亮 밝을 / 양암 양	陰 응달 / 저승 음	勾 굽을 구	落 마을 락
聚 모일 취	脩 포 / 포육 수	被 입을 피	恩 은혜 은	澤 못 택
深 깊을 심	畔 배반할 반	憤 분할 분	瓘 옥 이름 관	延 끌 연
寵 괼 총	載 실을 재	望 바랄 망	塵 티끌 진	魄 넋 백
奔 달릴 분	走 달릴 주	窮 다할 궁	北 북녘 북	勝 이길 / 모두 승
徙 옮길 사	實 채울 실	結 맺을 결	極 다할 극	斬 벨 참
竊 훔칠 절	禦 막을 어	邊 가 변	寇 도둑 구	誠 정성 성
悔 뉘우칠 회	笑 웃을 / 비웃을 소	且 또 차	排 물리칠 배	

한자 독음 ||||||||||||||

① 금상사위, 양음삼재, 보필상선, 위좌우왈. ② "여진, 본구고려지부락, 취거우개마산동, 세수공직, 피아조종은택심의. ③ 일일배반무도, 선고심분언. …" ④ 내명수사도·중서시랑평장사윤관, 위행영대원수, 지추밀원사·한림학사승지오연총, 위부원수, 솔정병삼십만, 비전정토. … ⑤ 참수육천여급, 재기궁시, 내항어진전자, 오십천여구, 기망진상백, 분주궁북, 불가승수. … ⑥ 관헌부삼백사십육구, 마구십육필, 우삼백여두, 성의주·통태·평융이진여함·영·웅·길·복주·공험진, 위북계구성, 개사남계민, 이실지.

⑦ 금신파요, 견사청결위형제, 대신극언불가, 지욕참기사자. ⑧ 부의, 독상소왈. ⑨ "신절관한지어흉노, 당지어돌궐, 혹여지칭신, 혹하가공주, 범가이화친자, 무불위지. ⑩ 금대송여글란, 질위백숙형제, 세세화통. … ⑪ 석성종지세, 어변실책, 이속요인지입구, 성위가감. ⑫ 신복원, 성조사장도원책, 이보국가이무후회." ⑬ 재추무불소차배지, 수불보.

1. 국문 해석

① 지금 임금께서 왕위를 이어 상복을 입으신 지 3년이라 이제 막 대상(大祥)과 담제(禫祭)를 마치시고 좌우에 말하셨다. ② "여진은 본디 고구려[勾高麗]의 부락으로서 개마산(盖馬山) 동쪽에 모여 살면서, 대대로 공직(貢職)을 바치며 우리 조종(祖宗)의 깊은 은혜를 깊이 입었다. ③ 그런데도 하루아침에 무도(無道)하게 배반하니, 선고(先考)께서 크게 분노하였다. …" ④ 이에 명령하여, 수사도 중서시랑평장사(守司徒 中書侍郎平章事) 윤관을 행영대원수(行營大元帥)로 삼고, 지추밀원사 한림학사승지(知樞密院事 翰林學士承旨) 오연총(吳延寵)을 부원수(副元帥)로 삼아, 정병(精兵) 30만 명을 거느리고 정벌을 전담하도록 하였다. … ⑤ 6,000여 명의 머리를 베었고 그 활과 화살을 싣고 진(陣) 앞으로 와서 항복하는 자는 50,000여 명이었으며, 그 흙먼지를 보고 혼이 빠져 북쪽 끝까지 달아나는 자는 헤아릴 수도 없었다. … ⑥ 윤관(尹瓘)이 포로 346구(口)와 말 96필, 소 300여 마리(頭)를 바치고 의주(宜州)와 통태진(通泰鎭)·평융진(平戎鎭)의 2진과 함주(咸州)·영주(英州)·웅주(雄州)·길주(吉州)·복주(福州)와 공험진(公嶮鎭)에 성을 쌓고 북계(北界) 9성이라 하였으며, 모두 남계(南界)의 민(民)을 이주시켜 성을 채웠다.

－『고려사(高麗史)』「열전(列傳)」, 윤관(尹瓘)

⑦ 금(金)이 새로이 요(遼)를 격파하고 사신을 보내 형제의 맹약을 맺기를 청하니 대신들이 그럴 수 없다고 극언(極言)하며 그 사신의 목을 베자고 하는 데까지 이르렀다. ⑧ 김부의(金富儀)가 혼자 상소를 올려 말하였다. ⑨ "신이 살펴보건대 한(漢)은 흉노(凶奴)에, 당(唐)은 돌궐(突厥)에 혹은 서로 칭신(稱臣)하거나 혹은 공주(公主)를 시집보내기도 하면서 무릇 화친(和親)할 수 있는 경우 그리하지 않음이 없었습니다. ⑩ 지금 송[大宋]과 거란(契丹)은 서로 백숙(伯叔)과 형제 사이가 되어 대대로 화통(和通)하고 있습니다. … ⑪ 옛날 성종(成宗) 치세에 변방을 방어하는 데 실책이 있어 요의 침입을 독촉한 것을 진실로 거울삼아야 할 것입니다. ⑫ 신이 엎드려 바라건대 성상(聖上)께서는 장구한 계획과 원대한 대책을 생각하여 국가를 보존하여 후회가 없도록 하소서." ⑬ 그러나 재추(宰樞)가 그것을 비웃고 또 물리쳐 끝내 알리지 않았다.

－『고려사(高麗史)』「열전(列傳)」 김부의(金富儀)

2. 사료 해설

고려는 국초부터 여러 갈래로 갈라져 있는 여진족을 통제하기 위해 나름의 노력을 기울여 왔다. 이에 따라 여진족의 상당수는 고려에 특산물을 바치고, 그 대가로 고려의 관직과 하사품을 받아갔다. 그러나 여진족 내부의 완옌부[完顏部]가 잉게[盈歌], 우야소[烏雅束] 등의 영도 아래 점차 세력이 강성해졌고, 완옌부가 중심이 되어 여진족을 통합함에 따라 국경 지역의 분위기가 미묘하게 돌아 갔다. 이에 고려 정부는 완옌부 세력을 축출하기 위해 무력에 의한 강경책을 사용하기 시작하였다.

고려와 여진의 완옌부가 정면으로 충돌한 것은 숙종 9년(1104)였다. 숙종은 임간(林幹)과 윤관 (尹瓘)에게 군대를 맡기고 이 지역에 출병하도록 하였으나, 고려 군대는 연이은 패전을 맞이하게 되었다. 이는 2군 6위로 대표되는 당시 고려의 군사 조직이 기병 중심의 여진족을 당해내지 못한 데서 나타난 결과였다. 이후 장성 밖 여진족은 모두 완옌부의 치하에 들어가게 되었다.

이러한 상황에서 숙종은 새로운 군대 조직을 마련하였는데, 이는 윤관이 기병의 양성과 군량의 비축 등을 건의하였고, 이를 수용한 결과였다. 그리하여 정규군 외에 기마병으로 구성된 신기군(神騎軍), 보병으로 구성된 신보군(神步軍), 승려로 구성된 항마군(降魔軍)으로 편성된 별무반이 조직 되었다. 이는 당시 문무 산관에서부터 노비까지 모든 계층을 징발 대상으로 한 부대였다. 특히 별 무반의 편제는 기병 양성에 중점을 둔 점이 주목된다.

별무반을 기반으로 고려 정부는 예종 2년(1107년) 12월 여진 정벌에 나섰다. 윤관과 오연총(吳延寵)을 각각 원수와 부원수로 하여 17만 대군을 이끌고 나아가게 하였다. 이들은 함흥평야 이북 지역 등을 기습 공격하였고, 이 지역을 기반으로 동북 9성을 축조하였다. 이렇게 획득한 9개의 성에는 남방의 백성들을 옮겨 살게 하여 무려 69,000호가 이주하였다. 당시 동북 지역으로의 영토 팽창은 국내의 농토 부족을 해소하기 위함이었다고 보기도 한다.

하지만 완옌부가 이끄는 여진족은 동북 9성을 돌려받기 위해 지속적으로 움직였다. 이 지역에 대군을 보내 공격하기도 하고, 외교적으로 되돌려 줄 것을 간청하기도 하였다. 고려 정부는 이 지 역에 막대한 물자를 투입하며 전쟁을 지속하는 것은 부담스러운 입장이었다. 결국 여진이 고려에 대하여 조공을 바치며 고려를 침략하지 않겠다고 약속하는 조건으로 강화를 받아들였고, 예종 4년 (1109) 5월 동북 9성에서 군대와 양민을 철수시켰다.

이 무렵 완옌부는 아쿠타[阿骨打]가 이끌며 여진의 다른 부족들을 통합하였고, 예종 9년(1114)에 는 거란의 대군을 격파하고 이듬해 금(金)을 건국하는 데 이르렀다. 국제 관계의 변화 속에서 고려 는 거란이 종래 보유했던 보주(保州)와 내원성(來遠城) 일대를 점령하였는데, 예종 12년(1117) 여진 은 이를 인정해주는 대신 고려에 형제의 맹약을 맺을 것을 요구해 왔다. 이로 인해 여진과 고려는 긴장 상태에 돌입하게 되었다.

사료 Plus⁺

• 정종(定宗) 3년 가을, 동여진에서 말 700필과 토산물을 바쳤다. … 현종(顯宗) 5월, 동북 여진의 추장 조을
두가 무리 70인을 인솔하고 와서 토산물을 바쳐 각각 의복과 은그릇을 하사하였다.

―『고려사(高麗史)』

• 현재 태사를 맡고 있는 오아속(烏雅束)도 역시 고려를 부모의 나라로 삼고 있습니다. … 만약 9성을 돌려주
어 안정된 생업을 누릴 수 있게 해 주신다면 하늘에 맹세코 대대로 조공을 바칠 것이며, 감히 기와 조각
하나라도 귀국의 영토에 던지지 않겠나이다.

―『고려사(高麗史)』「세가(世家)」 예종(睿宗) 4년(年)

• 금(金)의 임금 아골타(阿骨打)가 아지(阿只) 등 5인을 보내 서한을 보내왔다. "형인 대여진금국(大女眞金國)
황제는 아우인 고려국왕에게 문서를 보냅니다. 우리는 할아버지 때부터 한쪽 지방에 끼어 있으면서 거란을
대국(大國)이라고 하고 고려를 부모의 나라[父母之邦]라고 하면서 조심스럽게 섬겨왔습니다. 그런데 거란
이 무도하여 우리 강역을 유린하고 나의 인민을 노예로 삼았으며, 아무 명분 없이 누차 군사를 일으켜왔습
니다. 나는 부득이하게 그에 항거하였는데, 하늘의 도움을 얻어 그들을 섬멸하게 되었습니다. 생각하건대
왕은 우리와의 화친을 허락하고 형제의 관계를 맺어 대대로 무궁한 우호 관계를 이루기 바랍니다."

―『고려사(高麗史)』「세가(世家)」 예종(睿宗) 12년(年)

• 예종(睿宗) 4년 7월, 국학(國學)에 7재(七齋)를 설치하였다. 『주역(周易)』을 (공부하는 곳은) 이택재(麗澤齋),
『상서(尙書)』는 대빙재(待聘齋), 『모시(毛詩)』는 경덕재(敬德齋), 『주례(周禮)』는 구인재(求仁齋), 『대례
(戴禮)』는 복응재(服膺齋), 『춘추(春秋)』는 양정재(養正齋), 『무학(武學)』은 강예재(講藝齋)라고 하였다.
시험을 치러 태학[大學]의 최민용(崔敏庸) 등 70명, 무학(武學)은 한자순(韓自純) 등 8명을 선발하여 각
재(齋)에 나누어 거처하게 하였다. … 11년 4월, 왕이 제서(制書)를 내려 명하였다. "문(文)・무(武)의 두
학문은 국가(國家) 교화(敎化)의 근원이다. 일찍이 지시를 내려 그 두 학문을 가르치는 학교(學校)를 세워
서 여러 생도들을 보살펴 기르고 장차 장수(將帥)와 재상(宰相)을 등용하는 데 대비하려고 하였으나, 유사
(有司)들이 각각 다른 의론(議論)을 고집하여 아직도 의론이 정해지지 않았도다. 마땅히 속히 정하여 아뢰
고 시행하도록 할지어다." … 14년 7월, 국학에 처음으로 양현고(養賢庫)를 두고 인재를 양성하게 하였다.
국초부터 문선왕묘(文宣王廟)를 국자감에 세우고 관리를 두고 스승을 배치했으며, 선종(宣宗) 때에 이르러
서는 교육을 실시하려 했으나 미처 실행하지 못하였다. 예종이 유학 교육에 열의를 가져 담당 관리에게
조서를 내려 학교를 크게 세우도록 하고, 유학에 60명과 무학에 17명을 두고 가까운 신하들에게 그 사무를
감독하게 했으며 유명한 유학자를 골라 학관(學官)과 박사(博士)로 임명하고 경서의 뜻을 강론하여 그들을
가르치고 지도하게 하였다.

―『고려사(高麗史)』「지(志)」 선거(選擧)

사료 텍스트 완성하기

교과서 텍스트

1. 한 12세기 초에 (   )을/를 중심으로 강성해진 여진은 고려의 동북쪽 국경을 자주 침입하여 고려와 마찰을 빚었다.

2. 한 여진이 국경을 침범하자, 윤관이 (   )을/를 이끌고 여진을 정벌한 뒤 동북 지방에 9개의 성을 쌓았다.

3. 한 여진은 9성을 돌려받은 지 얼마 지나지 않아 급격히 성장하여 (   )을/를 건국하고 (   )을/를 멸망시켰다.

4. 한 금은 송을 남쪽으로 밀어내고, 고려에는 (   ) 관계를 요구하였다.

기출 텍스트

1. 능 별무반은 여진을 정벌하여 (   ) 일대를 확보하였다.

2. 능 숙종은 (   )을/를 설치하여 산관(散官)과 아전들로부터 상인, 천인, 승려들까지 모두 입대시켰다.

3. 능 숙종 시기에는 은으로 (   )(이)라는 화폐를 주조하여 사용하였다.

4. 능 윤관이 여진을 정벌하고 국경을 표시하기 위한 모습을 그린 것으로 (   )이/가 있다.

빈칸정답		교과서 텍스트	기출 텍스트
	1	완옌부	동북 9성
	2	별무반	별무반
	3	금, 거란	활구(은병)
	4	군신	척경입비도

009 | 이자겸의 권력 전횡과 금과의 사대 관계

금성, 미래엔, 지학사 / 미래엔, 천재, 해냄에듀

① 內侍祗候金粲·內侍錄事安甫鱗, 與同知樞密院事智祿延等, 謀誅李資謙·拓俊京, 不克. ② 初, 睿宗晏駕, 王幼沖卽位, 資謙欲固其權寵, 納兩女于王, 有不附己者, 百計中傷. ③ 以其族屬布列要職, 多樹黨與, 自尊爲國公, 開府置僚屬, 禮數視王太子, 號其生日仁壽節, 內外賀謝稱箋. ④ 諸子爭起第宅, 連亘街陌, 勢焰益熾, 賄賂公行, 縱其僕隸, 奪人車馬, 載輸己物, 小民皆毁車, 賣牛馬, 道路騷然. ⑤ 資謙又欲知軍國事, 請王幸其第, 授冊勒定. ⑥ 時日, 事雖未就, 王頗惡之. ⑦ 粲及甫鱗常侍左右, 揣知王意, 乃與祿延謀, 請除之.

— 『高麗史節要』 仁宗恭孝大王 4年 2月

⑧ 召集百官, 問臣事大金可否. ⑨ 皆言不可. ⑩ 獨李資謙拓俊京曰. ⑪ "金昔爲小國, 事遼及我, 今旣暴興, 滅遼與宋, 政修兵强, 日以强大, 又與我境壤相接, 勢不得不事. ⑫ 且以小事大先王之道, 宜先遣使聘問." ⑬ 從之.

— 『高麗史節要』 仁宗恭孝大王 4年 3月

주요 어휘

謀 꾀할 모	誅 벨 주	克 이길 극	睿 슬기로울 예	晏 저물 안
駕 임금이 타는 수레 가		幼 어릴 유	沖 빌 충	計 꾀 계
屬 엮을 속	樹 나무 수	黨 무리 당	壽 목숨 수	節 마디 절
賀 하례 하	謝 사례할 사	稱 일컬을 칭	箋 기록할 전	爭 경쟁할 쟁
起 일으킬 기	連 잇달을 련	亘 걸칠 긍	街 거리 가	陌 두렁 맥
勢 기세 세	焰 불 댕길 염	益 더할 익	熾 성할 치	賄 뇌물 회
賂 뇌물 줄 뢰	縱 늘어질 종	僕 종 복	隸 붙을 례	奪 빼앗을 탈
載 실을 재	輸 나를 수	毁 헐 훼	賣 팔 매	騷 떠들 소
授 줄 수	就 이룰 취	頗 조금 파	粲 정미 찬	鱗 비늘 린
揣 잴 췌	延 끌 연	除 숙청할 제	旣 이미 기	暴 사나울 폭

| 滅 멸망할 멸 | 政 정사 정 | 境 지경 경 | 壤 흙 양 | 接 사귈 접 |
| 勢 기세 세 | 聘 찾아갈 빙 | 從 좇을 종 | | |

한자 독음 ||||||||||||||||

① 내시지후김찬·내시녹사안보린, 여동지추밀원사지녹연등, 모주이자겸·척준경, 불극. ② 초, 예종안가, 왕유충즉위, 자겸욕고기권총, 납양녀우왕, 유불부기자, 백계중상. ③ 이기족속포열요직, 다수당여, 자존위국공, 개부치요속, 예수시왕태자, 호기생일인수절, 내외하사칭전. ④ 제자쟁기제택, 련긍가맥, 세염익치, 회뢰공행, 종기복예, 탈인거마, 재수기물, 소민개훼거, 매우마, 도로소연. ⑤ 자겸우욕지군국사, 청왕행기제, 수책늑정. ⑥ 시일, 사수미취, 왕파악지. ⑦ 찬급보린상시좌우, 췌지왕의, 내여록연모, 청제지.

⑧ 소집백관, 문신사대김가부. ⑨ 개언불가. ⑩ 독이자겸척준경왈. ⑪ "금석위소국, 사요급아, 금기폭흥, 멸요여송, 정수병강, 일이강대, 우여아경양상접, 세부득불사. ⑫ 차이소사대선왕지도, 의선견사빙문." ⑬ 종지.

1. 국문 해석

① 내시지후(內侍祗候) 김찬(金粲)과 내시 녹사(內侍 錄事) 안보린(安甫鱗)이 동지추밀원사(同知樞密院事) 지녹연(智祿延) 등과 함께 이자겸(李資謙)과 척준경(拓俊京)을 주살하려고 모의하였으나, 이루지 못하였다. ② 앞서 예종(睿宗)이 붕어하고 왕이 어려서 즉위하자, 이자겸은 권세와 총애를 군히고자 두 딸을 왕에게 들였고 자신을 따르지 않는 자가 있으면 온갖 계책으로 중상하였다. ③ 그의 족속을 요직에 포진시켜 늘어놓고 당여(黨與)을 많이 심어놓으며, 스스로를 높여 국공(國公)이라 하고, 부(府)를 열어 요속(僚屬)을 두었는데 예법의 등급으로는 왕태자로 간주하였고 생일은 인수절(仁壽節)이라 칭하였으며, 내외(內外)에서 하례하거나 사례하는 것은 전(箋)이라 칭하였다. ④ 여러 아들은 집을 경쟁하며 세워 거리에 길게 늘어섰고 기세는 더욱 성해 뇌물을 주고받는 행위를 공공연히 행하였고 종을 풀어 다른 사람의 거마(車馬)를 빼앗아 자신의 물건을 실어 나르니 소민(小民)들이 모두 수레를 부수고 소와 말을 팔아 도로가 시끄럽고 수선해졌다. ⑤ 이자겸은 또한 군국(軍國)의 일을 주관하고자 하여, 왕에게 그의 집에 행차하기를 청하여 수책(授冊)해줄 것을 강제로 정하게 하였다. ⑥ 그날 일은 비록 성취되지 않았지만 왕이 자못 그를 미워하게 되었다. ⑦ 김찬 및 안보린이 항상 옆에서 모시며 왕의 뜻을 헤아려 알게 되어 곧 지녹연과 함께 모의하여 그를 제거할 것을 청하였다.

— 『고려사절요(高麗史節要)』 인종공효대왕(仁宗恭孝大王) 4년(年) 2월(月)

⑧ 백관을 불러 모아 금(金)에 사대하는 일의 가부를 물었다. ⑨ 모두 불가하다고 말하였다. ⑩ 오직 이자겸(李資謙)과 척준경(拓俊京)이 말하였다. ⑪ "금은 옛날에는 소국으로서 요(遼) 및 우리를 섬겼으나 지금은 이미 사납게 일어나 요와 송(宋)을 멸하였으며 정사가 잘 다스려지고 병사가 강하며 날로 강대해지고 있으며, 또 우리의 경계와 더불어 강역이 서로 닿아 있으니 형세가 섬기지 않을 수 없습니다. ⑫ 또 소국이 대국을 섬기는 것은 선왕의 도이니 마땅히 먼저 사신을 보내어 빙문(聘問)해야 합니다." ⑬ 이를 따랐다.

— 『고려사절요(高麗史節要)』 인종공효대왕(仁宗恭孝大王) 4년(年) 3월(月)

2. 사료 해설

인종(仁宗)이 즉위할 무렵 고려 조정은 이자겸(李資謙)을 중심으로 한 외척 세력과 한안인(韓安仁)을 중심으로 한 신진 관료 세력으로 나뉘어 있었다. 이자겸은 인종의 즉위하자 예종의 동생인 대방공(帶方公) 왕보(王俌)·한안인·이중약(李仲若) 등 50여 명이 왕위를 넘보았다고 하며 이들을 제거하기에 이르렀다.

권력을 장악한 이자겸은 자신의 셋째 딸과 넷째 딸을 인종의 부인으로 들였다. 당시 인종은 이모들과 혼인한 셈이었는데, 이는 다른 세력이 외척으로 대두하는 것을 막기 위한 조처였다. 또한 이자겸은 당시 군권을 장악하고 있던 문하시랑평장사 척준경(拓俊京)과도 사돈 관계를 맺어 군사적 기반도 확대해 나갔다.

이를 기반으로 이자겸은 더욱 권세를 부리게 되었다. 스스로 국공(國公)으로 자처하였고, 자신의 생일을 인수절(仁壽節)이라 부르기도 하였다. 더 나아가 군국지사(軍國知事) 등으로의 책봉을 요구하는 등 왕 위에 군림하는 듯한 모습을 보였다.

인종은 이러한 이자겸의 모습에 대해 우려를 표하고, 이자겸의 반대 세력들을 집결시키기 시작하였다. 인종 4년(1126) 내시지후 김찬(金粲), 내시녹사 안보린(安甫鱗), 동지추밀원사 지녹연(智祿延), 상장군 최탁(崔卓)·오탁(吳卓) 등이 군사를 거느리고 이자겸 세력의 제거를 시도하였으나, 곧 이자겸과 척준경의 반격을 받고 실패하였다. 이로 인해 인종은 이자겸의 집에 연금되었고, 이자겸과 척준경에 의한 정사 농단은 더욱 심해지게 되었다.

이 무렵 금(金)은 거란을 멸망시키고, 이어서 송의 수도를 함락시키는 등 명실상부한 중원의 패자로 발돋움하고 있었다. 이러한 상황에서 금은 고려에 대해 군신 관계를 요구해왔고, 당시 권력을 장악하고 있던 이자겸은 자신의 정권 안위를 위해 사대(事大)의 예를 받아들였다. 이러한 사대 관계의 수용은 훗날 묘청(妙淸) 등이 금국 정벌론을 제기하는 배경이 되기도 하였다.

사료 Plus⁺

- (척준경은 어둠을 틈타 적이 빠져나갈 것을 염려하여) 장작을 쌓아놓고 불을 질렀다. 바람에 불이 거세게 타올라 삽시간에 왕의 침전까지 불길이 미치자 궁인들이 모두 놀라 달아나 숨었다. … 이날 궁궐이 모두 불타버리고 산호(山呼)·상춘(賞春)·상화(賞花)의 세 정자와 내제석원(內帝釋院)의 회랑 수십 간(間)만이 겨우 남아있을 뿐이었으며 백관들은 낭패(狼狽)하여 허겁지겁 흩어졌다. … 왕이 서원(西院)에 거처한 이후 좌우가 모두 이자겸 일당들이었으니, 나라 일을 듣고 결단하거나 행동거지와 음식도 자유롭게 하지 못하였다. 백관들은 근처의 시관(寺館)으로 옮겨 거주하면서 인원수만 채울 뿐이었으므로, 이자겸과 척준경의 위세는 날로 더하여져, 그들이 하는 짓을 감히 누구도 어쩌지 못하였다.

  ―『고려사(高麗史)』「열전(列傳)」이자겸(李資謙)

- 금나라는 바닷가 모퉁이에 모여 살던 보잘것없는 종족인데, 거란을 멸망시키더니, 드디어 중국을 모욕하고 간사함과 횡포가 더욱 심해지고 있다. 장차 천하의 군사를 일으켜 작고 형편없는 족속들의 죄를 묻고자 하니, 왕은 군사를 통솔하고 우리(송나라) 군대와 힘을 합쳐 적에게 천벌을 내리도록 하라.

  ―『고려사(高麗史)』

📝 사료 텍스트 완성하기

교과서 텍스트

1. 한 대표적 문벌인 이자겸은 딸들을 (   )와/과 인종에게 거듭 시집 보내며 권력을 휘둘렀다.

2. 한 이자겸은 금과의 전쟁을 피하고 정권 유지를 위해 금의 (   ) 요구를 수용하였다.

3. 한 이자겸은 인종을 (   )에 유폐하였다.

4. 한 이자겸은 인종에게 포섭된 (   )에 의해 제거되었다.

기출 텍스트

1. 능 이자겸은 (   )을/를 왕비로 들이고 막강한 권력을 행사했다.

2. 능 이자겸 집권 당시 금은 (   ) 관계를 요구했다.

3. 능 이자겸 등의 문벌은 금에 대한 (   )을/를 주장했다.

4. 능 이자겸의 위세에 위협을 느끼던 내시 (   ), 상장군 (   ) 등이 이자겸 암살을 시도하였다.

빈칸 정답		교과서 텍스트	기출 텍스트
	1	예종	두 딸
	2	군신 관계	군신
	3	자신의 집	사대
	4	척준경	김찬, 최탁

010 | 묘청의 난

옝동아, 옝리베르, 옝미래엔 / 핸동아, 핸리베르, 핸씨마스, 핸지학사, 핸천재

① 仁宗六年, 日者白壽翰, 以檢校少監分司西京, 謂妙淸爲師. ② 二人托陰陽秘術, 以惑衆. ③ 鄭知常亦西京人, 深信其說, 以爲. ④ "上京基業已衰, 宮闕燒盡無餘, 西京有王氣, 宜移御爲上京." … ⑤ 妙淸等上言. ⑥ "臣等觀西京林原驛地, 是陰陽家所謂大華勢. ⑦ 若立宮闕御之, 則可幷天下, 金國執贄自降, 三十六國, 皆爲臣妾." ⑧ 王遂幸西京, 命從行宰樞, 與妙淸·壽翰, 相林原驛地, 命金安營宮闕. ⑨ 督役甚急, 時方寒沍, 民甚怨咨. ⑩ 七年, 新宮成, 王又幸西京. ⑪ 妙淸之徒, 或上表, 勸王稱帝建元, 或請約劉齊, 挾攻金滅之. ⑫ 識者皆以爲不可. … ⑬ 妙淸又說王, 築林原宮城, 置八聖堂于宮中.

— 『高麗史』「列傳」妙淸

주요 어휘 ||||||||||||||||||

壽 목숨 수	翰 날개 한	托 밀 탁	陰 응달 음	陽 볕 양
秘 숨길 비	術 꾀 술	深 깊을 심	已 이미 이	衰 쇠할 쇠
闕 대궐 궐	燒 사를 소	御 어거할 어	觀 볼 관	驛 역 역
執 잡을 집	贄 폐백 지	督 살펴볼 독	役 부릴 역	甚 심할 심
急 급할 급	寒 찰 한	沍 찰 호	怨 원망할 원	咨 물을 자
徒 무리 도	勸 권할 권	約 묶을 약	劉 죽일 유	齊 가지런할 제
挾 낄 협	滅 멸망할 멸	說 말씀 설		

한자 독음 ||||||||||||||||||

① 인종육년, 일자백수한, 이검교소감분사서경, 위묘청위사. ② 이인탁음양비술, 이혹중. ③ 정지상역서경인, 심신기설, 이위. ④ "상경기업이쇠, 궁궐소진무여, 서경유왕기, 의이어위상경." … ⑤ 묘청등상언. ⑥ "신등관서경임원역지, 시음양가소위대화세. ⑦ 약입궁궐어지, 즉가병천하, 금국집지자항, 삼십육국, 개위신첩." ⑧ 왕수행서경, 명종행재추, 여묘청·수한, 상임원역지, 명김안영궁궐. ⑨ 독역심급, 시방한호, 민심원자. ⑩ 칠년, 신궁성, 왕우행서경. ⑪ 묘청지도, 혹상표, 권왕칭제건원, 혹청약유제, 협공금멸지. ⑫ 식자개이위불가. … ⑬ 묘청우설왕, 축임원궁성, 치팔성당우궁중.

1. 국문 해석

① 인종(仁宗) 6년, 일자(日者) 백수한(白壽翰)이 검교소감(檢校少監)으로서 서경의 분사(分司)에 있으면서 묘청을 스승이라 불렀다. ② 두 사람은 음양가의 비술(秘術)에 의탁하여 뭇사람을 현혹시켰다. ③ 정지상(鄭知常) 또한 서경 사람이라 그 말을 깊이 믿고 말하였다. ④ "개경은 이미 왕업이 쇠하며 궁궐은 모두 불타버리고 남은 것이 없지만 서경은 왕기(王氣)가 있으니 마땅히 임금이 이어(移御)하여 상경(上京)으로 삼는 것이 마땅하다." … ⑤ 묘청(妙淸) 등이 말하였다. ⑥ "신등이 보건대 서경(西京) 임원역(林原驛)의 지세(地勢)는 음양가(陰陽家)들이 말하는 대화세(大華勢)에 해당합니다. ⑦ 만약 궁궐을 세워 그곳으로 이어하신다면 가히 천하를 아우르게 되니 금(金)이 예물을 가지고 스스로 항복하여 올 것이며 36국(國)이 모두 신하가 될 것입니다." ⑧ 왕이 드디어 서경에 행차하여 호종한 재추들에게 묘청 및 백수한(白壽翰)과 함께 임원역(林原驛)의 지세를 살펴보게 하였으며 김안(金安)에게 명하여 궁궐을 짓게 하였다. ⑨ 부역을 감독하기를 매우 독촉하는데, 바야흐로 이때는 엄동설한이니 백성들의 원성이 자자하였다. ⑩ 인종 7년, 새 궁궐이 완성되니, 왕이 또한 서경에 행차하였다. ⑪ 묘청 일당은 또한 표를 올려 왕에게 황제를 칭하고 연호를 제정할 것을 권하였으며 또한 청하기를 유제(劉齊)와 협약을 맺어 금을 협공하여 멸망시키자고 하였다. ⑫ 식자들은 다들 불가능한 일이라고 여겼다. … ⑬ 묘청이 또 왕을 설득하여 임원궁(林原宮)에 성(城)을 쌓고 궁 안에 팔성당(八聖堂)을 설치하였다.

— 『고려사(高麗史)』 「열전(列傳)」 묘청(妙淸)

2. 사료 해설

이자겸(李資謙)이 제거된 이후 고려 조정에서는 김부식(金富軾) 등의 문벌 가문과 정지상(鄭知常) 등의 서경 출신 관료들이 대두하였다. 이러한 상황에서 서경(西京) 출신 관료들은 묘청(妙淸), 백수한(白壽翰) 등을 추천하며 점차 자신들을 세력화하기 시작하였다. 서경 세력은 고려가 금에 대해 사대를 수용하고, 이자겸의 난을 겪는 등의 어려움이 발생한 원인은 개경의 지덕(地德)이 약해졌기 때문이라고 주장하였다. 그리하여 나라를 중흥하기 위해서는 지덕이 왕성한 서경으로 천도해야 한다고 주장하였다. 또한 서경 세력은 금국 정벌과 칭제 건원 등을 주장하였다.

이러한 서경파의 주장에 인종은 많은 관심을 보이며 인종 5년(1127)부터 자주 서경에 거동하였다. 그리하여 서경 세력이 명당이라 주장하는 임원역(林原驛)에 대화궁(大花宮)을 건설하도록 하였다. 그러나 김부식을 중심으로 한 개경 세력은 '서경 천도는 서경 세력이 정치 권력을 장악하려는 속임수'라며 반발하였다. 이들은 평화 유지를 위해 금과의 사대 관계를 유지할 것, 유교 정치 이념에 충실함으로써 민생 안정을 추구할 것을 주장하였다.

이 상황에서 대화궁이 준공 직후 벼락으로 30여 곳이 불에 타 파손되는 일 등이 발생하였다. 이에 인종은 서경으로 수도를 옮기는 것에 대해 주저하기 시작하였다. 이때 묘청 일파는 떡 속에 기름을 넣어 대동강에 가라앉혀 놓고, 기름떡에서 떠오르는 오색 기름을 신룡(神龍)이 토한 침이라며 상서로운 기운이라고 하는 조작극을 벌이다가 발각되기도 하였다. 이로 인해 서경 천도론은 원동력을 상실하게 되었고, 인종은 결국 천도 계획을 취소하기에 이르렀다.

묘청 등의 서경 세력은 서경 천도 계획이 수포로 돌아가자 인종 13년(1135) 국호를 대위(大爲), 연호를 천개(天開)라 하고, 군대를 천견충의군(天遺忠義軍)이라 부르며 반란을 일으켰다. 이러한 반란에 대해 인종은 김부식을 평서원수(平西元帥)로 삼고 반란을 진압하게 하였다. 이에 김부식은 신속하게 개경에 있던 정지상·백수한·김안 등 서경 출신 관료들을 숙청함으로써 이후 서경 세력이 다시금 부활할 수 있는 소지를 말살시켜 버렸다. 결국 묘청 등의 세력이 모두 진압됨에 따라 고려 왕조에서 서경 천도론은 다시 부활하지 못하고 영영 사라지게 되었다.

사료 Plus⁺

- 금년 여름에 서경 대화궁에 30여 개소나 벼락이 떨어졌으니 만약 그곳이 길한 땅이라면 하늘은 반드시 그와 같이 않을 것이니 그곳에 재난을 피하러 간다는 것은 잘못이 아닙니까? 하물며 지금 서경은 (추수가) 끝나지 않았는데 만약 거동하면 반드시 농작물을 짓밟을 것이니, 이것은 백성에게 어질게 하고 사랑하는 뜻이 아닙니다.

  ─『고려사(高麗史)』「열전(列傳)」김부식(金富軾)

- 인종 13년, 묘청이 분사시랑(分司侍郎) 조광(趙匡), 병부상서 유참(柳旵), 사재소경(司宰少卿) 조창언(趙昌言)·안중영(安仲榮) 등과 함께 서경을 근거로 삼고 반란을 일으켰다. 왕명을 사칭하여 부유수(副留守) 최재(崔梓), 감군사(監軍事) 이총림(李寵林), 어사(御史) 안지종(安至宗) 등을 잡아 가두었다. 또 가짜 승선(承宣) 김신(金信)을 보내어 서북면병마사(西北面兵馬使) 이중(李仲)과 그 휘하의 모든 막료 및 각 성을 지키던 무장들을 체포해 모두 서경의 소금 창고에 가두었으며, 대개 개경 사람으로 서경에 머무르고 있던 자들을 귀천(貴賤)과 승속(僧俗)을 물론하고 모두 구금하였다. 군사를 파견하여 절령(嵒嶺)의 길을 끊고 또한 사람을 파견하여 각 성으로 보내 군사를 겁박하여 징발하게 하였으며 인접한 도(道)의 기르던 말을 약탈하여 모두 평양성으로 몰아넣었다. 국호(國號)를 대위(大爲), 연호를 천개(天開), 그 군대를 천견충의군(天遺忠義軍)이라 불렀다.

  ─『고려사(高麗史)』「열전(列傳)」묘청(妙淸)

- 인종(仁宗)이 재변으로 인하여 조서를 내려 시무책을 구하니 임완(林完)이 상소하여 말하였다. "… 신이 묘청(妙淸)을 보니 오직 간악하고 속이는 것만을 일삼아 임금을 속이니 송(宋)의 임영소(林靈素)와 다름이 없습니다. 임영소는 이단의 학문[左道]을 끼고 휘종(徽宗)을 현혹하니 성급하게 벼슬에 오르려는 선비들이 몸을 굽혀 아첨하여 영화와 현달을 구하였습니다. 당시 재앙이 여러 번 나타났으나 휘종은 깨닫지 못하여 지혜가 다하고 계책이 곤궁해질 때까지 이르러 마침내 난에서 패한 뒤에야 그쳤습니다. … 폐하께서 묘청을 총애하고 신임하시니 좌우에서 가까이 모시는 신하와 여러 대신이 서로 칭찬하고 추천하여 성인(聖人)으로 여기게 되었으며, 뿌리가 깊고 꼭지가 굳어서 조용히 뽑아 버릴 수 없게 되었습니다. 대화궁[太華宮]의 공사에서부터 민(民)을 수고롭게 하고 많은 사람들을 동원하여 백성(百姓)들이 원망하고 한탄하였습니다. 지난해 순행하실 때 불탑(佛塔)에서 재난이 발생하였고, 금년 순행에는 유성(流星)과 말[馬]의 재앙이 서로 연달아 일어났습니다. 또 이 궁궐은 본래 복을 구하고자 하는 것이었는데, 지금 이미 7, 8년이 지났으나 한 번도 상서로운 징조가 나타나지 않았고 재변이 연달아 닥치니 그것이 무슨 까닭이겠습니까? …"

  ─『고려사(高麗史)』「열전(列傳)」임완(林完)

📘 사료 텍스트 완성하기

교과서 텍스트

1. 역 (   )의 난으로 궁궐이 불타 없어지자 정지상 등 서경 세력은 풍수지리설을 내세워 서경 천도를 주장하였다.

2. 한 (   )은/는 왕의 권위가 실추된 상황에서 승려 묘청과 문신 정지상 등 서경 세력을 이용하여 개혁 정치를 추진하였다.

3. 한 묘청 등 서경 세력은 풍수지리설을 앞세워 서경 천도를 추진하면서 '칭제 건원'과 (   )을/를 주장하였다.

4. 한 개경 세력은 금의 (   ) 요구를 받아들이고, (   ) 정치 이념에 충실함으로써 민생을 안정할 것을 주장하였다.

기출 텍스트

1. 전 (   )은/는 왕의 절대적 신임 아래 궁중을 중심으로 근신 세력을 규합하여 왕권 강화를 뒷받침하였다.

2. 전 팔성(八聖)은 산악숭배가 얽힌 (   ) 사상과 (   ) 사상의 혼합을 보여 준다.

3. 수 묘청의 주장에 따라 서경에 (   )이/가 지어졌다.

4. 능 묘청은 국호를 (   ), 연호를 천개라고 칭하며 중앙 정부와 대치하였다.

빈칸 정답		교과서 텍스트	기출 텍스트
	1	이자겸	김안
	2	인종	신선, 불교
	3	금국 정벌	대화궁
	4	사대, 유교	대위

011 금과의 관계에 대한 논쟁

① 觀中軍所奏曰. ② '彦頤與知常, 結爲死黨, 大小之事, 實同商議. ③ 在壬子年西幸時, 上請立元稱號, 又諷誘國學生奏前件事. ④ 盖欲激怒大金, 生事乘閒, 恣意處置朋黨外人, 謀爲不軌, 非人臣意.' ⑤ 臣讀過再三, 然後心乃得安. ⑥ 緊是立元之請, 本乎尊主之誠, 在我本朝, 有太祖‧光宗之故事. ⑦ 稽其往牒, 雖新羅‧渤海以得爲, 大國未嘗加其兵, 小國無敢議其失. ⑧ 奈何聖世, 反謂僭行.

— 『高麗史』「列傳」尹彦頤

주요 어휘 ||||||||||||||||

觀 볼 도   奏 아뢸 주   彦 선비 언   頤 턱 이   結 맺을 결
實 열매 실   諷 욀 풍   誘 꾈 유   件 사건 건   激 격할 격
乘 탈 승   閒 틈 한 / 사이 간   軌 길 궤   意 뜻 의
讀 읽을 독   過 지날 과   緊 아! 예   尊 높을 존   稽 머무를 계
牒 서판 첩   嘗 일찍이 상   失 잃을 실   僭 참람할 참

한자 독음 ||||||||||||||||

① 도중군소주왈. ② '언이여지상, 결위사당, 대소지사, 실동상의. ③ 재임자년서행시, 상청입원칭호, 우풍유국학생주전건사. ④ 개욕격노대금, 생사승한, 자의처치붕당외인, 모위불궤, 비인신의.' ⑤ 신독과재삼, 연후심내득안. ⑥ 예시입원지청, 본호존주지성, 재아본조, 유태조‧광종지고사. ⑦ 계기왕첩, 수신라‧발해이득위, 대국미상가기병, 소국무감의기실. ⑧ 내하성세, 반위참행.

1. 국문 해석

① 중군(中軍)에서 아뢴 것을 보니 이와 같았습니다. ② '윤언이(尹彦頤)가 정지상(鄭知常)과 더불어 사당(死黨)을 맺어 크고 작은 일마다 실제로 함께 상의하였습니다. ③ 임자년 서경 행차 때는 임금께 연호를 세우고 황제를 칭할 것[立元稱號]을 청하였으며 또 거짓말로 국학생(國學生)을 꾀어 앞의 사건을 아뢰도록 하였습니다. ④ 이는 모두 금[大金]을 격노하게 하여 일을 만들고 틈을 타서 마음대로 붕당 이외의 사람들을 처치하고 반역함을 모의한 것이니 신하의 마음이 아닙니다.' ⑤ 신이 두세 번을 더 읽고 난 연후에야 안정할 수 있었습니다. ⑥ 아! 이 연호를 세우자는 청은 본래 임금을 높이려는 정성으로 우리나라에서는 태조(太祖)와 광종(光宗)의 고사가 있습니다. ⑦ 그 옛 글을 살펴보면 비록 신라와 발해가 그렇게 하여도 대국은 일찍이 정벌하지 않았으며 소국은 감히 잘못이라고 논의하지 않았습니다. ⑧ 어찌하여 성세(聖世)에 오히려 참람한 행위라고 하겠습니까.

- 『고려사(高麗史)』「열전(列傳)」, 윤언이(尹彦頤)

2. 사료 해설

인종 13년(1135) 묘청(妙淸)이 반란을 일으키자, 김부식(金富軾)은 인종의 명을 받아 이들을 진압하였다. 그리고 돌아와서는 왕의 측근으로 함께 종군하였던 윤언이(尹彦頤)를 서경 세력으로 몰아 탄핵하고, 이후 인종 시기 정치를 주도해 나갔다.

그런데 인종 18년(1140) 인종은 윤언이에 대한 사면령을 발표하였다. 이에 김부식은 적극 반대 의사를 표시하였지만, 인종은 이를 받아들이지 않았다. 윤언이는 자신에 대한 사면령을 받아들이며, 종전에 자신에게 씌워진 혐의를 적극 변호하는 글을 올렸다.

이에 김부식은 자신의 정치적 입지가 축소되고 있음을 절감하였다. 김부식은 인종 20년(1142) 모든 관직에서 물러났고, 인종은 이러한 김부식에게 정치적 신뢰를 보여주기 위해 『삼국사기(三國史記)』의 편찬을 명하기도 하였다.

사료 Plus+

• 금(金)의 군사가 송의 변경(汴京)을 침입하였는데, 변방에서 보고하기를 금이 패배하여 송(宋)의 군사가 그 기세를 타고 깊숙이 들어와 금나라 사람들이 막아내지 못한다고 하였다. 정지상(鄭知常)·김안(金安) 등이 아뢰어 말하기를, "때를 놓치면 안 됩니다. 군사를 보내어 송과 호응하여 큰 공을 이룸으로써 주상의 공업(功業)을 중국의 역사에 실어 만세에 전하도록 할 것을 청합니다."라고 하였다. 그때 왕이 서경(西京)에 있었는데, 근신(近臣)을 보내 급히 가서 김인존(金仁存)에게 묻도록 하였다. 김인존이 대답하여 말하기를, "전해 듣는 말은 항상 사실과 다른 것이 많습니다. 뜬소문을 듣고 군사를 일으켰다가 강한 적을 화나게 하면 안 됩니다. 또한 김부식(金富軾)이 송에 들어가서 곧 돌아올 것이니 잠시 기다리소서."라고 하였다. 김부식이 돌아왔는데 그 변방의 보고가 과연 허황된 것이었다.

- 『고려사(高麗史)』「열전(列傳)」, 김인존(金仁存)

- 윤언이(尹彦頤)는 문장에 뛰어나 일찍이 『역해(易解)』를 지어 세상에 전하였고, 나이가 들어서는 불법(佛法)에 심취하였다. 늙었다고 물러나기를 청하여 파평(坡平)에 살면서 스스로 금강거사(金剛居士)라고 불렀다. … 윤언이는 재상의 자리에 있으면서도 국가의 풍속을 교화하는 것을 생각하지 않고 감히 괴이하고 이상한 행동을 하여 어리석은 속인(俗人)을 미혹하게 했으니 식자(識者)들이 비난하였다.

— 『고려사(高麗史)』「열전(列傳)」윤언이(尹彦頤)

사료 텍스트 완성하기

교과서 텍스트

1. 한 금과 (   ) 관계를 맺는 문제로 문벌 사회 내부에서 갈등이 발생하였다.

2. 한 고려는 금과 사대 관계를 맺었지만 다원적 천하관에 입각한 (   )의 체제는 그대로 유지하였다.

기출 텍스트

1. 전 윤관(尹瓘)의 아들 윤언이(尹彦頤)도 (   )의 입장을 가지고 있었다.

2. 능 윤언이는 자주파, (   )의 인물이다.

빈칸 정답		교과서 텍스트	기출 텍스트
	1	군신	칭제(稱帝)·건원(建元)
	2	외왕내제	북진파

012 | 무신정변과 무신 정권

옛리베르, 옛미래엔 / 한해냄에듀

① 王將幸普賢院, 至五門前, 召侍臣行酒. ② 酒酣, 顧左右曰. ③ "壯哉 此地, 可以練肄兵法." ④ 命武臣, 爲五兵手搏戱. ⑤ 至昏, 駕近普賢院, 李高與李義方先行, 矯旨, 集巡檢軍. ⑥ 王纔入院門, 群臣將退, 高等殺林 宗植・李復基・韓賴. ⑦ 凡扈從文官及大小臣僚宦寺, 皆遇害. ⑧ 又殺在 京文臣五十餘人, 鄭仲夫等, 以王還宮. … ⑨ 王單騎遜于巨濟縣, 放太子 于珍島縣. ⑩ 是日, 仲夫・義方・高等領兵, 迎王弟翼陽公晧, 卽位. ⑪ 明 宗三年八月, 金甫當遣人奉王, 出居雞林. ⑫ 十月庚申, 李義旼弑王于坤元 寺北淵上.

—『高麗史』「世家」毅宗

주요 어휘 ||||||||||||||

將 행할 장	幸 거둥 행	普 널리 보	賢 어질 현	召 부를 소
酒 술 주	酣 즐길 감	顧 돌아볼 고	壯 굳셀 장	哉 어조사 재
練 익힐 련	肄 익힐 이	搏 잡을 박	戱 놀 희	昏 어두울 혼
駕 멍에 가	矯 바로잡을 교	集 모일 집	纔 겨우 재	退 물러날 퇴
殺 죽일 살	賴 힘입을 뢰	扈 뒤따를 호	遇 만날 우	害 해칠 해
還 돌아올 환	單 홀로 단	遣 보낼 견	奉 받들 봉	雞 닭 계
弑 죽일 시	淵 못 연			

한자 독음 ||||||||||||||

① 왕장행보현원, 지오문전, 소시신행주. ② 주감, 고좌우왈. ③ "장재차지, 가이연이병법." ④ 명무신, 위오 병수박희. ⑤ 지혼, 가근보현원, 이고여이의방선행, 교지, 집순검군. ⑥ 왕재입원문, 군신장퇴, 고등살임종 식・이복기・한뢰. ⑦ 범호종문관급대소신료환사, 개우해. ⑧ 우살재경문신오십여인, 정중부등, 이왕환궁. … ⑨ 왕단기손우거제현, 방태자우진도현. ⑩ 시일, 중부・의방・고등영병, 영왕제익양공호, 즉위. ⑪ 명종삼년 팔월, 김보당견인봉왕, 출거계림. ⑫ 십월경신, 이의민시왕우곤원사북연상.

1. 국문 해석

① 왕이 보현원(普賢院)에 행차하고자 하는 길에 오문(五門) 앞에 이르러 시종하는 신하들을 불러 술을 나누었다. ② 술자리가 무르익자 좌우를 돌아보고 말하였다. ③ "굉장하구나! 이 땅에서는 병법을 연습할 만하다." ④ 무신에게 명하여 오병수박희(五兵手搏戲)를 하게 하였다. ⑤ 어두워지자 어가(御駕)가 보현원에 가까이 왔을 때 이고(李高)가 이의방(李義方)과 함께 먼저 가서 왕명이라 속이고 순검군(巡檢軍)을 집합시켰다. ⑥ 왕이 보현원 문에 들고 군신(群臣)이 물러날 무렵에 이고 등이 임종식(林宗植) · 이복기(李復基) · 한뢰(韓賴) 등을 죽였다. ⑦ 국왕을 호종(扈從)한 문관과 대소 신료 및 환관이 모두 해를 입었다. ⑧ 또 개경에 있는 문신 50여 명을 죽인 후, 정중부(鄭仲夫) 등이 왕을 환궁(還宮)시켰다. … ⑨ 왕은 홀로 거제현(巨濟縣)으로 쫓겨났으며 태자는 진도현(珍島縣)으로 추방되었다. ⑩ 이날 정중부, 이의방, 이고 등이 군사를 거느리고 왕의 아우인 익양공(翼陽公) 왕호(王晧)를 맞아다가 왕위에 앉혔다. ⑪ 그 후 명종(明宗) 3년 8월, 김보당(金甫當)이 사람을 시켜 왕을 경주에 나와 살게 하였다. ⑫ 10월 경신일에 이의민(李義旼)이 곤원사(坤元寺)의 북쪽 연못가에서 왕을 죽였다.

─『고려사(高麗史)』「세가(世家)」의종(毅宗)

2. 사료 해설

무신정변은 과거부터 고려 시대를 구분 짓는 중요한 획기로 이해되어 왔다. 고려 시대를 전기와 후기로 나누는 2시기 구분법이나 지배 계층의 변화에 따라 파악하는 4시기 구분법으로 인식하는 경우, 그 중요한 획기로 봤던 것이 바로 무신정변이었기 때문이다.

무신정변은 복합적인 이유로 발생하였는데, 상세히 살펴보면 다음과 같다. 첫째, 고려의 문신 우대와 무신 차별이 중요한 원인이었다. 고려의 무신들은 정3품의 상장군까지만 승진할 수 있었고, 2품 이상의 재상(宰相)이 될 수 없었다. 이로 인해 무신들은 국가의 정책 결정에 참여할 수 없었고, 출정군 편성 시 지휘부인 원수(元帥) 등을 문신들이 차지하였다. 둘째, 무신들의 현실적인 힘이 더욱 성장해 있었다는 점이다. 당시 무신들은 거란 및 여진과의 전쟁, 나아가 이자겸의 난과 묘청의 난 등을 진압하는 과정에서 그 힘이 비대해져 있었다. 셋째, 하급 군인들에게 축적된 불만이 무신정변이라는 적극적 호응으로 이어졌다는 점이다. 그들은 정자 건설 등 고된 노역 등에 시달리면서도 군인전도 제대로 지급받지 못하고 있었다. 넷째, 의종의 정치 실정이다. 의종은 인종 이후 실추된 국왕 권력을 재확립하기 위해 환관이나 경호 부대와 같은 개인 세력을 양성하고자 노력했다. 그러나 이 과정 중에 친위군인 견룡군(牽龍軍)에서 하급장교를 발탁하고 중용하는 등의 모습은 군의 위계질서를 흔드는 것이었고, 의종이 문신들과 사치스러운 행사를 빈번하게 행하는 모습 등은 무인들의 불만으로 이어졌다.

이러한 상황에서 무신들의 불만이 더욱 폭발하는 사건이 연이어 발생하였다. 먼저 김부식(金富軾)의 아들인 김돈중(金敦中)에 의해 정중부(鄭仲夫)의 수염이 불탄 사건이 발생하였다. 그리고 보현원 행차 중 실시한 오병수박희(五兵手搏戱) 도중에 젊은 문신인 한뢰(韓賴)가 뒷걸음치는 대장군 이소응(李紹膺)의 뺨을 치는 등의 모욕적인 일이 발생한 것이다.

이에 보현원에서 정중부·이의방(李義方)·이고(李高) 등이 순검군(巡檢軍)을 모으고 문신들에 대한 살육을 시작하였다. 정변 주도 세력은 의종을 폐위하여 거제도로 유배한 후에 의종의 동생인 익양공(翼陽公) 왕호(王晧), 즉 명종(明宗)을 옹립하였다.

그로부터 3년 후 동북면병마사(東北面兵馬使) 김보당(金甫當)이 의종의 복위를 명분으로 봉기하였다. 김보당은 유력 문벌인 영광김씨(靈光金氏) 가문의 문신으로 장순석(張純錫)을 거제도로 보내 그곳에 유배되어 있던 의종을 경주까지 데리고 나왔다. 그러나 진압군으로 출정한 이의민에게 의종은 살해되었고, 김보당 또한 진압되었다.

이듬해에는 서경 유수 조위총도 정중부와 이의방을 제거한다는 명목으로 반란을 일으켰는데, 절령(岊嶺) 이북의 40여 성이 이에 호응하여 동조하였다. 그러자 이의방은 서경 출신 관료들을 모조리 죽였고, 토벌군을 출동시켰다. 이 과정에서 정중부 측이 이의방을 살해하고 권력을 장악하는 일이 벌어지기도 하였다. 이후 조위총은 금나라에 정중부·이의방이 의종을 시해했다는 것을 알렸고, 나아가 서경을 포함한 40여 성을 이끌고 내속할테니 군사적 지원을 해 달라고 요청하였다. 그러나 금은 이를 거부하였고, 결국 진압군에 의해 서경이 함락당하고 조위총이 처형되면서 난은 진압되었다(1176).

사료 Plus⁺

- 내시(內侍) 김돈중(金敦中)이 나이는 어리지만 기백이 대단하였다. 김돈중이 촛불로 정중부의 수염을 태우니, 정중부가 그를 치고 모욕을 주었다. 김돈중의 아버지 김부식(金富軾)이 노하여 왕께 아뢰어 정중부를 곤장 치고자 하니 왕이 허락하였다. 그러나 정중부의 사람됨을 남다르게 여겨 몰래 도망시켜 피하도록 하였는데, 정중부는 이로 말미암아 김돈중을 싫어하였다. 대장군 이소응(李紹應)은 무인이기는 하나 얼굴이 수척하고 힘도 약하여 어떤 사람과 수박희(手搏戲)를 하다가 이기지 못하고 달아났다. 한뢰가 갑자기 앞으로 나서며 이소응의 뺨을 때리자 이소응이 섬돌 아래로 떨어졌다. 왕과 모든 신하가 손뼉을 치면서 크게 웃었으며 임종식과 이복기도 이소응을 모욕했다. 여기에서 정중부와 김광미(金光美), 양숙, 진준(陳俊) 등의 얼굴빛이 변하며 서로 눈짓을 주고받았다. 정중부가 날카로운 목소리로 한뢰를 힐난하여 말하였다. "이소응은 무관이나 벼슬이 3품인데 어째서 이처럼 심한 모욕을 하는가!" 이에 왕은 정중부의 손을 잡고 달래서 말렸다. 이때 이고가 칼을 뽑고 정중부에게 눈짓하였으나 정중부가 그것을 중지시켰다. 날이 저물어 일행이 보현원에 거의 도착하자 이고와 이의방이 먼저 가서 왕의 명령이라 속이고 순검군을 모아 두었다. 그리고 왕이 문에 들어가고 모든 신하가 물러 나올 때 이고 등이 직접 임종식과 이복기를 문에서 죽였다.

  —『고려사(高麗史)』「열전(列傳)」 정중부(鄭仲夫)

- (3년 8월) 경진(庚辰)에 동북면병마사(東北面兵馬使) 간의대부(諫議大夫) 김보당(金甫當)이 동계(東界)에서 군사를 일으켜 정중부(鄭仲夫)·이의방(李義方)을 치고, 전왕(前王)을 복위(復位)시키고자 했다. 동북면지병마사(東北面知兵馬事) 한언국(韓彦國)이 군사를 일으켜 여기에 호응하였다. 김보당은 장순석(張純錫) 등을 거제(巨濟)로 보내 전왕(前王)을 받들고 계림(鷄林)에 나와 살도록 하였다. … (9월) 계묘일에 안북도호부(安北都護府)에서 김보당 등을 잡아 개경으로 보내왔다. 이의방이 그들을 저자거리[市]에서 죽였으며 모든 문관을 다 살육하였다.

- (4년 9월) 기유일 서경 유수(西京留守) 조위총(趙位寵)이 군사를 일으켜 정중부와 이의방을 토벌하려 모의한 후, 동북 양계(兩界)의 여러 성들에 격문을 보내어 사람을 모았다. … (6년 6월) 윤인첨(尹鱗瞻)이 서경을 격파하고 조위총을 붙잡아 죽인 다음 사람을 조정에 보내 승전을 보고하였다.

  —『고려사(高麗史)』「세가(世家)」 명종(明宗)

- 의종(毅宗)·명종(明宗) 이후 권신(權臣)들이 정권(政權)을 장악하여 병권(兵權)이 아래로 내려가 날랜 장수와 굳센 사졸(士卒)들이 모두 사가(私家)에 속하게 되었다. 나라에 바야흐로 외적들이 창궐해도 나라에 1여(旅)의 군사가 없어 마침내 창황하여 떨치지 못하기에 이르렀다. 그런 뒤에 비로소 다방면으로 군사를 징발하였는데, 혹은 경도(京都)에서 귀천(貴賤)을 묻지 않고 끌어모았고, 혹은 문무산직(文武散職)·백정(白丁)·잡색(雜色)을 뽑았다. 혹은 4품 이상의 가동(家僮)을 가려 뽑았고, 혹은 가옥(家屋)의 숫자에 맞춰 뽑기도 하였다. 나라의 형세가 이에 이르렀으니 비록 위태롭지 않고자 한들 어찌되겠는가?

  —『고려사(高麗史)』「지(志)」 병(兵)

사료 텍스트 완성하기

교과서 텍스트

1. 한 당시 하급 군인도 (   ) 등을 제대로 지급받지 못한 채 잡역에 자주 동원되어 불만이 많았다.

2. 역 정중부, 이의방 등의 무신들은 (   )의 실정과 무신에 대한 차별 대우에 반발하여 정변을 일으켰고, (   )을/를 새로운 왕으로 세웠다.

3. 한 무신 정권은 무신 회의기구인 (   )을/를 중심으로 국정을 운영하였다.

4. 한 무신들은 (   )을/를 경쟁적으로 양성하여 경쟁자들을 제거하고 권력을 장악하려 하였다.

기출 텍스트

1. 수 무신들은 자신들에 대한 차별에 반발하여 (   )을/를 쫓아내고 권력을 장악하였다.

2. 능 의종은 왕위에서 쫓겨나 (   )(으)로 추방되었다.

3. 전 본래 상장군과 대장군의 합좌 기관인 (   )이/가 있었다.

4. 능 경대승이 신변 보호를 위해 (   )(이)라는 사병 조직을 만들었다.

빈칸 정답		교과서 텍스트	기출 텍스트
	1	군인전	의종
	2	의종, 명종	거제도
	3	중방	중방
	4	사병	도방

이의민과 김사미·효심의 난

ㅣ헌지학사

① 二十三年, 南賊蜂起. ② 其劇者, 金沙彌據雲門, 孝心據草田. ③ 嘯聚亡命, 剽掠州縣. ④ 王聞而患之, 遣大將軍全存傑, 率將軍李至純·李公靖·金陟侯·金慶夫·盧植等討之. ⑤ 至純義旼子也. ⑥ 義旼嘗夢紅霓起兩腋閒, 頗負之. ⑦ 又聞古讖, 有'龍孫十二盡, 更有十八子'之語, 十八子乃李字. ⑧ 因懷非望, 稍損貪鄙, 收用名士, 以釣虛譽. ⑨ 自以籍出慶州, 潛有興復新羅之志, 與賊沙彌·孝心等通, 賊亦贈遺鉅萬. ⑩ 至純亦貪婪無厭, 聞賊多財物, 欲釣致之, 陰與交通, 資以衣糧鞋韈, 賊亦遺以金寶. ⑪ 由是, 軍中動靜輒泄, 以至屢敗.

— 『高麗史』「列傳」李義旼

주요 어휘 ‖‖‖‖‖‖‖‖‖‖

蜂 벌 봉	起 일어날 기	劇 심할 극	沙 모래 사	彌 두루 미
據 의거할 거	嘯 휘파람 불 소	聚 모일 취	剽 빠를 표	掠 노략질할 략
傑 뛰어날 걸	純 생사 순	義 옳을 의	旼 화락할 민	嘗 일찍이 상
夢 꿈 몽	腋 겨드랑이 액	閒 사이 간 / 틈 한	頗 자못 파	負 질 부
讖 참서 참	懷 품을 회	望 바랄 망	稍 점점 초	損 덜 손
貪 탐할 탐	鄙 더러울 비	譽 기릴 예	潛 잠길 잠	復 돌아올 복
賊 도둑 적	婪 탐할 람	厭 싫을 염	聞 들을 문	欲 하고자 할 욕
釣 갈고리 구	陰 응달 음	與 더불어 여	資 재물 자	糧 양식 양
鞋 신 혜	韈 버선 말	寶 보배 보	動 움직일 동	靜 고요할 정
輒 문득 첩	泄 샐 설	屢 창루 루	敗 깨뜨릴 패	

한자 독음 ||||||||||||||||

① 이십삼년, 남적봉기. ② 기극자, 김사미거운문, 효심거초전. ③ 소취망명, 표략주현. ④ 왕문이환지, 견대장군전존걸, 솔장군이지순·이공정·김척후·김경부·노식등토지. ⑤ 지순의민자야. ⑥ 의민상몽홍예기양액간, 파부지. ⑦ 우문고참, 유‘용손십이진, 경유십팔자’지어, 십팔자내이자. ⑧ 인회비망, 초손탐비, 수용명사, 이조허예. ⑨ 자이적출경주, 잠유흥복신라지지, 여적사미·효심등통, 적역증유거만. ⑩ 지순역탐람무염, 문적다재물, 욕구치지, 음여교통, 자이의양혜말, 적역유이금보. ⑪ 유시, 군중동정첩설, 이지누패.

1. 국문 해석

① 명종(明宗) 23년, 남적(南賊)이 봉기하였다. ② 가장 극성스러운 반적은 운문(雲門)을 거점으로 한 김사미(金沙彌)와 초전(草田)을 거점으로 한 효심(孝心)이었다. ③ 이들은 유랑민을 불러 모아 주현(州縣)을 습격하여 노략질하였다. ④ 왕이 이를 듣고 걱정하여, 대장군(大將軍) 전존걸(全存傑)을 보내 장군(將軍) 이지순(李至純)·이공정(李公靖)·김척후(金陟侯)·김경부(金慶夫)·노식(盧植) 등을 데리고 적을 토벌하게 하였다. ⑤ 이지순은 이의민(李義旼)의 아들이었다. ⑥ 이의민은 일찍이 붉은 무지개가 두 겨드랑이 사이에서 일어나는 꿈을 꾸고는 이를 자랑하였다. ⑦ 또한 옛날 참서(讖書)에 ‘용의 자손은 12대로 끝나고 다시 십팔자(十八子)가 나타난다.’라는 말을 들었는데, 십팔자는 곧 이(李)자를 의미한다. ⑧ 그리하여 이의민은 헛된 생각을 품고서 탐욕스러운 마음을 자못 억누르고 이름난 인사들을 불러 등용시킴으로써 헛된 명예를 추구하였다. ⑨ 자신이 경주(慶州) 출신이라 하여 몰래 신라(新羅)를 부흥시키겠다는 뜻을 품고 적인 김사미와 효심 등과 내통하였는데, 적들도 많은 재물을 바쳤다. ⑩ 이지순도 욕심이 끝이 없어 적들이 재물이 많다는 말을 듣고 그것을 갈취하려고 은밀하게 적들과 연락을 주고받으며 의복·식량·신발·버선 등을 보내니, 적 또한 금은보화를 보냈다. ⑪ 이로 인해 군대의 동정이 누설되어 거듭 패배를 당하였다.

－『고려사(高麗史)』「열전(列傳)」이의민(李義旼)

2. 사료 해설

명종 23년(1193) 7월 김사미와 효심에 의한 대규모 농민 봉기가 발생하였다. 김사미는 운문(경상북도 청도)에서 효심은 초전(울산)에 본거지를 두고 활동하였다. 이에 고려 정부는 대장군 전존걸(全存傑)을 주장으로 삼아 토벌군을 보냈다. 그런데 예상외로 토발 작전은 지지부진했는데, 『고려사(高麗史)』등에 따르면 당시 집권자 이의민은 봉기군과 결탁해 신라 부흥 운동을 일으키려고 했다고 한다. 당시 진압군에는 이의민의 아들인 이지순(李至純)이 있었는데, 그가 봉기군에게 작전 기밀을 누설하고 군수품을 지원했다는 것이다. 결국 진압군의 대장이었던 전존걸은 토벌을 완수하기 어렵다는 점 때문에 고뇌 끝에 자살을 택하였다.

이후 고려 정부는 11월에 다시 상장군 최인(崔仁)을 보내 토벌하도록 하였다. 이번에는 어느 정도 성과를 거두어 이듬해 김사미와 효심의 군대가 모두 진압되었다.

사료 Plus⁺

- 경대승이 말하기를, "임금을 시해(弑害)한 자가 아직도 살아있는데 축하가 무슨 소용인가?"라고 하니, 이의민(李義旼)이 이 소식을 듣고 몹시 두려워하였다. 무관(武官)들 일부가 공공연히 말하기를, "정시중(鄭侍中)이 앞장서 대의(大義)를 부르짖고 문사(文士)들을 억눌러 여러 해 쌓였던 우리들의 울분을 씻어 줌으로써, 무관의 위세를 펼쳤으니 그 공이 막대하다. 지금 경대승이 하루아침에 4명의 공(公)을 죽였으니 누가 그를 토벌할 것인가?"라고 하였다. 경대승이 두려워 결사대 1백 수십 명을 불러 모아 자기 집에 머물게 하고 길러 변란에 대비시키고는 도방(都房)이라 불렀다. 긴 베개와 큰 이불을 만들어 두고 날을 바꾸어 가며 숙직하게 하였으며, 더러는 그들과 같은 이불을 덮고 자면서 정성스럽게 돌보아주는 마음을 과시하기도 했는데, 얼마 후 사직하고 집에만 머물렀다. 그러나 나라에 큰일이 있으면 반드시 조정에 나아가 결정에 관여하였다. 경대승이 정중부와 송유인을 제거한 이후부터 마음이 불안하여 항상 몇 사람을 거리로 보내 몰래 (집 주변의) 길거리를 살피게 하였다. 우연히 유언비어를 들으면 즉시 잡아 가두고 국문(鞫問)하여 여러 차례 큰 옥사를 만들고, 혹독한 형벌을 적용하였다.

  ─ 『고려사(高麗史)』「열전(列傳)」 경대승(慶大升)

- 이의민(李義旼)은 경주 사람인데, 부친 이선(李善)은 소금과 체를 파는 사람이었고, 모친은 영일현(延日縣) 옥령사(玉靈寺)의 비(婢)였다. … 이의민이 장성해서는 키가 8척이나 되었고 완력이 다른 사람보다 뛰어나서, 형 두 명과 함께 마을에서 횡포를 부려 사람들의 근심거리가 되었다. 안렴사(按廉使) 김자양(金子陽)이 이들을 잡아들여 고문을 했는데, 두 형은 감옥에서 굶어 죽었지만 이의민만은 죽지 않았다. 김자양이 그의 사람됨을 장하게 여기고 경군(京軍)으로 선발하였다. … 이의민은 수박(手搏)을 잘했으므로, 의종(毅宗)이 그를 총애하여 대정(隊正)에서 별장(別將)으로 승진시켰다. 정중부(鄭仲夫)의 난 때 이의민이 살해한 사람이 제일 많았다. 이의민은 중랑장이 되었다가 즉시 장군으로 승진하였다.

- 이의민(李義旼)이 두경승(杜景升)과 함께 재상이 되어 중서성에 있으면서 "어떤 사람이 용맹함을 자랑하기에 내가 그 사람을 이렇게 때려눕혔소."라고 하며 주먹으로 기둥을 치니 서까래가 흔들렸다. 두경승이 말하기를, "언젠가 내가 맨주먹으로 치니 사람들이 달아났소."라고 하면서 벽을 치자 구멍이 뚫렸다. 어떤 사람이 시를 지어 조롱하기를 "나는 이의민과 두경승이 두렵네. 그 당당한 모습이야말로 진짜 재상답구나!"라고 하였다.

  ─ 『고려사(高麗史)』「열전(列傳)」 이의민(李義旼)

📙 사료 텍스트 완성하기

교과서 텍스트

1. 헌 무신 정권 시기에는 노비 출신으로 최고 권력에 오른 (   )와/과 같이 하층민 중에 권력 층이 된 자들도 있었다.

2. 몡 경상도 지역에서는 운문(청도)의 (   )와/과 초전(울산)의 (   )이/가 연합하여 세 력을 확대하였다.

기출 텍스트

1. 동 정중부, 이의민 등이 집권하면서 (   )이/가 약해졌다.

2. 동 무신들의 권력 다툼 속에서 지배층의 수탈은 더욱 (   )되었다.

빈칸 정답		교과서 텍스트	기출 텍스트
	1	이의민	신분 차별 의식
	2	김사미, 효심	강화

014 | 최씨 정권의 성립

한비상, 한해냄에듀

① 五年, 靑郊驛吏三人, 謀殺忠獻父子, 詐爲公牒, 召募諸寺僧徒. ② 牒至, 歸法寺僧, 執賫牒者, 告忠獻. ③ 卽置敎定別監于迎恩館, 閉城門, 大索其黨. … ④ 十二年, 百官詣怡第, 上政簿, 怡坐廳事受之. ⑤ 六品以下官, 再拜堂下, 伏地不敢仰視. ⑥ 怡自此, 置政房于私第, 選文士屬之, 號曰必闍赤. ⑦ 擬百官銓注, 書批目以進, 王但下之而已. … ⑧ 十四年, 怡令敎定都監, 牒禁內六官, 各擧登科未官有才行者. ⑨ 初忠獻置敎定都監, 掌庶事, 怡因之. ⑩ 怡門客, 多當代名儒, 分爲三番, 遞宿書房.

— 『高麗史』 「列傳」 崔忠獻

주요 어휘 ||||||||||||||

謀 꾀할 모	殺 죽일 살	詐 속일 사	牒 서판 첩	召 부를 소
募 모을 모	僧 중 승	歸 돌아갈 귀		執 잡을 집
賫 가져올 재	獻 바칠 헌	閉 닫을 폐	索 찾을 색	詣 이를 예
怡 기쁠 이	簿 장부 부	伏 엎드릴 복	敢 감히 감	仰 우러를 앙
視 볼 시	屬 엮을 속	闍 망루 도	擬 헤아릴 의	進 나아갈 진
擧 들 거	登 오를 등	掌 손바닥 / 주관할 장		庶 여러 서
遞 번갈아 체	宿 묵을 숙			

한자 독음 ||||||||||||||

① 오년, 청교역리삼인, 모살충헌부자, 사위공첩, 소모제사승도. ② 첩지, 귀법사승, 집재첩자, 고충헌. ③ 즉치교정별감우영은관, 폐성문, 대색기당. … ④ 십이년, 백관예이제, 상정부, 이좌청사수지. ⑤ 육품이하관, 재배당하, 복지불감앙시. ⑥ 이자차, 치정방우사제, 선문사속지, 호왈필도적. ⑦ 의백관전주, 서비목이진, 왕단하지이이. … ⑧ 십사년, 이영교정도감, 첩금내육관, 각거등과미관유재행자. ⑨ 초충헌치교정도감, 장서사, 이인지. ⑩ 이문객, 다당대명유, 분위삼번, 체숙서방.

1. 국문 해석

① (희종) 5년, 청교역(靑郊驛) 서리 3명이 최충헌 부자를 죽일 것을 모의하면서, 거짓 공첩(公牒)을 만들어 여러 사원의 승도를 불러 모았다. ② 그 공첩이 이르자 귀법사(歸法寺) 승려들은 공첩을 가져온 사람을 잡아서 최충헌에게 고발하였다. ③ 최충헌은 즉시 영은관(迎恩館)에 교정별감(敎定別監)을 설치한 뒤 성문을 폐쇄하고 대대적으로 그 무리들을 색출하였다. … ④ (고종) 12년, 백관이 최이(崔怡)의 집에 나아가 정부(政簿)을 올리니, 최이가 청사에 앉아서 그것을 받았다. ⑤ 6품 이하 관료들은 당(堂) 아래에서 두 번 절을 올리고 땅에 엎드려 감히 쳐다보지 못하였다. ⑥ 이때부터 최이는 정방(政房)을 자기 집에 설치하고 문사를 선발하여 여기에 소속시켰으니, 이를 비칙치[必闍赤]라고 불렀다. ⑦ 최이가 백관의 전주를 결정하여 비목(批目)을 써서 올리면, 왕은 다만 그것을 하점(下點)만 할 뿐이었다. … ⑧ (고종) 14년, 최이는 교정도감(敎定都監)으로 하여금 금내(禁內) 6관(官)에 첩(牒)을 보내, 각자 과거에는 합격했지만 아직 관료가 되지 못한 사람 중에서 재주와 행실이 좋은 사람을 천거하도록 하였다. ⑨ 과거에 최충헌(崔忠獻)이 교정도감을 설치하여 여러 가지 일을 담당하도록 하였는데, 최이도 이를 따랐다. ⑩ 최이의 문객(門客)들은 당대에 이름난 학자들이 많았는데, 이들을 3번(番)으로 나누어 돌아가면서 서방(書房)에서 숙직하도록 하였다.

- 『고려사(高麗史)』 「열전(列傳)」 최충헌(崔忠獻)

2. 사료 해설

무신 정권 성립 이후 무신들 간의 분열과 암투는 지속되었다. 중방(重房)을 통한 집단 운영 체제 속에서 특정 개인이 권력을 확대하려고 하면 필연적으로 충돌이 발생하였던 것이다. 이로 인해 무신 정변 이후 집권자는 '정중부(鄭仲夫)·이의방(李義方) - 정중부 - 경대승(慶大升) - 이의민(李義旼)' 등의 순서로 바뀌어 갔다.

이러한 상황에서 이의민의 아들인 장군 이지영이 최충헌의 동생인 최충수의 집 비둘기를 강탈해 서로 대립하는 사건이 발생했다. 최충헌 형제는 이를 기화로 삼아 명종 26년(1196) 이의민을 살해한 다음 정권을 장악했다.

최충헌은 권력을 장악한 후, 「봉사 10조」를 올렸다. 이는 표면적으로 이전의 무신 정권과 차별성을 두려 한 개혁안이었지만, 실질적으로는 자신의 권력 기반을 갖추려 한 명분용이었다. 즉, 이를 통해 문신 세력 등의 지지를 확보하여 자신을 필두로 한 정권의 안정성을 갖추기 위함이었다.

최충헌은 자신을 중심으로 한 통치체제를 안정화시키고자 여러 기구를 두었다. 먼저 자신의 호위 기관으로서 도방(都房)을 다시 설치하였다. 또한 교정도감(敎定都監)을 새로 세웠는데, 이는 이후 반대 세력 제거, 각종 특별세 수취, 관료 천거, 비위(非違) 규찰(糾察) 등 국정을 총괄하는 최고의 정치 기구가 되었다. 교정도감의 책임자는 교정별감이라고 불렸고, 최씨 집안에서 대대로 세습하였다. 게다가 희종 2년(1206) 최충헌이 진강후(晉康侯)에 봉해지면서 흥녕부(興寧府)를 두게 되었는데, 강종 원년(1212)에는 흥녕부가 진강부(晉康府)로 이름이 바뀌었다. 최충헌은 자신의 집에서 인사 문제를 자의적으로 처리하기도 하였다.

최충헌의 아들 최우 시기에는 이러한 최씨 집권자를 위한 통치 기구가 더욱 정립되어 가는 시기였다. 먼저 최우는 치안 유지를 위해 야별초(夜別抄)를 만들었고, 이것이 점차 확대되어 좌별초(左別抄)·우별초(右別抄)가 되었다. 이후 몽골과의 전쟁을 거치면서 포로로 잡혀갔다가 돌아온 자들을 중심으로 신의군(神義軍)이 만들어짐에 따라 삼군(三軍) 체제로 편제된 삼별초(三別抄)가 만들어지게 되었다. 또한 최우는 정방(政房)을 정식 기구로 만들어 자의적으로 처리하던 인사 행정 문제를 공식화하였다. 게다가 서방(書房)을 설치해 문사들을 포섭하고자 하였는데, 이는 예비 관료의 인력풀 기능을 하기도 하였고, 이후 몽골의 침입 당시에는 외교문서 작성을 위한 기구로도 기능하였다. 이를 통해 그는 이규보(李奎報)와 같은 문사들을 중용하였다. 그 밖에도 최우는 강화 천도의 공으로 진양후(晉陽侯)에 봉해지기도 하였다.

이러한 기구를 통해 최씨 정권은 약 60여 년(1196~1258) 동안 권력을 유지해 나갈 수 있었다.

사료 Plus+

- 최충헌(崔忠獻)이 많은 신료들을 죽이자 인심이 흉흉해졌으므로, 사신을 여러 도(道)에 파견하여 사람들을 위로하도록 하였다. 최충헌은 최충수(崔忠粹)와 함께 봉사(封事)를 올려 다음과 같이 말하였다. "엎드려 살펴보건대, 적신 이의민(李義旼)은 성품이 맹수처럼 잔인하여 임금님을 업신여기고 아랫사람들을 능멸하였으며, 임금의 자리[神器]마저 흔들려고 했기 때문에 화가 불꽃처럼 일어나고 민들은 살길이 아득해졌습니다. 신들은 폐하의 신령스러운 위엄을 빌어 단번에 그들을 소탕하였습니다. 원하건대 폐하께서는 낡은 제도를 혁파하고 새로운 정치를 도모하심에 오로지 태조(太祖)의 올바른 법을 따르시어 중흥의 길을 환히 여시길 바랍니다. 삼가 10가지 사항을 아뢰옵니다. ··· 선왕께서 토지 제도를 제정하시면서 공전(公田)을 제외하고는 신민(臣民)에게 각기 차등 있게 하사하였습니다. 그러나 지위가 있는 사람들이 탐욕스럽고 비루하여 공전과 사전을 빼앗아 겸병해서, 한 집안의 비옥한 토지가 몇 고을에 걸쳐 있으니, 나라의 부세는 줄어들고 군사들은 결핍을 겪고 있습니다. 바라건대 폐하께서는 유사(有司)에게 명령을 내려, 공문서를 검토해서 약탈당한 토지는 모두 주인에게 돌려주게 하십시오.

- 신종(神宗) 원년, 사동(私僮) 만적(萬積) 등 6명이 북산(北山)에서 땔나무를 하다가, 공사(公私)의 노예(奴隷)들을 불러 모아서는 모의하며 말하였다. "국가에서 경인년(庚寅年)과 계사년(癸巳年) 이래로 높은 관직도 천예(賤隷)에서 많이 나왔으니, 장상(將相)에 어찌 타고난 씨가 있겠는가? 때가 되면 누구나 차지할 수 있는 것이다. 우리들이라고 어찌 뼈 빠지게 일만 하면서 채찍 아래에서 고통만 당하겠는가?" 여러 노(奴)들이 모두 그렇다고 하였다. 누런 종이 수천 장을 잘라서 모두 정자(丁字)를 새겨서 표지로 삼고, 약속하여 말하였다. "우리가 흥국사(興國寺) 회랑에서 구정(毬庭)까지 한꺼번에 집결하여 북을 치고 고함을 치면, 궁궐 안의 환관들이 모두 호응할 것이며, 관노(官奴)는 궁궐 안에서 나쁜 놈들을 죽일 것이다. 우리가 성 안에서 벌떼처럼 일어나, 먼저 최충헌을 죽인 뒤 각기 자신의 주인을 죽이고 천적(賤籍)을 불태워 그리하여 삼한(三韓)에서 천인을 없애면, 공경장상(公卿將相)이라도 우리가 모두 할 수 있을 것이다."

　　　　　　　　　　　　　　　　　　　　　　　　　　　　　－ 『고려사(高麗史)』 「열전(列傳)」 최충헌(崔忠獻)

사료 텍스트 완성하기

교과서 텍스트

1. 団 무신정변 이후의 혼란을 수습하고 권력을 장악한 최충헌은 왕에게 (   )을/를 올려 개혁을 추진하려는 태도를 보였다.

2. 団 최충헌은 (   )을/를 설치하여 국가의 중요 정책을 결정하였고, 사병 조직인 (   )을/를 강화하여 신변 보호 기관으로 삼았다.

3. 団 최우는 (   )을/를 두어 관직에 대한 인사권을 장악하였고, (   )을/를 설치하여 군사적 기반으로 삼았다.

4. 団 최우는 (   )을/를 두어 문학적 소양과 행정 실무 능력을 갖춘 문신들을 등용하기도 하였다.

기출 텍스트

1. 団 최충헌은 최고 집정부의 구실을 하는 (   )을/를 설치하였다.

2. 団 최우는 인사권을 장악하기 위해 (   )을/를 신설하였다.

3. 団 최우는 문사들의 숙위 기관인 (   )을/를 설치하였다.

4. 団 최우는 도적을 잡기 위한 부대로 (   )을/를 설치하였다.

빈칸 정답		교과서 텍스트	기출 텍스트
	1	「봉사 10조」	교정도감
	2	교정도감, 도방	정방
	3	정방, 삼별초	서방
	4	서방	야별초

015 | 몽골의 침입과 삼별초의 항쟁

㉮지학사

① 裴仲孫, 元宗朝積官, 至將軍. ② 十一年, 復都開京, 榜示畫日, 趣令悉還, 三別抄有異心不從. ③ 王遣將軍金之氐, 入江華, 罷三別抄, 取其名籍還, 三別抄恐以名籍聞于蒙古, 益懷反心. … ④ 賊入據珍島, 剽掠州郡, 王命金方慶, 往討之. ⑤ 明年, 方慶與蒙古元帥忻都等, 率三軍, 擊破之. ⑥ 賊皆弃妻子遁, 賊將金通精, 率餘衆, 竄入耽羅.

— 『高麗史』「列傳」裴仲孫

⑦ 一, 以前狀揚蒙古之德, 今度狀韋毳者無遠慮云云如何? ⑧ 一, 文永五年狀書年號, 今度不書年號事. ⑨ 一, 以前狀'歸蒙古之德成君臣之禮云云', 今狀'遷宅江華近四十年, 被髮左衽聖賢所惡, 仍又遷都珍嶋事.'

— 「高麗牒狀不審條條」

주요 어휘 ||||||||||||||||||||

裴 성씨 배	積 쌓을 적	復 다시 부	榜 방 붙일 방	畫 그을 획
趣 달릴 취	悉 모두 실	還 돌아올 환	抄 노략질할 초	從 좇을 종
氐 근본 저	罷 방면할 파	籍 문서 적	恐 두려워할 공	聞 들을 문
益 더할 익	懷 품을 회	賊 도둑 적	據 의거할 거	珍 보배 진
剽 겁박할 표	掠 노략질할 략	慶 경사 경	往 갈 왕	討 칠 토
忻 기뻐할 흔	率 거느릴 솔	擊 부딪칠 격	破 깨뜨릴 파	弃 버릴 기
妻 아내 처	遁 달아달 둔	衆 무리 중	竄 숨을 찬	耽 즐길 탐
狀 형상 상 / 문서 장	揚 칭찬할 양	韋 가죽 위	毳 털가죽 취	
遠 멀 원	慮 생각할 려	歸 돌아갈 귀	遷 옮길 천	宅 집 택
衽 옷깃 임	聖 성스러울 성	仍 인할 잉	珍 보배 진	嶋 섬 도

한자 독음 ||||||||||||||||||

① 배중손, 원종조적관, 지장군. ② 십일년, 부도개경, 방시획일, 취령실환, 삼별초유이심부종. ③ 왕견장군 김지저, 입강화, 파삼별초, 취기명적환, 삼별초공이명적문우몽고, 익회반심. … ④ 적입거진도, 표략주군, 왕 명김방경, 왕토지. ⑤ 명년, 방경여몽고원수흔도등, 솔삼군, 격파지. ⑥ 적개기처자둔, 적장김통정, 솔여중, 찬입탐라.

⑦ 일, 이전장양몽고지덕, 금도장위취자무원려운운여하? ⑧ 일, 문영오년장서연호, 금도불서연호사. ⑨ 일, 이전장'귀몽고지덕성군신지예운운', 금장'천택(도)강화근사십년, 피발좌임성현소악, 잉우천도진도사.'

1. 국문 해석

① 배중손(裴仲孫)은 원종 때 여러 관직을 거쳐 장군에 이르렀다. ② (원종) 11년에 수도를 개경(開京)으로 다시 옮기면서 방(榜)을 붙여 일정한 기일 내에 모두 돌아가라고 재촉하였는데, 삼별초(三別抄)가 딴마음이 있어 복종하지 않았다. ③ 그때 왕이 장군 김지저(金之氐)를 강화로 보내서 삼별초를 해산하고 그 명단을 작성해 가지고 돌아오게 하였더니 삼별초는 그 명단이 몽골에 알려질 것으로 우려하고 나라를 배반할 마음이 더욱 굳어졌다. … ④ 적은 진도(珍島)로 들어가서 근거지로 삼고 인근 고을들을 노략질하였으므로 왕이 김방경(金方慶)에게 명령하여 토벌케 하였다. ⑤ 이듬해 김방경은 몽골 원수 흔도(忻都) 등과 함께 3군을 통솔하고 적을 격파하였다. ⑥ 적은 모두 처자를 버리고 멀리 도망쳤으며 적장 김통정(金通精)은 패잔병을 거느리고 탐라(耽羅)로 들어갔다.

— 『고려사(高麗史)』 「열전(列傳)」 배중손(裵仲孫)

⑦ 하나, 이전의 장(狀)에서는 몽골의 덕을 찬양했는데, 이번의 서장에서는 털가죽 옷을 입은 사람들[韋毳者]이 깊은 생각이 없다고 이야기하고 있으니, 어찌된 일인가? ⑧ 하나, 문영 5년의 서장에서는 몽골 연호를 썼는데, 이번의 서장에서는 쓰지 않은 일. ⑨ 하나, 이전의 서장에서는 '몽골의 덕에 귀부하여 군신의 예(禮)를 이루었다.'라고 하였는데, 이번의 서장에서는 '강화로 천도한 지 40여 년이나 되고, 오랑캐를 따르는 것[被髮左袵]은 성현(聖賢)이 싫어하는 바이므로 다시 진도(珍島)로 천도(遷都)하였다.'라고 한 일.

— 「고려첩장불심조조(高麗牒狀不審條條)」

2. 사료 해설

13세기 초반 동아시아 국제 정세는 요동치기 시작하였다. 몽골은 테무친의 등장으로 말미암아 여러 부족 세력이 통합되면서 강력한 세력이 되었고, 이들은 금을 정벌하였다. 그런데 이 과정에서 금의 지배를 받던 거란족이 다시 일어났고, 이들 거란족은 몽골에 쫓겨 고종 3년(1216) 고려 영내로 침범하였다. 이들을 쫓아내기 위해 고려의 군대가 출정하였는데, 거란의 군대는 강동성에 모여 저항하였다. 이들을 진압하기 위한 고려의 군대와 몽골의 군대가 강동성에서 조우하게 되었고, 몽골은 이러한 거란족을 토벌한다는 구실로 군량미를 요청하였다. 고려는 이들의 요청에 응해 군량미를 제공하였고, 양군이 합동 작전을 전개해 강동성을 함락하였다. 그 직후 몽골과 고려는 형제간의 관계로 조약을 맺었다.

그런데 이후 몽골은 고려에 과도한 공물을 요구하기 시작했다. 송과의 전쟁 등을 앞두고 많은 물자가 필요해짐에 따라 발생한 일이었다. 이러한 상황에서 고려에 왔던 몽골 사신 저고여(著古與)가 피살되는 일이 발생했다(1225). 몽골은 저고여의 피살을 구실로 고종 18년(1231)부터 고려를 침략하기 시작했다.

몽골의 1차 침입 때 귀주성에서 고려군 박서(朴犀)가 활약하긴 하였으나, 대부분의 지역에서는 패하였다. 고려 정부는 몽골군이 개경까지 내려오자 화친을 요청하였고, 몽골군은 이를 수용하여 다루가치를 남겨 두고 돌아갔다. 고려는 몽골군이 철수하자마자 도읍을 강화로 옮기고 장기적인 항전 태세에 들어갔다. 몽골군이 재차 침입하였으나, 처인성에서 김윤후(金允侯)와 처인부곡 주민들이 사령관인 살리타[撒禮塔]를 죽임에 따라 다시 철수했다. 이후에도 몽골은 지속적으로 침략을 거듭했다. 이 과정에서 최씨 정권은 팔만대장경 제작을 통해 몽골의 격퇴를 기원하고, 이를 통해 정권의 안정을 도모하고자 했다.

장기간의 전쟁 끝에 고려 조정에서는 강화를 맺자는 주장이 점차 우세해졌다. 이러한 상황에서 1258년 김준(金俊) 등이 최씨 정권의 마지막 집정자였던 최의(崔竩)를 죽임에 따라 최씨 정권은 무너졌다. 그리하여 1259년 당시 태자였던 원종은 직접 쿠빌라이를 만나 화의를 체결하였고, 이 무렵 고종이 사망하자 귀국해 즉위하게 되었다.

1267년 원종은 몽골의 요구에 따라 일본에게 국서를 보냈다. 그 내용은 일본으로 하여금 몽골에 사신을 파견할 것을 권하는 것이었다. 하지만 일본은 이를 거부하였고, 이에 고려 사신들은 이듬해 빈손으로 귀국하였다.

1268년 원종은 임연(林衍)을 부추겨 김준을 살해하도록 하였다. 그런데 임연은 1270년 원종의 폐위를 시도하였고, 당시 몽골에 가 있던 태자(뒤의 충렬왕)가 귀국길에 이 소식을 듣고 도움을 요청하였다. 몽골의 지원으로 복위된 원종은 몽골에 들어가 태자와 몽골 공주의 혼인을 제의하고, 무신 정권의 제거를 위한 병력 지원을 요청하였다. 이러한 상황에서 임연은 근심 끝에 사망하였고, 그 아들 임유무(林惟茂)가 권력을 장악하였다. 그러나 몽골에 있던 원종이 개경으로 환도하라는 명령을 내리자, 임유무는 이에 저항하였다. 결국 임유무는 원종의 밀명(密命)을 받은 홍규(洪奎)와 송송례(宋松禮)에 의해 살해되었고, 약 100여 년간 유지되어오던 무신 정권이 붕괴되었다.

이제 원종에 의해 개경환도가 실행되려 하자, 삼별초는 끝까지 항전할 것을 주장하며 강화도에서 봉기하였다. 이들은 진도로 옮겨 장기간 항전에 돌입하였고, 남해안을 중심으로 자신들의 근거지를 확보하였다. 또한 1271년 일본 가마쿠라 막부에도 외교 문서를 보내 연계를 추진하였다. 이 과정에서 일본 막부는 앞서 원종이 보낸 외교문서와 삼별초가 보낸 외교문서, 즉 두 종류의 외교문서가 도착한 것에 대해 의문점을 가지고 여러 가지 사항들을 정리하였는데, 이것이 바로 「고려첩장불심조조(高麗牒狀不審條條)」이다.

- 박서(朴犀)는 죽주(竹州) 사람으로, 고종 18년(1231)에 서북면병마사(西北面兵馬使)로 임명되었다. 몽골 원수(元帥) 살리타[撒禮塔]가 철주(鐵州)를 짓밟은 후 귀주(龜州)에 다다르자 박서는 삭주 분도장군(朔州 分道將軍) 김중온(金仲溫)과 정주 분도장군(靖州分道將軍) 김경손(金慶孫) 및 정주·삭주·위주·태주 등의 수령들과 함께 각기 군사를 인솔하고 귀주로 모였다. 박서는 김중온 부대에게 성의 동서쪽을, 김경손 부대에게 성의 남쪽을 지키게 하고, 도호별초(都護別抄)와 위주·태주 별초(別抄) 250여 명을 세 방면으로 나누어 지키게 하였다. 몽골군이 성을 여러 겹으로 포위하고 밤낮으로 서·남·북문을 공격하였지만, 성안의 군사들이 적을 기습 공격해 승리하였다. 몽골군이 위주부사(渭州副使) 박문창(朴文昌)을 생포해 성안으로 보내 항복을 권유하자 박서가 그의 목을 베어 죽였다. 또 몽골군이 정예 기병 300명을 선발하여 북문을 공격하였으나 박서가 싸워서 적을 물리쳤다. … 그 후에 몽골 사신이 와서 박서가 성을 굳게 지키며 항복하지 않았다는 이유로 죽이려 하자 최우가 박서에게 말하였다. "그대의 국가에 대한 충성과 절개는 비할 바 없으나, 몽골의 말도 두려운 일이니 그대는 잘 생각해 처신하라." 이에 박서는 물러나 고향으로 돌아갔다.

  ─ 『고려사(高麗史)』 「열전(列傳)」 박서(朴犀)

- 김윤후(金允侯)는 고종 때 사람이다. 그는 일찍이 승려가 되어 백현원(白峴院)에 살았는데 몽골병이 오자 처인성(處仁城)으로 난을 피하였다. 몽골의 원수(元帥) 살리타[撒禮塔]가 쳐들어와서 처인성을 공격하자 김윤후가 그를 활로 쏴 죽였다. 왕이 그 공을 가상히 여겨 상장군(上將軍)을 제수하였으나, 김윤후는 공을 다른 사람에게 양보하여 말하였다. "싸울 때를 당하여 나는 활과 화살이 없었는데 어찌 감히 헛되이 무거운 상을 받으리오." 그리고선 굳이 사양하고 받지 않았다. 이에 훨씬 낮은 계급인 섭낭장(攝郞將)으로 고쳐 제수하였다. 뒤에 그는 충주산성 방호별감(忠州山城 防護別監)이 되었다. 몽골병이 와서 성을 포위한 지 무릇 70여 일 만에 군량미가 거의 다 떨어졌다. 김윤후가 사졸을 설득하고 독려하여 말하였다. "만일 힘써 싸울 수 있다면 귀천(貴賤)을 가리지 않고 모두 관작을 제수할 것이니 너희들은 불신하지 말라." 드디어 관청 소속 노비들의 명부를 가져다 불살라 버리고 또 빼앗은 소와 말을 나누어 주니 사람들이 다 죽음을 무릅쓰고 적진에 나아갔다. 몽골병의 기세가 꺾여 드디어 다시 남쪽으로 내려오지 못하였다.

  ─ 『고려사(高麗史)』 「열전(列傳)」 김윤후(金允侯)

- 당초 충주부사 우종주(于宗柱)가 문서를 처리하는 데 매번 판관(判官) 유홍익(庾洪翼)과 의견이 충돌하곤 하였다. 몽골군이 온다는 소식을 듣고 성을 수비하는 문제를 논의할 때도 의견이 달랐다. 그래서 우종주는 양반 별초를 이끌고 유홍익은 노군(奴軍)과 잡류(雜類)로 편성된 별초를 통솔하면서 서로 시기하였다. 몽골군들이 침공하자 우종주·유홍익과 양반 별초들은 모두 성을 버리고 도망쳤으나 오직 노군과 잡류 별초들은 합력하여 적을 격퇴하였다. 몽골군이 물러간 뒤에 우종주 등이 돌아와 관아와 사저에서 사용하던 은그릇을 검사하였다. 노군들은 은그릇이 부족한 것은 몽골군이 가져간 것이라고 말하였으나, 호장(戶長) 광립(光立) 등은 비밀리에 노군의 두목을 암살하고자 하였다. 노군들이 이를 알고 말하였다. "몽골군이 오면 모두 도망쳐 숨고 성을 지키지 않던 자들이 이제 와서 그들이 약탈하여 간 것을 도리어 우리에게 죄를 뒤집어씌워 죽이려 하는가? 이렇게 될 바에야 어찌 먼저 손을 쓰지 않겠는가?" … 왕이 이자성(李子晟) 등에게 3군을 이끌고 가서 노군들을 토벌하도록 했다. … 적의 괴수들이 성안으로 돌아가서 주모자인 승려 우본(牛本)의 머리를 베어 왔다.

  ─ 『고려사(高麗史)』 「열전(列傳)」 이자성(李子晟)

사료 텍스트 완성하기

교과서 텍스트

1. 한 처인성에서는 (   )이/가 부곡민을 이끌고 몽골 장수 살리타를 사살하고, 충주성에서는 노비가 주축이 된 군대가 몽골군을 물리쳤다.

2. 역 야별초에 속한 군대가 증가하자 이를 좌별초와 우별초로 나누고, 몽골에서 포로가 되었다가 탈출한 병사들로 (   )을/를 조직하여 삼별초가 되었다.

3. 역 삼별초는 (   )의 지휘 아래 제주도에서 최후의 항쟁을 하였다.

기출 텍스트

1. 수 삼별초의 항쟁과 관련된 유적으로는 진도 용장성, 제주 (   )이/가 있다.

2. 등 삼별초는 (   )을/를 근거지로 하여 전라도 도서 지방, 경상도 남해안 일대를 세력권으로 삼았다.

3. 등 삼별초는 고려 조정의 개경 환도에 반발하여 (   )의 기치를 내걸고 봉기하였다.

빈칸 정답		교과서 텍스트	기출 텍스트
	1	김윤후	항파두리성
	2	신의군	진도
	3	김통정	반정부 · 반몽골

016 | 원 간섭기 고려의 통치체제 변화

韓지학사

① 初國家, 雖用宋·遼·金正朔, 然歷代之諡, 皆稱爲宗. ② 及事元以來, 名分益嚴, 而昔漢之諸侯, 皆從漢得諡故, 王表請上昇王尊號. ③ 又請追諡高·元二王, 詔從之.

— 『高麗史』「世家」忠宣王

④ 成宗十年, 兵官侍郎韓彦恭使宋還奏. ⑤ "宋樞密院, 卽我朝直宿員吏之職." ⑥ 於是, 始置中樞院. … ⑦ 忠烈王元年, 改密直司. … ⑧ 二十四年, 忠宣改光政院, 刪定員吏. … ⑨ 恭愍王五年, 復改樞密院, 員秩並復文宗舊制.

— 『高麗史』「志」百官

주요 어휘 ‖‖‖‖‖‖‖‖‖‖‖

雖 비록 수	諡 시호 시	事 사대할 사	益 더할 익	嚴 엄할 엄
表 표문 표	昇 오를 승	尊 높을 존	號 부르짖을 호	追 쫓을 추
詔 고할 조	彦 선비 언	恭 공손할 공	還 돌아올 환	宿 묵을 숙
宣 베풀 선	刪 깎을 산	愍 근심할 민	復 다시 부 / 회복할 복	
秩 차례 / 관직 질				

한자 독음 ‖‖‖‖‖‖‖‖‖‖‖

① 초국가, 수용송·요·금정삭, 연역대지시, 개칭위종. ② 급사원이래, 명분익엄, 이석한지제후, 개종한득익고, 왕표청상승왕존호. ③ 우청추익고·원이왕, 조종지.

④ 성종십년, 병관시랑한언공사송환주. ⑤ "송추밀원, 즉아조직숙원리지직." ⑥ 어시, 시치중추원. … ⑦ 충렬왕원년, 개밀직사. … ⑧ 이십사년, 충선개광정원, 산정원리. … ⑨ 공민왕오년, 부개추밀원, 원질병복문종구제.

1. 국문 해석

① 처음에 나라에서는 송(宋), 요(遼), 금(金)의 정삭(正朔)을 사용하였으나 역대의 시호는 모두 종(宗)이라고 칭하였다. ② 원을 섬기기 시작하자 명분이 더욱 엄중해져서 옛날 한(漢)의 제후들이 모두 한의 시호를 받았기 때문에 왕도 표문을 올려 상승왕(上昇王, 충렬왕)의 존호를 청한 것이다. ③ 또한 고종(高宗)과 원종(元宗) 두 왕도 추시(追諡)해줄 것을 청한 것이었는데, 황제가 조서를 내려 왕의 청을 따른 것이었다.

─『고려사(高麗史)』「세가(世家)」충선왕(忠宣王)

④ 성종(成宗) 10년, 병관시랑(兵官侍郎) 한언공(韓彦恭)이 송(宋)에 사신으로 갔다 돌아와서 아뢰었다. ⑤ "송의 추밀원(宋樞密院)은 우리나라 직숙(直宿)하는 원리(員吏)의 직무와 같습니다." ⑥ 이에 처음으로 중추원(中樞院)을 설치하였다. … ⑦ 충렬왕 원년, 밀직사(密直司)로 고쳤다. … ⑧ 24년, 충선왕(忠宣王)이 밀직사를 광정원(光政院)으로 고치고 관원들을 산정(刪定)하였다. … ⑨ 공민왕 5년, 다시 추밀원으로 고쳤으며, 관원과 관품은 모두 문종 때의 옛 제도로 복구하였다.

─『고려사(高麗史)』「지(志)」백관(百官)

2. 사료 해설

1271년 몽골은 원(元)으로 국호를 정하면서 중국 역대 왕조의 계보를 잇는 정통 왕조가 되었음을 선언하였다. 이어 1274년에서 1279년까지 남송에 대한 평정을 완료 짓고, 중국 전토를 영유하게 되었다.

이러한 상황에서 1275년 원은 왕실의 칭호와 관제 등을 격하할 것을 고려 정부에 요구하였다. 이에 따라 고려 국왕은 조(祖)나 종(宗) 같은 묘호(廟號) 대신 원의 제왕(諸王)이나 재상들이 죽은 후 부여받는 '충(忠)'이라는 글자를 포함한 묘호를 원으로부터 받게 되었다. 또 자주국 국왕으로서의 위상을 상실해 의식·의복·용어 등이 모두 제후국의 것으로 격하되었다. 왕실의 호칭 또한 한 단계씩 격이 낮아졌다. 짐(朕)은 고(孤)로, 폐하(陛下)는 전하(殿下)로, 태자(太子)는 세자(世子) 등으로 격을 낮추어 부르게 되었다. 또 왕의 행차 때 만세 등을 부를 수 없게 되었고, 황포(黃布)의 착용도 금지되었다.

정치 제도도 지위가 격하되어 3성 6부 및 중추원을 중심으로 했던 정치체제는 무너지게 되었다. 중서문하성(中書門下省)과 상서성(尙書省)은 합쳐져 첨의부(僉議府)가 되었고, 중추원(中樞院)은 밀직사(密直使)가 되었으며, 어사대(御史臺)는 감찰사(監察司)가 되었다. 게다가 이부(吏部)와 예부(禮部)는 통합하여 전리사(典理司)가 되었고, 병부(兵部)는 군부사(軍簿司), 호부(戶部)는 판도사(版圖司), 형부(刑部)는 전법사(典法司)로 고쳐졌으며, 공부(工部)는 폐지되는 등 4사로 통폐합되었다.

여기에 1280년 고려에 정동행성(征東行省)이 설치되었고, 몇 차례 치폐를 거쳐 고려 말까지 존속하였다. 이는 고려가 외견상이긴 하지만 원의 지방 행정구역 중 하나로 취급받은 것을 뜻한다.

사료 Plus⁺

- 왕은 입조(入朝)하였을 때에 이미 변발하였지만, 본국인들은 아직 하지 않았기 때문에 이를 책망하였다. … 재추(宰樞)들이 의논하여 말하였다. "김시중(金侍中, 김방경)이 만약 돌아오면 반드시 바로 변발[開剃] 할 것입니다. 어차피 변발하는 것은 마찬가지인데 어찌 우리가 먼저 하지 않겠습니까?" 이에 송송례(宋松禮) 와 정자여(鄭子璵)가 변발하고 조회에 참석하니 다른 사람들도 모두 따랐다.

  — 『고려사(高麗史)』「세가(世家)」충렬왕(忠烈王)

- 우리나라의 자녀들이 뽑혀서 서쪽(원)으로 들어가기를 거른 해가 없었다. 비록 왕실 친족같이 귀한 신분이 라도 자식을 숨길 수 없고, 어미와 자식이 한번 이별하면 아득하게 만날 기약이 없었다. 슬픔이 뼈에 사무치고 심지어 병들어 죽는 이도 한둘이 아니었으니 천하에 지극히 원통한 일이 이보다 더한 것이 어디 있겠는가?

  — 「수령옹주(壽寧翁主) 묘지명」

- 보초 서는 병사들은 고려 말을 배우네. 어깨동무하고 우물가 배나무 아래서 나지막하게 노래하네.

  — 「연하곡(輦下曲)」

- 궁중 의복 새롭게 고려 양식을 숭상하니, 저고리는 허리 아래까지 덮지만 반팔이 드러나네. 밤마다 궁중에 서 앞다투어 구경하니 ….

  — 「원궁사(元宮詞)」

사료 텍스트 완성하기

교과서 텍스트

1. 역 이 시기 '폐하'를 (　　　)(으)로, '태자'를 (　　　)(으)로 부르는 등 왕실의 호칭이 격하되었다.

2. 한 원은 영토를 빼앗아 화주에 (　　　), 서경에 (　　　), 제주도에 탐라총관부를 설치하고 그 주변을 지배하였다.

3. 역 고려에는 변발, 몽골식 복장 등 (　　　)이/가 나타났으며, 원 황실에서도 고려 풍습인 (　　　)이/가 유행하였다.

4. 역 원의 요구에 따라 중서문하성은 (　　　), 중추원의 후신인 추밀원은 (　　　)(으)로 격하되었다.

기출 텍스트

1. 수 원 간섭기에는 (　　　)와/과 호복 등의 몽골풍이 유행하였다.

2. 능 원 간섭기에 (　　　)은/는 첨의부로 격하되었다.

3. 능 원 간섭기에는 일본 원정을 위해 (　　　)이/가 설치되었다.

4. 능 원 간섭기에는 (　　　)을/를 통해 공녀가 징발되었다.

빈칸 정답		교과서 텍스트	기출 텍스트
	1	전하, 세자	변발
	2	쌍성총관부, 동녕부	중서문하성
	3	몽골풍, 고려양	정동행성
	4	첨의부, 밀직사	결혼도감

017 | 도평의사사 체제

① 國家設都兵馬使, 以侍中·平章事·參知政事·政堂文學·知門下省事爲判事, 判樞密已下爲使, 有大事則會議, 故有合坐之名. ② 一歲而或一會, 累歲而或不會. ③ 其後改爲都評議使, 或稱爲式目都監使. ④ 事大來事多倉卒, 僉議密直每爲合坐. ⑤ 合坐之禮, 先至者離席北面而立, 後至者依其位一行而揖, 同至席前南向兩拜, 離席北向而伏, 以叙寒暄. … ⑥ 錄事啓事于前, 各以其意言其可否. ⑦ 錄事往返其間, 使其議定于一, 然後施行, 謂之議合. ⑧ 其餘則端坐不言, 望之儼然, 誠可敬而畏也.

—『櫟翁稗說』

⑨ 都評議使司, 國初稱都兵馬使. ⑩ 文宗定官制, 判事以侍中·平章事·參知政事·政堂文學·知門下省事爲之, 使以六樞密及職事三品以上爲之. … ⑪ 忠烈王五年, 改都兵馬使, 爲都評議使司, 凡有大事, 使以上會議, 故有合坐之名. ⑫ 事元以來, 事多倉卒, 僉議密直, 每爲合坐. ⑬ 恭愍王元年, 令五軍錄事, 管勾都評議使司案牘. ⑭ 辛昌時, 都評議司六色掌, 改爲吏禮戶刑兵工六房錄事.

—『高麗史』「志」百官

주요 어휘 ||||||||||||||||||

設 베풀 설	判 판단할 판	密 비밀로 할 밀	歲 해 세	累 여러 루
倉 곳집 / 갑자기 창	卒 군사 졸	離 떠날 / 늘어놓을 리		席 자리 석
揖 읍할 읍	拜 절 배	叙 베풀 서	寒 찰 한	暄 따뜻할 훤
啓 열 계	往 갈 왕	返 돌아올 반	議 의논할 의	施 베풀 시
端 바를 단	儼 의젓할 엄	誠 정성 / 삼갈 성	敬 공경할 경	畏 두려워할 외
稱 일컬을 칭	參 간여할 참	管 주관할 관	勾 굽을 구	案 책상 안
牘 편지 독	掌 손바닥 / 주관할 장			

한자 독음 |||||||||||||||||

① 국가설도병마사, 이시중・평장사・참지정사・정당문학・지문하성사위판사, 판추밀이하위사, 유대사즉
회의, 고유합좌지명. ② 일세이혹일회, 누세이혹불회. ③ 기후개위도평의사, 혹칭위식목도감사. ④ 사대래사
다창졸, 첨의밀직매위합좌. ⑤ 합좌지례, 선지자치석북면이립, 후지자의기위일행이읍, 동지석전남향양배, 이
석북향이복, 이서한훤. … ⑥ 녹사계사우전, 각이기의언기가부. ⑦ 녹사왕반기간, 사기의정우일, 연후시행, 위
지의합. ⑧ 기여즉단좌불언, 망지엄연, 성가경이외야.

⑨ 도평의사사, 국초칭도병마사. ⑩ 문종정관제, 판사이시중・평장사・참지정사・정당문학・지문하성사
위지, 사이육추밀급직사사삼품이상위지. … ⑪ 충렬왕오년, 개도병마사, 위도평의사사, 범유대사, 사이상회의,
고유합좌지명. ⑫ 사원이래, 사다창졸, 첨의밀직, 매위합좌. ⑬ 공민왕원년, 영오군녹사, 관구도평의사사안독.
⑭ 신창시, 도평의사육색장, 개위이예호형병공육방녹사.

1. 국문 해석

① 국가가 도병마사(都兵馬使)를 설치하여 시중(侍中)・평장사(平章事)・참지정사(參知政事)・
정당문학(政堂文學)・지문하성사(知門下省事)로 판사(判事)를 삼고, 판추밀(判樞密) 이하로 사(使)
를 삼아, 큰일이 있을 때 회의(會議)하였기 때문에 합좌(合坐)라는 이름이 붙게 되었다. ② 그런데
이는 한 해에 혹 한 번 모이기도 하고 여러 해 동안 모이지 않기도 하였다. ③ 그 뒤에 도평의사(都
評議使)로 고쳤고 혹은 식목도감사(式目都監使)라 일컫기도 하였다. ④ 원나라에 사대(事大)한 이
후 급한 일이 많아 첨의(僉議)・밀직(密直)이 항상 합좌하였다. ⑤ 합좌하는 예의는 먼저 온 자가
자리에서 일어나 북쪽으로 향하여 서고 뒤에 온 자가 그 위치에 따라 한 줄로 서서 읍(揖)한 다음,
같이 좌석 앞에 이르러 남쪽을 향하여 두 번 절하고 자리에서 일어나 북쪽을 향하여 엎드려서 서로
안부를 묻는다. … ⑥ 녹사(錄事)가 논의할 일을 앞에 가서 알리면, 각기 자신의 의사대로 그 가부
(可否)를 말한다. ⑦ 녹사가 그 사이를 왔다갔다하면서 그 논의가 일치하게 한 뒤에 시행하니 이를
의합(議合)이라 한다. ⑧ 그 밖에 다른 사람들은 단정하게 앉아서 말을 하지 않아, 바라보면 의젓하
고 엄숙하여 참으로 경건하고 두려운 생각이 들게 된다.

― 『역옹패설(櫟翁稗說)』

⑨ 도평의사사(都評議使司)는 국초에 도병마사(都兵馬使)라고 불렸다. ⑩ 문종(文宗) 때에 관제를 정
할 때에 판사(判事)는 시중(侍中)・평장사(平章事)・참지정사(參知政事)・정당문학(政堂文學)・지문하
성사(知門下省事)로 삼고, 사(使)는 6추밀(六樞密) 및 직사(職事) 3품 이상으로 삼았다. … ⑪ 충렬왕(忠
烈王) 5년에 도병마사를 도평의사사로 고쳤는데, 무릇 국가에 큰일이 있으면 사 이상의 관료가 모여서
의논하였으므로 합좌(合坐)라는 이름이 있었다. ⑫ 원(元)을 섬긴 이래로 일이 창졸간에 많아져서 첨의
(僉議)와 밀직(密直)이 매번 합좌를 하였다. ⑬ 공민왕(恭愍王) 원년에 5군녹사(軍錄事)로 하여금 도평
의사사의 서류[案牘]를 관리하도록 하였다. ⑭ 창왕(昌王) 때에 도평의사사의 6색장(色掌)을 이방(吏
房)・예방(禮房)・호방(戶房)・형방(刑房)・병방(兵房)・공방(工房) 등 6방녹사(六房錄事)로 고쳤다.

― 『고려사(高麗史)』 「지(志)」 백관(百官)

2. 사료 해설

도병마사(都兵馬使)는 본래 양계(兩界) 지역에 부임한 병마사를 중앙에서 통제하기 위해 설치한 회의기구였다. 여기에는 재추(宰樞) 가운데 일부가 판사(判事)·사(使) 등에 임명되어 활동하였다. 주로 양계 지역의 축성 및 군사 훈련, 국경 문제 및 대외 관계 등 변경 지역의 군사적인 문제를 의논하고 결정하는 역할을 맡았다.

무신 정권이 성립함에 따라 도병마사는 그 기능이 사실상 중지되었으나 몽골의 침략이 발생하고, 전쟁이 치열하게 전개되면서 도병마사의 기능이 부활 및 확대되었다.

고종 말년에는 '도당(都堂)', '양부합좌(兩府合坐)'라는 표현 등이 나타나기 시작하였다. 이는 도병마사에 재추들이 모두 참여하고, 여기서 합의를 토대로 국가의 중대한 일들을 결정하였음을 보여준다.

도병마사는 충렬왕 5년(1279)에 도평의사사(都評議使司)로 승격되었다. 당시 고려는 원의 간섭을 받아 모든 관제가 격하되었지만, 도병마사는 고려의 독자적인 기구였기 때문에 그대로 존속할 수 있었다. 다만 국사 전반에 걸친 문제를 재추 전원이 회의하게 됨에 따라 그에 걸맞게 명칭이 바뀐 것이었다.

이후 재추뿐 아니라 삼사(三司)의 관원도 도평의사사 회의에 참석하게 되었다. 또한 인원의 확대로 기구의 정치적 지위는 더욱 높아졌으며, 이에 따라 집행 기능도 수행하게 되었다. 이후에는 행정 사무를 맡은 6방녹사(六房錄事), 그리고 이를 통할하는 경력사(經歷司)를 두기도 하였다. 도평의사사는 조선 초까지도 존속하였으나, 정종 2년(1400) 의정부(議政府)로 개칭되었다.

사료 Plus⁺

우리 태조께서 개국하신 초기에는 도평의사사(都評議使司)를 설치하여 한 나라의 정치를 총괄하게 하였다. 뒤에 의정부로 고쳤으나 그 임무는 도평의사사와 같았다.

- 『세종실록(世宗實錄)』

사료 텍스트 완성하기

교과서 텍스트

1. 한 국방에 관계된 일은 도병마사, 법제에 관계된 일은 식목도감에서 (   )들이 회의하여 결정하였다.

2. 한 도평의사사는 몽골의 침입과 삼별초 진압 과정에서 (   )의 비중이 점차 증가하면서 재편된 기구이다.

3. 한 원 간섭기 국정의 전반은 (   )에서 논의하여 결정하였다.

4. 한 (   )은/는 도평의사사를 통해 권력을 장악하고 자신들의 지위를 세습하였다.

기출 텍스트

1. 전 원종 대에는 (   )의 영향으로 도병마사가 국방, 군사 문제 이외의 다른 업무도 관장하였다.

2. 전 도평의사사는 국정을 총괄하는 최고 정무 기관이었으며, 조선 정종 때 (   )(으)로 개칭되었다.

3. 전 (   )에는 첨의부 첨의와 밀직사 밀직이 모두 참여하였다.

4. 능 (   )은/는 역옹패설을 저술하고 역사서인 사략을 편찬하였다.

빈칸 정답		교과서 텍스트	기출 텍스트
	1	재추	전란
	2	도병마사	의정부
	3	도평의사사	합좌
	4	권문세족	이제현

018 | 충선왕의 개혁 정치

① 罷承旨房, 以出納之任, 委之詞林院. … ② 賜詞林學士朴全之·吳漢卿·侍讀學士李瑱·侍講學士權永紅鞓. ③ 王常屛左右, 幸詞林院, 與四學士商確政理, 手賜酒食, 從容盡日, 或至夜分, 賜宮燭, 送至其家, 寵幸無比.

—『高麗史節要』忠烈王 24年

④ 忠宣王元年二月, 傳旨曰. ⑤ "古者, 榷塩之法, 所以備國用也. ⑥ 本國諸宮院·寺社, 及權勢之家, 私置塩盆, 以專其利, 國用何由可贍? ⑦ 今將內庫·常積倉·都塩院·安國社, 及諸宮院·內外寺社, 所有塩盆, 盡行入官. ⑧ 估價, 銀一斤, 六十四石, 銀一兩, 四石, 布一匹, 二石, 以此爲例. ⑨ 令用塩者, 皆赴義塩倉, 和買, 郡縣人, 皆從本管官司, 納布受塩. ⑩ 若有私置塩盆, 及私相貿易者, 嚴行治罪."

—『高麗史』「志」食貨

주요 어휘 ||||||||||||||

罷 마칠 파	納 바칠 납	任 맡길 임	委 맡길 위	詞 말씀 사
紅 붉을 홍	鞓 가죽띠 정	屛 물리칠 병	幸 거동 행	確 굳을 확
手 손 / 손수 수	從 좇을 종	夜 밤 야	燭 촛불 촉	寵 사랑할 총
權 세금 / 전매할 각	塩 소금 염	盆 동이 분	估 값 고	價 값 가
赴 나아갈 부	貿 바꿀 무	易 바꿀 역	嚴 엄할 엄	罪 허물 죄

한자 독음 ||||||||||||||

① 파승지방, 이출납지임, 위지사림원. … ② 사사림학사박전지·오한경·시독학사이진·시강학사권영홍정. ③ 왕상병좌우, 행사림원, 여사학사상확정리, 수사주식, 종용진일, 혹지야분, 사궁촉, 송지기가, 총행무비.

④ 충선왕원년이월, 전지왈. ⑤ "고자, 각염지법, 소이비국용야. ⑥ 본국제궁원·사사, 급권세지가, 사치염분, 이전기리, 국용하유가섬? ⑦ 금장내고·상적창·도염원·안국사, 급제궁원·내외사사, 소유염분, 진행입관. ⑧ 고가, 은일근, 육십사석, 은일량, 사석, 포일필, 이석, 이차위예. ⑨ 영용염자, 개부의염창, 화매, 군현인, 개종본관관사, 납포수염. ⑩ 약유사치염분, 급사상무역자, 엄행치죄."

1. 국문 해석

① 승지방(承旨房)을 혁파하고 왕명 출납의 임무는 사림원(詞林院)에 위임하였다. … ② 사림학사(詞林學士) 박전지(朴全之)와 오한경(吳漢卿), 시독학사(侍讀學士) 이진(李瑱), 시강학사(侍講學士) 권영(權永)에게 붉은 띠[紅鞓]를 하사하였다. ③ 왕은 항상 좌우를 물리치고 사림원(詞林院)에 행차하여 네 학사들과 더불어 정치에 대해 논의하고 결정하며 손수 술과 음식을 내려주고 조용하게 하루를 보냈는데, 간혹 한밤중에 이르게 되면 궁의 촛불을 하사하여 그 집까지 전송하였으니, 총애를 비할 데가 없었다.

－『고려사절요(高麗史節要)』 충렬왕(忠烈王) 24년

④ 충선왕(忠宣王) 원년(元年) 2월에 다음과 같이 전지(傳旨)하였다. ⑤ "옛날에 소금을 전매하던 법은 국가 재정에 대비하려는 것이었다. ⑥ 본국의 여러 궁원(宮院)·사사(寺社)와 권세가들이 사사로이 염분(鹽盆)을 설치하여 그 이익을 독점하고 있으니 국가 재정을 무엇으로써 넉넉하게 할 수 있을 것인가? ⑦ 이제 장차 내고(內庫)·상적창(常積倉)·도염원(都鹽院)·안국사(安國社) 및 여러 궁원과 사사(社)가 소유한 염분을 모두 관(官)에 납입(納入)시키도록 하라. ⑧ 또한 소금의 가격은 은(銀) 1근(斤)에 64석(石), 은 1냥(兩)에 4석, 포(布) 1필(匹)에 2석으로 하여 규정으로 삼도록 하라. ⑨ 그리하여 소금을 쓰는 자는 모두 의염창(義鹽倉)에 가서 사도록 하고, 군현 사람들은 모두 본관(本管)의 관사(官司)에 나아가 포(布)를 바치고 소금을 받도록 하라. ⑩ 만약 사사로이 염분을 설치하거나 몰래 서로 무역하는 자가 있으면 엄히 죄로 다스려라."

－『고려사(高麗史)』 「지(志)」 식화(食貨)

2. 사료 해설

원 간섭기를 '부마국(駙馬國) 체제'라고 부르기도 한다. 고려의 왕자가 원나라 황실의 공주와 혼인하며 고려의 국왕으로 즉위하였고, 이에 따라 고려의 국왕은 원나라 황제의 사위가 되었기 때문이었다.

충렬왕은 최초로 원나라 황제의 사위가 된 국왕이었다. 그는 원나라 세조(쿠빌라이)의 딸 제국대장공주와 결혼을 하였고, 그녀와의 사이에서 세자(뒤의 충선왕)를 얻었다. 그러나 충렬왕은 궁인 무비(無比)를 총애하였고, 무비와 무비 측근들에게 권력이 집중되어 정치가 문란해졌다. 그리하여 충렬왕과 제국대장공주의 관계는 악화되었고, 이러한 상황에서 제국대장공주가 병으로 숨졌다. 원에 머물던 세자는 문상을 위해 급히 귀국하였고, 귀국 직후 무비를 비롯하여 그녀의 측근을 모두 죽이고 다시 원으로 돌아갔다. 이에 충렬왕은 정치에 흥미를 잃고 더 이상 국왕직을 수행하기 힘들다고 판단하여 원에 왕위를 내놓겠다는 글을 보냈다. 원은 이를 받아들여 1298년 1월 충선왕이 즉위하게 되었다.

　　왕위에 오른 충선왕은 즉위 교서를 통해 자신이 원 세조의 외손자임을 언급하고, 각종 사면과 포상을 행할 것을 밝히면서 불법적인 토지 탈점 등의 문제를 거론하였다. 그리고 나서 충선왕은 1298년 5월 관제 개편을 단행하였다. 먼저 도첨의사사(都僉議使司)에 시중(侍中)·복야(僕射)만 임명하여 재신직을 줄였다. 이와 동시에 밀직사(密直司)를 광정원(光政院)으로 개편하고 자정원(資政院)이라는 새로운 기구를 만들었는데, 이 두 기구는 모두 새로운 재상 기구를 의미했다. 또한, 4사를 다시 6조(曹)로 개편하여 종래의 6전 체제를 복구하였다. 그리고 한림원(翰林院)을 사림원(詞林院)으로 개치고 정치 개혁의 중심 기구로 삼았다. 여기에 박전지(朴全之)·최감(崔昷)·오한경(吳漢卿)·이진(李瑱)을 학사(學士)로 삼아 중용했는데, 이를 통해 충선왕 자신의 친위 관료 세력을 양성하여 권력 기반을 확립하고자 하였다.

　　그러나 충선왕도 원 출신의 왕비와 사이가 좋지 않았다. 충선왕이 조인규(趙仁規)의 딸이었던 조비(趙妃)를 총애하자, 원 출신의 왕비였던 계국대장공주(薊國大長公主)가 이를 시기하였다. 결국 계국대장공주는 1298년 5월 종신(從臣) 활활불화(闊闊不花)와 활활대(闊闊歹)를 원나라에 보내어 조비가 자기를 저주했음을 무고하였다. 이러한 상황에서 충선왕은 조인규를 사도시중참지광정원사(司徒侍中參知光政院事)에 앉히는 등 앞서 언급한 관제개혁을 단행하였다. 이후 원은 조비를 순마소(巡馬所)에 가두고, 조인규 등을 압송해가는 등 사건의 관련자들을 탄압하였다. 이에 충선왕은 관제개혁을 거두었고, 그해 8월 즉위 7개월 만에 퇴위당하였다.

　　충선왕의 퇴위로 부왕이었던 충렬왕이 다시 복위하였다. 이후 원나라에 머물던 충선왕은 1307년 무종(武宗)을 원나라 황제에 오르게 하는 데 공을 세웠다. 당시 심양(瀋陽)을 중심으로 한 요녕성(遼寧省) 일대에는 고려의 전쟁포로·유민(流民) 등이 많이 살았는데, 그에게 이에 대한 지배권을 준 것이었다. 이듬해인 1308년에는 충렬왕의 사망으로 충선왕이 고려왕으로 복위하게 되었다. 복위한 충선왕은 이전보다 강력한 권력을 갖고 대대적인 재정 개혁에 착수하였는데, 그 과정에서 시행된 것이 바로 각염법(榷鹽法)이었다.

사료 Plus+

- 어떤 사람이 궁문에 익명서를 다음과 같이 붙였다. "조인규(趙仁規)의 처는 신묘한 무당을 섬기며 저주를 내려 왕이 공주를 사랑하지 않고 자신의 딸에게만 애정을 쏟도록 하고 있다." 공주가 조인규와 그의 처를 옥에 가두고 이어서 방을 붙인 사람을 찾았으니, 바로 사재주부(司宰注簿) 윤언주(尹彦周)의 소행이었다. 또한 조인규의 아들인 조서(趙瑞)·조연(趙璉)·조후(趙珝), 사위인 박의(朴義)·노영수(盧潁秀) 등과 처들을 수감하고 이내 철리(徹里, 테리)를 원(元)에 보내어 이를 아뢰었다. 상락백(上洛伯) 김방경(金方慶) 등이 공주를 찾아가 철리를 체류시키도록 청하였음에도 따르지 않았다. 왕이 사람을 시켜 청하였으나 역시 듣지 않았다.

　　　　　　　　　　　　　　　　　　　　　　　　 —『고려사절요(高麗史節要)』 충렬왕(忠烈王) 24년

- 충렬왕 34년 5월, 원(元)이 황제를 옹립[定策]한 공으로 왕을 심양왕(瀋陽王)으로 책봉하였는데, 제서(制書)에서 이르기를 다음과 같이 하였다. "아! … 왕장(王璋)은 세조(世祖)의 외손으로써 선대의 귀한 사위가 되어 바야흐로 짐(朕)이 황위를 계승하던 시초에 나를 돕는 모의에 참여한 공이 있도다. … 심양왕으로 승진시켜 책봉하노라."

- 충선왕 즉위년 11월 대사령을 선포하고 하교하였다. "… 요즘 간신이 세력을 잡고 국권을 우롱하며 기강을 어지럽히고 있다. 논밭과 노비를 모두 간신에게 빼앗겨 백성들은 살기 어려워졌다. 나라의 창고는 비었으나 권세가의 집에는 부가 넘치니 통탄하는 바이다. 이에 사자를 뽑아 보내 백성의 논밭은 경계를 분명히 하고 조세를 공평히 부과하여 옛 법도를 되찾으려 한다."

　　　　　　　　　　　　　　　　　　　　　　　　 —『고려사(高麗史)』「세가(世家)」 충선왕(忠宣王)

- 유청신(柳淸臣)과 오잠(吳潛)이 원나라 정부에 상서하여 우리나라를 한 성(省)으로 만들어 중국 본토에 병합할 것을 제의하였다. 이에 대하여 이제현(李齊賢)이 원나라 도당(都堂)에 글을 올려 다음과 같이 말하였다. "… 세조 황제께서 강남에서 회군하실 때 우리 충경왕(忠敬王)이 천명이 세조 황제께 돌아가서 인심을 복속시킬 것을 알고 5,000여 리를 거쳐 양초(梁楚) 지방까지 가서 찾아뵈었고, 충렬왕 역시 직접 조정에 나아가 인사드리는 일을 조금도 게을리하지 않았습니다. 또 일본을 정벌할 때는 나라의 모든 국력을 기울이고 선봉에 섰으며, 합단(哈丹)을 추격할 때는 원나라 군대를 도와 적의 괴수를 섬멸하였습니다. 이처럼 황제 폐하를 위해 바친 노력은 일일이 거론할 수 없습니다. 그렇기에 공주를 출가시켜 대대로 친밀한 인척 관계를 맺어 왔으며, 옛날부터 전해 오는 관습을 고치지 않게 하여 종묘사직을 지키게 하셨으니, 이는 세조 황제께서 내리신 조서 내용에 따른 것입니다. 지금 들으니 원나라 조정에서 우리나라에 행성(行省)을 설치하여 중국의 다른 지방과 같은 행정 구역으로 만든다고 합니다. 만일 그것이 사실이라면 우리나라의 공로는 막론하고라도 세조 황제의 조서(詔書)는 어떻게 할 것입니까? …"

　　　　　　　　　　　　　　　　　　　　　 —『고려사(高麗史)』「열전(列傳)」 이제현(李齊賢)

사료 텍스트 완성하기

교과서 텍스트

1. 역 충선왕은 권문세족들이 자행하는 폐단을 바로잡기 위해 개혁을 시도했지만, 권문세족은 (　　)의 힘을 이용하여 국왕의 개혁을 방해하였다.

2. 한 충선왕은 원나라 수도 대도에 독서당인 (　　)을/를 지었다.

기출 텍스트

1. 전 충선왕은 사림원을 설치하여 (　　)을/를 맡게 하였다.

2. 전 박전지(朴全之), 최참(崔旵), 오한경(吳漢卿), 이진(李瑱) 등은 (　　)에서 활약하였다.

빈칸정답		교과서 텍스트	기출 텍스트
	1	원	왕명 출납
	2	만권당	사림원

019 | 충목왕의 개혁 정치

역지학사

① 三年二月己丑, 置整治都監, 以雞林郡公王煦, 左政丞金永旽, 贊成事安軸, 判密直司事金光轍爲判事, 鄭珚等三十三人爲屬官. ② 辛卯, 分遣李敏·金玤于楊廣, 李元具·金英利于全羅, 南宮敏·李培中于慶尙, 朴光厚·崔元祐于西海, 鄭珚于平壤, 金君發于江陵, 郭珚于交州道, 令度民田, 並兼按廉存撫使. … ③ 三月戊辰, 整治都監, 以奇皇后族弟三萬奪人田, 杖之下獄, 死. … ④ 十月甲午, 元以三萬之死, 遣直省舍人僧家奴, 杖整治官白文寶·申君平·全成安·河楫·南宮敏·趙臣玉·金達祥·盧仲孚·李天伯·許湜·李承閏·安克仁·鄭光度·吳璟·徐浩·田祿生. ⑤ 唯安軸·王煦, 以聖旨原之, 前判密直司事金光轍, 前大護軍李元具, 以病免.

— 『高麗史』「世家」忠穆王

주요 어휘 ||||||||||||||

整 가지런할 정	雞 닭 계	煦 따뜻하게 할 후	旽 밝을 돈	贊 도울 찬
軸 굴대 축	轍 바퀴자국 철	鄭 정나라 정	珚 옥 이름 연	屬 엮을 속
遣 보낼 견	楊 버들 양	慶 경사 경	陵 언덕 릉	度 바로잡을 도
兼 겸할 겸	按 어루만질 안	廉 청렴할 렴	存 있을 존	撫 어루만질 무
使 사신 사	族 겨레 족	奪 빼앗을 탈	杖 장형 장	獄 옥 옥
唯 오직 유	病 병 병	免 면할 면		

한자 독음 ||||||||||||||

① 삼년이월기축, 치정치도감, 이계림군공왕후, 좌정승김영돈, 찬성사안축, 판밀직사사김광철위판사, 정연등삼십삼인위속관. ② 신묘, 분견이민·김규우양광, 이원구·김영리우전라, 남궁민·이배중우경상, 박광후·최원우우서해, 정연우평양, 김군발우강릉, 곽균우교주도, 영도민전, 병겸안렴존무사. … ③ 삼월무진, 정치도감, 이기황후족제삼만탈인전, 장지하옥, 사. … ④ 십월갑오, 원이삼만지사, 견직성사인승가노, 장정치관백문보·신군평·전성안·하즙·남궁민·조신옥·김달상·노중부·이천백·허식·이승윤·안극인·정광도·오경·서호·전녹생. ⑤ 유안축·왕후, 이성지원지, 전판밀직사사김광철, 전대호군이원구, 이병면.

1. 국문 해석

① 3년 2월 기축(己丑), 정치도감(整治都監)을 설치하고, 계림군공(鷄林君公) 왕후(王煦), 좌정승(左政丞) 김영돈(金永旽), 찬성사(贊成事) 안축(安軸), 판밀직사사(判密直司事) 김광철(金光轍)을 판사(判事)로, 정연(鄭珚) 등 33인을 속관(屬官)으로 임명하였다. ② 신묘(辛卯), 이민(李敏)·김규(金珪)를 양광도(楊廣道)에, 이원구(李元具)·김영리(金英利)를 전라도에, 남궁민(南宮敏)·이배중(李培中)을 경상도에, 박광후(朴光厚)·최원우(崔元祐)를 서해도(西海道)에, 정연(鄭珚)을 평양(平壤)에, 김군발(金軍發)을 강릉(江陵)에, 곽균(郭珚)을 교주도(交州道)에 파견하여 민호와 토지[民田]를 조사하게 하고, 또한 안렴존무사(按廉存撫使)를 겸하게 하였다. … ③ 3월 무진(戊辰), 정치도감(整治都監)에서 기황후(奇皇后)의 친척 동생인 기삼만(奇三萬)이 다른 사람의 토지를 빼앗았으므로 장형에 처한 후 하옥시켰는데 죽어버렸다. … ④ 10월 갑오(甲午), 원(元)이 기삼만(奇三萬)이 죽은 일로 직성사인(直省舍人) 승가노(僧家奴)를 파견하여 정치관(整治官)인 백문보(白文寶)·신군평(申君平)·전성안(全成安)·하즙(河楫)·남궁민(南宮敏)·조신옥(趙臣玉)·김달상(金達祥)·노중부(盧仲孚)·이천백(李天伯)·허식(許湜)·이승윤(李承閏)·안극인(安克仁)·정광도(鄭光度)·오경(吳璟)·서호(徐浩)·전녹생(田祿生)을 장형에 처하였다. ⑤ 다만 안축(安軸)과 왕후(王煦)는 성지(聖旨)에 따라 용서하였으며, 전 판밀직사사(判密直司事) 김광철(金光轍), 전 대호군(大護軍) 이원구(李元具)는 병 때문에 형벌을 면제받았다.

― 『고려사(高麗史)』「세가(世家)」 충목왕(忠穆王)

2. 사료 해설

충목왕(忠穆王)이 즉위한 시기는 이전의 충혜왕(忠惠王) 시기 정치·경제적으로 혼란스러운 상황이었기 때문에 나름대로 개혁에 대한 공감대가 이루어진 시기였다. 그리하여 충목왕 재위 초기부터 이제현(李齊賢) 등을 중심으로 정방의 폐지나 녹과전(祿科田) 정비 등의 개혁안이 추진되었다. 그러나 이제현을 중심으로 왕후(王煦) 등이 참여한 이러한 개혁 시도는 반대 세력의 견제로 말미암아 좌초되었다.

그런데 원나라가 고려의 개혁을 지지함에 따라 다시금 개혁이 재추진되었다. 왕후가 당시 원나라 순제(順帝)로부터 고려의 폐정 개혁에 대한 명령을 받고 돌아온 것이었다. 그로 인해 충목왕 3년(1347) 만들어진 기구가 바로 정치도감(整治都監)이었다. 이 기구에 속한 정치관(整治官)들은 안렴존무사(按廉存撫使)를 겸하여 각도로 파견되었고, 이들은 불법적인 토지 탈점과 겸병, 노비 문제 등을 조사하고 그러한 폐단을 시정하였다. 이때 만들어진 정리도감장(整理都監狀)은 이러한 개혁 활동의 지침이 되었다.

정치도감의 개혁 활동 중 기씨 황후 일가인 기삼만(奇三萬)이 감옥에 갇혔다가 사망하는 사건이 벌어졌다. 이로 인해 개혁을 지지하던 원이 반대 입장으로 돌아서게 되었다. 이에 정동행성이문소(征東行省理問所)에서는 정치도감의 관리들을 구속하였고, 정치도감의 본격적 활동은 3개월 만에 사실상 와해되었다.

비록 정치도감의 활동은 짧았지만, 이때 정치도감에서 활동하였던 인물들이 끼친 영향력은 상당했다. 이들은 대부분 과거를 통해 입사한 인물들이었고, 좌주와 문생 또는 동년 등으로 연결되어 결속력이 강했다. 이들의 활동은 이후 공민왕의 개혁 정치에도 영향을 미쳤다.

사료 Plus⁺

- 원에서는 사신을 파견하여 왕후(王煦)와 김영돈(金永旽)에게 옷과 술 및 교초(交鈔)를 하사하여 정치(整治)를 독려하였다. 왕후 등은 기황후(奇皇后)의 집안 동생[族弟]인 기삼만(奇三萬)이 권세를 믿고 남의 토지를 빼앗고 불법을 자행하므로 장형에 처하고 순군옥(巡軍獄)에 하옥하였다. 그런데 기삼만이 죽어버렸다.

  ─『고려사(高麗史)』「열전(列傳)」왕후(王煦)

- 기철(奇轍)·기원(奇轅)·기주(奇輈)·기윤(奇輪)은 기황후(奇皇后)의 세력을 믿고 방자하였으며, 그 친척들도 연줄을 믿어 교만하고 횡포하였다. … 기철 등은 황실과 인척 관계를 맺어 상국의 위엄을 빌려 권세를 떨치면서 임금을 협박하였고, 남이 소유한 노비를 끝없이 빼앗았으며, 남이 소유한 토지는 탈취하지 않은 것이 없었다.

  ─『고려사(高麗史)』「열전(列傳)」기철(奇轍)

사료 텍스트 완성하기

교과서 텍스트

1. 한 정치도감은 (   )의 불법행위를 바로잡기 위해 설치한 기구이다.

2. 한 기씨 일족은 (   )을/를 이용하여 정치도감을 통한 개혁을 좌절시켰다.

기출 텍스트

1. 전 충목왕은 (   )을/를 설치하여 폐정을 개혁하였다.

2. 등 원 간섭기에는 (   ) 중심의 개혁과 (   ) 설치 등이 시도되었고, 이후 공민왕의 개혁이 시도되었다.

빈칸정답		교과서 텍스트	기출 텍스트
	1	권문세족	정치도감
	2	정동행성이문소	사림원, 정치도감

020 | 공민왕의 개혁 정치

역금성, 역리베르, 역미래엔, 역비상, 역지학사 / 한금성, 한동아, 한미래엔, 한씨마스

① 旽請置田民辨整都監, 自爲判事, 榜諭中外曰. ② "比來, 紀綱大壞, 貪墨成風, 宗廟·學校·倉庫·寺社·祿轉·軍須田, 及國人世業田民, 豪强之家, 奪占幾盡. ③ 或已決仍執, 或認民爲隷, 州縣驛吏·官奴·百姓之逃役者, 悉皆漏隱, 大置農莊, 病民瘠國, 感召水旱, 癘疫不息. ④ 今設都監, 俾之推整, 京中限十五日, 諸道四十日, 其知非自改者勿問. ⑤ 過限事覺者糾治, 妄訴者反坐." ⑥ 令出, 權豪多以所奪田民還其主, 中外忻然. ⑦ 旽閱一日至都監, 仁任·春富以下聽決焉. … ⑧ 旽欲自爲五道都事審官, 令三司上書請復之, 王曰. ⑨ "我皇考忠肅王, 値旱災, 焚香告天, 罷此官, 天乃雨. ⑩ 寡人可忘先王之意乎!" ⑪ 焚其書.

— 『高麗史』「列傳」辛旽

주요 어휘 ||||||||||||||

旽 밝을 돈	辨 분별할 변	整 가지런할 정	榜 방 붙일 방	諭 깨우칠 유
綱 벼리 강	壞 무너질 괴	豪 호걸 호	强 굳셀 강	奪 빼앗을 탈
幾 거의 기	盡 다할 진	決 결단 / 판결 결	仍 인할 / 오히려 잉	隷 종 예
驛 역 역	逃 달아날 도	悉 모두 실	漏 샐 루	隱 숨길 은
莊 장원 장	病 질병 병	瘠 여윌 척	感 감응할 감	癘 창병 려
疫 전염병 역	推 헤아릴 추	妄 망령될 망	訴 하소연할 소	還 돌아올 환
閱 사이 간	聽 들을 청	値 만날 치	香 향 향	寡 나 과
焚 불사를 분				

한자 독음 ▮▮▮▮▮▮▮▮▮▮▮▮

① 돈청치전민변정도감, 자위판사, 방유중외왈. ② "비래, 기강대괴, 탐묵성풍, 종묘·학교·창고·사사·녹전·군수전, 급국인세업전민, 호강지가, 탈점기진. ③ 혹이결잉집, 혹인민위예, 주현역리·관노·백성지도역자, 실개누은, 대치농장, 병민척국, 감소수한, 려역불식. ④ 금설도감, 비지추정, 경중한십오일, 제도사십일, 기지비자개자물문. ⑤ 과한사각자두치, 망소자반좌." ⑥ 영출, 권호다이소탈전민환기주, 중외흔연. ⑦ 돈간일일지도감, 인임·춘부이하청결언. … ⑧ 돈욕자위오도도사심관, 영삼사상서청복지, 왕왈. ⑨ "아황고충숙왕, 치한재, 분향고천, 파차관, 천내우. ⑩ 과인가망선왕지의호!" ⑪ 분기서.

1. 국문 해석

① 신돈(辛旽)이 전민변정도감(田民辨整都監)을 설치할 것을 청하고 스스로 판사(判事)가 되어 전국에 방을 붙여 알렸다. ② "근래에 기강이 크게 무너져서 탐욕을 부리는 것이 풍습이 되었으며, 종묘(宗廟)·학교·창고·사사(寺社)·녹전(祿轉)·군수전(軍須田) 및 사람들이 대대로 업으로 이어온 전민(田民)을 호강한 집에서 거의 다 빼앗아 점유하였다. ③ 일부는 이미 판결이 났는데도 그대로 가지고 있고 일부는 백성을 노예로 만들기도 하였으며, 주현(州縣)의 역리(驛吏)·관노(官奴)·백성 중에 역을 피하여 도망한 자들을 모두 숨겨 크게 농장(農莊)을 두니, 백성과 나라를 병들게 하여 홍수와 가뭄을 불러일으키고 전염병이 그치지 않는다. ④ 이제 도감을 설치하여 바로잡고자 하여 개경[京中]은 15일을 기한으로 하여, 여러 도(道)는 40일을 기한으로 하여 스스로 잘못을 알고 고치는 자는 죄를 묻지 않을 것이다. ⑤ 기한을 넘겨 일이 발각되는 자는 죄를 조사하여 다스릴 것이며 망녕되게 소송하는 자는 도리어 처벌하겠다." ⑥ 명령이 나가자 권세가 중에 전민을 빼앗은 자들이 그 주인에게 많이 돌려주었으며, 전국에서 기뻐하였다. ⑦ 신돈은 격일로 도감에 나갔으며, 이인임(李仁任)과 이춘부(李春富)가 소송을 듣고 판결하였다. … ⑧ 신돈(辛旽)이 스스로 5도도사심관(五道都事審官)이 되고 싶어서 삼사(三司)로 하여금 상서하여 관직을 복구시켜달라고 청하였으나, 왕이 말하였다. ⑨ "내 아버지 충숙왕(忠肅王)이 가뭄을 만나 향을 태우며 하늘에 고하여 이 관직을 없애겠다고 하자 하늘이 비를 내리셨다. ⑩ 과인이 선왕의 뜻을 잊을 수 있겠는가!" ⑪ 그 글을 불태워버렸다.

─『고려사(高麗史)』「열전(列傳)」신돈(辛旽)

2. 사료 해설

　1351년은 원나라에서 백련교(白蓮教)의 난이 일어나 원의 통치 질서가 급격히 동요된 시기였다. 그해에 즉위한 공민왕은 원나라의 간섭에서 벗어나 개혁 정치를 추진할 수 있었다.

　공민왕 원년(1352), 공민왕은 변발(辮髮)·호복(胡服) 등의 몽골 풍속을 폐지하고, 정방(政房)을 혁파하였으며, 전리사(典理司)와 군부사(軍簿司)가 다시금 인사권을 행사하도록 하였다.

　공민왕 5년(1356)에는 몽골의 연호(年號)와 정동행중서성이문소(征東行中書省理問所)를 폐지하고, 관제(官制)를 다시 문종 때의 제도로 복구하였다. 또한 원나라 황실과 인척 관계를 맺고 권세를 부리던 기철(奇轍) 일파를 숙청하였고, 쌍성총관부(雙城摠管府)를 공격해 영토를 회복하였다. 그리고 승려 보우(普雨)를 왕사(王師)에 임명하여, 승직에 관한 모든 권한을 그에게 대행하도록 함으로써 불교 진흥을 도모하였다.

　그런데 고려의 입장에서 원나라의 통치체제 이완이 꼭 좋은 것만은 아니었다. 이윽고 백련교 신자들은 홍건적(紅巾賊)으로 변모하였고, 이들의 세력 중 일부가 공민왕 7년(1359)과 9년(1361) 두 차례에 걸쳐 고려에 침입하는 사건이 발생하였기 때문이다. 특히 홍건적은 공민왕 9년(1361)의 침입으로 수도인 개경까지 함락하였으며, 이때 공민왕은 안동까지 피난했다가 돌아오는 길에 흥왕사에서 암살을 당할 뻔하기도 하였다. 또한 원은 공민왕을 폐위하고, 충숙왕(忠肅王)의 아우인 덕흥군을 왕위에 앉히려는 시도도 하였다.

　공민왕은 이러한 상황에서 더 강력한 개혁 몰아가기를 통해 난국을 풀어 나가고자 하였다. 기존의 지배 세력과 연이 닿지 않았던 신돈(辛旽)이란 승려를 중용하였고, 그를 중심으로 개혁이 추진되었다. 신돈은 먼저 최영(崔瑩)과 같은 인물들을 숙청하였고, 내재추제(內宰樞制)를 실시해 선발된 일부 재상들만이 모여서 행정을 처리하게 하였다. 또한 순자법(循資法)이 실시되어 관료 사회의 기강을 확립하고자 하였다. 또한 전민변정도감(田民辨整都監)을 설치하고, 불법으로 탈점된 땅을 돌려주고 강제로 노비가 된 사람들을 양인으로 만들어 주었다. 추가적으로 성균관(成均館)을 중영(重營)함으로써 신진 사대부 계층이 본격적으로 대두하기 시작하였다.

　신돈이 주도한 개혁에 대해 권문세족은 크게 반발하였다. 게다가 원·명 교체기에 접어들어 단행한 동녕부 정벌로 인해 무장 세력이 강화되었고, 성균관 중영으로 대두한 사대부 계층도 불교에 비판적이었다. 그리하여 신돈은 점차 고립되어 갔고, 결국 반역 혐의를 받고 유배되어 공민왕 20년(1371)에 처형당하였다.

사료 Plus⁺

- 원을 섬긴 때부터 머리를 땋아 변발하고 호복을 입은 것이 거의 100년이었다. 명나라 태조 홍무제에게서 공민왕이 면복을 하사받고 왕비와 군신들도 모두 하사받은 것이 있었으니, 이때부터 관복과 문물이 빛나고 다시 새로워졌으며 옛날만큼 갖추어지게 되었다.

- 왕이 원의 연호(지정) 사용을 중지하고 교서를 내리면서, "근래 나라의 풍속이 모두 변하여 오직 권세만을 추구하게 되었으니 … 지금부터는 더욱 정치에 마음을 다 쏟을 것이며, 법령을 밝게 다듬고 기강을 정돈하여 역대 임금들께서 세우신 법을 회복하여 온 나라와 함께 새롭게 출발하려 한다."라고 말하였다.

- 5년 5월 정유(丁酉), 대사도(大司徒) 기철(奇轍)·태감(太監) 권겸(權謙)·경양부원군(慶陽府院君) 노책(盧頙)이 반역을 꾀하다가 처형당하였고 그 친당(親黨)은 모두 도주하였다. 궁성의 경계를 엄히 하였고, 정지상(鄭之祥)을 석방하여 순군제공(巡軍提控)으로 삼아 시위(侍衛)하게 하였다. … 정동행중서성이문소(征東行中書省理問所)를 폐지하였다. 평리(評理) 인당(印璫), 동지밀직사사(同知密直司事) 강중경(姜仲卿)을 서북면병마사(西北面兵馬使)로, 사윤(司尹) 신순(辛珣)·유홍(兪洪), 전 대호군(大護軍) 최영(崔瑩), 전 부정(副正) 최부개(崔夫介)를 부사(副使)로 임명하여 압록강 서쪽의 8참(站)을 공격하게 하였다. 또 밀직부사(密直副使) 유인우(柳仁雨)를 동북면병마사(東北面兵馬使)로, 전 대호군(大護軍) 공천보(貢天甫), 전 종부령(宗簿令) 김원봉(金元鳳)을 부사(副使)로 임명하여 쌍성(雙城) 등지를 수복하게 하였다.
  — 『고려사(高麗史)』「세가(世家)」 공민왕(恭愍王)

- 공민왕 5년, 이색은 시정팔사(時政八事)를 말하였다. 그 하나는 정방(政房)을 혁파하고, 이부(吏部)와 병부(兵部)의 전선(銓選)을 회복하는 것이었다. 왕이 이 제안을 기뻐하며 받아들였으며, 마침내 이색을 이부시랑 겸 병부낭중(吏部侍郎 兼 兵部郎中)으로 삼아 문무관의 선발을 관장하게 하였다.
  — 『고려사(高麗史)』「열전(列傳)」 이색(李穡)

- 공민왕 10년 11월 신미(辛未), 이날 홍건적은 개경[京城]을 함락하고 수개월 동안 점령하였다. 소, 말을 잡아 그 가죽으로 성을 만들고 위에 물을 부어 얼려 사람이 기어오르지 못하게 하였다.
  — 『고려사(高麗史)』「세가(世家)」 공민왕(恭愍王)

- 처음에 왕이 재위한 지 오래되었으나 재상이 많이 뜻에 맞지 않았으므로 일찍이 말하였다. "세신(世臣) 대족(大族)은 친한 무리끼리 서로 얽혀 서로를 보호한다. 초야의 신진은 마음가짐과 행동을 속이며 명예를 탐하다 귀족이 되면 가문이 한미함을 부끄럽게 여겨 대족(大族)과 혼인하여서 그 처음의 생각과 행동을 버린다. 유생은 유약하여 강직함이 적고 또 문생(門生)이니 좌주(座主)니 동년(同年)이라 칭하며 같은 무리끼리 서로 돈독하고 그 정(情)에 따르니, 3자는 모두 쓰기에 부족하다." 그때부터 세상과 떨어져 홀로 뜻을 세운 사람을 얻어 그를 크게 써서 거듭되는 폐단을 고치려고 생각하였다. 신돈을 보자 도(道)를 얻어 욕심이 적고, 또 미천하여 가까운 무리가 없어 큰일을 맡기면 반드시 마음 내키는 대로 행하고 사사로운 이익을 챙기지 않을 것이라 여겼다. 마침내 승려인 그를 발탁하여 의심 없이 국정(國政)을 맡기려 하였다.

- 왕이 성균관(成均館)을 지으라고 명하므로, 신돈(辛旽)이 유탁(柳濯)·이색(李穡)과 함께 숭문관(崇文館)에 모여 옛터를 살펴보았다. 신돈이 관을 벗고 머리를 조아리며 선성(先聖)에게 맹세하여 말하였다. "마음을 다하여 다시 짓겠습니다." 좌우가 모두 말하였다. "옛 제도에서 조금만 줄이면 쉽게 완성할 수 있겠습니다." 이에 신돈이 말하였다. "문선왕(文宣王)은 천하만세의 스승이니, 조금의 비용을 아껴 전대의 규모를 훼손해서야 되겠습니까!"
  — 『고려사(高麗史)』「열전(列傳)」 신돈(辛旽)

사료 텍스트 완성하기

교과서 텍스트

1. 한 공민왕은 (   ) 등 친원 세력을 숙청하였다.

2. 한 공민왕은 격하된 관제도 원래대로 회복하고 변발 등 (   )을/를 금지하였다.

3. 역 공민왕의 개혁 시기는 (   )와/과 왜구가 지속적으로 침략해서 정세가 불안하였다.

4. 역 공민왕은 개혁을 지지할 세력을 확보하고자 (   )을/를 정비하고, (   )을/를 책임자로 임명해 유학 교육을 강화하였다.

기출 텍스트

1. 수 공민왕은 (   )을/를 공격하여 영토를 되찾았다.

2. 전 공민왕은 원(元)의 압력으로 만들어진 관제를 혁파하고, (   ) 때의 관제로 복구하였다.

3. 수 공민왕은 내정을 간섭하던 (   )을/를 폐지하였다.

4. 수 압량위천(壓良爲賤) 현상은 (   ) 설치의 배경이 되었다.

빈칸 정답		교과서 텍스트	기출 텍스트
	1	기철	쌍성총관부
	2	몽골풍	문종
	3	홍건적	정동행성이문소
	4	성균관, 이색	전민변정도감

021 | 전시과 제도의 확립 과정

囮동아

---

① 三國末, 經界不正, 賦斂無藝. ② 高麗太祖卽位, 首正田制, 取民有度, 而惓惓於農桑, 可謂知所本矣. ③ 光宗定州縣貢賦, 景宗立田柴科, 成·顯繼世, 法制愈詳, 文宗躬勤節儉, 省冗官, 節費用. ④ 太倉之粟, 紅腐相因, 家給人足, 富庶之治, 於斯爲盛. ⑤ 毅·明以降, 權姦擅國, 斲喪邦本, 用度濫溢, 倉廩殫竭.

— 『高麗史』「志」食貨

⑥ 括墾田數, 分膏塉, 自文武百官, 至府兵閑人, 莫不科受, 又隨科給樵採地, 謂之田柴科. ⑦ 身沒, 並納之於公, 唯府兵年滿二十始受, 六十而還, 有子孫親戚, 則遞田丁. … ⑧ 又有功蔭田柴, 亦隨科以給傳子孫. ⑨ 又有公廨田柴, 給庄宅宮院百司州縣館驛, 皆有差.

— 『高麗史』「志」食貨

⑩ 景宗元年十一月, 始定職散官各品田柴科. ⑪ 勿論官品高低, 但以人品定之.

— 『高麗史』「志」食貨

주요 어휘

賦 조세 부	斂 거둘 렴	藝 법도 예	首 먼저 수	惓 삼갈 / 간절할 권
貢 바칠 공	柴 섶(땔나무) 시	繼 이을 계	愈 나을 유	詳 자세할 상
躬 몸소 궁	勤 부지런할 근	節 절약할 절	省 덜 생	冗 쓸데없을 용
費 쓸 비	紅 붉을 홍	腐 썩을 부	富 부유할 부	庶 여러 서
盛 성할 성	降 내릴 / 깎아내릴 강	喪 잃을 상	權 권력 권	姦 간사할 간
擅 멋대로 천	斲 깎을 착	喪 잃을 상	濫 퍼질 람	殫 다할 탄
竭 다할 갈	括 묶을 괄	墾 개간할 간	膏 기름질 고	塉 척박할 척
樵 땔나무 초	採 캘 채	沒 가라앉을 몰	戚 겨레 척	蔭 그늘 음
廨 관아 해	庄 농막 장	宅 댁 댁	勿 아닐 물	

1. 국문 해석

① 후삼국 말기에 토지의 경계(經界)가 바르지 않아서 부렴(賦斂)에 법도가 없었다. ② 고려(高麗)의 태조(太祖)가 즉위하여 먼저 토지 제도[田制]를 바르게 하고 민(民)에게서 거두는 데 한도가 있게 하였으며 농상(農桑)에 대해 정성을 다하였으니, 가히 근본이 되는 바가 무엇인지를 알았다고 말할 수 있다. ③ 광종(光宗)은 주현(州縣)의 공부(貢賦)를 정하였으며, 경종(景宗)은 전시과(田柴科)를 수립하였고, 성종(成宗)과 현종(顯宗)이 뒤를 잇게 되자 법제는 더욱 상세하게 되었으며, 문종(文宗)은 몸소 근검과 절약을 실천하고 쓸데없는 관원[冗官]을 줄여 비용을 절약하였다. ④ 대창(太倉)의 곡식이 썩어 벌겋게 변색되는 것이 계속되었으며, 집마다 넉넉하고 사람마다 풍족하여 부유하고 민이 번성하는 정치[富庶之治]가 여기에서 융성하여졌다. ⑤ 의종(毅宗)과 명종(明宗) 이후에 권력을 잡은 간사한 무리들이 나라를 마음대로 하여 나라의 근본을 해치고 지출은 넘쳐나 재정은 말라버렸다.

－『고려사(高麗史)』「지(志)」 식화(食貨)

⑥ 경작하는 토지의 면적 수를 헤아리고 그 비옥함과 척박함을 나누어, 문무(文武)의 백관(百官)으로부터 부병(府兵)과 한인(閑人)에 이르기까지 과(科)에 따라 받지 않은 자가 없었으며, 또한 과에 따라 초채지(樵採地)도 지급하였으니, 이를 일컬어 전시과(田柴科)라고 하였다. ⑦ 토지를 받은 사람이 죽으면 모두 국가에 반납하여야 했으나, 오직 부병만은 나이 20세가 되면 처음으로 지급받고 60세가 되면 국가에 되돌려주었으며, 자손이나 친척이 있으면 전정(田丁)을 전하게 하였다. … ⑧ 또한 공음전시(功蔭田柴)가 있었으니, 역시 과에 따라 자손에게 지급하여 전하게 하였다. ⑨ 또한 공해전시(公廨田柴)가 있어 장택(庄宅)·궁원(宮院)·백사(百司)·주현(州縣)·관역(館驛)에 지급하였는데, 모두 차등이 있었다.

－『고려사(高麗史)』「지(志)」 식화(食貨)

⑩ 경종(景宗) 원년 11월, 처음으로 직관(職官)과 산관(散官) 각 품의 전시과(田柴科)를 제정하였다. ⑪ 관품(官品)의 높고 낮음은 따지지 않고 단지 인품(人品)으로만 이를 정하였다.

－『고려사(高麗史)』「지(志)」 식화(食貨)

2. 사료 해설

경종(景宗)이 재위한 시기는 개국공신 계열의 훈신 세력들과 신진 관료 집단이 어느 정도 갈등 끝에 나름대로 균형을 이뤄가는 시기였다. 이러한 세력 균형과 타협의 산물로 등장한 것이 바로 시정전시과(始定田柴科) 제도였다.

시정전시과는 직사(職事)가 있는 실직과 관계(官階)만 있고 관직이 없는 산관(散官) 모두에게 지급되었고, 관품(官品)과 인품(人品)을 고려하여 토지의 분급이 이루어졌다. 그리하여 자삼·단삼·비삼·녹삼의 네 복색의 틀 위에서 문반·무반·잡업 등으로 구별되어 토지가 분급되었다. 자삼층에는 관계(官階)만 가지고 있던 호족·공신 등의 세력이 포함되었고, 단삼 이하층에는 새로운 신진 관료 집단이 포함되었다. 이를 통해 고려의 신구(新舊) 세력 모두가 하나의 토지 제도 안에 포섭되었다.

목종 1년(998)에 전시과가 개정(改定)됨에 따라 나타난 제도를 개정전시과(改定田柴科)라고 칭한다. 이는 이전의 성종(成宗) 시기 중앙과 지방의 통치 제도가 어느 정도 완비된 것에 발맞춰 전시과 제도가 새롭게 개정된 것으로 볼 수 있다. 개정전시과는 종래의 공복이나 인품 등의 요소 대신에 오직 관직과 위계의 높고 낮음만을 기준으로 18과로 나누어 지급한 제도였다. 또한 실직(實職)을 중심으로 토지를 분급하고, 산관(散官)은 현직에 비해 몇 과 아래의 토지를 분급하였다. 또한 문관이 같은 품계의 무관에 비해 더 많은 토지를 받았는데, 군인층이 마군(馬軍)과 보군(步軍)으로 구분되어 새롭게 지급 대상에 포함되기도 하였다. 이외에도 한외과(限外科)에게 전지 17결을 지급한다고 규정하여, 이전의 시정전시과보다 2결 더 많아진 모습을 보였다.

문종 30년(1076)에도 전시과가 개정되니, 이를 가리켜 경정전시과(更定田柴科)라고 한다. 경정전시과에서는 무반에 대한 대우가 개선되었는데, 이는 현종 이래 거란과의 전쟁 혹은 전쟁 준비 등을 거치면서 무반의 역할을 인정한 것이었다. 또한 산직자(散職者)를 분급 대상에서 배제하고, 새롭게 향직(鄕職)이 포함되었다. 향직은 향리(鄕吏)를 비롯한 무관(無官)의 노인, 무산계를 가진 자, 여진족 추장 등에게 주어진 것인데, 일종의 명예적인 칭호로서 기능하였다. 그 밖에도 경정전시과는 한외과(限外科)가 소멸되었는데, 이는 외형상 토지 분급 제도가 완성되었음을 뜻한다.

사료 Plus⁺

나라의 강토가 동해에 닿아 있는데 큰 산과 깊은 골짜기가 많아 험준하고 평지가 적다. 이 때문에 농토가 산간에 많이 있는데, 그 지형의 높고 낮음으로 인하여 경작하기가 매우 힘들며 멀리서 보면 사다리나 계단과도 같다.

― 『선화봉사고려도경(宣和奉使高麗圖經)』

📝 사료 텍스트 완성하기

교과서 텍스트

1. 한 경종은 (   )을/를 실시하여 호족과 공신들의 경제 기반을 안정시켰다.

2. 한 전시과는 문무 관료, 군인, 향리 등에게 토지의 (   )을/를 지급하는 것이다.

3. 한 전시과의 수조권은 (   )의 대가로 주는 것으로, 직역에서 물러나면 나라에 반납해야 했다.

4. 한 직업 군인, 향리 등에게는 직역과 함께 (   )도 세습되었다.

기출 텍스트

1. 전 시정전시과는 (   )을/를 고려하고 있어 역분전의 성격을 탈피하지 못하였다.

2. 전 시정전시과는 지급 등급에 미치지 못한 관리들에게는 (   )이/가 지급되었다.

3. 능 경정전시과에서는 (   )이/가 같은 품계의 (   )보다 토지 분급액이 많았다.

4. 전 경정전시과의 지급 대상에는 관직이 없는 (   )은/는 제외되었다.

빈칸 정답		교과서 텍스트	기출 텍스트
	1	(시정)전시과	인품
	2	수조권	전 15결
	3	직역	무반, 문반
	4	수조권	산관

022 | 녹과전

① 元宗十二年二月, 都兵馬使言. ②"近因兵興, 倉庫虛竭, 百官祿俸不給, 無以勸士. ③ 請於京畿八縣隨品, 給祿科田."④ 時, 諸王及左右嬖寵, 廣占腴田, 多方沮毀, 王頗惑之, 右承宣許珙等屢言之, 王勉從之.

― 『高麗史』「志」食貨

주요 어휘

虛 빌 허   竭 다할 갈   隨 따를 수   嬖 사랑할 폐   寵 사랑할 총
腴 비옥할 유   沮 막을 저   毀 헐 훼   頗 자못 파   惑 미혹할 혹
許 허락할 허   珙 큰 옥 공   屢 여러 루   勉 힘쓸 면

한자 독음

① 원종십이년이월, 도병마사언. ②"근인병흥, 창고허갈, 백관녹봉불급, 무이권사. ③ 청어경기팔현수품, 급녹과전."④ 시, 제왕급좌우폐총, 광점유전, 다방저훼, 왕파혹지, 우승선허공등누언지, 왕면종지.

1. 국문 해석

① 원종(元宗) 12년 2월, 도병마사(都兵馬使)가 건의하였다. ②"근래에 전쟁이 발생한 것 때문에 창고가 텅 비어 백관(百官)의 녹봉(祿俸)을 지급하지 못하였으므로 선비들을 권면(勸勉)할 수 없습니다. ③ 청하옵건대 경기(京畿) 8현(縣)에서 품계에 따라 녹과전(祿科田)을 지급하십시오."④ 당시 제왕(諸王) 및 국왕 측근에서 총애를 받는 자들이 기름진 땅을 널리 차지하고 온갖 방법으로 훼방을 놓으니 왕이 자못 이들의 말에 현혹되었는데, 우승선(右承宣) 허공(許珙) 등이 여러 차례 이에 대해 말하였으므로 왕이 마지못해 따랐다.

― 『고려사(高麗史)』「지(志)」식화(食貨)

2. 사료 해설

고려 중기 이래 유력 문벌 및 무신 세력 등에 의한 불법적인 토지 탈점 현상이 본격적으로 나타나기 시작했다. 게다가 고려 전기 왕정(王政) 체제 중심의 지배 질서가 점차 이완되면서, 수조지를 세습하는 가문과 전조를 바치는 경작 농민 사이에 사적인 지배 관계가 나타나고 있었다. 이러한 흐름 속에서 고려 정부의 수조지에 대한 관리가 점차 이루어지지 못하였고, 수조지 상속에 있어 국가의 행정적 관여도 이루어지지 못하게 되었다. 그리하여 수조지를 사유지처럼 취급하는 사전의 가산화(家産化)·조업전화(祖業田化) 현상이 나타났으며, 이를 기반으로 한 농장이 폭발적으로 늘어나게 되었다.

따라서 국가가 분급할 수 있는 수조지가 부족해지게 되었는데, 이는 새롭게 관직에 진출한 이들에게 직역 복무에 대한 대가를 제대로 지급할 수 없음을 의미하였다. 몽골과의 전쟁을 거치면서 녹봉의 지급조차 원활하지 못하였기 때문에 신진 관료들의 생활은 어려울 수밖에 없었다.

이러한 폐단을 타개하기 위해 새로운 토지 분급 제도가 필요하였다. 그래서 강도(江都)에 천도 중이던 고종 44년(1257)에는 토지를 분급해 녹봉에 대신하게 한다는 분전대록(分田代祿)의 원칙이 마련되었고, 급전도감(給田都監)을 세워 강화도의 토지를 관리에게 지급하도록 하였다. 개경으로 환도한 뒤인 원종 12년(1271)에는 녹과전(祿科田)을 시행하였다.

녹과전 제도는 경기(京畿) 8현의 토지를 관료들에게 지급하는 제도였다. 당시 토지를 분급받은 주된 대상은 새롭게 관료로 진출한 이들인 것으로 보이며, 그 목적은 이들의 경제적 처우를 개선하기 위함이었다. 그러나 이러한 녹과전 역시도 지속적으로 권력자들의 탈점 대상이 되었고, 몇 차례 재절급(再折給) 시도가 나타났다.

사료 Plus⁺

충목왕(忠穆王) 원년 8월, 도평의사사(都評議使司)에서 말하였다. "선왕(先王)께서 관직을 설치하고 녹봉을 제정하여 1~2품은 360여 석(石)으로 하고, 품계에 따라 차등을 두되 오위(伍尉)와 대정(隊正)에 이르기까지 과(科)에 정해진 액수에 따라 지급하지 않음이 없었습니다. 그러므로 의식(衣食)이 풍족하고 넉넉하여 하나같이 모두 국가를 위해 봉사하였습니다. 그 뒤에 다시 전쟁 때문에 밭과 들이 황폐하여지고, 공부(貢賦)가 모자라고 부족하여져서 창고가 텅 비어, 재상의 녹봉이 불과 30석밖에 되지 않았습니다. 이에 경기(京畿) 현(縣)의 양반조업전(兩班祖業田) 외의 반정(半丁)을 없애고 녹과전(祿科田)을 설치하여 과에 따라 나누어 지급하였습니다. 그런데 근래에 여러 공신과 권세 있는 집안에서 거짓으로 사패(賜牌)를 받아 본래부터 우리 토지 [本田]라고 스스로 일컬으면서 산과 내로 표식을 하고 앞을 다투어 차지하니, 옛 제도에 어긋남이 있습니다. 바라옵건대 선왕께서 제정하신 바에 의거하여, 경기 8현의 토지[土田]를 다시 경리(經理)하시고, 어분전(御分田)과 궁사전(宮司田), 향리(鄕吏)·진척(津尺)·역자(驛子)의 잡구분위전(雜口分位田)은 원래의 토지대장[元籍]을 세밀하게 따져 헤아려 지급하십시오. 양반·군인·한인(閑人)의 구분전(口分田)은 원종(元宗) 12년 이전의 공문을 세밀하게 따져 지급하시고, 그 외의 여러 사급전(賜給田)은 아울러 모두 거두어들이고 빼앗아 직전(職田)으로 균등하게 지급하시고, 남는 토지는 국가에서 조세(租稅)를 거두시어 국가 재정에 충당하십시오." 이에 제서(制書)를 내려 허락하였다.

— 『고려사(高麗史)』 「지(志)」 식화(食貨)

사료 텍스트 완성하기

교과서 텍스트

1. 한 고려 정부는 관료들에게 과전과 녹봉을 지급하는 것조차 어려워지자, 이러한 문제를 해결하기 위해 (   ) 제도를 시행하였다.

기출 텍스트

1. 전 (   )은/는 녹과전제를 처음 제정하여 관료들의 녹봉을 보충해 주었다.

빈칸 정답		교과서 텍스트	기출 텍스트
	1	녹과전	원종

023 | 과전법

한 리베르

① 京畿, 四方之本, 宜置科田, 以優士大夫, 凡居京城衛王室者, 不論時散, 各以科受. ② 第一科, 自在內大君, 至門下侍中, 一百五十結. ③ 第二科, 自在內府院君, 至檢校侍中, 一百三十結. … ④ 第十八科, 權務·散職, 十結. ⑤ 外方, 王室之藩, 宜置軍田, 以養軍士, 東西兩界, 依舊充軍需. ⑥ 六道閑良·官吏, 不論資品高下, 隨其本田多少, 各給軍田十結, 或五結. … ⑦ 凡受田者, 身死後, 其妻有子息守信者, 全科傳受. ⑧ 無子息守信者, 減半傳受, 本非守信者, 不在此限. ⑨ 父母俱亡, 子孫幼弱者, 理合恤養, 其父田全科, 傳受待年二十歲, 各以科受, 女子則夫定科受, 其餘田, 許人遞受.

— 『高麗史』「志」食貨

주요 어휘 ||||||||||||||||||

優 우대할 우	衛 지킬 위	散 흩을 / 한가로울 산	務 힘쓸 무
藩 울타리 번	養 기를 양	依 의지할 의 舊 옛 구	隨 따를 수
凡 무릇 범	身 자신 신	妻 아내 처 息 아이 식	減 덜 감
限 지경 한	俱 함께 구	幼 어릴 유 弱 약할 약	恤 구휼할 휼
許 허락할 허	遞 교대할 체		

한자 독음 ||||||||||||||||||

① 경기, 사방지본, 의치과전, 이우사대부, 범거경성위왕실자, 불논시산, 각이과수. ② 제일과, 자재내대군, 지문하시중, 일백오십결. ③ 제이과, 자재내부원군, 지검교시중, 일백삼십결. … ④ 제십팔과, 권무·산직, 십결. ⑤ 외방, 왕실지번, 의치군전, 이양군사, 동서양계, 의구충군수. ⑥ 육도한량·관리, 불논자품고하, 수기본전다소, 각급군전십결, 혹오결. … ⑦ 범수전자, 신사후, 기처유자식수신자, 전과전수. ⑧ 무자식수신자, 감반전수, 본비수신자, 부재차한. ⑨ 부모구망, 자손유약자, 이합휼양, 기부전전과, 전수대년이십세, 각이과수, 여자즉부정과수, 기여전, 허인체수.

1. 국문 해석

① 경기는 사방의 근본이므로 마땅히 과전(科田)을 두어 사대부를 우대하고, 무릇 서울에 거주하며 왕실을 시위(侍衛)하는 사람에게는 현직[時職]인지 산직(散職)인지를 묻지 않고 각각 과(科)에 따라 받게 하였다. ② 제1과, 재내대군(在內大君)에서 문하시중(門下侍中)은 150결(結). ③ 제2과, 재내부원군(在內府院君)에서 검교시중(檢校侍中)은 130결. … ④ 제18과 권무(權務)와 산직(散職) 10결. ⑤ 지방은 왕실의 울타리이므로 마땅히 군전(軍田)을 설치하여 군사들을 양성하고, 동서(東西) 양계(兩界)는 예전대로 군수에 충당한다. ⑥ 6도의 한량관리(閑良官吏)는 자품(資品)의 높고 낮음을 따지지 않고 그 본전(本田)의 많고 적음에 따라 각각 군전 10결 또는 5결을 지급한다. … ⑦ 무릇 토지를 받은 자가 죽은 뒤에, 그의 아내[妻]가 자식이 있고 수절하는 경우에는 과 전체 토지를 전해 받는다. ⑧ 자식이 없는데 수절하는 경우에는 절반을 삭감하여 전해 받으며, 수절하지 않는 자는 이 규정을 적용하지 않는다. ⑨ 아버지와 어머니가 모두 사망하고 자손이 어린 경우에는 구휼하여 양육하는 것이 이치에 합당하니 과에 따른 그 아버지 토지 전체를 전해 받도록 하며, 아들은 20세가 되면 각각 본인의 과에 따라 받고 딸은 남편의 과에 따라 받게 하며, 나머지 토지는 다른 사람이 교체하여 받는 것을 허락한다.

— 『고려사(高麗史)』 「지(志)」 식화(食貨)

2. 사료 해설

고려 중기 이래 자행된 사전의 가산화(家産化) 현상과 조업전화(祖業田化) 현상 등의 폐단을 막기 위하여 개혁이 몇 차례 시도되었다. 그러나 유력자들을 중심으로 한 반발로 인해 개혁은 성공하지 못하였는데, 위화도 회군을 기점으로 정권을 장악한 신진 사대부들을 중심으로 다시 한번 개혁 논의가 꽃피우게 되었다. 조준(趙浚)의 상서로 촉발된 토지 개혁 논의는 크게 온건론과 급진론으로 구분할 수 있다.

온건론은 이색(李穡)·권근(權近) 등이 '일전일주(一田一主)'의 원칙을 재확립하자는 주장을 말한다. 이들의 주장은 사전의 존재를 인정하되, 그 폐단만을 해소하자는 것이었다. 즉, 한 토지에 여러 명의 전주(田主)가 있는 것을 문제라고 보고, 토지 문서에 의거하여 수조권자를 명확히 하자는 주장이었다.

급진론은 조준·정도전(鄭道傳) 등이 사전의 존재를 부정하고 이를 혁파하자는 주장을 말한다. 이들은 고려가 사전에 대한 관리를 제대로 하지 못하였고, 이에 따라 사적인 세습현상이 만연함으로써 직역자가 수조지를 받지 못하고 있는 상황을 큰 문제라고 인식하고 있었다. 그리하여 기존의 사전을 모두 혁파하고, 직역 부담 여부에 따라 수조지를 분급해야 한다고 주장하였다. 또한 조준과 정도전은 '민을 헤아려 토지를 지급한다[計民授田]'라는 원칙을 주장하기도 하였는데, 이러한 원칙은 당시 대토지 소유자들의 반발로 인해 이후에도 실현되지 못하였다.

창왕 원년(1389), 사전 혁파를 전제로 한 기사양전(己巳量田)이 시행되어 전국의 토지 조사가 시작되자 반대파들의 반발은 더욱 심해졌고, 이로 인한 갈등은 극에 달하였다. 때마침 최영(崔瑩)의 조카인 김저(金佇)가 우왕의 복위를 꾀하다가 발각되는 사건이 벌어졌고, 이 사건으로 많은 권문세족이 유배되었다. 그러자 이성계와 그를 위시한 신진 사대부들은 우왕과 창왕이 공민왕의 혈통이 아니고, 신돈과 그의 노비인 반야에게서 태어났다고 주장하였다. 그들은 폐가입진(廢假立眞)의 논리를 내세워 창왕을 폐하고, 공양왕을 즉위시켰다. 여기에 윤이(尹彝)·이초(李初) 사건까지 발생하면서 이색·권근 등이 하옥되었고, 이에 따라 모든 토지 문서를 혁파함으로써 토지를 재분배하는 급진론이 채택되었다.

사료 Plus⁺

- 개경에 있는 자는 단지 경기 안에 있는 토지만을 지급하며, 지방에서 지급하는 것을 허락하지 마시고 그것을 법령으로 정하여 민과 더불어 다시 시작함으로써 국가 재정을 풍족하게 하고, 민생을 후하게 하며, 조정의 선비를 우대하고, 군사의 식량을 넉넉하게 하기를 바랍니다.

  —『고려사(高麗史)』

- 우리 태조(太祖)께서 조준(趙浚)·정도전(鄭道傳)과 함께 사전(私田)을 혁파할 것을 논의하고 조준이 동료들과 함께 창왕(昌王)에게 상소(上疏)하여 강하게 논하였다. … 구가세족(舊家世族)이 번갈아가며 비방했지만, 조준은 더욱 굳게 주장을 견지하였다. 도당(都堂)에서 그 가부(可否)를 논하게 되었을 때 시중(侍中) 이색(李穡)은 옛 법을 가벼이 고칠 수 없다고 하였고 … 이림(李琳)·우현보(禹玄寶)·변안열(邊安烈)·권근(權近)·유백유(柳伯濡)는 이색의 의견을 따랐다. … 의논한 자 53인 중에서 혁파하고자 하는 자는 열에 8~9명이었으며, 하지 않으려는 자는 모두 거실자제(巨室子弟)들이었다.

  —『고려사(高麗史)』「열전(列傳)」조준(趙浚)

- 당시의 구가세족(舊家世族)들이 자기들에게 불편한 까닭으로 입을 모아 비방하고 원망하면서 여러 가지로 방해하였다. 이로 인해 이 백성들로 하여금 지극한 정치의 혜택을 입지 못하게 하였으니, 어찌 한탄스러운 일이 아니겠는가?

  —『조선경국전(朝鮮經國典)』「부전(賦典)」

사료 텍스트 완성하기

교과서 텍스트

1. 韓 조준의 전제 개혁안은 권문세족이 불법적으로 점유한 (   )을/를 없애는 것이 핵심이었다.

2. 韓 신진 사대부는 과전법 개혁을 강행하여 (   )의 경제적 기반을 약화시키고 국가의 (   )을/를 확보하기 위한 과전법을 제정하였다.

3. 韓 과전법으로 인해 수조지를 제대로 지급받지 못하고 있던 (   )의 경제적 처지도 개선되었다.

기출 텍스트

1. 능 과전법은 (   )들의 경제 기반 마련을 위해 실시되었다.

2. 능 과전법으로 말미암아 국가의 (   )은/는 강화되었다.

3. 수 과전법은 관리의 유가족이 (   ), 휼양전의 명목으로 과전을 물려받을 수 있게 하였다.

빈칸 정답		교과서 텍스트	기출 텍스트
	1	사전(私田)	신진 사대부(신진 관료)
	2	권문세족, 공전	토지 지배권
	3	신진 사대부	수신전

024 | 화폐의 주조

① 穆宗五年七月, 敎曰. ② "… 惟我先朝, 式遵前典, 爰頒丹詔, 俾鑄靑蚨, 數年貫索盈倉, 方圓適用. ③ 仍命重臣而開宴, 旣諏吉日以使錢, 自此以來, 行之不絶. ④ 寡人叨承丕緖, 祗奉貽謀, 特興貨買之資, 嚴立遵行之制. ⑤ 近覽侍中韓彦恭上疏言. ⑥ '欲安人而利物, 須仍舊以有恒. ⑦ 今繼先朝而使錢, 禁用麤布, 以駭俗, 未遂邦家之利益, 徒興民庶之怨嗟.' ⑧ 朕方知啓沃之精詞, 詎可弃遺而不納? ⑨ 便存務本之心, 用斷使錢之路. ⑩ 其茶酒食味等諸店交易, 依前使錢外, 百姓等私相交易, 任用土宜."

— 『高麗史』「志」食貨

⑪ 肅宗六年四月, 鑄錢都監奏. ⑫ "國人始知用錢之利, 以爲便, 乞告于宗廟."⑬ 是年, 亦用銀瓶爲貨, 其制, 以銀一斤爲之, 像本國地形, 俗名闊口.

— 『高麗史』「志」食貨

⑭ 肅宗七年十二月, 制. ⑮ "… 今始制鼓鑄之法, 其以所鑄錢一萬五千貫, 分賜宰樞文武兩班軍人, 以爲權輿, 錢文曰海東通寶. ⑯ 且以始用錢, 告于太廟, 仍置京城左右酒務, 又於街衢兩傍, 勿論尊卑, 各置店鋪, 以興使錢之利."

— 『高麗史』「志」食貨

주요 어휘 |||||||||||||||||||||

穆 화목할 목	惟 생각할 유	遵 좇을 준	爰 이에 원	頒 나눌 반
丹 붉을 단	詔 고할 조	俾 시킬 비	鑄 주조할 주	蚨 돈 부
貫 꿸 관	索 찾을 색	盈 찰 영	倉 곳집 창	適 마땅할 적
仍 인할 잉	開 열 개	宴 잔치 연	旣 이미 기	諏 꾀할 추
吉 길할 길	寡 적을 / 주상 과	丕 받들 비	緖 계통 / 사업 서	祗 공경할 지
奉 받들 봉	貽 끼칠 이	謀 꾀할 모	特 특별할 특	興 일어날 흥
貨 재화 화	買 살 매	資 재물 자	嚴 엄할 엄	覽 볼 람
彦 선비 언	恭 공손할 공	疏 상소할 소	須 모름지기 수	舊 예 구
恒 항상 항	麤 거칠 추	駭 놀랄 해	遂 이를 수	邦 나라 방
益 더할 익	徒 무리 도	怨 원망할 원	嗟 탄식할 차	朕 나 짐
啓 일깨워 줄 계	沃 물 댈 옥	啓沃(계옥) 충성스런 말을 임금에게 사룀		
精 정할 / 깨끗할 정		詞 말씀 사	詎 어찌 거	弃 버릴 기
遺 끼칠 유	斷 끊을 단	使 하여금 사	茶 차 다	酒 술 주
味 맛 미	交 주고받을 교	易 바꿀 역	宜 마땅할 의	利 이로울 리
便 편할 편	乞 구할 걸	告 알릴 고	瓶 병 병	貨 재화 화
像 형상 상	闊 트일 활	鼓 북 / 두드릴 고	賜 하사할 사	樞 근원 추
寶 보배 보	街 거리 가	衢 네거리 구	傍 곁 방	鋪 펼 / 점포 포

한자 독음 |||||||||||||||||||||

① 목종오년칠월, 교왈. ② "… 유아선조, 식준전전, 원반란조, 비주청부, 수년관색영창, 방원적용. ③ 잉명중신이개연, 기추길일이사전, 자차이래, 행지부절. ④ 과인도승비서, 지봉이모, 특흥화매지자, 엄입준행지제. ⑤ 근람시중한언공상소언. ⑥ '욕안인이이물, 수잉구이유항. ⑦ 금계선조이사전, 금용추포, 이해속, 미수방가지이익, 도흥민서지원차.' ⑧ 짐방지계옥지정사, 거가기유이불납? ⑨ 편존무본지심, 용단사전지로. ⑩ 기차주식미등제점교역, 의전사전외, 백성등사상교역, 임용토의."

⑪ 숙종육년사월, 주전도감주. ⑫ "국인시지용전지리, 이위편, 걸고우종묘." ⑬ 시년, 역용은병위화, 기제, 이은일근위지, 상본국지형, 속명활구.

⑭ 숙종칠년십이월, 제. ⑮ "… 금시제고주지법, 기이소주전일만오천관, 분사재추문무양반군인, 이위권여, 전문왈해동통보. ⑯ 차이시용전, 고우태묘, 잉치경성좌우주무, 우어가구양방, 물논존비, 각치점포, 이흥사전지리."

1. 국문 해석

① 목종(穆宗) 5년 7월, 교서(敎書)를 내렸다. ② "… 오직 우리 선왕[成宗]께서는 과거 전범(典範)을 그대로 따르고 이에 조서[丹詔]를 반포하여 화폐[靑蚨]를 주조하게 하니, 수년 만에 돈 꾸러미[貫索]가 창고를 채웠으며, 사방에 원만하게 적절히 사용할 수 있었다. ③ 이에 중신(重臣)에게 명령하여 잔치를 열고 길일(吉日)을 택하여 철전을 사용하게 하니, 이때부터 행하여 끊이지 않았다. ④ 과인(寡人)이 외람되이 왕위[丕緒]를 계승하여 정성스레 선왕의 계책[貽謀]을 받들었는데, 특히 화폐로 살 수 있는 자원을 일으키고 준행하는 제도를 엄하게 세웠다. ⑤ 근래에 보건대 시중(侍中) 한언공(韓彦恭)이 상소(上疏)하였다. ⑥ '사람을 편안하게 하고 물건으로 이익을 보려고 하면 모름지기 옛 제도에 따라 일관성이 있어야 합니다. ⑦ 지금 선왕을 계승하여 철전(鐵錢)을 사용하게 하고 추포(麤布) 사용을 금지함으로써 풍속을 소란스럽게 하였으니, 나라의 이익이 되지 못하고 오히려 민의 원망만을 일으킵니다.' ⑧ 짐을 일깨워주는 훌륭한 말을 알면서 어찌 버리고 받아들이지 않을 수 있겠는가? ⑨ 근본에 힘쓰는 마음을 다시 살려 철전을 사용하는 것을 쓰임에 따라 중단하고자 한다. ⑩ 차와 술, 음식 등 여러 점포에서 교역할 때는 전과 같이 철전을 쓰도록 하고, 이외에 백성 등이 사사로이 서로 교역할 때는 토산물[土宜]을 임의로 사용하게 하라."

　　　　　　　　　　　　　　　　　　　　　　　　－『고려사(高麗史)』「지(志)」 식화(食貨)

⑪ 숙종(肅宗) 6년 4월, 주전도감(鑄錢都監)에서 아뢰었다. ⑫ "나라 사람들이 비로소 전폐(錢幣) 사용의 이로움을 알아 편리하게 되었으니 바라건대 종묘(宗廟)에 고하소서." ⑬ 이 해에 또한 은병(銀瓶)을 사용하여 화폐로 삼았는데, 그 제도는 은 1근으로 만들되 우리나라 지형을 본뜬 것으로 속칭 활구(闊口)라고 하였다.

　　　　　　　　　　　　　　　　　　　　　　　　－『고려사(高麗史)』「지(志)」 식화(食貨)

⑭ 숙종(肅宗) 7년 12월, 제서(制書)를 내렸다. ⑮ "… 이제 처음으로 화폐를 주조하는[鼓鑄] 법을 제정하니, 이에 따라 주조한 전(錢) 15,000관(貫)을 재추(宰樞)와 문무양반(文武兩班) 및 군인에게 나누어 하사하여 화폐 사용의 시작점[權輿]으로 삼으며, 전문(錢文)은 해동통보(海東通寶)라고 할 것이다. ⑯ 또 처음으로 전폐를 사용하게 되었음을 태묘(太廟)에 고할 것이며, 이어서 경성(京城)에 좌우(左右) 주무(酒務)를 설치하고 또한 거리 양쪽에 존비(尊卑)에 상관없이 각각 점포를 설치하여 철전(鐵錢)을 사용하는 이로움을 일으키게 하라."

　　　　　　　　　　　　　　　　　　　　　　　　－『고려사(高麗史)』「지(志)」 식화(食貨)

2. 사료 해설

고려 사람들은 본디 쌀이나 저포(苧布) 등을 통해 물화를 교환하였다. 그러나 고려 정부의 통치력이 지방에까지 미치게 되면서 국가 재정의 확보 차원에서 법정 화폐를 발행하였다. 바로 성종 15년(996) 주조된 건원중보(乾元重寶)가 바로 그것이다. 성종은 철전인 건원중보를 주조해 창고에 모아 두었다가 길일(吉日)을 택해 축하연을 열고 사용하도록 함으로써 백성들의 신뢰를 얻고자 하였다.

성종을 이은 목종은 성종의 화폐 정책을 계승해 추포(麤布)의 사용을 금하고, 건원중보의 사용을 적극적으로 장려하였다. 그러나 민간의 반발과 저항으로 말미암아 전면적인 추포 사용 금지령을 철폐할 수밖에 없었다. 다점(茶店)·주점(酒店)·식미점(食味店)에서는 종전대로 건원중보를 사용하게 하되, 그 밖의 상품 거래에 있어서는 관행에 따르도록 한 것이다. 이러한 화폐 정책은 강조의 정변으로 목종이 폐위됨에 따라 중단되었다.

고려에서는 목종 이후 법정 화폐가 사용된 것 같지는 않다. 이전처럼 쌀과 저포 등이 거래의 주요 수단이 되었으며, 교역 등을 통해 은화(銀貨)와 송(宋)의 동전이 부분적으로 사용되었던 것으로 보인다. 이후의 일이긴 하지만 숙종이 종래 백성들이 불법적으로 은과 동을 섞어 은화를 만들고 있다고 언급하였고, 1199년 남송(南宋) 정부는 고려와 일본에 동전 수출을 금지하는 조치를 내렸기 때문이다.

이후 고려의 화폐는 숙종 시기에 송에서 유학한 의천(義天)이 금속화폐 사용을 강력 주장한 것이 계기가 되어 재등장하였다. 이에 따라 숙종 2년(1097) 주전도감(鑄錢都監, 주전관)을 세웠다. 숙종 6년(1101)에는 은병(銀甁)을 화폐로 삼았는데, 이는 우리나라 지형을 본뜬 것으로 속칭 활구(闊口)라 하였다고 한다. 이듬해에는 해동통보(海東通寶) 15,000관(貫)을 처음으로 만들어 재추(宰樞)·문무양반(文武兩班)·군인에게 분배하였고, 이어 삼한중보(三韓重寶)·동국통보(東國通寶)·동국중보(東國重寶)·해동중보(海東重寶) 등을 만들었다.

그러나 숙종 이후 해동통보 등의 화폐는 많이 이용되지 않은 것으로 보인다. 이는 당시 지배층들이 화폐 사용에 적극적인 모습을 보이지 않았고, 농민들 또한 자급자족적 생활을 영위하고 있었으므로 화폐의 필요성을 거의 느끼지 못했기 때문이었다.

은화의 경우 교역 등의 과정에서 나름대로 꾸준히 이용된 것으로 보인다. 다만 기존의 은병 중량이 1근(600g)이나 됨에 따라 그 가치가 너무 높은 것이 문제였다. 그리하여 충렬왕 13년(1287) 무렵에는 무게를 달아 가치를 평가하는 쇄은(碎銀)을 사용하도록 하였고, 충혜왕 원년(1331)에는 소은병(小銀甁)을 만들어 사용하도록 하였다.

원 간섭기에는 보초(寶鈔)라 하는 원의 화폐가 유입되었다. 이는 여몽 연합군의 일본 원정, 고려 지배층에 대한 하사, 사원 중창 등의 과정에서 원으로부터 유입된 것이었다. 하지만 민간에서는 여전히 은이나 포의 사용이 일반적이었고, 대원 무역에서 주로 사용되었다.

고려 말, 공양왕 3년(1391)에는 저화(楮貨)의 사용이 수용되었다. 이는 방사량(房士良)이 민간에서 널리 사용하는 추포의 유통을 금지시키고, 관 주도로 화폐를 주조할 것과 저화를 사용할 것을 건의한 데 따른 것이었다. 고려의 은과 구리가 유출되었기 때문이기도 했지만, 민간에서 저가치의 화폐를 필요로 하는 것도 또 하나의 배경이었다. 다만 저화의 발행은 고려가 멸망하고 조선이 건국되면서 널리 시행되지는 못하였고, 조선 태종 초에 이르러 재시도되었다.

사료 Plus⁺

- 대개 그 풍속이 점포는 없고 오직 한낮에 시장을 벌여 남녀노소, 관리, 공장들이 저마다 가진 것으로 교역하고, 화폐는 쓰지 않았다. 오직 저포, 은병으로 가치를 표준하여 교역하고, 필이나 냥에 미치지 못하는 세세한 일용품은 쌀로 치수를 계산하여 되갚는다. 그러나 백성들은 오래도록 그런 풍속에 익숙하여 스스로 편하게 여긴다.
  　　－『선화봉사고려도경(宣和奉使高麗圖經)』

- 숙종(肅宗) 6년 6월, 조서(詔書)를 내렸다. "금과 은은 천지의 정화(精華)이자 국가의 보물인데, 근래에 간사한 민(民)이 구리를 섞어 몰래 주조하고 있다. 지금부터 은병(銀瓶)을 사용할 때는 모두 검인(檢印) 표시를 하여 영구적인 법식으로 삼고, 어기는 자는 엄하게 논할 것이다."

- 충렬왕(忠烈王) 13년 4월, 시중(市中)에서 은과 구리를 섞어 주조하는 것[合鑄]을 금하였다. 이때 쇄은(碎銀)으로 화폐를 삼아 사용하였는데, 은과 구리를 섞어 주조하는 일이 있자 이를 금하게 된 것이다. 이달에 원(元)에서 사신을 보내어 지원보초(至元寶鈔)와 중통보초(中統寶鈔)를 통용한다는 조서를 반포하였는데, 지원보초 1관(貫)을 중통보초 5관에 해당하게 하여 주화폐와 보조화폐[子母]로 삼아 사용하게 하였다.

- 공양왕(恭讓王) 3년, 3월 중랑장(中郞將) 방사량(房士良)이 상서(上書)하였다. "… 본조(本朝)의 추포법(麤布法)은 동경(東京) 등 몇 개의 주군(州郡)에서 나온 것인 데다, 또 포로 된 화폐는 10년을 넘겨 사용할 수 없으며, 갑자기 불기나 습기를 만나면 바로 타 버리거나 썩어 버립니다. 관아의 창고에 채워 두더라도 쥐가 갉고 비에 젖어 손상되는 것을 면하지 못하니, 바라건대 관청을 세워 동전을 주조하고 동시에 저폐(楮幣)를 화폐로 삼아 추포가 유통되는 것을 일절 금하십시오." 이에 왕이 받아들였다.
  　　　　　　　　　　　　　　　　　　　　　　　　　　　　　　　　　　－『고려사(高麗史)』「지(志)」 식화(食貨)

사료 텍스트 완성하기

교과서 텍스트

1. 한 고려 시대에는 쌀이나 (   )이/가 교환의 기준이 되기도 하였다.

2. 한 성종 때 처음으로 철전인 (   )을/를 만들었다.

3. 한 숙종 때 삼한통보, 해동통보 등의 동전과 (   )(이)라는 은병을 만들어 유통하려 하였다.

4. 한 (   )은/는 귀국한 후 『화폐론』을 지어 숙종에게 동전을 만들어 사용해야 한다고 주장하였다.

기출 텍스트

1. 수 (   ) 시기 철전인 건원중보가 만들어졌다.

2. 수 (   ) 시기 정부는 경제 활동을 장악하기 위해 삼한통보, 해동통보 등의 동전을 유통시키려고 하였다.

3. 전 공양왕 대에 처음으로 (   )이/가 발행되었다.

4. 전 시전의 감독 기관으로 (   )을/를 두었다.

빈칸 정답		교과서 텍스트	기출 텍스트
	1	저포	성종
	2	건원중보	숙종
	3	활구	저화
	4	의천	경시서

025 | 문벌의 형성

한지학사

① 高麗素尙族望, 而國相多任勳戚. ② 自王運娶李氏之後, 而俁爲世子時, 亦納李女爲妃. ③ 由是, 門戶始光顯. ④ 資謙之兄資義, 在前代時, 已爲國相, 坐事流竄. ⑤ 故資謙視覆車之戒, 每自修飭, 俁深信重之, 使爲春宮傅友. ⑥ 時楷尙沖幼, 資謙擇博學多聞之士八人, 以導翊之. ⑦ 如金端輩, 頃自本朝, 賜第歸國, 正預選掄. ⑧ 壬寅夏四月, 俁薨, 諸弟爭立. ⑨ 先是, 顒有五子, 而俁居長. ⑩ 資謙已立楷, 仲父帶方公備, 意欲奪其位. ⑪ 遂與門下侍郎韓繳如, 樞密使文公美, 謀爲不軌, 而禮部尙書李永, 吏部侍郎鄭克永, 兵部侍郎林存等十餘人爲內應. ⑫ 未及擧而謀泄, 卽擒捕下吏. ⑬ 資謙乃諷王, 放備於海島, 而誅群惡連逮支黨數百人. ⑭ 故以定亂之功, 進封太師, 益加食邑采地, 位尙書令.

— 『宣和奉使高麗圖經』

주요 어휘 ⅼⅼⅼⅼⅼⅼⅼⅼⅼⅼⅼⅼⅼⅼⅼ

素 본디 소	尙 숭상할 상	望 명망 망	任 맡길 임	戚 겨레 척
運 옮길 운	娶 장가들 취	俁 갈래질 오	顯 나타날 현	坐 연좌될 좌
竄 숨을 찬	覆 뒤집힐 복	戒 경계할 계	深 깊을 심	傅 스승 부
友 벗 우	楷 본보기 해	擇 가릴 택	聞 들을 문	導 인도할 도
翊 도울 익	輩 무리 배	頃 근자에 경	預 미리 예	選 가릴 선
掄 선택할 륜	薨 죽을 훙	爭 다툴 쟁	顒 공경할 옹	繳 얽힐 교
應 응할 응	泄 샐 설	擒 사로잡을 금	捕 사로잡을 포	諷 욀 풍
連 잇닿을 연	逮 잡을 체	益 더할 익	采 캘 채	

한자 독음 ||||||||||||||||||

① 고려소상족망, 이국상다임훈척. ② 자왕운취이씨지후, 이오위세자시, 역납이녀위비. ③ 유시, 문호시광현. ④ 자겸지형자의, 재전대시, 사위국상, 좌사유찬. ⑤ 고자겸시복거지계, 매자수칙, 오심신중지, 사위춘궁부우. ⑥ 시해상충유, 자겸택박학다문지사팔인, 이도익지. ⑦ 여김단배, 경자본조, 사제귀국, 정예선륜. ⑧ 임인하사월, 오훙, 제제쟁립. ⑨ 선시, 옹유오자, 이오거장. ⑩ 자겸사입해, 중부대방공보, 의욕탈기위. ⑪ 수여문하시랑한교여, 추밀사문공미, 모위불궤, 이예부상서이영, 이부시랑정극영, 병부시랑임존등십여인위내응. ⑫ 미급거이모설, 즉금포하리. ⑬ 자겸내풍왕, 방보어해도, 이주군악연체지당수백인. ⑭ 고이정난지공, 진봉태사, 익가식읍채지, 위상서령.

1. 국문 해석

① 고려는 본래 가문의 명망[族望]을 숭상하여 나라의 재상[國相]은 대부분 훈척(勳戚)을 임명한다. ② 선종[王運]부터 이씨(李氏)의 후손을 비(妃)로 맞이하였는데, 예종[王俁]도 세자(世子) 때에 이씨의 딸을 맞아 비(妃)로 삼았다. ③ 이로 말미암아 가문[門戶]이 빛나고 드러나기 시작하였다. ④ 이자겸의 형 이자의[資義]는 전대(前代)에 이미 나라의 재상이 되었다가 일에 연좌되어 유배[流竄]되었다. ⑤ 이 때문에 이자겸은 형의 일을 경계 삼아 항상 스스로 조심하였으므로 예종이 깊이 신임하고 중용하여 세자[春宮]의 스승이자 벗으로 삼았다. ⑥ 이때 인종[王楷]이 아직 어렸으므로 이자겸은 박식하고 견문이 많은 선비 8인을 선발하여 인종을 지도하고 보좌하도록 했다. ⑦ 김단(金端) 같은 인물들은 그 무렵 송[本朝]으로부터 급제를 받고[賜第] 귀국하였는데, 곧바로 여기에 선발되었다. ⑧ 임인년(壬寅年) 여름 4월에 예종이 죽으니, 여러 아우들이 서로 즉위하려고 다투었다. ⑨ 원래 숙종[王顒]은 아들 다섯을 두었는데 예종이 장남이었다. ⑩ 이자겸이 인종을 세운 후, 중부(仲父) 대방공(帶方公) 왕보(俌)가 왕위를 탈취하려고 하였다. ⑪ 드디어 문하시랑(門下侍郎) 한교여(韓繳如), 추밀사(樞密使) 문공미(文公美)와 더불어 반역[不軌]을 도모하고 예부상서(禮部尙書) 이영(李永), 이부시랑(吏部侍郎) 정극영(鄭克永), 병부시랑(兵部侍郎) 임존(林存) 등 10여 인이 내응(內應)하기로 했었다. ⑫ 그러나 미처 거사하기 전에 음모가 누설되어 곧바로 사로잡혀 투옥되었다[下吏]. ⑬ 이에 이자겸이 왕에게 넌지시 말하여 왕보[俌]를 해도(海島)에 추방하고 여러 악인들을 베었으며 잔당(殘黨) 수백 인을 잡아들였다. ⑭ 이 때문에 변란을 안정시킨 공으로써, 태사(太師)에 책봉되었고 식읍(食邑)과 채지(采地)를 더 주었으며 지위가 상서령(尙書令)에 이르렀다.

－『선화봉사고려도경(宣和奉使高麗圖經)』

2. 사료 해설

고려 시대에 대를 이어 고위 관리를 배출한 몇몇 가문을 '문벌(門閥)'이라고 한다. 이들은 과거와 음서 등을 통해 관직에 진출하였고, 중서문하성과 중추원 등에서 고위 관리가 되어 정국을 주도하였다. 다만 이들 가문의 권세가 대대로 보장되는 것은 아니었다. 기존의 문벌 가문이 고위 관료를 배출하지 못하면 세력을 잃기도 하였고, 신진 가문의 인물이 과거 급제를 통해 신진 문벌로 자리잡는 경우도 있었다.

사료 Plus+

- 이자연에게는 세 명의 딸이 있었는데 모두 임금(문종)에게 시집갔다. 맏딸은 연덕궁주(인예태후)로 왕비이며, 태자(순종)와 국원후(선종)가 그 아들이다. 둘째는 수령궁주(인경현비)이니 조선후가 그 아들이고, 셋째는 숭경궁주(인절현비)다. … 대대로 번성함이 이어져 가문의 명성이 빛난 것은 글자가 생겨난 이래로 공(이자연)과 비교하여 말할 수 있는 자를 보지 못하였다.

  — 「이자연 묘지명(李子淵 墓誌銘)」

- 최사추는 문헌공 최충의 손자이다. 어려서부터 공부에 힘써 글을 잘하였다. 문종 때에 과거에 급제하였다. … 최사추의 아들은 최원과 최진이다. 최원은 여러 차례 승진하여 상서우복야가 되었고, 최진은 문하시랑평장사가 되었다. 이자겸과 문공미, 유인저가 모두 최사추의 사위이니, 문벌의 성대함이 당시에 비길 바가 없었다.

  — 『고려사(高麗史)』「열전(列傳)」

- 조상의 공로로 벼슬을 주는 것은 나이 18세 이상인 자에 한하였는데, 목종이 즉위하여 명령하기를 "5품 이상 문무관의 아들에게는 음직을 준다."라고 하였다. 현종 5년 12월에 명령하기를 "양반으로서 현직 5품 이상인 관원의 자손, 혹은 아우나 조카 중에서 한 사람에게 벼슬을 주는 것을 허락한다."라고 하였다.

  — 『고려사(高麗史)』「지(志)」

▌사료 텍스트 완성하기

교과서 텍스트

1. 한 (   )은/는 과거와 음서를 통해 관직에 진출해 요직을 독차지하고 국가에서 토지와 녹봉을 받았다.

2. 한 사학은 대부분 (   ) 출신들이 세웠고, 과거에서 중시되는 과목 위주로 가르쳤기 때문에 과거에 응시하려는 문벌 자제들에게 큰 인기를 끌었다.

기출 텍스트

1. 등 (   )은/는 청연각과 보문각을 설치하여 학문 연구를 장려하였다.

2. 등 문벌은 과거와 음서를 통해 관직을 차지하고 (   )의 혜택을 받았다.

빈칸 정답		교과서 텍스트	기출 텍스트
	1	문벌	예종
	2	지공거	공음전

026 | 고려 사회의 개방성

한동아, 한비상, 한씨마스, 한천재

① 李永, 字大年, 安城郡人. ② 父仲宣, 以本郡戶長, 選爲京軍. ③ 永幼從師學, 父沒, 欲繼永業田, 爲胥吏, 以狀付政曹主事, 揖不拜, 主事怒且罵. ④ 永卽裂其狀曰. ⑤ "吾可取第仕朝, 何禮汝輩爲?" ⑥ 肅宗朝, 擢乙科, 直史館.

― 『高麗史』 「列傳」 李永

⑦ 嚴守安, 寧越郡吏, 身長有膽氣. ⑧ 國制, 吏有子三, 許一子從仕, 守安例補重房書吏. ⑨ 元宗朝登第, 爲都兵馬錄事. … ⑩ 忠烈王以守安爲能, 賜三品階. ⑪ 歷忠淸西北二道指揮使・西京留守, 所至有能聲.

― 『高麗史』 「列傳」 嚴守安

주요 어휘 ||||||||||||||||

選 가릴 선	從 좇을 종	沒 죽을 몰	繼 이을 계	揖 읍할 읍
拜 절할 배	怒 성낼 노	罵 욕할 매	裂 찢을 렬	狀 문서 장
取 취할 취	汝 너 여	輩 무리 배	擢 뽑을 탁	膽 담력 담
例 법식 례	賜 하사할 사	指 뜻 지	揮 휘두를 휘	聲 명예 성

한자 독음 ||||||||||||||||

① 이영, 자대년, 안성군인. ② 부중선, 이본군호장, 선위경군. ③ 영유종사학, 부몰, 욕계영업전, 위서리, 이장부정조주사, 읍불배, 주사로차매. ④ 영즉렬기장왈. ⑤ "오가취제사조, 하예여배위?" ⑥ 숙종조, 탁을과, 직사관.

⑦ 엄수안, 영월군리, 신장유담기. ⑧ 국제, 리유자삼, 허일자종사, 수안례보중방서리. ⑨ 원종조등제, 위도병마녹사. … ⑩ 충렬왕이수안위능, 사삼품계. ⑪ 역충청서북이도지휘사・서경유수, 소지유능성.

1. 국문 해석

① 이영(李永)은 자가 대년(大年)이고 안성군(安城郡) 사람이다. ② 아버지 이중선(李仲宣)은 안성군의 호장(戶長)으로 경군(京軍)에 선발되었다. ③ 이영은 어려서부터 스승을 따라 공부하였고, 아버지가 죽자 영업전(永業田)을 물려받아 서리(胥吏)가 되려고 정조주사(政曹主事)에게 문서를 주었는데, 이영이 읍(揖)만 하고 절하지 않으니 주사(主事)가 노여워하며 욕하였다. ④ 이영이 즉시 그 문서를 찢어버리며 말하였다. ⑤ "내가 과거에 급제하여 조정에서 벼슬할 것인데 어찌 너희 같은 무리에게 예를 차리겠는가?" ⑥ 숙종(肅宗) 때에 을과(乙科)로 뽑혀 직사관(直史館)이 되었다.

– 『고려사(高麗史)』 「열전(列傳)」 이영(李永)

⑦ 엄수안(嚴守安)은 영월군(寧越郡)의 향리(鄕吏)로 키가 크고 담력이 있었다. ⑧ 국제(國制)에 향리에게 아들 셋이 있으면 아들 하나는 벼슬하는 것이 허락되어서, 엄수안은 관례에 따라 중방서리(重房書吏)로 보임(補任)되었다. ⑨ 원종(元宗) 때 과거에 급제하여 도병마녹사(都兵馬錄事)에 임명되었다. … ⑩ 충렬왕(忠烈王)이 엄수안이 능력 있다고 하여 3품의 관계(官階)를 하사하였다. ⑪ 충청(忠淸)과 서북(西北) 2도(道)의 지휘사(指揮使)와 서경유수(西京留守)를 역임하였는데, 이르는 곳마다 유능하다는 평판이 있었다.

– 『고려사(高麗史)』 「열전(列傳)」 엄수안(嚴守安)

2. 사료 해설

고려 사회는 개방적 · 다원적이었다. 고려는 골품제 중심의 신라나 성리학 중심의 조선과는 달리 다양한 사상을 수용하고, 사회적 신분 이동이 상대적으로 활발한 역동적인 사회였다.

고려는 양천제를 원칙으로 한 사회였다. 양인에 속하는 사람들은 문무 관리 · 향리 · 서리 · 하급 장교 등의 지배층을 이루는 정호(丁戶), 일반 농민인 백정(白丁), 상인과 수공업자, 향 · 소 · 부곡민 등이 있었다. 또한 천인에는 공노비와 사노비가 있었는데, 이들의 신분은 대대로 세습되어 일종의 재산처럼 취급되었다.

고려 시대 일반 군현에 사는 양인들은 법적으로 과거 응시와 관직 진출에 제한이 없었다. 특히 향리들의 경우 조선 시대와는 달리 과거 시험을 통해 문벌 등으로 발돋움하는 경우가 많았다. 드물긴 하지만 백정도 잡과에 응시하거나 군공을 세워 정호로 신분이 상승하는 경우도 있었다.

사료 Plus⁺

- 각 역(驛)의 정호를 나누어 6과(科)로 하였다. ··· 1과는 정(丁) 75, 2과는 정 60, 3과는 정 45, 4과는 정 30, 5과는 정 12, 6과는 정 7이다. ··· 토지가 있으나 정호의 수가 부족하면 그 역의 백정 자제 중 자원하는 자로 충당하여 세웠다.

  ㅡ『고려사(高麗史)』「지(志)」병(兵)

- 평량(平亮)은 평장사(平章事)를 지낸 김영관(金永寬)의 노비였는데, 경기도 양주에서 살면서 열심히 농사를 지어 재산을 축적하였다. 그는 권세가 있는 중요한 길목에 뇌물을 써서 산원동정(散員同正)의 벼슬을 샀다. 아내는 소감 왕원지의 집안 노비였다. 마침 왕원지(王元之)가 벼슬을 잃어 곤궁해져 평량에게 얹혀살게 되자, 평량은 왕원지 가족을 잘 대해 주었다. 어느 날 왕원지에게 많은 돈을 주면서 개경으로 돌아가 살라고 권하고는 길가에 처남들과 함께 숨어 있다가 왕원지 부부와 아들을 죽였다. 이로써 주인이 없어진 아내도 노비 신분에서 벗어나게 되었다. 이어 아들 예규(禮圭)가 대정(隊正) 벼슬을 얻도록 하고, 팔관보판관(八關寶判官) 박유진(朴柔進)의 딸과 결혼시키고, 아내의 오빠인 인무는 명경학유(明經學諭) 박우석(朴禹錫)의 딸에게 장가를 보냈다. 뒤에 이 사실이 밝혀져 어사대(御史臺)의 탄핵을 받아 유배되었다.

  ㅡ『고려사(高麗史)』「세가(世家)」명종(明宗)

- 강윤소(康允紹)는 신안공(新安公)의 집안 노비인데, 몽골어를 잘하여 원종에게 총애를 받고 여러 번 원에 사신으로 간 공로로 관직에 나아가 ··· 판삼사사로 벼슬에서 물러났다.

  ㅡ『고려사(高麗史)』「열전(列傳)」강윤소(康允紹)

- 조원정(曹元正)은 어머니와 할머니가 모두 노비였다. 정중부(鄭仲夫)의 난 때 이의방(李義方)을 도운 공으로 장군을 지냈다.

  ㅡ『고려사(高麗史)』「열전(列傳)」조원정(曹元正)

- 유청신(柳淸臣)의 초명(初名)은 유비(柳庇)이고, 장흥부(長興府) 고이부곡(高伊部曲) 사람이며, 그 선조는 모두 부곡리(部曲吏)를 지냈다. 국가의 제도에 부곡리는 비록 공적이 있어도 5품 이상 승진할 수 없었지만, 유청신은 어려서부터 영특하고 담력이 있었으며 몽고어를 배워서 여러 번 사신을 따라 원에 가서 응대를 잘하였으므로, 이로 인하여 충렬왕의 신임을 얻어 낭장(郎將)에 임명되었다. 왕의 교서에 이르기를, "유청신은 조인규(趙仁規)를 수행하여 혼신의 노력으로 공을 세웠다. 비록 그 가문이 5품에 한정되어 있지만, 유청신 본인에 한해서는 3품까지 승진을 허락한다. 또 고이부곡을 고흥현(高興縣)으로 승격시키도록 하라."라고 하였다.

  ㅡ『고려사(高麗史)』「열전(列傳)」유청신(柳淸臣)

사료 텍스트 완성하기

교과서 텍스트

1. 역 고려는 호족과 6두품 계층이 정치에 참여함으로써 (   )을/를 중심으로 정치를 운영하였던 신라 시대보다 정치에 참여하는 세력이 많아졌다.

2. 한 향리는 (   )에 급제하여 중앙의 관리가 될 수 있었고, 군인은 전쟁에서 공을 세워 무관에 오를 수 있었다.

3. 한 고려 시대에는 고위 관리에 오르려면 과거에 급제하는 것이 유리하였기 때문에 (   )(으)로 관리가 되더라도 과거에 응시하는 경우가 많았다.

4. 한 (   )에 사는 양인들은 법적으로 과거 응시와 관직 진출에 제한이 없었다.

기출 텍스트

1. 능 성종 시기에는 지방의 중소 호족들을 (   )(으)로 편입하여 통제하였다.

2. 능 지방 향리들은 (   ) 제도를 통해 중앙 관직으로 진출할 수 있었다.

3. 능 성종 시기에는 (   )을/를 상층부로 하는 향리 제도를 처음으로 마련하였다.

빈칸 정답		교과서 텍스트	기출 텍스트
	1	진골	향리
	2	과거	과거
	3	음서	호장
	4	일반 군현(주현)	

027 주현 – 속현 질서와 향리

한동아, 한지학사

① 吾鄉比屋, 舊爲尚州屬縣, 去州六十餘里. ② 縣吏五日一詣州聽命, 奔走猶恐不及. ③ 往往有緩急, 州吏到縣, 則施辱縣吏, 流毒縣民, 有不可勝言者矣.

—『新增東國輿地勝覽』「慶尙道」比安縣

④ 各州縣副戶長以上孫, 副戶正以上子, 欲赴製述・明經業者, 所在官, 試貢京師. ⑤ 尚書省・國子監, 審考所製詩・賦, 違格者, 及明經不讀一二机者, 其試貢員, 科罪. ⑥ 若醫業, 須要廣習, 勿限戶正以上之子, 雖庶人, 非係樂工・雜類, 並令試解.

—『高麗史』「志」選舉

주요 어휘 ||||||||||||||||

屋 집 옥	舊 예 구	詣 이를 예	聽 들을 청	奔 달릴 분
猶 오히려 유	恐 두려울 공	緩 느릴 완	急 급할 급	辱 욕되게 할 욕
毒 독 독	勝 이길 승	孫 손자 손	赴 나아갈 부	製 지을 제
述 지을 술	試 시험할 시	貢 바칠 공	審 살필 심	考 상고할 고
詩 시 시	賦 문장 부	違 어길 위	格 격식 격	醫 의원 의
須 모름지기 수	要 구할 요	廣 넓을 광	習 익힐 습	雜 섞일 잡
類 무리 류	解 풀 해			

한자 독음 ||||||||||||||||

① 오향비옥, 구위상주속현, 거주육십여리. ② 현리오일일예주청명, 분주유공불급. ③ 왕왕유완급, 주리도현, 즉시욕현리, 유독현민, 유불가승언자의.

④ 각주현부호장이상손, 부호정이상자, 욕부제술・명경업자, 소재관, 시공경사. ⑤ 상서성・국자감, 심고소제시・부, 위격자, 급명경부독일이궤자, 기시공원, 과죄. ⑥ 약의업, 수요광습, 물한호정이상지자, 수서인, 비계악공・잡류, 병영시해.

1. 국문 해석

① 나의 고향 비옥(比屋)은 전에 상주(尙州)의 속현(屬縣)이었다. ② 주(州)에서 60여 리나 떨어져 있어 현리(縣吏)가 5일에 한 번씩 상주로 찾아가 청명(聽命)하면서도 혹시 미치지 못할까 겁을 내었다. ③ 가끔 급한 일이 있어 주리(州吏)가 현(縣)에 오게 되면 현리를 욕보이고 현민(縣民)을 못살게 함을 다 말할 수 없었다.

-『신증동국여지승람(新增東國輿地勝覽)』「경상도(慶尙道)」, 비안현(比安縣)

④ 각 주현(州縣)에서 부호장(副戶長) 이상의 손자와 부호정(副戶正) 이상의 아들로서 제술업(製述業)과 명경업(明經業)에 응시하려는 자는 소재지의 관원이 시험하여 개경[京師]에 공거(貢擧)하도록 한다. ⑤ 상서성(尙書省) 국자감(國子監)에서는 그들이 지은 시(詩)와 부(賦)가 격식에 어긋나는 자들이나, 명경(明經)에서 1~2궤(机)를 읽지 못하는 자를 심사하고 살펴, 그를 시험하여 공거한 관원을 처벌한다. ⑥ 의업(醫業)과 같은 것은 반드시 폭넓은 학습이 필요하므로, 호정(戶正) 이상의 아들로 한정하지 말고 비록 서인(庶人)이라도 악공(樂工)·잡류(雜類)에 관계되지 않았다면 모두 응시할 수 있도록 한다.

-『고려사(高麗史)』「지(志)」 선거(選擧)

2. 사료 해설

고려 시대에는 전국의 군(郡)·현(縣) 모두에 외관을 파견하지 않았다. 외관을 늘리기 위해서는 재정적인 뒷받침이 있어야 하지만, 현실적으로 재정의 지출을 무작정 늘릴 수 없었기 때문이었다.

그리하여 고려 정부는 중요 거점 지역에만 외관을 파견하고, 외관이 파견되지 않은 다수의 군현을 여기에 소속시켰다. 이를 통해 외관이 파견된 지역과 그렇지 않은 지역 사이에 계서적 관계를 만들어 놓았는데, 이러한 편성 원리를 '주현-속현 체계(질서)'라고도 한다. 고려 전기를 기준으로 주현이 130개, 속현이 374개 정도 있었는데, 북쪽 변경 지역의 경우 속현이 많지는 않았으며, 대부분의 속현은 남부 지역에 분포하였다.

외관이 파견되지 않은 지역의 행정 업무는 그 지역의 향리들에게 위임되었다. 즉, 속군·속현, 향·소·부곡·진·역·관 등의 지방 행정 업무를 담당한 향리들이 해당 지역의 행정을 잘 맡아 처리해 준다면, 재정적 부담없이도 해당 지역을 통치할 수 있는 방식이었다.

고려 중기 이래 속현의 숫자가 점차 줄어들기 시작하였다. 감무(監務) 등의 지방관을 파견하기도 하고, 속현을 주현으로 승격하거나 새로 승격한 주현에 합속시키는 정책 등이 취해졌다. 그리하여 고려 후기 속현은 160개 정도로 감소하게 되었다.

사료 Plus⁺

- 향·부곡·악공·잡류의 자손들이 과거에 응시하는 것을 허락하지 않는다.

　　　　　　　　　　　　　　　　　　　　　　　　　－『고려사(高麗史)』「지(志)」선거(選擧)

- 명종 6년 정월, 공주(公州) 명학소(鳴鶴所) 사람 망이(亡伊)·망소이(亡所伊) 등이 자기 무리를 규합하여 스스로를 산행병마사(山行兵馬使)라 칭하며 공주를 공격하여 무너뜨렸다. … 6월, 망이의 고향인 명학소를 승격하여 충순현(忠順縣)으로 삼고, 내원승(內園丞) 양수탁(梁守鐸)을 현령으로, 내시(內侍) 김윤실(金允實)을 현위(縣尉)로 삼아 달래게 하였다. … 7년 3월, 망이 등이 홍경원(弘慶院)에 불을 지르고 절에 있던 승려 10여 명을 죽인 다음 주지승을 위협하여 다음과 같은 글을 가지고 상경토록 하였다. 대략 다음과 같다. "우리 고을을 현으로 승격하고 수령을 두어 위로하다가 다시 군사를 보내 어머니와 처를 붙잡아 가두니 그 뜻이 어디에 있는가. 차라리 싸우다가 죽을지언정 끝까지 항복하지 않을 것이며 반드시 개경까지 가고야 말겠다."

　　　　　　　　　　　　　　　　　　　　　　－『고려사(高麗史)』「세가(世家)」명종(明宗)

▎사료 텍스트 완성하기

교과서 텍스트

1. 한 고려는 5도 양계를 기틀로 한 지방 제도가 마련되었고, 이 과정에서 지방 세력 중 일부는 (　　　　)(으)로 전환되었다.

2. 한 군현은 지방관이 파견되는 주현과 파견되지 않은 (　　　　)(으)로 구분되었는데, 초기에는 속현의 수가 훨씬 많았으나 후대로 가면서 점차 감소하였다.

3. 한 (　　　　)에 사는 주민은 일반 군·현과 비교해 조세·공납·역의 부담이 컸으며, 거주지를 옮기거나 과거에 응시할 때도 많은 제약을 받았다.

기출 텍스트

1. 등 속현과 향·소·부곡 등 특수 행정 구역의 실질적인 관리는 (　　　　)들이 담당하였다.

2. 등 (　　　　)은/는 출신 인물이 공로를 세우면 현으로 승격되기도 하였다.

3. 수 공물의 양과 종류를 주현에 부과하면 주현에서는 이를 다시 (　　　　)에 할당하였다.

빈칸 정답		교과서 텍스트	기출 텍스트
	1	향리	향리
	2	속현	향·소·부곡
	3	향·소·부곡	속현

028 권문세족의 등장

圆금성, 圆천재 / 핸리베르, 핸해냄에듀

① 趙仁規, 字去塵, 平壤府祥原郡人, 母夢日入懷, 因有身. ② 生而穎悟, 稍長就學, 略通文義. ③ 國家選子弟通敏者, 習蒙古語, 仁規與是選. ④ 以未能出儕輩, 閉戶三年, 晝夜不懈, 遂知名, 得補諸校, 累遷將軍.

— 『高麗史』「列傳」趙仁規

⑤ 時堅味・仁任・興邦, 縱其惡奴, 有良田者, 率以水精木, 杖而奪之. ⑥ 其主雖有公家文券, 莫敢與辨, 時人謂之水精木公文.

— 『高麗史』「列傳」林堅味

주요 어휘 ||||||||||||||

趙 나라 조	規 법 규	塵 티끌 진	母 어미 모	夢 꿈 몽
懷 품을 회	穎 빼어날 영	悟 깨달을 오	稍 점점 초	就 이룰 취
習 익힐 습	選 뽑을 선	儕 무리 제	輩 무리 배	閉 닫을 폐
晝 낮 주	懈 게으를 해	校 장교 교	遷 옮길 천	縱 방종할 종
精 가장 좋을 정	奪 빼앗을 탈	券 문서 권	敢 감히 감	辨 따질 변

한자 독음 ||||||||||||||

① 조인규, 자거진, 평양부상원군인, 모몽일입회, 인유신. ② 생이영오, 초장취학, 약통문의. ③ 국가선자제통민자, 습몽고어, 인규여시선. ④ 이미능출제배, 폐호삼년, 주야불해, 수지명, 득보제교, 누천장군.

⑤ 시견미・인임・흥방, 종기악노, 유양전자, 솔이수정목, 장이탈지. ⑥ 기주수유공가문권, 막감여변, 시인위지수정목공문.

1. 국문 해석

① 조인규(趙仁規)는 자(字)가 거진(去塵)이고 평양부(平壤府) 상원군(祥原郡) 사람이며, 어머니의 꿈에 해가 품에 들어와 그를 잉태하였다. ② 태어나면서부터 뛰어나게 영리하고 슬기로웠으며, 차츰 성장하여 공부를 하면서 대략 글의 뜻[文義]에 통하였다. ③ 국가에서 자제(子弟) 중 영민한 자를 선발하여 몽골어[蒙古語]를 익히게 하였는데, 조인규가 여기에 선발되었다. ④ 자기 동료들보다 뛰어나지 않았으나 3년 동안 바깥에 나가지 않고 주야로 몽골어 공부에 게을리하지 않으니, 드디어 이름이 알려져 여러 교위(校尉)로 임명되었으며 여러 관직을 거쳐 장군에 올랐다.

— 『고려사(高麗史)』 「열전(列傳)」 조인규(趙仁規)

⑤ 당시 임견미·이인임·염흥방이 악질 종놈들을 풀어서 좋은 양전(良田)을 소유한 자를 모두 수정목(水精木, 물푸레나무)으로 때려 빼앗았다. ⑥ 그 주인이 비록 관청에서 발행한 증서가 있더라도 감히 더불어 항의하지 못하므로 당시 사람들이 이것을 수정목공문(水精木公文)이라 불렀다.

— 『고려사(高麗史)』 「열전(列傳)」 임견미(林堅味)

2. 사료 해설

원 간섭기에는 새로운 지배 세력으로 권문세족이 등장하였다. 그들은 충선왕의 복위 교서에 나타난 '재상지종(宰相之宗)'에서처럼 다양한 가문이 혼재되어 있었음을 알 수 있다. 권문세족은 몽골어 통역관이나 응방의 책임자 등 원과의 관계를 통해 성장한 이들도 있었고, 그 외에도 고려 전기 문벌의 후손, 무신 집권기에 새롭게 성장한 가문 등이 혼재되어 있었다.

권문세족은 도평의사사를 통해 권력을 장악하고 지위를 세습해 나갔으며, 음서제와 중첩된 혼인 관계 등을 통해 그 권력을 유지해 나갔다. 또한, 불법적인 농장의 형성과 노비 축적 등을 통해 부를 축적해 나갔다. 이로 인해 원 간섭기에는 권문세족의 탈점 등으로 국가의 재정 수입이 급격하게 감소하는 모습을 보이기도 하였다.

사료 Plus+

- 박의(朴義)는 밀양 사람으로, 매를 바치러 원에 다녀와 응방(鷹坊)을 관리하였다. 그는 꽁지깃이 드물게 14개인 매를 중국 황제에게 진상하고 그 답례로 황제가 자신을 장군으로 임명하였다고 왕에게 알려 장군이 되었다. … 뒤에 제국대장공주(齊國大長公主)의 뜻을 거슬러 바다의 섬에 유배되고 가산은 몰수당하였으나, 얼마 뒤 우부승지(右副承旨)에 임명되었고 … 충선왕이 즉위하여 첨의찬성사(僉議贊成事)를 더하였고, 밀양군(密陽君)에 봉하였다.

— 『고려사(高麗史)』 「열전(列傳)」 박의(朴義)

- 윤수(尹秀)는 무신 정권 시기에 고려의 관리를 배신하고 해를 입혔다. 무신 정권이 무너지자 윤수는 자신의 죄를 추궁당할까 두려워 나라를 배반하고 몽골로 갔다. … 충렬왕(忠烈王)이 몽골에 있을 때 윤수는 독로화(禿魯花)가 되었는데, 윤수는 사냥개를 가지고 충렬왕의 총애를 얻었다. 충렬왕이 즉위하자 윤수도 심양(瀋陽)에서 가족을 이끌고 돌아와서 응방(鷹坊)을 관리하며 권세를 믿고 마음대로 악한 일을 행했으므로, 사람들이 그를 짐승처럼 여겼다.

  —『고려사(高麗史)』「열전(列傳)」윤수(尹秀)

- 이제부터는 만약 종친(宗親) 중에서 동성(同姓)과 혼인하는 일이 있다면 이는 성지(聖旨)를 위반하는 것으로 죄를 논할 것이니, 마땅히 대대로 재상을 지낸 가문의 딸과 혼인할 것이며 재상들의 아들이라야 종실의 딸들과 결혼할 수 있을 것이다. 그러나 만약 그 집안이 한미하다면 이 제한에 구애받지 않는다. 신라왕손 김혼(金暉)의 일가는 역시 순경태후(順敬太后)와 형제집안이며, 언양 김씨 일가, 정안 임태후의 일족, 경원 이태후와 안산 김태후의 집안, 그리고 철원 최씨, 해주 최씨, 공암 허씨, 평강 채씨, 청주 이씨, 당성 홍씨, 황려 민씨, 횡천 조씨, 파평 윤씨, 평양 조씨는 모두 누대의 공신이요 재상지종(宰相之宗)이니 가히 대대로 혼인하여, 그 아들은 종실의 딸에게 장가들고 그 딸은 왕실의 비(妃)로 삼을 만하다. 문무 양반의 가문에서 동성 간의 혼인을 하지 말 것이나 외가 사촌 간은 구혼하는 것을 허락한다.

  —『고려사(高麗史)』「세가(世家)」충선왕(忠宣王)

사료 텍스트 완성하기

교과서 텍스트

1. 한 권문세족은 주로 (   )을/를 통해 관직에 진출했다.

2. 한 원이 내정에 간섭하면서 몽골어 통역관이나 환관 등 원과 관계를 맺은 세력이 성장하였고, 이들은 문벌에서 이어져 온 가문, 무신 집권기 새롭게 등장한 가문과 함께 고려 말 지배층인 (   )을/를 이루었다.

기출 텍스트

1. 수 권문세족은 (   )을/를 확대하고 양민을 억압하여 노비로 삼았다.

2. 늠 권문세족은 (   )을/를 장악하여 권력을 독점하였다.

빈칸 정답		교과서 텍스트	기출 텍스트
	1	음서	농장
	2	권문세족	도평의사사

029 | 사대부의 등장

① 今牧隱李先生, 蚤承家庭之訓, 北學中原, 得師友淵源之正, 窮性命道德之說. ② 旣東還, 延引諸生. ③ 其見而興起者, 烏川鄭公達可, 京山李公子安, 晉陽河公大臨, 潘陽朴公誠夫, 永嘉金公敬之, 密陽朴公子虛, 永嘉權公可遠, 茂松尹公紹宗. ④ 雖以予之不肖, 亦獲廁於數君子之列.

—『陶隱集』

⑤ 恭愍十六年, 重營成均館, 以穡判開城府事兼成均大司成. ⑥ 增置生員, 擇經術之士金九容・鄭夢周・朴尙衷・朴宜中・李崇仁, 皆以他官, 兼敎官. ⑦ 先是, 館生不過數十. ⑧ 穡更定學式, 每日坐明倫堂, 分經授業, 講畢相與論難忘倦. ⑨ 於是, 學者坌集, 相與觀感, 程朱性理之學始興.

—『高麗史』「列傳」李穡

주요 어휘 ||||||||||||||||||

牧 칠 목	隱 숨길 은	蚤 일찍 조	庭 마당 정	淵 못 / 근원 연
源 근원 원	窮 다할 궁	性 성품 성	旣 이미 기	延 끌 연
達 통달할 달	潘 성씨 반	嘉 아름다울 가	敬 공경할 경	茂 우거질 무
雖 비록 수	獲 얻을 획	廁 뒷간 측	重 무거울 중	營 경영할 / 지을 영
穡 거둘 색	判 판가름할 판	增 붙을 증	擇 가릴 택	術 꾀 술
過 지날 과	難 어려울 난	忘 잊을 망	倦 게으를 권	觀 볼 관
感 느낄 감	程 한도 정			

한자 독음 |||||||||||||||||

① 금목은이선생, 조승가정지훈, 북학중원, 득사우연원지정, 궁성명도덕지설. ② 기동환, 연인제생. ③ 기견이흥기자, 오천정공달가, 경산이공자안, 진양하공대림, 반양박공성부, 영가김공경지, 밀양박공자허, 영가권공가원, 무송윤공소종. ④ 수이여지불초, 역획측어수군자지열.

⑤ 공민십육년, 중영성균관, 이색판개성부사겸성균대사성. ⑥ 증치생원, 택경술지사김구용 · 정몽주 · 박상충 · 박의중 · 이숭인, 개이타관, 겸교관. ⑦ 선시, 관생불과수십. ⑧ 색갱정학식, 매일좌명윤당, 분경수업, 강필상여론난망권. ⑨ 어시, 학자분집, 상여관감, 정주성리지학시흥.

1. 국문 해석

① 오늘날에는 목은(牧隱) 이색(李穡) 선생이 일찍이 가정의 교훈을 이어받고 북으로 가서 중국 중원에서 유학하여 바른 사우(師友)의 연원(淵源)을 얻고서는 성명(性命)과 도덕의 설을 깊게 연구하였다. ② 그리고 동방, 즉 고려로 돌아와서는 여러 학생을 교육하였다. ③ 이 선생의 가르침을 접하고서 크게 실력을 꽃피운 사람으로는 오천(烏川)의 정공달가(鄭公達可)와 경산의 이공자안(李公子安), 진양(晉陽)의 하공대림(河公大臨), 반양(潘陽)의 박공성부(朴公誠夫), 영가(永嘉)의 김공경지(金公敬之), 밀양(密陽)의 박공자허(朴公子虛), 영가의 권공가원(權公可遠), 무송(茂松)의 윤공소종(尹公紹宗) 등이 있다. ④ 또 나(정도전)처럼 불초한 자도 몇 분 군자의 대열에 끼이는 영광을 얻었다.

ー 『도은집(陶隱集)』

⑤ 공민왕 16년, 성균관(成均館)을 중영(重營)하고 이색을 판개성부사 겸 성균대사성(判開城府事兼 成均大司成)으로 삼았다. ⑥ 이때 생원을 늘리고 경술(經術)을 공부한 선비인 김구용(金九容) · 정몽주(鄭夢周) · 박상충(朴尙衷) · 박의중(朴宜中) · 이숭인(李崇仁)을 택하여 모두 다른 관직을 가지고서 교관(教官)을 겸직하도록 하였다. ⑦ 이전에는 성균관의 학생이 수십 명에 불과하였다. ⑧ 이색이 다시 학식(學式)을 정하고 매일 명륜당(明倫堂)에 앉아서 경전을 나누어 수업하였는데, 강의를 마치면 함께 논쟁하느라 지루함을 잊을 정도였다. ⑨ 이에 학자들이 모여들기 시작하였고 서로 함께 눈으로 보고 느끼게 되니, 정주성리학(程朱性理學)이 비로소 흥기하게 되었다.

ー 『고려사(高麗史)』 「열전(列傳)」 이색(李穡)

2. 사료 해설

공민왕 16년(1367)에 단행된 성균관(成均館) 중영(重營)은 신진 사대부가 등장하는 중요한 계기가 되었다. 이색(李穡)을 중심으로 성균관의 대대적인 정비가 이루어졌는데, 경학을 공부하던 재(齋)로서 오경사서재(五經四書齋)가 만들어졌다. 이색은 김구용(金九容) · 정몽주(鄭夢周) · 이숭인(李崇仁) · 박상충(朴尙衷) 등을 교관으로 임명하여 성리학을 연구하고 제자들을 기르도록 하였다. 이는 성리학에 대한 체계적인 이해와 함께 이들 집단이 강한 결속력을 갖게 되는 토대가 되었다.

이렇게 등장한 신진 사대부는 성리학을 공통의 학문적 이념으로 하면서, 불교에 대한 비판 정도 및 고려 사회의 개혁 정도와 방향에 따라 두 갈래로 나뉘었다. 즉, 불교에서 비롯된 폐단을 비판하고, 고려 왕조의 유지를 주장하는 온건파 사대부들과 불교 그 자체를 비판하면서 고려 왕조의 체제 변혁, 나아가 역성혁명 및 새 왕조 개창까지 도모하는 급진파 사대부로 나뉜 것이다. 결국 후자의 계열이 중심이 되어 위화도 회군을 통해 정권을 장악하고, 조선 왕조를 개창하게 되었다.

사료 Plus⁺

- 나라에 사건 사고가 많았던 뒤로 일이 예전과 달라 ⋯ 권세가는 토지를 겸병하고, 혹독한 관리는 지나치게 거두어 토지는 송곳 세울 만한 곳도 없고, 집에는 아무것도 없어 탄식만 있을 뿐이다.

  — 이곡(李穀), 『가정집(稼亭集)』

- 공민왕(恭愍王) 원년, 이색(李穡)이 복상(服喪) 중에 글을 올려 말하길, "⋯ 토지의 경계를 바로잡는 것은 다스리는 자가 힘써야 할 일이라고 합니다. 권세가들이 남의 토지를 빼앗으니 까치가 지은 집에 비둘기가 사는 격입니다. ⋯ 백성은 소작료를 내다가 부족하면 남에게 돈을 빌려 생활합니다. 이런 상황에서 백성들이 무엇으로 부모를 공양하고 처자를 양육하겠습니까?"라고 하였다.

  — 『고려사(高麗史)』「열전(列傳)」이색(李穡)

- 처음 명(明)이 건국되자 정몽주가 조정에 극력 요청하여 맨 먼저 귀부하였는데, 이때에 이르러 공민왕이 시해를 당하고 김의(金義)가 명 사신을 살해하여 온 나라 사람들이 흉흉해 하며 감히 명 조정에 사신을 보내지 못하고 있었다. 정몽주는 또 대의를 떨치면서 아뢰었다. "최근의 변고는 마땅히 재빨리 자세하게 아뢰어서 상국(上國)이 석연하게 의혹이 없도록 해야 합니다. 어찌 우리가 먼저 의심을 품어서 백성들에게 화를 끼치겠습니까?" 이에 비로소 사신을 보내어 부고를 알리고 또 김의의 일을 분명하게 해명하도록 하였다. 이때 북원(北元)에서 사신을 보내어 조서를 내리자 권신(權臣) 이인임(李仁任)·지윤(池奫)이 다시 원(元)을 섬기고자 하여 그 사신을 맞이할 것을 논의하였다. 정몽주와 문신 십수 인이 상서하여 아뢰었다. "⋯ 생각하건대 우리 동방(東方)은 바다 밖 한구석에 있으면서 우리 태조(太祖)께서 당(唐) 말기에 일어나신 때부터 중국을 예로써 섬겨왔는데, 그 섬김에 있어서 천하의 의로운 군주인지를 보았을 뿐입니다. 근래에 원(元)이 스스로 파천(播遷)하면서 대명(大明)이 용처럼 일어나 사해(四海)를 덮었습니다. 우리 승하하신 선왕께서 천명(天命)임을 환히 아시고 표문을 바쳐 신하를 칭하니, 황제께서 그를 가상히 여기시어 왕의 작위로 봉하였으며, 하사품과 공물이 서로 오간 것이 이제 6년이나 되었습니다. ⋯ 원이 나라를 잃고 와서 음식을 구하는 것은 잠시 목숨을 연장해 보려는 것입니다. ⋯ 명에서는 이미 우리를 의심하고 있을 텐데 우리가 원과 통한다는 것을 들으면 죄를 묻는 군사가 수륙으로 한꺼번에 쳐들어올 것입니다. 국가에서는 장차 무슨 말로 그들을 대하겠습니까? ⋯"

  — 『고려사(高麗史)』「열전(列傳)」정몽주(鄭夢周)

- 이런들 어떠하며, 저런들 어떠하리. / 만수산 드렁칡이 얽혀진들 어떠하리. / 우리도 이같이 얽혀 백 년까지 누리리라.

  — 이방원(李芳遠), 「하여가(何如歌)」

- 이 몸이 죽고 죽어 일백 번 고쳐 죽어. / 백골이 진토되어 넋이라도 있고 없고, / 임 향한 일편단심이야 가실 줄이 있으랴.

  — 정몽주(鄭夢周), 「단심가(丹心歌)」

사료 텍스트 완성하기

교과서 텍스트

1. 한 (   )의 반원 개혁 정치는 실패하였지만 신진 사대부가 성장하는 바탕이 되었다.

2. 역 신진 사대부는 주로 (   )을/를 통해 중앙 정계에 진출하였고, (   )을/를 바탕으로 고려 말 사회 모순을 개혁하고자 하였다.

3. 한 고려 말 신진 사대부는 (   )의 폐단을 비판하였다.

기출 텍스트

1. 수 (   )을/를 통해 문학적 소양과 행정 실무 능력을 갖춘 문신들이 등용되었다.

2. 능 (   )은/는 만권당에서 원의 학자들과 교유하였다.

3. 수 신진 사대부들은 (   )을/를 도입하여 사회 모순을 개혁하려 하였다.

빈칸 정답		교과서 텍스트	기출 텍스트
	1	공민왕	정방
	2	과거, 성리학	이제현
	3	불교	성리학

030 | 고려 시대 여성의 지위

옛금성, 옛리베르, 옛천재 / 핸금성, 핸동아, 핸리베르, 핸씨마스, 핸천재

① 公幼孤, 及志學, 義父以家貧, 不欲它方學, 將與其子同業. ② 其母執不可曰. ③ "妾以衣食故見愧栢舟. ④ 然其遺腹幸今成童志于學, 必宜投屬爾父本徒, 俾踵後塵. ⑤ 若不爾則吾何面復見先夫於地下." ⑥ 遂勇斷其志, 乃以公款學率性齋, 蓋從先夫舊業也. ⑦ 公學聚問辨才調日新, 嶄然見頭角, 士林皆謂, '李氏有子洎.'

— 「李勝章墓誌銘」

⑧ 朴褕, 遂上疏曰. ⑨ "我國本男少女多, 今尊卑皆止一妻, 無子者亦不敢畜妾. ⑩ 異國人之來者則, 娶無定限, 恐人物皆將北流. ⑪ 請許大小臣僚娶庶妻, 隨品降殺, 以至庶人, 得娶一妻一妾, 其庶妻所生子, 亦得比適子從仕. ⑫ 如是則怨曠以消, 戶口以增矣." ⑬ 婦女聞之, 莫不怨懼. ⑭ 會燈夕, 褕扈駕行, 有一嫗指之曰. ⑮ "請畜庶妻者, 彼老乞兒也." ⑯ 聞者傳相指之, 巷陌之閒, 紅指如束. ⑰ 時宰相有畏其室者, 寢其議不行.

— 「高麗史」「列傳」朴褕

주요 어휘 ⅠⅠⅠⅠⅠⅠⅠⅠⅠⅠⅠⅠⅠ

孤 고아 / 홀로 고	貧 가난할 빈	它 다를 / 그것 타 執 지킬 / 처리할 집 妾 첩 첩
愧 부끄러워할 괴	栢舟之操(백주지조) 백주(栢舟)라는 시를 지어 맹세하고 절개를 지킴	
栢 잣나무 백	舟 배 주	操 절개 조 腹 배 / 임신할 복 必 반드시 필
投 보낼 투	屬 엮을 속	俾 시킬 비 踵 계승할 종 塵 티끌 / 유업 진
勇 용감할 용	斷 결단할 단	款 정성 관 性 성품 성 蓋 대개 개
聚 모일 취	調 재주 조	嶄 높을 참 洎 윤택할 계 止 멈출 / 억제할 지
敢 감히 감	畜 비축할 축	則 법칙 / 본받을 칙 娶 장가들 취 恐 두려울 공
降 깎을 강	殺 덜다 쇄	怨 원망할 원 懼 두려워할 구 燈 등잔 등
扈 뒤따를 호	駕 어거할 가	嫗 할미 구 指 손가락 지 乞 빌 걸
兒 아이 아	巷 거리 항	陌 거리 맥 束 묶을 속 畏 두려워할 외
寢 그칠 침		

한자 독음 ||||||||||||||||

① 공유고, 급지학, 의부이가빈, 불욕타방학, 장여기자동업. ② 기모집불가왈. ③ "첩이의식고견괴백주. ④ 연기유복행금성동지우학, 필의투속이부본도, 비종후진. ⑤ 약불이즉오하면부견선부어지하." ⑥ 수용단기지, 내이공관학술성재, 개종선부구업야. ⑦ 공학취문변재조일신, 참연견두각, 사림개위, '이씨유자계.'

⑧ 박유, 수상소왈. ⑨ "아국본남소녀다, 금존비개지일처, 무자자역부감축첩. ⑩ 이국인지래자직, 취무정한, 공인물개장북류. ⑪ 청허대소신요취서처, 수품강쇄, 이지서인, 득취일처일첩, 기서처소생자, 역득비적자종사. ⑫ 여시칙원광이소, 호구이증의." ⑬ 부녀문지, 막불원구. ⑭ 회등석, 유호가행, 유일구지지왈. ⑮ "청축서처자, 피로걸야." ⑯ 문자전상지지, 항맥지한, 홍지여속. ⑰ 시재상유외기실자, 침기의불행.

1. 국문 해석

① 공은 어려서 아버지를 여의었는데, 학문에 뜻을 둘 나이가 되자 의붓아버지가 집이 가난하다며 공부를 시키려 하지 않고 그 아들과 함께 일하도록 하였다. ② 하지만 어머니가 이를 반대하며 말하였다. ③ "첩이 먹고사는 것 때문에 수절하지 못했음을 부끄럽게 여겼습니다. ④ 그러나 그 유복자가 다행히 학문에 뜻을 두고 있으니, 반드시 이 아이의 아버지가 본래 속해 있던 무리에 들어가 그 뒤를 따르게 하야 합니다. ⑤ 만약 그렇게 하지 못한다면 내가 무슨 얼굴로 지하에서 전남편을 다시 보겠습니까?" ⑥ 마침내 그 뜻대로 용단을 내려 공을 솔성재(率性齋)에 입학시키니, 대개 전남편의 예전에 하던 일을 따르게 한 것이다. ⑦ 공은 학문이 쌓이고 사물을 분별하는 재주가 날로 새로워져 크게 두각을 나타내게 되니 선비들이 모두 '이씨 가문이 아들을 잘 두었다.'라고 하였다.

－「이승장묘지명(李勝章墓誌銘)」

⑧ 박유(朴褕)는 다음과 같이 상소하였다. ⑨ "우리나라는 본래 남자가 적고 여자가 많은데도 지금 신분의 고하를 물론하고 처를 하나만 두고 있으며 자식이 없는 자들까지도 감히 첩을 두지 못합니다. ⑩ 외국인이 와서 인원에 제한 없이 처를 두니, 이대로 두었다가는 인물이 모조리 그들이 있는 북쪽으로 흘러가게 될까 우려됩니다. ⑪ 청컨대 여러 신하들에게 첩을 두게 하되 품계에 따라 그 수를 줄여서 일반인은 1처 1첩을 둘 수 있도록 하고, 첩에게서 낳은 아들도 역시 본처가 낳은 아들처럼 벼슬살이를 할 수 있게 하십시오. ⑫ 이렇게 한다면 홀아비와 홀어미가 줄어들고 따라서 인구도 증가될 것입니다." ⑬ 이 소식을 들은 부녀자들은 누구라 할 것 없이 두려워하며 박유를 원망하였다. ⑭ 때마침 연등회 저녁에 박유가 왕의 행차를 호위하고 따라갔는데 어떤 노파가 박유를 손가락질하며 말하였다. ⑮ "첩을 두자고 청한 자가 바로 저 빌어먹을 늙은이다." ⑯ 듣는 자가 서로 손가락질하자 저자의 도로에 붉은 손가락이 한 무더기가 되었다. ⑰ 당시 재상(宰相) 중에는 아내를 두려워하는 사람들이 있었으므로, 그와 같은 논의를 그만두어 결국 실행되지는 못하였다.

－『고려사(高麗史)』「열전(列傳)」 박유(朴褕)

2. 사료 해설

고려의 가족 제도에서 남성과 여성의 관계는 비교적 수평적인 관계였다. 여성도 호주가 될 수 있었고, 성별이 아니라 태어난 순서대로 호적에 올랐다. 또한 여성의 요구에 의한 이혼도 가능하였고, 배우자가 사망하면 재혼하는 것이 비교적 자유로웠다.

고려 시대에는 가족·친족 관계에서 아버지 쪽과 어머니 쪽의 권리와 의무가 동등하였다. 음서와 상피제가 적용되는 친족의 범위가 양계 모두 균등하게 적용되었던 것이다. 이는 재산의 관리와 상속에서도 마찬가지였다. 상속 대상이었던 노비의 경우 그 소유주에 따라 아버지와 어머니 쪽으로 구분하였다. 그 이유는 남편이 사망하거나 이혼하여 부인이 친정으로 돌아갈 때 원래 자기 소유의 노비를 찾아가거나, 상속할 자녀 없이 아내가 사망한 경우 노비를 아내의 본가로 보내기 위함이었다.

한편, 『직지심체요절(直指心體要節)』은 청주 흥덕사(興德寺)에서 묘덕(妙德)이라는 여성의 시주를 받아 제작하였다고 한다. 이는 당시 고려의 여성이 적극적으로 사회 활동에 참여하였음을 보여준다.

사료 Plus⁺

- 남편을 올바르고 순리로서 섬겨 부인으로서의 도리를 다하였다. … 이씨(남편)가 별세한 후 혼자서 26년간을 살면서 착한 일을 닦는 것을 일로 삼았다.

  ― 「무송군대부인 유씨 묘지명(茂松郡大夫人 庾氏 墓誌銘)」

- 직한림 이규보는 장인 대부경 진공 영전에 제사를 올립니다. 저는 어려서 아버지를 여의고 가르침을 받을 분이 없었는데 공에게 오자 친히 가르치고 격려하셨습니다. 제가 분발해서 사람이 된 것은 공의 덕분이었습니다. 옛적 친영은 부인이 사위에게 가는 것이므로 부인 집으로부터 도움을 받는 것이 거의 없었습니다. 지금은 결혼하면 남자가 여자의 집으로 가 모든 것을 부인의 집에 의지하니 장모와 장인의 은혜가 친부모님과 같습니다. 아! 장인이시여. 저를 돈독하게 대우하시고 필요한 것을 마련해 주셨는데, 저를 두고 돌아가시니 앞으로 누구에게 의지하겠습니까? 명산 기슭에 무덤을 쓰고 영원히 이별합니다. 혼령이시여! 저의 소박한 제사를 흠향하십시오.

  ― 이규보(李奎報), 『동국이상국집(東國李相國集)』

- 순비(順妃) 허씨(許氏)는 공암현(孔巖縣) 사람으로 중찬(中贊) 허공(許珙)의 딸이다. 일찍이 평양공(平陽公) 왕현(王眩)에게 시집가서 3남 4녀를 낳았다. 왕현이 죽고 충선왕(忠宣王)이 맞아들였다가 즉위하자 책봉하여 순비로 삼았다.

  ― 『고려사(高麗史)』「열전(列傳)」 순비 허씨(順妃 許氏)

- 고려의 풍속은 차라리 아들로 하여금 따로 살게 할지언정 딸은 내보내지 않으니 이는 진(秦)의 데릴사위[贅婿]와 비슷합니다.

  ― 『고려사(高麗史)』「열전(列傳)」 이곡(李穀)

- 유사(有司)에서 아뢰기를, "왕의 이름과 같은 글자를 피하기 위하여 '탁(卓)'자 성(姓)을 가진 자들은 모두 외가(外家)의 성을 따르게 하십시오. 만약 본가와 외가의 성이 같으면 친조모나 외조모[內外祖母]의 성을 따르게 하기를 청합니다."라고 하였다.

  ― 『고려사(高麗史)』「세가(世家)」 신종(神宗) 원년(元年)

- 정가신(鄭可臣)은 나주(羅州) 사람으로 아버지 정송수(鄭松壽)는 향공진사(鄕貢進士)였다. 정가신은 나면서부터 영리하고 슬기로웠으며, 독서와 글짓기에 자못 당시 동년배의 추천을 받았다. 일찍이 승려 천기(天琪)를 따라 개경에 왔는데, 빈궁하고 의지할 데가 없어 천기에게 얹혀 먹고살았다. 천기가 가엾게 여겨 그를 부잣집에 데릴사위로 보내려고 하였으나 응하는 집이 없었다. 태부소경(太府少卿) 안홍우(安弘祐)가 허락하였지만, 약속을 정한 뒤에 후회하며 말하였다. "내가 비록 가난한 사족(士族)이긴 하나, 어찌 향공진사의 아들을 받아들일 것인가?" 얼마 되지 않아 안홍우가 죽고 집안이 날로 가난해지니 그제야 허락하였다.

  —『고려사(高麗史)』「열전(列傳)」정가신(鄭可臣)

- 원통(元統) 원년 계유년(고려 충숙왕 2년) 남부 덕산리 호주 낙랑군부인(樂浪郡夫人) 최씨(崔氏)는 나이 60세로 갑술년 생이다. 본관은 경주이다. … 첫째 아들은 사온령동정(司醞令同正) 윤배(允培)이며, 나이는 32세이다. 둘째 아들은 사온령동정 윤성(允成)으로, 나이 28세이다. 셋째 아들은 사온령동정 윤방(允芳)으로, 나이 24세이다. 넷째 아들은 혜근(惠根)으로, 나이 19세이다.

  —『여주이씨세보(麗州李氏世譜)』

사료 텍스트 완성하기

교과서 텍스트

1. 한 고려 시대에는 여성이 호주가 될 수 있었고, 호적에도 아들과 딸을 구분하지 않고 (   ) 순으로 기록하였다.

2. 역 고려 시대에는 왕의 딸에 한정되기는 하였으나, (   ) 쪽의 성씨를 따르는 경우도 있었다.

3. 한 여성이 결혼할 때 데려온 (   )에 대한 소유권은 여전히 부인에게 있었다.

4. 역 양인은 결혼한 뒤 (   ) 쪽 집에 들어가 사는 것이 일반적이었다.

기출 텍스트

1. 능 고려 시대에는 여성의 (   )이/가 비교적 자유롭게 이루어졌다.

2. 능 고려 시대에는 자녀들이 태어난 순서대로 (   )에 기재되었다.

3. 능 고려 시대에는 아들이 없을 때는 (   )이/가 제사를 지냈다.

빈칸 정답		교과서 텍스트	기출 텍스트
	1	나이	재가
	2	외가	호적
	3	노비(재산)	딸
	4	여자	

031 | 고려 시대 상속 제도

옌동아, 옌리베르, 옌미래엔, 옌지학사, 옌천재 / 핸미래엔, 핸씨마스

① 孫抃, 尋授慶尙道按察副使. ② 人有弟與姊相訟者. … ③ 抃因諭之曰.
④ "父母之心於子均也. ⑤ 豈厚於長年有家之女, 而薄於無母髫齔之兒耶?
⑥ 顧兒之所賴者姊也, 若遺財與姊等, 恐其愛之或不至, 養之或不專耳. ⑦ 兒
旣長, 則用此紙作狀, 服緇衣冠, 穿繩鞋, 以告於官, 將有能辨之者. ⑧ 其獨
遺四物, 意蓋如此." ⑨ 弟與姊聞而感悟, 相對而泣, 抃遂中分家産, 與之.

— 『高麗史』 「列傳」 孫抃

⑩ 益禧幼習武藝, 不暇讀書, 而性耿介, 慕節義恥與人爭. ⑪ 母嘗分財,
別遺臧獲四十口, 辭曰. ⑫ "以一男居五女間, 烏忍苟得, 以累鳲鳩之仁?"
⑬ 母義而從之.

— 『高麗史』 「列傳」 羅益禧

주요 어휘 ||||||||||||||||||||

抃 손뼉칠 **변**	尋 찾을 / 이윽고 **심**	弟 아우 **제**	姊 손윗누이 **자**	訟 송사할 **송**
豈 어찌 **기**	厚 두터울 **후**	薄 엷을 **박**	髫 다박머리 **초**	齔 깨물 **흘**
兒 아이 **아**	顧 돌아볼 **고**	賴 힘입을 **뢰**	若 만일 **약**	專 오로지 **전**
耳 귀 / 성할 **이**	旣 이미 **기**	紙 종이 **지**	緇 검은 비단 **치**	穿 뚫을 **천**
繩 줄 **승**	鞋 신 **혜**	蓋 대개 **개**	感 느낄 **감**	悟 깨달을 **오**
泣 울 **읍**	遂 이룰 **수**	益 더할 **익**	禧 복 **희**	藝 기예 **예**
暇 겨를 **가**	讀 읽을 **독**	性 성품 **성**	耿 빛날 **경**	慕 그리워할 **모**
恥 부끄러워할 **치**	嘗 일찍이 **상**	臧 착할 **장**	獲 노복 **장**	辭 여자 종 **획**
閒 사이 **간**	烏 어찌 / 까마귀 **오**		忍 차마 못할 **인**	苟 구차히 **구**
累 여러 / 자주 **루**	鳲鳩之仁(시구지인) 뻐꾸기가 새끼를 기르는 인애			

한자 독음 ||||||||||||||||

① 손변, 심수경상도안찰부사. ② 인유제여자상송자. … ③ 변인유지왈. ④ "부모지심어자균야. ⑤ 기후어 장년유가지녀, 이박어무모초흘지아야? ⑥ 고아지소뢰자자야, 약유재여자등, 공기애지혹부지, 양지혹부전이. ⑦ 아기장, 즉용차지작장, 복치의관, 천승혜, 이고어관, 장유능변지자. ⑧ 기독유물, 의개여차." ⑨ 제여자문 이감오, 상대이읍, 변수중분가산, 여지.

⑩ 익희유습무예, 불가독서, 이성경개, 모절의치여인쟁. ⑪ 모상분재, 별유장획사십구, 사왈. ⑫ "이일남거 오녀간, 오인구득, 이누시구지인?" ⑬ 모의이종지.

1. 국문 해석

① 손변(孫抃)은 곧 경상도 안찰부사로 임명되었다. ② 당시 어떤 남매간에 송사가 벌어졌다. … ③ 손변이 듣고 나서 그 남매에게 타이르며 말하였다. ④ "부모의 마음은 어느 자식에게나 다 같은 법이다. ⑤ 어찌 장성해서 이미 출가한 딸에게만 후하고 어미도 없는 어린아이인 아들에게는 박하 겠는가? ⑥ 생각하건대 너희 아버지는 아들이 의지할 곳은 누이밖에는 없으므로, 만약 재산을 똑같이 나누어 준다면 혹시 그 아이에 대한 누이의 사랑과 양육이 부족하지 않을까를 우려한 것이다. ⑦ (그리하여) 아이가 장성해서 분쟁이 생기면 이 종이로 소장을 만든 다음 검정 옷을 입고 검정 갓을 쓰고 미투리를 신고 관가에 가서 고소하면 이것을 잘 분간하여 줄 관원이 있으리라 생각한 것이다. ⑧ 아이에게 오직 이 네 가지 물건만 남긴 의도가 아마 이와 같을 것이다." ⑨ 누이와 동생 이 그의 말을 듣고 비로소 깨닫고 감동하여 서로 붙들고 울었고, 손변은 재산을 반으로 나누어 남매에게 주었다.

－『고려사(高麗史)』「열전(列傳)」손변(孫抃)

⑩ 나익희(羅益禧)는 어려서부터 무예를 익혀 글을 읽을 겨를은 없었지만, 성품이 한결같고 절개 와 의리를 숭상했으며 다른 사람과 다투는 것을 수치로 여겼다. ⑪ 그의 어머니가 일찍이 재산을 나누어 주면서 나익희에게 따로 노비 40명을 남겨 주자, 그는 사양하며 말하였다. ⑫ "제가 딸 다섯 사이에 외아들이라 하여 어찌 구차히 재산을 따로 더 얻어 자식에게 고루 은혜를 베푸시는 덕에 누를 끼치겠습니까?" ⑬ 그러자 그 어머니가 의롭게 여겨 그대로 따랐다.

－『고려사(高麗史)』「열전(列傳)」나익희(羅益禧)

2. 사료 해설

고려 시대 재산 상속은 부모의 별다른 유언이 없는 한 자녀 간의 균분 상속으로 이루어졌다. 이 러한 균분 상속의 관행은 자녀들이 돌아가면서 제사를 지내는 윤행봉사(輪行奉祀)의 풍습과 관련 이 깊다. 이러한 '윤행봉사'의 관습은 조선 전기까지 널리 행해졌지만, 조선 중기 이후에는 점차 적장자가 중심이 되어 제사지내는 것이 관례로 자리잡았고, 이에 따라 상속에 있어서도 변화가 초 래되었다.

사료 텍스트 완성하기

교과서 텍스트

1. 헌 고려 시대 여성은 부모로부터 재산을 상속받았고, (   )을/를 지킬 의무를 아들과 함께 지녔다.

2. 헌 고려 시대 비교적 자유로웠던 여성의 삶은 (   ) 수용 이후 규제를 받기 시작하였다.

기출 텍스트

1. 능 고려 시대에는 재산은 남녀 차별 없이 (   )하게 상속하였다.

2. 능 고려 시대에는 사위와 외손자에게도 (   )의 혜택이 주어졌다.

빈칸 정답		교과서 텍스트	기출 텍스트
	1	제사	균등
	2	성리학	음서

032 | 균여의 활동

① 師北岳法孫也. ② 昔新羅之季, 伽倻山海印寺, 有二華嚴司宗. ③ 一曰觀惠公, 百濟渠魁甄萱之福田, 二曰希朗公, 我太祖大王之福田也. ④ 二公受信心, 請結香火願, 願旣別矣, 心何一焉? ⑤ 降及門徒, 浸成水火, 況於法味, 各禀酸鹹. ⑥ 此弊難除, 由來已久. ⑦ 時世之輩, 号惠公法門爲南岳, 号朗公法門爲北岳. ⑧ 師每嘆南北宗趣矛楯未分, 庶塞多歧, 指歸一轍. ⑨ 与首座仁裕同好, 遊歷名山, 婆裟玄肆, 振大法鼓, 竪大法幢, 盡使空門幼艾靡然向風.

— 『均如傳』

주요 어휘 |||||||||||||||

師 스님 사	季 끝 계	渠 클 거	魁 수령 괴	甄 질그릇 견
萱 원추리 훤	香 향기 향	旣 이미 기	降 내릴 강	浸 담글 침
況 하물며 황	禀 줄 품	酸 신맛 산	鹹 짠맛 함	弊 폐단 폐
難 어려울 난	除 제거할 제	嘆 탄식할 탄	趣 뜻 취	矛 창 / 모순 모
楯 방패 순	庶 여러 서	塞 막을 색	歧 갈림길 기	轍 바퀴자국 철
裕 넉넉할 유	遊 유랑할 유	婆 할미 파	裟 가사(袈裟) 사	肆 궁구할 사
振 떨칠 진	鼓 북 고	竪 세울 수	幢 기 당	盡 다할 진
幼 어릴 유	艾 나이 애	靡然 (미연) 한쪽으로 쏠리는 모양		

한자 독음 |||||||||||||||

① 사북악법손야. ② 석신라지계, 가야산해인사, 유이화엄사종. ③ 일왈관혜공, 백제거괴견훤지복전, 이왈희랑공, 아대조대왕지복전야. ④ 이공수신심, 청결향화원, 원기별의, 심하일언? ⑤ 강급문도, 침성수화, 황어법미, 각품산함. ⑥ 차폐난제, 유래이구. ⑦ 시세지배, 호혜공법문위남악, 호랑공법문위북악. ⑧ 사매탄남북종취모순미분, 서색다기, 지귀일철. ⑨ 여수좌인유동호, 유역명산, 파사현사, 진대법고, 수대법당, 진사공문유애미연향풍.

1. 국문 해석

① 스님은 북악(北岳)의 법통을 이으신 분이다. ② 옛날 신라 말 가야산 해인사에 두 분의 화엄종 사종(司宗)이 있었다. ③ 한 분은 관혜공(觀惠公)으로 후백제 견훤(甄萱)의 복전(福田)이 되었고, 다른 한 분은 희랑공(希朗公)인데 우리 태조 대왕의 복전이 되었다. ④ 두 분은 (견훤과 왕건의) 신심(信心)을 받아 불전에서 인연을 맺었는데, 그 인연이 이미 달라졌으니 마음이 어찌 같을 수 있겠는가? ⑤ 그 문도에 이르러서는 물과 불 같은 사이가 되었고, 법미(法味)도 각기 다른 것을 받았다. ⑥ 이 폐단을 없애기 어려운 것은 그 유래가 이미 오래되었다. ⑦ 당시 세상 사람들은 관혜 공의 법문을 남악(南岳)이라 하고, 희랑공의 법문을 북악(北岳)이라 일컬었다. ⑧ 스님은 항상 남악 과 북악의 종지(宗旨)가 서로 모순되며 분명해지지 않음을 탄식하여, 많은 분파가 생기는 것을 막 아 한 길로 모이기를 바랐다. ⑨ 그래서 스님은 수좌 인유(仁裕)와 가까이 사귀어 명산을 유람하고, 절을 왕래하면서 불법(佛法)의 북을 울리고, 불법의 깃대를 세워, 불문의 젊은 학자들이 자신을 따 르도록 하였다.

― 『균여전(均如傳)』

2. 사료 해설

신라 말 지방 호족들의 지원을 받은 선종(禪宗)이 대두함에 따라 교종(敎宗), 그중에서도 신라 중대 이래 교종을 이끌어온 화엄종(華嚴宗)은 많은 타격을 입었다. 거기다가 후삼국 시기 화엄종단 은 관혜(觀惠)를 중심으로 한 남악파(南岳派)가 견훤(甄萱)을 지지하고, 희랑(希朗)이 중심이 된 북 악파(北岳派)가 왕건(王建)을 지지하는 등 분열되어 있었다.

이러한 상황에서 광종(光宗)은 균여(均如)를 통해 화엄종 내부의 분열을 봉합하고, 화엄종을 중 심으로 교종을 통합·정비하고자 하였다. 이에 균여는 화엄경이 높은 수준의 가르침에 해당하고, 나머지 경전은 그보다 낮다고 주장하면서 화엄종 중심의 불교계 통합을 주도하였다. 균여의 사상 인 '성상융회(性相融會)'도 공(空)의 의미인 성(性)과 색(色)인 상(相)을 원만하게 융합시키려 한 것 으로, 곧 교종 내의 대립을 해소하기 위해 주장한 통합 사상이었다.

균여는 불교의 대중화 운동에도 관심이 있어 「보현십원가(普賢十願歌)」와 같은 향가(鄕歌)를 지 어 유포하기도 했다.

사료 Plus⁺

나라에서 왕륜사(王輪寺)에 선석(選席)을 베풀고 불문의 급제를 선발할 때 우리 스님의 의리(義理)의 길을 정통으로 삼고 나머지는 방계로 했으니, 모든 재주와 명망 있는 무리들이 어찌 이 길을 따르지 않으랴. 크게는 지위가 왕사, 국사에까지 이르렀고, 작게는 위계(位階)가 대사(大師)·대덕(大德)에 이르렀으니, 몸을 일으켜 출세하고 자취를 나타낸 이는 이루 다 헤아릴 수 없다.

― 『균여전(均如傳)』

📋 사료 텍스트 완성하기

교과서 텍스트

1. 한 고려 초기 지방 호족의 후원을 받은 (   )이/가 크게 유행하였으나, 점차 왕실과 문벌의 후원을 받은 (   )이/가 성장하면서 대립이 심화되었다.

2. 한 광종은 (   )을/를 실시하고 신망이 높은 승려를 국사와 왕사로 삼았다.

3. 한 광종 대의 승려 (   )은/는 교종을 융합하여 선종과의 균형을 추구하였다.

기출 텍스트

1. 수 균여는 화엄 사상을 정비하고 보살의 (   )을/를 가르쳤다.

2. 능 균여는 (   )을/를 중심으로 화엄 사상을 정비하였다.

3. 능 고려 초기에는 보살의 실천행을 폈던 균여의 (   )이/가 성행하였다.

빈칸 정답		교과서 텍스트	기출 텍스트
	1	선종, 교종	실천행
	2	승과	귀법사
	3	균여	화엄종

033 | 의천의 활동

동아, 천재

① 世所謂均如梵雲眞派靈潤諸師謬書. ② 語不成文, 義無通變, 荒蕪祖道, 熒惑後生者, 莫甚於斯矣. … ③ 亡軀問道, 立志於斯, 幸以宿因, 歷叅知識, 而於晋水大法師講下, 粗承敎觀. ④ 講訓之暇, 嘗示誨曰. ⑤ "不學觀唯授經, 雖聞五周因果, 而不達三重性德, 不授經唯學觀, 雖悟三重性德, 則不辨五周因果. ⑥ 夫然則觀不得不學, 經不得不授也." ⑦ 吾之所以盡心於敎觀者, 佩服斯言故也.

— 『大覺國師文集』

주요 어휘 ||||||||||||||||

謂 이를 위	派 물갈래 파	潤 젖을 윤	謬 그릇될 유	語 말씀 어
成 이룰 성	荒 거칠 황	熒 현혹할 형	惑 미혹할 혹	莫 없을 막
軀 몸 구	問 물을 문	幸 다행 행	粗 대강 조	講 익힐 강
暇 겨를 가	嘗 일찍이 상	誨 가르칠 회	唯 오직 유	聞 들을 문
悟 깨달을 오	辨 분별할 변	盡 다할 진	佩 찰 패	服 옷 복

한자 독음 ||||||||||||||||

① 세소위균여범운진파영윤제사류서. ② 어불성문, 의무통변, 황무조도, 형혹후생자, 막심어사의. … ③ 망구문도, 입지어사, 행이숙인, 역참지식, 이어진수대법사강하, 조승교관. ④ 강훈지가, 상시회왈. ⑤ "불학관유수경, 수문오주인과, 이불달삼중성덕, 불수경유학관, 수오삼중성덕, 즉불변오주인과. ⑥ 부연즉관부득불학, 경부득불수야." ⑦ 오지소이진심어교관자, 패복사언고야.

1. 국문 해석

① 세상에서 말하는 균여(均如)·범운(梵雲)·진파(眞派)·영윤(靈潤) 등 여러 스님의 책은 잘못된 것이다. ② 그 말은 문장을 이루지 못하고 그 뜻은 변통이 없으니, 스승들의 도를 어지럽게 하므로 후생을 미혹시킴이 이보다 심한 것이 없다. … ③ 나는 몸을 잊고 도를 묻는 데 뜻을 두어 다행히 과거의 인연으로 선(禪) 지식을 두루 참배하다가 진수(晉水) 대법사 밑에서 교관(教觀)을 대강 배웠다. ④ 강술하는 여가에 법사는 일찍이 제자들을 훈시하며 말씀하셨다. ⑤ "관(觀)을 배우지 않고 경(經)만 배우면 비록 오주(五周)의 인과(因果)를 들었더라도 삼중(三重)의 성덕(性德)에는 통하지 못하며, 경을 배우지 않고 관만 배우면 비록 삼중의 성덕을 깨쳤으나 오주의 인과를 분별하지 못한다. ⑥ 그런즉 관을 배우지 않을 수도 없고 경을 배우지 않을 수도 없다." ⑦ 내가 교관(教觀)에 마음을 다 쓰는 것은 이 말에 감복하였기 때문이다.

－『대각국사문집(大覺國師文集)』

2. 사료 해설

광종 이후 불교계는 선종(禪宗)이 위축되고, 교종(教宗)이 다시금 주류를 차지하게 되었다. 그런데 당시 교종은 화엄종(華嚴宗)과 법상종(法相宗)이 불교계의 주도권을 놓고 갈등을 벌이고 있었다. 당시 화엄종은 왕실과 연결되어 있었고, 법상종은 외척인 경원 이씨(慶源 李氏) 세력과 연결되어 있었는데 왕실과 경원 이씨 사이의 정치적 대립이 불교 교단에까지 이어진 것으로 볼 수 있다.

이러한 상황에서 의천(義天)은 송(宋) 유학 과정에서 모은 경전을 간행하기 위하여 노력하였다. 먼저 그는 그동안 모아온 불교 경전 장소(章疏) 3,000여 권을 간행하기 위해 흥왕사(興王寺)에 교장도감(教藏都監)을 두고, 송에서 수집한 불서의 목록에 해당하는 『신편제종교장총록(新編諸宗教藏總錄)』 3권을 간행하였다. 그리고 지속적으로 불교 경전을 수집·정비하는 한편, 이를 간행하였다. 그가 남긴 『교장(教藏)』은 1,010부 4,740권이라는 방대한 분량으로 불교 연구 총서라고 할 수 있다.

이후 의천은 교종을 중심으로 불교계를 통합해 나가고자 하였다. 교학적인 측면에서는 성상겸학(性相兼學)을 제창하여 법상종과 화엄종을 모두 배울 필요가 있다고 주장하였고, 실천적인 차원에서는 교관겸수(教觀兼修)를 제창하여 경전 읽기와 참선 수행을 함께 해야 한다고 주장하였다. 특히 교관겸수는 이론을 중심으로 하는 교상(教相)과 실천의 방법을 담은 관심(觀心)을 아울러 닦을 것을 주장한 것으로 선종까지 포용할 수 있는 사상이었다.

이러한 과정에서 의천은 균여(均如)에 대해서는 혹독하게 평가하였고, 원효(元曉)에 대해서는 높이 추앙하였다. 균여의 화엄학은 교에 치중하고 관이 결여되었다고 비판하였고, 원효에 대해서는 성상겸학의 요소가 있다고 하며 추중한 것이다.

의천은 교관겸수를 실현하려는 입장에서 천태종을 개창하였다. 천태종 사원인 국청사(國清寺)를 세웠고, 천태종 승과를 실시함으로써 천태종이 하나의 종파로서 확립되게 하였다. 천태종에 귀의해 오는 자가 거의 1,000명에 이르렀다고 하는데, 이는 당시 다른 불교 종파에서 천태종으로의 이탈이 대대적으로 이루어졌음을 상징한다고 할 수 있다.

사료 Plus⁺

- 교리를 배우는 이는 내적 마음을 버리고 외적인 것을 구하는 일이 많고, 참선하는 사람은 밖의 인연을 잊고 내적으로 밝히기를 좋아한다. 이는 다 편벽된 집착이고 양극단에 치우친 것이다.

  ー「원각경(圓覺經)을 강의하며 쓴 글」

- 나는 여러 스승들을 두루 참배하다가 정원법사 밑에서 교(教)와 관(觀)을 배웠다. 내가 교와 관에 마음을 오로지 두는 까닭은 그의 가르침에 감복하였기 때문이다.

  ー「신참 학도인 치수에게 주는 글」

- 대각국사(大覺國師) 의천(義天)은 원공(源公)과 작별 인사를 하고 천태산(天台山)에 이르렀다. 정광불롱(定光佛隴)의 봉우리에 올라 지자대사(智者大師)가 친히 쓴 발원문을 보고, 지자대사 탑 앞에서 예를 올린 후 동녘 땅에 돌아가서 천태종을 전할 것을 맹세하였다. 양공(楊公)이 이를 기록하고, 승려 중립(中立)이 비석을 세웠다. … 곧 서울로 달려가 다시 흥왕사(興王寺)에 거처하면서 교리를 처음과 같이 강의하였다. 정축년(丁丑年) 여름 5월, 국사는 국청사(國淸寺)에 주지로 있으면서 처음으로 천태교를 강의하였다. 이 천태종은 옛날에 이미 우리나라에 전해졌으나 중간에 폐지되었다. 대각국사가 전당(錢塘)에서 종간법사(從諫法師)에게 도를 묻고 불롱(佛隴)의 지자 대사 탑 아래서 서원을 세워 천태종을 일으킬 뜻을 가진 뒤로 일찍이 하루도 마음에서 잊은 적이 없었다. 인예태후(仁睿太后)가 이 소식을 듣고 기뻐하며 절을 짓기 시작하였고, 숙종(肅宗)이 이어서 마침내 불사를 끝냈다. 국사가 이때 경문(經文)에 의지하여 이치를 나타내었고, 이치를 연구하기에 마음을 다하여 지(止)와 관(觀)이 뚜렷하여 말할 때나 침묵할 때나 아무런 방해가 없었다. 문자만을 믿고 지키는 것을 뽑아 없애고 악취공(惡取公)의 고집을 깨뜨렸다. 그리하니 일시에 학자들이 성인의 경계를 우러러 옛것을 버리고 스스로 귀의해 오는 자가 거의 1,000명에 이르렀으니 성대하였다. 세상에서 천태종을 논의하는 이들이 국사를 백세에 으뜸가는 종장이라 하니, 어찌 그 말을 믿지 않겠는가!

- 지금 미곡으로 교환할 때의 폐단을 고치지 않으면 후일 누구를 기다려 바르게 하겠습니까? 무릇 돈이란 그 몸은 하나이면서 그 뜻은 네 가지를 함축하고 있습니다. 첫째, 돈의 바탕은 둥글고 구멍은 네모난데, 둥근 것은 하늘, 모난 것은 땅을 덮은 것입니다. 이른바 덮고 실으며 돌고 도는 것이 끊어짐이 없다는 것입니다. 둘째, 천(泉)이라 한 것은 통행하여 흘러 퍼지는 것이 샘물처럼 마르지 않는다는 뜻입니다. 셋째, 포(布)라 한 것은 백성들 사이에 퍼지고 상하 두루 보급되어 영원히 막히지 않는다는 것입니다. 넷째, 도(刀)라 한 것은 이것을 어떻게 이롭게 사용하느냐에 따라 가난하고 부유함이 생기며, 날마다 써도 무디어지지 않는다는 의미입니다.

  ー『대각국사문집(大覺國師文集)』

- 태조의 4대손인 대각국사(大覺國師)는 선왕 3년 을축 4월에 바다를 건너 법을 구하고 동으로 바다에 이르러 그 백파(百派)를 이끄니 대소(大小)·시종(始終)·원돈(圓頓)의 5교가 각각 그 자리를 얻어 다시 바른 곳으로 돌아갔다. 이는 주(周)나라 때 비롯되어 한(漢)나라 때 갈라지고, 진(晉)·위(魏)나라 때 바다를 이루어 수(隋)·당(唐)대에 끝없이 넓어졌다가, 송(宋)에서 물결쳐 해동에서 깊어진 것이다.

  ー『해동고승전(海東高僧傳)』

사료 텍스트 완성하기

교과서 텍스트

1. 한 교종 안에서는 화엄종과 (   ) 등 다양한 종파가 경쟁하고 있었다.

2. 한 의천은 (   )을/를 창시하여 교종을 중심으로 선종을 통합하려고 하였다.

3. 한 의천은 교리 탐구, 참선과 수행을 동시에 실천해야 한다는 (   )을/를 주장하였다.

4. 역 의천은 초조대장경을 보완하고자 송·거란·일본에서 불경의 해석서들을 모아 목록을 만들고 목판 인쇄를 통해 (   )을/를 간행하였다.

기출 텍스트

1. 수 의천은 국청사를 창건하고 (   )을/를 만들었다.

2. 수 의천은 이론의 연마와 실천을 함께 해야 한다는 (   )을/를 제창하였다.

3. 수 의천은 (   )을/를 창시하고 교단 통합 운동을 펼쳤다.

4. 능 의천은 (   )을/를 근거지로 삼아 교종 통합 운동을 전개하였다.

빈칸 정답		교과서 텍스트	기출 텍스트
	1	법상종	『신편제종교장총록』
	2	해동 천태종	교관겸수
	3	교관겸수	천태종
	4	교장	흥왕사

034 | 지눌의 활동

편동아, 편천재

① 歲在壬寅正月, 赴上都普濟寺談禪法會. ② 一日, 與同學十餘人, 約日. ③ "罷會後, 當捨名利, 隱遁山林, 結爲同社. ④ 常以習定均慧爲務, 禮佛轉經, 以至於執勞運力. ⑤ 各隨所任而經營之, 隨緣養性, 放曠平生. ⑥ 遠追達士眞人之高行, 則豈不快哉." … ⑦ 諸公聞語, 咸以爲然曰. ⑧ "他日能成此約, 隱居林下, 結爲同社, 則宜以定慧名之." ⑨ 因成盟文, 而結意焉.

— 「勸修定慧結社文」

주요 어휘 ||||||||||||||||

赴 나아갈 부	談 말씀 담	禪 선 선	約 약속할 약	罷 마칠 파
當 마땅히 당	捨 버릴 사	名 명예 명	利 이익 이	隱 숨길 은
遁 달아날 둔	習 익힐 습	務 힘쓸 무	轉 터득할 전	執 잡을 집
勞 일할 로	隨 따를 수	緣 인연 연	養 기를 양	性 성품 성
曠 탁 트일 광	遠 멀 원	豈 어찌 기	快 쾌할 쾌	哉 어조사 재
聞 들을 문	居 있을 거	盟 맹세할 맹		

한자 독음 ||||||||||||||||

① 세재임인정월, 부상도보제사담선법회. ② 일일, 여동학십여인, 약왈. ③ "파회후, 당사명리, 은둔산림, 결위동사. ④ 상이습정균혜위무, 예불전경, 이지어집노운역. ⑤ 각수소임이경영지, 수연양성, 방광평생. ⑥ 원추달사진인지고행, 즉기불쾌재." … ⑦ 제공문어, 함이위연왈. ⑧ "타일능성차약, 은거임하, 결위동사, 즉의이정혜명지." ⑨ 인성맹문, 이결의언.

1. 국문 해석

① 마침 임인년(壬寅年) 정월(正月), 개경 보제사(普濟寺)의 담선법회(談禪法會)에 참석하였다. ② 하루는 동학(同學) 10여 명과 함께 다음과 같은 약속을 하였다. ③ "이 모임 후 마땅히 명예와 이익을 버리고 산림에 은둔하여 함께 수행하는 모임을 결성한다. ④ 항상 선정(禪定)을 익히고 지혜(智慧)를 고르게 하기에 힘쓰며 예불하고 경 읽으며 나아가서는 힘써 일한다. ⑤ 각기 맡은 일을 경영하고 인연에 따라 심성을 수양하여 한평생을 자유롭게 호쾌하게 지낸다. ⑥ 이리하여 멀리 달통한 선비와 진인(眞人)의 높은 수행을 따르면 어찌 통쾌하지 않겠는가?"… ⑦ 여러 사람이 내 말을 듣고 모두 그렇다 하며 말하였다. ⑧ "훗날 이 언약을 이루어 숲속에 은거하면서 동사(同社)를 맺을 수 있게 된다면 마땅히 그 이름을 정혜(定慧)라 하자." ⑨ 그리하여 맹세하는 글을 지어 결의하였다.

– 「권수정혜결사문(勸修定慧結社文)」

2. 사료 해설

무신집권기 불교계에서는 불교계의 개혁을 부르짖는 새로운 신앙결사 운동이 제창되었다. 그 중 대표적인 것이 바로 수선사(修禪社)와 백련사(白蓮社)이다.

수선사는 보조국사 지눌(知訥)이 주창한 신앙결사이다. 그는 1182년(명종 12년) 개경의 보제사(普濟寺)에서 열린 담선법회(談禪法會)에 참석했을 때 불교계의 타락상을 비판하면서 동지 10여 명과 함께 산림에 은거하여 결사를 맺을 것을 약속하였다. 그러나 뜻을 함께했던 동지들이 뿔뿔이 흩어지게 되었고, 지눌은 홀로 여러 사원을 두루 돌아다니며 수행에 힘썼다. 그러다가 1188년(명종 18년) 팔공산 거조암(居祖庵)에 머물던 지눌은 옛 동지들을 불러모아 정혜결사를 개창하고, 2년 뒤에는 「정혜결사문(定慧結社文)」을 반포함으로써 결사의 취지를 밝혔다. 여기에 많은 이들이 참여하자 1200년(신종 3년)에는 송광산 길상사(吉祥寺)로 옮기고, 1204년(신종 7년) 사액을 받아 정혜결사의 명칭을 수선사로 하였다.

지눌은 깨달음에 이르는 구체적 실천 방법으로 성적등지문(惺寂等持門)·원돈신해문(圓頓信解門)·간화경절문(看話經截門)의 삼문(三門)을 제시하였다. 먼저, 성적등지문은 정혜쌍수(定慧雙修)를 의미하는데, 마음을 고요한 경지에 이르도록 하는 선정[定]과, 이러한 마음을 바탕으로 사물의 실상을 파악하는 지혜[慧]를 함께 닦는[雙修] 수행법을 말한다. 사실 정과 혜는 모두 초기 불교의 수행법이었는데, 이후 선종과 교종의 대립으로 말미암아 정과 혜 어느 하나만 중시되고 있었다. 지눌은 정혜쌍수를 내세워, 선정을 중시하는 선종을 바탕으로 지혜를 중시하는 교종을 포용하고자 한 것이다. 다음으로 원돈신해문은 화엄과 선이 근본에 있어 둘이 아니라는 것으로, 화엄의 교리를 믿고 이해하여 일순간에 자신이 부처임을 깨닫자는 것이었다. 마지막으로 간화경절문은 '화두(話頭)'를 들고 수행하는 참선 방법으로, 이를 통해 단박에 깨달음을 얻는 선 수행법을 가리킨다.

　지눌은 이 삼문 중에서도 최종적인 깨달음에 이르는 실천법으로 간화선 수행을 강조했다. 그리고 깨달음 이후에도 실천을 강조하는 돈오점수(頓悟漸修)를 주장했다. 이는 먼저 단박에 깨친[頓悟] 후에 점진적인 닦음[漸修]의 과정을 강조한 것으로, 이는 선종에서 중시하는 돈오와 교종에서 중시하는 점수를 한꺼번에 강조한 것이다.

사료 Plus⁺

- 진리는 단번에 깨닫지만, 구체적인 번뇌는 한 번에 없어지지 않아 차례로 제거한다.

- 한마음을 몰라서 끝없는 번뇌를 일으키는 이가 보통 사람인 중생이고, 한마음을 깨달아서 한없는 지혜와 능력을 드러내는 이가 깨달은 사람, 즉 부처이다. 중생과 부처가 한마음을 알고 모르는 데에서 갈리는 것이므로 마음을 떠나서 불교를 논할 수 없다.

  ─「권수정혜결사문(勸修定慧結社文)」

- 범부(凡夫)가 어리석어 … 마음 밖에서 부처를 찾아 이리저리 헤매다가 스승의 가르침을 받고 바른길에 들어 한 생각에 문득 마음의 빛을 돌이켜 자기 본성을 본다. … 이를 '돈오'라고 한다. 본성이 부처와 다름이 없음을 깨닫기는 했지만, 끝없이 익혀 온 버릇을 갑자기 없애기가 어렵다. 그러므로 깨달음에 의지해 닦고 점점 익혀서 공(空)이 성취되어 오랫동안 성인의 모태(母胎)를 기르다 보면 성(聖)을 이루게 되니, 이를 '점수'라고 한다.

  ─『목우자수심결언해(牧牛子修心訣諺解)』

사료 텍스트 완성하기

교과서 텍스트

1. 한 지눌은 (   )을/를 결성하고 독경과 참선, 노동에 고루 힘써야 한다는 개혁 운동을 벌였다.

2. 한 지눌의 사상은 인간의 마음이 (   )(이)라는 사실을 먼저 깨닫고 수행을 계속해야 한다는 것이다.

3. 한 지눌은 정혜쌍수와 돈오점수를 강조하며 선종인 (   )을/를 중심으로 교종을 통합하였다.

4. 역 지눌의 사상은 (   )을/를 중심으로 선·교 통합을 이룬 것으로 평가된다.

기출 텍스트

1. 수 지눌은 독경과 선의 수행, (   )에 고루 힘쓰자는 결사 운동을 전개하였다.

2. 수 지눌은 단번에 깨달은 뒤 꾸준히 수행해야 한다는 (   )을/를 주장하였다.

3. 수 지눌은 (   )의 의미를 분석하여, 말세에 큰마음을 지닌 중생으로 하여금 모든 부처의 (   )을/를 깨달아 처음 마음을 일으키는 근원을 삼고자 한다.

4. 능 지눌은 선과 교학이 근본에 있어 둘이 아니라는 (   )을/를 사상적 바탕으로 철저한 수행을 선도하였다.

빈칸 정답		교과서 텍스트	기출 텍스트
	1	수선사 결사	노동
	2	부처	돈오점수
	3	조계종	화엄경, 지혜
	4	선종	정혜쌍수

035 | 혜심의 활동

① 又擧趙州'狗子無佛性話', 因續擧大慧杲老'十種病'問之, 衆無對. ② 師對曰. ③ "三種病人, 方解斯旨." ④ 國師曰. ⑤ "三種病人, 向什麼處出氣?" ⑥ 師以手打窓一下, 國師呵呵大笑, 及歸方丈. … ⑦ 今門下侍中, 晉陽崔公聆師風韻, 傾渴不已, 屢欲邀致京輦, 師竟不至焉. ⑧ 然千里相契, 宛如對面. ⑨ 復遣二子參侍. … ⑩ 今上卽位, 制授禪師, 又加大禪師. ⑪ 其不經選席, 直登緇秩, 自師始也.

— 「眞覺國師碑文」

주요 어휘 |||||||||||||

擧 들 거	問 물을 문	對 대답할 대	師 스승 사	解 풀 해
旨 뜻 지	麼 어찌 마	處 곳 처	打 칠 타	窓 창 창
呵 껄껄 웃을 가	笑 웃을 소	歸 돌아갈 귀	聆 들을 령	風 바람 / 일으킬 풍
韻 소리 운	傾 기울일 경	渴 목마를 갈	已 그만둘 이	邀 맞이할 요
輦 가마 연	契 맺을 계	宛 완연할 완	參 뵙다 참	授 줄 수
緇 승려 치	秩 차례 질			

한자 독음 |||||||||||||

① 우거조주'구자무불성화', 인속거대혜고로'십종병'문지, 중무대. ② 사대왈. ③ "삼종병인, 방해사지." ④ 국사왈. ⑤ "삼종병인, 향습마처출기?" ⑥ 사이수타창일하, 국사가가대소, 급귀방장. … ⑦ 금문하시중, 진양최공영사풍운, 경갈불이, 누욕요치경연, 사경부지언. ⑧ 연천리상계, 완여대면. ⑨ 부견이자참시. … ⑩ 금상즉위, 제수선사, 우가대선사. ⑪ 기불경선석, 직등치질, 자사시야.

1. 국문 해석

① 또한 (국사는) 조주(趙州)의 '구자무불성화(狗子無佛性話)'와 대혜(大慧)의 '십종병(十種病)'을 들어 물었는데, 무리가 아무런 대답을 하지 못했다. ② 이때 사(師)가 대답하여 말하였다. ③ "삼종병인(三種病人)이라야 그 뜻을 알 것입니다." ④ 이에 국사(國師)가 말씀하셨다. ⑤ "삼종병인(三種病人)은 어떤 곳을 향하여 기운을 내는가?" ⑥ 이에 사(師)는 손으로 창을 한 번 내리치니, 국사(國師)가 껄껄 크게 웃으며 방장실로 돌아갔다. … ⑦ 지금의 문하시중(門下侍中) 진양(晉陽) 최공(崔公)이 국사의 풍운(風韻)을 듣고 성의를 기울여 마지않아, 여러 번 서울로 맞이하려고 했으나, 국사는 끝내 이르지 않았다. ⑧ 그러나 1,000리의 거리에서 서로 마음의 합함이 마치 대면한 것이나 마찬가지였다. ⑨ (최공은) 다시 두 아들을 보내어 국사를 모시게 했다. … ⑩ 지금 임금이 즉위하여 선사(禪師)를 제수하고 또 대선사(大禪師)를 더 내렸다. ⑪ 승과를 거치지 않고 승관(僧官)에 오른 일은 사(師)에서부터 비롯되었다.

― 「진각국사비문(眞覺國師碑文)」

2. 사료 해설

고려 사회는 여러 사상이 공존한 다원적 사회였다. 고려 왕조 차원에서도 불교와 유교의 역할을 구분하기는 했으나, 결코 서로를 배제하지는 않았다.

혜심(慧諶)은 본디 유학(儒學)을 공부하여 사마시(司馬試)에 합격하고, 국자감(國子監) 태학(太學)에 들어갈 정도로 유교 경전에 밝은 인물이었다. 그런데 그는 모친의 죽음을 계기로 지눌의 수선사로 출가하였다.

혜심은 지눌의 정혜쌍수를 계승하였는데, 지눌의 삼문체제 중에서도 가장 마지막 단계인 간화경절문에 특히 주목하였다. 이를 위해 그는 화두 참구를 위한 공안(公案)을 체계적으로 정리한 『선문염송집(禪門拈頌集)』을 편찬하였으며, 화두 참구의 구체적 방법과 유의사항 등이 담긴 『구자무불성화간병론(拘子無佛性話看病論)』를 저술하였다. 또한 일반인들이 접근하기 쉽도록 『금강경(金剛經)』의 공덕신앙(功德信仰)을 제시하기도 하였다.

혜심이 교단을 이끄는 동안 수선사는 최우(崔瑀)의 후원을 받아 고려 불교를 대표하는 종단으로 성장하게 되었다. 그리하여 최우의 두 아들 만종(萬宗)과 만전(萬全, 최항)이 혜심에게 출가하였고, 혜심은 승과를 보지 않았음에도 불구하고 선종의 최고 승계인 대선사(大禪師)를 제수받았다.

혜심은 선종과 교종의 통합에서 더 나아가 유교와 불교의 통합을 시도하며 유불 일치설을 주장하였다. 이러한 사상은 〈사료 Plus〉에 제시된 최홍윤(崔洪胤)과의 편지 내용에서도 알 수 있는데, 최홍윤은 혜심이 출가하기 전 치뤘던 사마시를 관장했던 인물이었다. 혜심이 수선사를 관장하게 되자, 당시 정승이었던 최홍윤이 제자라고 자칭하며 편지를 보내오기도 하였다. 혜심은 이에 대해 불교와 유교의 사상의 밑바탕이 다르지 않다고 설파하였는데, 이는 성리학 수용의 밑바탕을 연 것이라고 할 수 있다.

• 흐름을 찾아 올라가 그 근원을 얻고 지말에 의거하여 근본을 아는 것은 무방한 것이다. 그 본원을 얻은 사람은 비록 만 가지로 구별해 말하더라도 맞지 않는 것이 없고, 그것을 얻지 못한 사람은 말을 끊고 침묵을 지키더라도 미혹되지 아님이 없었다. 그러므로 제방의 조사들이 문자를 버리지 않고, 자비를 아끼지 않았으면서도 징(徵)·념(拈)·대(代)·별(別)·송(頌)·가(歌) 등으로 심오한 이치를 드러내어 후인에게 준 것이다. 그러므로 정안(正眼)을 뜨고 현기(玄機)를 갖추어 삼계(三界)를 둘러싸고 사생(四生)을 구제하고자 하는 자가 이것을 버리고 무엇으로 하겠는가. … 나는 학도들의 간청을 받아 조사의 본뜻을 생각하여 국가의 복을 빌고 불법에 도움이 있기를 바라며, 이에 문인 진훈(眞訓) 등을 거느리고 고칙 1,125칙을 모으고 아울러 여러 조사의 염고(拈古), 송고(頌古) 등을 기록하여 30권을 이루고 거기에 전등을 배열하였다.

　　　－ 『선문염송집(禪門拈頌集)』 서문(序文)

• **참정 최홍윤(崔洪胤)에게 답하는 글**

나는 옛날 공의 문하(門下)에 있었고 공은 지금 우리 수선사에 들어왔습니다. 공은 불교의 유생이요, 나는 유교의 불자입니다. 서로 손님과 주인이 되고 스승과 제자가 됨은 옛날부터 그러하였고 지금 처음 있는 일은 아닙니다. 그 이름만을 생각한다면 불교와 유교는 아주 다르지만 그 실상을 안다면 유교와 불교는 다름이 없다고 보아야 하지 않겠습니까? … 『기세계경(起世界經)』에는 다음과 같이 나타나 있습니다. "부처님이 말씀하시길, '내가 두 성인을 진단(辰旦)에 보내 교화를 펴리라. 한 사람은 노자(老子)로서 그는 가섭보살이요, 또 한 사람은 공자로서 유동보살이다.'라고 하셨다." 이 말에 따르면 유교와 도교의 종은 불법에서 흘러나온 것이 되니 방편은 다르지만 실제는 같은 것입니다. 공자께서는 "참(參)아, 내 도는 하나로 통한다."라고 하셨고, 또한 "아침에 도를 깨달으면 저녁에 죽어도 좋다."라고 하셨습니다. 이른바 '도(道)'라는 것이 바로 세상 만법(萬法)을 관통하여 끊어지거나 소멸하지 않는 것이니, 공자께서는 이를 아셨기 때문에 "저녁에 죽어도 좋다."라고 하신 것입니다. 상공께서는 어떻게 생각하십니까? 만약 이 편지를 받으신다면 마땅히 마조대사(馬祖大師)의 "마음이 곧 부처요, 마음이 아니면 부처도 아니다."라는 화두를 때때로 상세히 살펴 철저히 깨치는 법칙으로 삼으십시오.

　　　　　　　　　　　　　　　　　－ 『조계진각국사어록(曹溪眞覺國師語錄)』 답최참정홍윤(答崔參政洪胤)

사료 텍스트 완성하기

교과서 텍스트

1. 한 (   )은/는 지눌을 이은 혜심 때 최씨 정권의 후원을 받아 크게 확장되었다.

2. 한 혜심은 유·불 일치설을 주장하며 (   )의 도야를 강조하였다.

3. 한 혜심의 사상은 (   ) 수용의 사상적 토양이 되었다.

기출 텍스트

1. 전 혜심은 (   )와/과 불교의 일치와 융합을 강조하고 있다.

2. 전 혜심은 (   )와/과 긴밀한 유대 관계를 맺고 있었다.

3. 능 원 간섭기 불교계의 폐단을 시정하려는 (   )의 노력이 있었다.

빈칸 정답		교과서 텍스트	기출 텍스트
	1	수선사	유교
	2	심성	최씨 무신 정권
	3	성리학	보우

036 | 요세의 활동

① 自後樂說妙宗, 辯慧無导, 抑籲衆修懺, 懇至精猛, 日禮五十三佛十二遍, 雖祁寒酷暑, 未嘗懈倦, 禪流號爲徐懺悔. … ② 至戊子夏五月, 有業儒者數人, 自京師來參, 師許以剃度, 授與蓮經, 勸令通利. ③ 自是遠近嚮風, 有信行者, 源源而來, 寢爲盛集. ④ 以壬辰夏四月八日, 始結普賢道場, 修法華三昧, 求生淨土, 一依天台三昧儀. ⑤ 長年修法華懺, 前後勸發, 誦是經者千餘指. ⑥ 受四衆之請遊化, 然緣僅三十, 妙手度弟子三十有八人, 凡創伽藍幷蘭若五所. ⑦ 王公大人牧伯縣宰尊卑四衆, 題名入社者三百餘人. ⑧ 至於展轉相敎, 聞一句一偈, 遠結妙因者, 不可勝數.

— 『東文選』 「萬德山白蓮社圓妙國師碑銘」

주요 어휘

樂 즐길 락	說 말씀 설	辯 말 잘할 변	慧 슬기로울 혜	籲 부를 유
懺 뉘우칠 참	懇 정성 간	猛 사나울 맹	寒 찰 한	酷 독할 혹
懈 게으를 해	倦 게으를 권	悔 뉘우칠 회	剃 머리 깎을 체	蓮 연꽃 연
勸 권할 권	嚮 향할 향	源 근원 원	寢 잠잘 침	普 널리 보
賢 어질 현	淨 깨끗할 정	儀 거동 의	指 가리킬 / 마음 지	遊 사귈 / 배울 유
緣 인연 연	僅 겨우 근	創 비롯할 창	伽 절 가	藍 절 람
蘭 난초 난	蘭若(난야) 절	題 적을 제	轉 깨달을 전	偈 게 게
遠 멀 원	結 맺을 결	勝 넘칠 승		

한자 독음

① 자후락설묘종, 변혜무애, 억유중수참, 간지정맹, 일예오십삼불십이편, 수기한혹서, 미상해권, 선유호위서참회. … ② 지무자하오월, 유업유자수인, 자경사래참, 사허이체도, 수여연경, 권령통리. ③ 자시원근향풍, 유신행자, 원원이래, 침위성집. ④ 이임진하사월팔일, 시결보현도장, 수법화삼매, 구생정토, 일의천태삼매의. ⑤ 장년수법화참, 전후권발, 송시경자천여지. ⑥ 수사중지청유화, 연연근삼십, 묘수도제자삼십유팔인, 범창가람병란약오소. ⑦ 왕공대인목백현재존비사중, 제명입사자삼백여인. ⑧ 지어전전상교, 문일구일게, 원결묘인자, 불가승수.

1. 국문 해석

　① 이후로는『묘종(妙宗)』을 설법하기 좋아하여 언변과 지혜가 막힘이 없었고, 여러 사람에게 권하여 참회를 닦기를 간절하고 지극하고 용맹스럽게 하여 매일 53 부처님에게 열두 번씩 예경(禮敬)하고, 비록 모진 추위와 무더운 더위라고 한 번도 게을리한 일이 없으니, 중들이 서참회(徐懺悔)라 불렀다. … ② 무자년(戊子年) 여름 5월, 유생 여러 명이 개경에서 내려와 뵈니 대사가 제자로 받아들여 머리를 깎고『묘법연화경(妙法蓮華經)』을 가르쳐 통달하게 하였다. ③ 이후 주위에서 높은 소문을 듣고 신행(信行)이 있는 자들이 자주 찾아와 점점 큰 모임이 되었다. ④ 임진년(壬辰年) 여름 4월 8일, 처음 보현도량(普賢道場)을 결성하고 법화삼매(法華三昧)를 수행하여, 극락정토(極樂淨土)에 왕생하기를 구하였는데, 모두 천태삼매의(天台三昧儀)를 그대로 따랐다. ⑤ 오랫동안 법화참(法華懺)을 수행하고 전후에 권하여 발심(發心)시켜 이 경을 외우도록 하여 외운 자가 1,000여 명이나 되었다. ⑥ 사중(四衆)의 청을 받아 교화시켜 인연을 지어 준 지 30년에 묘수(妙手)로 제자를 만든 것이 38명이나 되었으며, 절을 지은 것이 다섯 곳이다. ⑦ 왕공대인(王公大人) 목백현재(牧伯縣宰)들과 높고 낮은 사중들이 이름을 써서 사(社)에 들어온 자들이 300여 명이나 되었다. ⑧ 이 사람 저 사람에게 서로 가르침을 전하여 한 귀(句) 한 게(偈)를 듣고 멀리 좋은 인연을 맺은 자들이 헤아릴 수 없었다.

　　　　　　　　　　　　　　─『동문선(東文選)』「만덕산백련사원묘국사비명(萬德山白蓮社圓妙國師碑銘)」

2. 사료 해설

　요세(了世)는 1174년(명종 4년)에 출가하여 균정(均定) 아래에서 천태교관(天台敎觀)을 닦았다. 그리하여 1198년(신종 1년) 개경 고봉사(高峰寺)에서 열린 법회에서 천태종지를 설파하였고, 그 후 이름이 널리 알려지기 시작하였다. 다만 법회의 분위기에 실망해 신앙결사에 뜻을 두게 되어 이 해에 10여 명의 동지와 함께 사찰 구도 순례를 행하기도 하였다.

　요세는 지눌(知訥)의 권유에 따라 그의 정혜결사에 참여하기도 하였는데, 곧 둘 사이의 사상적 차이가 드러났다. 특히 두 사람은 중생에 대한 관점이 달랐다. 지눌에게 중생이란 최소한의 지해(智解)가 있어 스스로 발심(發心)할 수 있는 존재였던 반면에, 요세에게 중생이란 죄장(罪障)이 깊어 자력으로는 해탈할 수 없는 존재였다. 그리하여 요세는 지눌의 돈오점수가 중생이 받아들이기 어려운 것이라고 보았고, 참회(懺悔)와 정토(淨土)를 중시하였다.

　이후 요세는 지눌과 결별하고 다시 천태학으로 돌아왔다. 그는 영암의 약사암에 머무르며 대중과 참회 수행을 하였는데, 강진 토호들의 지원에 힘입어 강진 만덕산으로 옮겼고, 그곳에서 본격적으로 천태학 부흥에 힘을 기울였다. 1232년(고종 19년)에는 보현도량(普賢道場)을 열어 법화삼매(法華三昧)와 구생정토(求生淨土)를 닦았고, 천태(天台)의『법화삼매참의(法華三昧懺儀)』에 의거하여 법화참(法華懺)을 행했다. 그리고 얼마 후인 1236년(고종 23년)에는 제자인 천책(天頙)에게 「백련결사문(白蓮結社文)」을 짓게 하고 보현도량 개설을 정식으로 선언하였다.

　　백련결사 운동의 구체적 실천 내용은 천태지관(天台止觀)·법화삼매참(法華三昧懺)·정토왕생(淨土往生)으로 꼽을 수 있다. 먼저, 천태지관이란 천태종의 개조(開祖) 지의(智顗)에 의해 확립된 수행법을 말하는데, 마음을 고요히 하여 진리의 실상을 관찰하는 것을 말한다. 다음으로 법화삼매참이란 죄와 업장을 참회하고 없애는 것을 말한다. 마지막으로 정토왕생이란 정토에 태어나기를 구하는 것을 말한다.

　　이후 백련사 보현도량은 최씨 무인 정권과도 밀접한 관계를 이루었다. 그리하여 1240년(고종 27년) 『계환해묘법연화경(戒環解妙法蓮華經)』을 개판하여, 보급 시 집권자였던 최우(崔瑀)가 발문을 쓰기도 하였다. 요세가 입적한 이후 백련결사를 발전시킨 인물은 2세 천인(天因)과 4세 천책(天頙)이었다. 특히 천책 시기 중앙 관료들과의 교류는, 훗날 백련사 출신의 경의(景宜)와 정오(丁午)가 개경의 묘련사(妙蓮寺) 주지로 발탁되어 개경의 왕실 및 관료들과 밀접하게 연결되는 계기가 되기도 하였다.

사료 Plus⁺

고려에서는 현광(玄光)·의통(義通)·체관(諦觀)·덕선(德善)·지종(智宗)·의천(義天)과 같은 분이 바다를 건너 교리를 물었다. (이들이) 천태종(天台宗)의 삼관(三觀)의 뜻을 배워서 국내에 전하여 우리나라를 복되게 한 것은 그 내력이 오래되었다. 하지만 보현도량(普賢道場)을 열고 널리 불경을 읽도록 권하기까지는 한 일이 없었다. 오직 대사가 종교가 쇠해 가려던 때를 당하여 크게 법당(法幢)을 세워, 법을 듣지 못하던 세속을 놀라게 하여 뿌리 없던 신심(信心)을 서게 하여, 조사(祖師)의 교리가 다시 일어나 천하에 널리 미치게 하니, 본원력(本願力)을 이어받은 것이 아니라면 말세에 태어나서 여래(如來)의 시킨 바 되어 여래의 일을 행하기를 어찌 이렇게 할 수 있었겠는가.

　　　　　　　　　　　　　　　　　　　　　　ㅡ『동문선(東文選)』「만덕산백련사원묘국사비명(萬德山白蓮社圓妙國師碑銘)」

사료 텍스트 완성하기

교과서 텍스트

1. 헌 (   ) 승려인 요세는 강진에서 백련사를 창건했다.

2. 헌 요세가 주도한 백련결사 역시 (   )을/를 혁신하려는 운동이었다.

3. 헌 백련사는 (   )을/를 통해 죄를 없애고 극락왕생을 기원하는 데 전념하였다.

4. 헌 백련사는 수행 방법이 어렵지 않아 (   )의 호응이 많았고, 수선사는 승려 및 지방 지식인층이 많이 참여하였다.

기출 텍스트

1. 수 요세가 강진 (   )에서 백련결사를 결성하였다.

2. 수 요세는 정토왕생을 중심으로 한 (   )을/를 강조하였다.

3. 수 요세는 대중에게 (   )을/를 권하였다.

4. 능 요세는 자신의 행동을 진정으로 참회하는 (   )을/를 강조하였다.

빈칸 정답		교과서 텍스트	기출 텍스트
	1	천태종	만덕사
	2	세속화한 불교계	법화 신앙
	3	참회	참회 수행
	4	일반 민중	법화 신앙

037 | 유학의 발달

① 九年秋九月丙子, 敎曰. ② "凡理國家, 必先務本, 務本莫過於孝. …
③ 寡人幼而藐孤, 長亦庸昧, 叨承顧托, 嗣守宗祧. ④ 追思祖考之平生, 幾
傷駒隙, 每念兄弟之在昔, 益感鶺原. ⑤ 是以取則六經, 依規三禮庶使, 一
邦之俗, 咸歸五孝之門. ⑥ 頃者遣使六道, 頒示敎條, 恤老弱之饑離, 賑鰥
孤於窘乏, 求訪孝子·順孫·義夫·節婦. … ⑦ 其咸富等男女七人, 並令
旌表門閭, 免其徭役. ⑧ 車達兄弟等四人, 免出驛島, 隨其所願, 編籍州縣.
⑨ 順興等五人, 擬授官階, 以揚孝道. ⑩ 今差起居郎金審言等, 往彼賜穀
人一百石, 銀盃二事, 彩帛布幷六十八匹!"

―『高麗史』「世家」成宗

주요 어휘 ‖‖‖‖‖‖‖‖‖‖‖‖

理 다스릴 리	過 넘칠 과	藐 아득할 / 작을 막	孤 고아 고	顧 돌아볼 고
托 밑 탁	嗣 이을 사	祧 조묘 조	思 생각할 사	傷 근심할 상
駒 망아지 구	隙 틈 극	益 더할 익	感 느낄 감	取 취할 취
規 법 규	庶 여러 서	咸 다 함	頒 나눌 반	恤 구휼할 휼
饑 주릴 기	離 떼놓을 리	賑 구휼할 진	鰥 홀아비 환	窘 군색할 군
乏 모자랄 핍	閭 마을 / 이문 려	隨 따를 수	擬 헤아릴 의	揚 알릴 양
彼 저 피	賜 줄 사	穀 곡식 곡	盃 사발 우	彩 무늬 채

한자 독음 ‖‖‖‖‖‖‖‖‖‖‖‖

① 구년추구월병자, 교왈. ② "범리국가, 필선무본, 무본막과어효. … ③ 과인유이막고, 장역용매, 도승고
탁, 사수종조. ④ 추사조고지평생, 기상구극, 매념형제지재석, 익감령원. ⑤ 시이취즉육경, 의규삼예서사, 일
방지속, 함귀오효지문. ⑥ 경자견사육도, 반시교조, 휼노약지기리, 진환고어군핍, 구방효자·순손·의부·절
부. … ⑦ 기함부등남녀칠인, 병령정표문려, 면기요역. ⑧ 차달형제등사인, 면출역도, 수기소원, 편적주현. ⑨
순흥등오인, 의수관계, 이양효도. ⑩ 금차기거랑김심언등, 왕피사곡인일백석, 은우이사, 채백포병육십팔필!"

1. 국문 해석

① 9년 9월 병자일, 다음과 같은 교서를 내렸다. ② "무릇 나라를 다스리는 데는 반드시 먼저 근본에 힘써야 하는데 가장 근본이 되는 일이 바로 효도이다. … ③ 과인은 어려서 어버이를 잃고, 나이가 들어서는 어리석고 사리에 어두운데도 불구하고 외람되이 선대 임금의 뒤를 이어 국사를 맡게 되었다. ④ 돌아가신 할아버지의 평소 모습을 생각하니 세월의 덧없음이 슬프며, 매양 형제들의 지난 일을 생각하니 동기간의 간절한 정이 더욱 간절하다. ⑤ 그래서 6경(六經)의 대의를 본받고 삼례(三禮)의 규범에 의거해 나라 안의 풍속이 모두 다섯 종류의 효도[五孝]의 모범을 따르도록 하려고 한다. ⑥ 요사이 사자를 6도에 파견하여 법규의 조목[教條]를 반포하고 흉년으로 인해 떠도는 노약자들을 구제하고 궁핍한 홀아비와 고아들을 구휼했으며, 효자·순손(順孫)·의부(義夫)·절부(節婦)를 널리 찾도록 하였다. … ⑦ 함부(咸富) 등 남녀 7인에게는 모두 정문을 세우고 요역을 면제하여 주어라. ⑧ 차달(車達) 형제 등 4인은 역참(驛站)과 섬에서 해방시켜 그 소원에 따라 다른 주현의 호적에 편입하도록 하라. ⑨ 순흥(順興) 등 5인에게는 관직과 품계를 주어 그 효도를 널리 알리도록 하라. ⑩ 지금 기거랑(起居郎) 김심언(金審言) 등을 그들에게 파견하여 한 사람마다 곡식 100석, 은 주발 2벌, 채색 비단과 베 68필씩을 내려 주도록 하라!"

— 『고려사(高麗史)』「세가(世家)」성종(成宗)

2. 사료 해설

성종은 유교 중심의 체제 이념 확립에 주력하였는데, 성종의 체제 정립을 뒷받침했던 인물로는 최승로(崔承老), 김심언(金審言) 등의 유학자들이 있다. 그리하여 성종 시기에는 불교 행사 등의 억제를 위해 연등회와 팔관회를 폐지하였고, 유교적 예제 확립을 위해 원구의(圓丘儀)와 적전의(籍田儀)를 행하였다. 또한, 국자감과 향교를 건립하였으며, 12목에는 경학박사 등을 파견하기도 하였다.

성종은 고려 최초로 효행(孝行)에 대한 포상을 행하였다. 이는 전국 각 지방에서 천거된 효자(孝子)·순손(順孫)들을 포상하는 한편, 유학 중심의 신념을 천명한 것이다. 따라서 이전의 유교가 국가적 차원에서 '충(忠)'을 강조하던 수준에 머물러 있었던 것에서 벗어나, 일상적 가족 윤리 차원에서 '효(孝)'를 강조함으로써 실질적인 충의 실천을 기대한 것이었다.

이러한 성종의 노력으로 유교는 정치 이념 및 사회 운영의 이념으로 확고하게 자리잡을 수 있게 되었다. 또한 유학 교육이 활발해짐에 따라 송으로부터의 신유학 사조를 수용하기도 하였고, 독자적인 해석으로까지 나아가기도 하였다.

사료 Plus⁺

• 성인이 하늘과 사람을 감동시키는 까닭은 순수한 덕과 사사로움이 없는 마음이 있기 때문입니다. 만약 성상께서 마음을 다잡아 겸손히 하고, 항상 공경하고 두려워하며, 예로써 신하들을 대우하신다면, 그 누가 마음과 힘을 다하여 … 보좌할 것을 생각하지 않겠습니까.

— 『고려사(高麗史)』 「열전(列傳)」 최승로(崔承老)

• 무릇 사학(私學)으로는 문종 때 태사중서령(太師中書令) 최충(崔沖)이 후진들을 불러 모아 부지런히 가르치자 선비와 평민의 자제들이 모여들어 그 집 앞의 문과 거리를 가득 채웠다. 마침내 9재(九齋)로 나누어 그 명칭을 낙성(樂聖)·대중(大中)·성명(誠明)·경업(敬業)·조도(造道)·솔성(率性)·진덕(進德)·대화(大和)·대빙(待聘)이라 했는데, 이를 일컬어 시중최공도(侍中崔公徒)라고 불렀다. 과거에 응시하는 양반 자제들은 반드시 먼저 공도에 들어가 공부해야 했다. 매년 여름철에는 절간을 빌려서 여름 수업을 했는데, 생도 가운데 급제하여 학문과 재능이 뛰어나지만 아직 벼슬하지 못한 사람을 선택해 교도(教導)로 삼았다. 학습 내용은 9경(九經)과 3사(三史)였다. 간혹 선배가 찾아오면 촛불에 금을 그어 시 짓는 내기를 한 후, 그 순위를 내걸고 이름을 불러 들어오게 하여 술자리를 베풀었다. 미성년과 관례를 마친 성년이 좌우로 줄을 지어서 술상을 받드는데, 나아가고 물러남에 예의를 지키고 나이 많은 사람과 적은 사람 간에 차례와 순서를 지켰다. 날이 저물도록 시를 주고받으니 보는 사람들이 모두 칭송하고 감탄하였다. 그 후부터는 과거에 응시하는 사람들이면 모두 9재(九齋)의 명부에 이름을 올리게 되었으니, 이들을 최문헌 공도라고 불렀다.

— 『고려사(高麗史)』 「지(志)」 학교(學校)

• 제가 일찍이 동중서(董仲舒)의 책문(策文)을 살펴보니 이런 말이 있었습니다. '나라가 도리를 잃고 장차 패망하려 하면 하늘이 먼저 재앙과 이변을 나타내어 경고한다. 그래도 스스로 반성하지 못하면 또 괴이한 징조를 보여 두려워하게 한다. 그래도 오히려 고칠 줄 모르면 손상과 패망이 비로소 닥쳐온다. 이는 하늘이 임금을 사랑하는 까닭에 그 어지러움을 멈추게 하려는 마음을 보이시는 것이다. 스스로 크게 무도(無道)한 세상이 아니면 하늘은 그 나라를 도와 온전하고 편하게 만들려고 한다. 그러므로 임금이 위로 하늘의 꾸짖음에 답하려면 반드시 힘써 노력해 진실로 응답해야만 한다.' … 근년 들어 천재지변이 자주 일어나고 흉년이 겹쳤으며, 얼마 전에는 흰 무지개가 해를 꿰뚫었고 정월에 벼락과 천둥이 특이하게 쳤습니다. 이는 가까운 과거에는 듣지 못했던 것입니다. 생각하건대 폐하께서 진실됨 없이 형식적으로만 하늘에 응답하신 것은 아니십니까? 하늘에 올리는 제사가 잦은데도 이변은 어찌 이리 많이 일어나고 있습니까?

— 『고려사(高麗史)』 「열전(列傳)」 임완(林完)

사료 텍스트 완성하기

교과서 텍스트

1. 한 성종은 최승로가 올린 '시무 28조'를 수용하여 (   ) 중심의 통치체제를 정비하였다.

2. 한 성종은 (   )을/를 설치하고, 지방에 (   )을/를 파견하는 등 유학 교육의 확산에 힘을 기울였다.

기출 텍스트

1. 능 성종은 (   )을/를 설치하여 유학 교육 진흥에 힘썼다.

2. 수 최충은 (   )을/를 세워 유학 교육에 힘썼다.

빈칸 정답		교과서 텍스트	기출 텍스트
	1	유교	국자감
	2	국자감, 경학박사	9재 학당

038 | 성리학의 유입

囻금성, 囻지학사

① 珦憂學校日衰, 議兩府曰. ② "宰相之職, 莫先敎育人材. ③ 今養賢庫 殫竭, 無以養士. ④ 請令六品以上, 各出銀一斤, 七品以下, 出布有差, 歸 之庫, 存本取息, 爲贍學錢." ⑤ 兩府從之, 以聞, 王出內庫錢穀, 助之. …
⑥ 珦又以餘貲, 付博士金文鼎等, 送中原, 畫先聖及七十子像, 幷求祭器 · 樂器 · 六經 · 諸子史以來. ⑦ 且薦密直副使致仕李㦃 · 典法判書李瑱, 爲 經史敎授都監使. ⑧ 於是禁內學館 · 內侍 · 三都監 · 五庫願學之士, 及七 管 · 十二徒諸生, 橫經受業者, 動以數百計. … ⑨ 晩年, 常掛晦庵先生眞, 以致景慕, 遂號晦軒.

— 『高麗史』 「列傳」 安珦

⑩ 時程朱之學, 始行中國, 未及東方. ⑪ 頤正在元, 得而學之, 東還, 李 齊賢 · 朴忠佐, 首先師受.

— 『高麗史』 「列傳」 白頤正

주요 어휘 ‖‖‖‖‖‖‖‖‖‖‖‖‖‖

珦 옥 이름 향	憂 근심할 우	衰 쇠할 쇠	議 의논할 의	莫 없을 막
材 재목 재	養 기를 양	賢 어질 현	殫 다할 탄	竭 다할 갈
歸 돌아갈 귀	贍 넉넉할 섬	聞 들을 문	助 도울 조	貲 재물 자
博 넓을 박	鼎 솥 정	薦 천거할 천	致 보낼 치	橫 옆으로 놓을 횡
晩 저물 만	掛 걸 괘	晦 그믐 회	庵 암자 암	軒 처마 헌
程 한도 정	程朱(정주) 정호 · 정이 형제와 주희를 일컬음			頤 턱 이

한자 독음 ||||||||||||||||

① 향우학교일쇠, 의양부왈. ② "재상지직, 막선교육인재. ③ 금양현고탄갈, 무이양사. ④ 청령육품이상, 각출은일근, 칠품이하, 출포유차, 귀지고, 존본취식, 위섬학전." ⑤ 양부종지, 이문, 왕출내고전곡, 조지. … ⑥ 향우이여자, 부박사김문정등, 송중원, 화선성급칠십자상, 병구제기·악기·육경·제자사이래. ⑦ 차천밀직부사치사이산·전법판서이진, 위경사교수도감사. ⑧ 어시금내학관·내시·삼도감·오고원학지사, 급칠관·십이도제생, 횡경수업자, 동이수백계. … ⑨ 만년, 상괘회암선생진, 이치경모, 수호회헌.

⑩ 시정주지학, 시행중국, 미급동방. ⑪ 이정재원, 득이학지, 동환, 이제현·박충좌, 수선사수.

1. 국문 해석

① 안향(安珦)이 학교가 나날이 쇠퇴하는 것을 근심하여 양부(兩府)에 다음과 같이 의논하였다. ② "재상의 직무로 인재를 교육하는 것보다 우선은 없습니다. ③ 그런데 지금 양현고(養賢庫)가 텅텅 비어 선비들을 기를 수 없습니다. ④ 청컨대 6품(品) 이상은 각각 은(銀) 1근(斤)을 내게 하고 7품 이하는 베를 차등 있게 내도록 한 후, 이를 양현고(養賢庫)로 보내어 거둬들인 베는 그대로 두고 이자만 받아서 섬학전(贍學錢)으로 삼아야 합니다." ⑤ 양부가 이를 좇아 아뢰니, 왕이 내고(內庫)의 전곡(錢穀)을 내어 도와주었다. … ⑥ 안향이 또 남은 돈을 박사(博士) 김문정(金文鼎) 등에게 주고 이들을 중국으로 보내어 선성(先聖) 및 제자 70명의 초상을 그려 오게 하고 아울러 제기(祭器)악기, 6경(六經), 제자사서(諸子史書)를 구하여 오도록 하였다. ⑦ 또 밀직부사(密直副使)로 치사(致仕)한 이산(李㦃), 전법판서(典法判書) 이진(李瑱)을 천거하여 경사교수도감사(經史教授都監使)를 삼았다. ⑧ 이에 금내학관(禁內學館)·내시(內侍)·3도감(三都監)·5고(五庫)의 학문하기를 원하는 선비, 7관(七管) 12도(徒)의 생도로서 경전을 가지고 수업받는 자가 별안간 수백 명을 헤아리게 되었다. … ⑨ 만년에는 항상 회암선생(晦庵先生)의 초상을 걸고 우러러 사모하여 마침내 호를 회헌(晦軒)이라 하였다.

－『고려사(高麗史)』「열전(列傳)」안향(安珦)

⑩ 그때 정주(程朱)의 학문이 중국(中國)에서 비로소 행해지기 시작하여 아직 동방(東方)에는 미치지 못하였다. ⑪ 백이정(白頤正)이 원(元)에 있을 때 이를 배울 수 있었고 고려(高麗)로 돌아오자 이제현(李齊賢)과 박충좌(朴忠佐)가 먼저 그를 스승으로 모시고 배웠다.

－『고려사(高麗史)』「열전(列傳)」백이정(白頤正)

2. 사료 해설

성리학은 원 간섭기에 원을 통해 본격적으로 전래되었다. 1290년(충렬왕 16년) 안향(安珦)이 성리학을 고려에 소개하였고, 백이정(白頤正)과 권부(權溥) 등은 성리학을 더 확산시켰다. 백이정은 이제현(李齊賢) 등을 가르쳤으며, 권부는 『사서집주(四書集註)』를 간행하여 보급하였다. 이제현은 충선왕(忠宣王)이 연경(燕京)에 세운 만권당(萬卷堂)에서 원의 저명한 학자들과 교류하면서 성리학에 대한 이해를 높였다. 그 후 1344년(충목왕 즉위년)에 과거 시험 과목으로 『사서(四書)』가 채택되었고[六經義四書疑], 이로 인해 성리학이 더욱 뿌리내릴 수 있었다. 그 후 공민왕의 성균관 중영, 그리고 이로 인한 오경사서재(五經四書齋)의 건립 등을 통해 성리학이 본격적으로 수용되었다.

사료 Plus+

• 성인의 도는 바로 현실 생활 속의 윤리를 실천하는 것이다. … 그런데 불교는 어떠한가. 부모를 버리고 집을 떠나 인륜을 가벼이 여기고 의리를 벗어나니, 곧 오랑캐 무리와 같다. 요즘 전쟁에 시달린 나머지 학교가 퇴폐하고 선비는 학문을 모르니 배워서 즐겨 읽는다는 책이 고작 불교 서적이고, 그 허무하고 실체가 없는 뜻을 믿으니 심히 가슴 아파하는 바이다. 내 일찍이 중국에서 주자가 쓴 책을 보니 성인의 도를 밝히고 불교의 가르침을 물리친 공로가 공자와 짝할 만하였다. 그러므로 공자의 도를 배우려면 주자를 가장 먼저 배워야 할지니 여러 학생들은 새로 들어온 (주자의) 책을 읽기에 힘써 게을리하지 말아야 할 것이다.
　　　　　　　　　　　　　　　　　　　　　　　　　　　　　　　　　　　　－ 『회헌실기(晦軒實記)』

• 충선왕(忠宣王)이 원(元) 인종(仁宗)을 도와 내란을 평정하고 무종(武宗)을 맞아들여 옹립하였으므로 황제의 총애와 대우가 상대할 것이 없었다. 마침내 충숙왕(忠肅王)에게 왕위를 전해주겠다고 요청하고 태위(太尉)로서 연경(燕京)의 사저에 머무르며 만권당(萬卷堂)을 짓고 서사(書史)로 스스로 즐겼다. 또한 다음과 같이 말하였다. "수도[京師]에서 문학하는 선비는 모두 천하에서 뽑혔는데 나의 부(府)에는 그런 사람이 없으니 이는 나의 부끄러움이다." 그리하여 이제현(李齊賢)을 수도[都]로 불렀다. 그때 요수(姚燧)·염복(閻復)·원명선(元明善)·조맹부(趙孟頫) 등이 모두 왕의 문하에서 노닐었는데 이제현이 그들과 상종하면서 학문이 더욱 증진하였으므로 요수 등이 칭찬과 찬탄을 멈추지 않았다. 이제현은 뒤에 안축(安軸)과 이곡(李穀)·안진(安震)·이인복(李仁復)과 함께 민지(閔漬)가 편찬했던 『본조편년강목(本朝編年綱目)』을 증수(增修)하였고, 충렬왕(忠烈王)·충선왕(忠宣王)·충숙왕(忠肅王) 등 3대의 실록(實錄)을 수찬(修撰)하였다. … 조일신이 처형된 후 공민왕은 이제현을 기용하여 우정승(右政丞)으로 삼고 순성직절동덕찬화공신(純誠直節同德贊化功臣)의 칭호를 주었다. 이듬해에 우정승을 사임한 후 부원군(府院君)으로서 지공거(知貢擧)가 되어 이색(李穡) 등을 선발하였다. … 그가 지은 『익재난고(益齋亂藁)』 10권이 세상에 전하고 있다. 이제현은 일찍이 『국사(國史)』가 갖춰지지 못한 것을 근심하여 백문보(白文寶), 이달충(李達忠)과 함께 기년(紀年)과 전(傳), 지(志)를 편찬하기로 하였다. 이제현이 태조(太祖) 때부터 숙종(肅宗)까지, 백문보와 이달충이 예종(睿宗) 이하를 맡기로 하였는데, 백문보는 겨우 예종과 인종(仁宗) 2대의 초고를 작성하였고 이달충은 아직 원고 작성에 착수조차 못 하였는데, 남쪽으로 피난할 때 그 원고들은 모두 흩어져 없어졌고 오직 이제현이 편찬한 「태조기년(太祖紀年)」이 남아있다.
　　　　　　　　　　　　　　　　　　　　　　　　－ 『고려사(高麗史)』 「열전(列傳)」 이제현(李齊賢)

사료 텍스트 완성하기

교과서 텍스트

1. 한 성리학은 충렬왕 때 (　　　)이/가 본격적으로 소개하였는데, 이때는 심성의 수양을 강조하는 실천적인 면이 강하였다.

2. 한 안향 이후 성리학은 이제현, (　　　)을/를 거쳐 정몽주, 권근, 정도전 등 신진 사대부에게 이어졌다.

기출 텍스트

1. 수 이 시기 성리학은 형이상학적 측면보다 (　　　)을/를 중시했다.

2. 능 (　　　)은/는 원의 학자와 폭넓게 교류하며 성리학에 대한 이해를 심화하였다.

빈칸 정답		교과서 텍스트	기출 텍스트
	1	안향	실천 윤리
	2	이색	이제현

039 | 배불론의 등장

① 心氣理三篇者, 三峯先生所作也. ② 先生常以明道學闢異端爲己任. ③ 其言曰. ④ "人之生也, 受天地之理以爲性. ⑤ 而其所以成形者氣也, 合理與氣, 能神明者, 心也. ⑥ 儒主乎理而治心氣, 本其一而養其二. ⑦ 老主乎氣, 以養生爲道, 釋主乎心, 以不動爲宗, 各守其一而遺其二者也. … ⑧ 若吾儒道則不然. ⑨ 天命之性, 渾然一理, 而萬善咸備. ⑩ 君子於此, 常存敬畏, 而必加省察. ⑪ 萌於心者, 原於理則擴而充之, 生於欲則遏而絶之. …"

— 『心氣理篇』「序文」

주요 어휘 ||||||||||||

峯 봉우리 봉	闢 배척할 벽	端 생각 / 가지 단	性 성품 성	形 모양 형
治 다스릴 치	養 기를 양	動 움직일 동	遺 끼칠 유	渾 흐릴 혼
咸 다 함	備 갖출 비	敬 공경할 경	畏 두려워할 외	省 살필 성
察 살필 찰	萌 싹 맹	擴 넓힐 확	充 찰 충	遏 막을 알
絶 끊을 절				

한자 독음 ||||||||||||

① 심기리삼편자, 삼봉선생소작야. ② 선생상이명도학벽리단위기임. ③ 기언왈. ④ "인지생야, 수천지지리이위성. ⑤ 이기소이성형자기야, 합리여기, 능신명자, 심야. ⑥ 유주호리이치심기, 본기일이양기이. ⑦ 노주호기, 이양생위도, 석주호심, 이부동위종, 각수기일이유기이자야. … ⑧ 약오유도즉불연. ⑨ 천명지성, 혼연일리, 이만선함비. ⑩ 군자어차, 상존경외, 이필가성찰. ⑪ 맹어심자, 원어리칙확이충지, 생어욕즉알이절지. …"

1. 국문 해석

① 심(心)·기(氣)·리(理) 3편(三篇)은 삼봉(三峯) 선생이 지은 것이다. ② 선생은 항상 도학(道學)을 밝히고 이단(異端)을 물리치는 것으로써 자기의 임무로 삼았다. ③ 그리하여 다음과 같이 말하였다. ④ "사람이 태어날 때 천지(天地)의 리(理)를 받아 성(性)이 되었다. ⑤ 그 형체[形]를 이룬 바는 기(氣)이고, 리(理)와 기(氣)를 합하여 능히 신명(神明)한 것은 심(心)이다. ⑥ 유가(儒家)에서는 리(理)를 주(主)로 하여 심(心)과 기(氣)를 다스리니, 그 하나를 근본으로 하여 그 둘을 기르는 것이다. ⑦ 노씨(老氏)는 기(氣)를 주로 하여 양생(養生)으로써 도(道)를 삼고, 석씨(釋氏)는 심(心)을 주로 하여 부동(不動)으로써 종(宗)을 삼아, 각기 그 하나를 지키고 그 둘을 버린 것이다. … ⑧ 우리 유가의 도(道)는 그렇지 않다. ⑨ 하늘에서 내린 성품[天命之性]이 차별이 없는 하나의 리[渾然一理]로써 만 가지 선(善)이 모두 갖추어졌다. ⑩ 군자(君子)가 이에 항상 경외(敬畏)하고 반드시 성찰(省察)을 더한다. ⑪ 마음에 싹트는 것이 리(理)에 본원(本源)한 것이면 확충(擴充)하고, 욕심에서 생겼으면 막고 끊어 버린다. …"

— 『심기리편(心氣理篇)』 「서문(序文)」

2. 사료 해설

고려 말 불교에 대한 비판은 성리학을 수용한 신진 사대부들이 주도하였다. 신진 사대부들이 처음에 주로 비판한 것은 불교계의 부패와 사원이 소유한 불법적인 토지 및 노비 등 사회·경제적 폐단이었다. 이들은 불교의 역할을 인정하면서도 현실적인 폐단을 문제삼았다.

그런데 위화도 회군 이후 그들의 불교에 대한 태도가 달라지기 시작하였다. 역성혁명을 추진하고 있던 급진파 사대부들은 불교의 존재 자체를 부정하고, 불교에 온건한 이색(李穡) 등의 온건파를 탄핵하였다. 이에 반발하여 공양왕과 김전(金琠) 등은 불교를 옹호하는 입장을 견지하였다.

이와 같은 배불(排佛)·척불(斥佛)의 주장은 '고려 왕조를 어떻게 바라볼 것이냐'와도 연결되는 문제였다. 즉, 불교를 배척한다는 것은 고려 왕조를 배척하는 것과 연결되는 것이었다. 이러한 논의는 성리학의 수용·연구가 심화됨에 따른 것이라고 볼 수도 있다. 성리학을 천하의 도이자 정학(正學)으로 이해하는 급진파 사대부들에게 있어서 불교는 무용하고 말살시킬 대상으로 인식되었다.

결국 이후 등장한 조선 왕조에서는 불교와 유교가 더 이상 공존하지 못하였다. 그리하여 조선은 고려와 같이 다원적으로 움직이지 못하고, 일원적 원리로 갇히게 되었다.

사료 Plus+

- 부처의 도는 청정함과 욕심을 적게 하는 것으로서 근본을 삼는데 만일 백성의 힘을 다 없애면서 불상을 만들고 탑을 쌓는다면, 도리어 부처에게 죄를 얻어 재앙이 따라 이를 것입니다. … 천시(天時)와 지리(地利)는 인화(人和)만 같지 못하며, 한때에 잘 다스려지면 또 한때에 어지러워지는 것은 자연의 이치입니다. 어찌 땅 기운에 쇠하고 성함이 있어 국가의 복이 성하고 쇠함이 있겠습니까? 우리나라가 개국한 이래 4백여 년 동안에 일찍이 삼경을 돌아다니며 거주하였어도, 언제 36국가로부터 조공을 받은 일이 있었습니까?

— 『고려사(高麗史)』 「열전(列傳)」 강회백(姜淮伯)

• 성균생원 박초(朴礎) 등이 다음과 같이 상소하였다. "부처는 본래 오랑캐의 사람으로 중국과 언어가 같지 않고 의복이 다릅니다. 입으로는 선왕(先王)의 법언(法言)을 말하지 않고, 몸에는 선왕의 법복(法服)을 입지 않습니다. 부부와 부자, 군신의 윤리를 알지 못하고, 거짓으로 삼도(三途)를 말하고 그릇되게 육도(六道)를 주장합니다. … 간사하고 아첨하는 신하인 김전(金琠)은 자질도 없고 무지하면서도 임금의 뜻에 아첨하고 명령에 순응하여 옳고 그름을 어지럽게 함으로써 아버지와 임금이 없는 종교를 일으키고 고금 성현의 도를 폐하려 합니다. … 겸대사성(兼大司成) 정도전(鄭道傳)은 하늘과 사람의 성명(性命)의 연원을 발휘하여 공자·맹자·정자·주자의 도학(道學)을 앞장서 부르짖으며 불교가 오랜 세월 동안 사람들을 속이고 꾀어온 것을 물리치고 삼한(三韓)의 오랫동안 이어져 온 미혹을 깨뜨렸습니다.

― 『고려사(高麗史)』 「열전(列傳)」 김자수(金自粹)

사료 텍스트 완성하기

교과서 텍스트

1. 한 성리학 수용 초기 고려의 유학자들은 유교와 불교가 같은 것이라는 (   )을/를 내세워 불교의 배척에는 소극적이었다.

2. 한 고려 말 신진 사대부는 성리학을 받아들여 (   )을/를 비판하고, 『소학』과 『주자가례』 등을 보급해 나갔다.

3. 한 정도전은 척불론을 (   )에 정리하였다.

기출 텍스트

1. 전 정도전은 공민왕 대 (   )을/를 통해 성장한 유학자이다.

2. 전 (   )은/는 이(理)의 측면에서 양생(養生)과 부동(不動)을 비판하고 있다.

3. 능 (   )은/는 『불씨잡변』을 통해 불교를 비판하였다.

빈칸 정답		교과서 텍스트	기출 텍스트
	1	유불동도론(儒佛同道論)	성균관 중영(부흥)
	2	불교의 폐단	『심기리편(心氣理篇)』
	3	『불씨잡변(佛氏雜辨)』	정도전

040 | 대장경의 조판

한지학사

① 甚矣達旦之爲患也! ② 其殘忍凶暴之性, 已不可勝言矣, 至於癡暗昏昧也, 又甚於禽獸. ③ 則夫豈知天下之所敬有所謂佛法者哉? ④ 由是凡所經由, 無佛像梵書, 悉焚滅之. ⑤ 於是符仁寺之所藏大藏經板本, 亦掃之無遺矣. … ⑥ 則昔顯宗二年, 契丹主大擧兵來征, 顯祖南行避難, 丹兵猶屯松岳城不退. ⑦ 於是乃與群臣, 發無上大願, 誓刻成大藏經板本, 然後丹兵自退. ⑧ 然則大藏, 一也, 先後雕鏤, 一也, 君臣同願, 亦一也, 何獨於彼時丹兵自退, 而今達旦不爾耶? ⑨ 但在諸佛多天鑑之之何如耳.

― 『東國李相國集』「雜著」大藏刻板君臣祈告文

주요 어휘 ||||||||||||||

甚 심할 심	達 통달할 달	旦 아침 단	患 근심 환	殘 해칠 잔
忍 참을 인	凶 흉할 흉	暴 사나울 폭	癡 어리석을 치	暗 어두울 암
昏 어두울 혼	昧 새벽 매	禽 날짐승 금	獸 짐승 수	敬 공경할 경
像 형상 상	梵 범어 범	書 글 서	滅 멸망할 멸	掃 쓸 소
遺 끼칠 유	昔 예 석	顯 나타날 현	避 피할 피	難 재앙 난
誓 맹세할 서	板 판목 판	鑑 거울 감		

한자 독음 ||||||||||||||

① 심의달단지위환야! ② 기잔인흉폭지성, 이불가승언의, 지어치암혼매야, 우심어금수. ③ 즉부기지천하지소경유소위불법자재? ④ 유시범소경유, 무불상범서, 실분멸지. … ⑤ 어시부인사지소장대장경판본, 역소지무유의. … ⑥ 즉석현종이년, 글란주대거병내정, 현조남행피난, 란병유둔송악성불퇴. ⑦ 어시내여군신, 발무상대원, 서각성대장경판본, 연후란병자퇴. ⑧ 연즉대장, 일야, 선후조루, 일야, 군신동원, 역일야, 하독어피시란병자퇴, 이금달단불이야? ⑨ 단재제불다천감지지하여이.

1. 국문 해석

① 심하도다! 몽골이 환란을 일으킴이여! ② 그 잔인하고 흉포한 성품은 이미 말로 다 할 수 없고, 심지어 어리석고 어두움이 또한 짐승보다 심합니다. ③ 어찌 천하에서 공경하는 바를 알겠으며, 이른바 불법(佛法)이란 것이 있겠습니까? ④ 이 때문에 그들은 이르는 곳마다 불상과 불경을 마구 불태워 버렸습니다. ⑤ 부인사(符仁寺)에 소장된 대장경(大藏經) 판본도 또한 남김없이 태워 버렸습니다. … ⑥ 옛적 현종(顯宗) 2년에 거란주(契丹主)가 크게 군사를 일으켜 와서 정벌하자 현종이 남쪽으로 피난하였는데, 거란 군사는 오히려 송악성(松岳城)에 주둔하고 물러가지 않았습니다. ⑦ 현종이 이에 여러 신하와 함께 더할 수 없는 큰 서원을 세워 대장경 판본을 판각해 완성하자 거란 군사가 스스로 물러갔습니다. ⑧ 대장경도 같고, 전후 판각한 것도 같으며, 군신이 함께 서원한 것도 또한 같은데, 어찌 그때에만 거란 군사가 스스로 물러가고 지금의 몽골은 그렇지 않겠습니까? ⑨ 다만 제불다천(諸佛多天)이 얼마나 보살펴 주시느냐는 것에 달려 있을 뿐입니다.

─『동국이상국집(東國李相國集)』「잡저(雜著)」대장각판군신기고문(大藏刻板君臣祈告文)

2. 사료 해설

몽골의 침입은 국토 전반의 황폐화와 소중한 문화유산의 소실을 초래하였다. 이러한 과정에서 대구 부인사에 보관 중이던 초조대장경 판목과 경주 황룡사 9층 목탑이 불타는 등의 사건이 발생하였다. 고려 정부는 몽골과의 전쟁 상황에서 다시 한번 불력(佛力)의 힘을 빌려 외적을 물리치고자 함을 보여주기 위해 재조대장경, 속칭 팔만대장경의 제작을 강행하게 되었다.

고려 조정에서는 왕과 신하들이 발원하여 강화도에 대장도감(大藏都監)을 세워 전반적인 지휘를 행하였고, 남해에 설치된 분사(分司)에서 실제적인 제작 업무를 담당하였다. 이는 남해 지역이 경판을 만들기 위한 목재 조달에 보다 용이했고, 당시 정권을 이끌었던 최우(崔瑀) 등의 경제적 기반이 있는 지역으로 경비 조달이 유리하였기 때문이었다.

재조대장경의 목록 작성과 교감 작업은 화엄종 승려인 수기(守其)가 담당하였다. 수기 등의 교감자들은 고려의 대장경뿐만 아니라 송과 거란의 대장경을 대조하는 작업 등을 통해 여러 가지 대장경 판본의 오류를 찾아내고 교감하는 작업을 벌였다. 이 과정에서 교정 내용을 찾아 목록 형식으로 정리한 『고려국신조대장교정별록(高麗國新雕大藏經校正別綠)』이 만들어졌다.

사료 Plus+

대사는 일찍부터 중국에 가서 구도할 뜻을 가지고 있었다. … 마침내 송·요 일본으로부터 4천여 권의 불전을 구하여 잘못되고 빠진 곳을 바로잡아 교장(敎藏)을 간행하였다.

─『대각국사문집(大覺國師文集)』

사료 텍스트 완성하기

교과서 텍스트

1. 역 목판인쇄술이 발달한 고려는 거란의 침입을 받았을 때 (   )을/를 만들었다.

2. 역 고려 정부는 강화 천도 후 (   )의 명분을 내세우기 위해 팔만대장경을 제작하였다.

기출 텍스트

1. 전 몽골의 침입으로 (   )에 보관 중이던 초조대장경이 소실되었다.

2. 능 부처의 힘을 빌려 몽골의 침입을 막고자 (   )이/가 조판되었다.

빈칸 정답		교과서 텍스트	기출 텍스트
	1	초조대장경	부인사
	2	대몽 항쟁	팔만대장경

041 | 삼국사기

㉠지학사

① 惟此海東三國, 歷年長久, 宜其事實, 著在方策. ② 乃命老臣, 俾之編集, 自顧缺爾, 不知所爲. … ③ 伏惟聖上陛下, 性唐堯之文思, 體夏禹之勤儉, 宵旰餘閒, 博覽前古, 以謂. ④ "今之學士大夫, 其於五經諸子之書, 秦·漢歷代之史, 或有淹通而詳說之者, 至於吾邦之事, 却茫然不知其始末, 甚可歎也. ⑤ 況惟新羅氏·高句麗氏·百濟氏, 開基鼎峙, 能以禮通於中國, 故范曄漢書·宋祁唐書, 皆有列傳. ⑥ 而詳內略外, 不以具載. ⑦ 又其古記文字蕪拙, 事迹闕亡, 是以君后之善惡, 臣子之忠邪, 邦業之安危, 人民之理亂, 皆不得發露, 以垂勸戒. ⑧ 宜得三長之才, 克成一家之史, 貽之萬世, 炳若日星." ⑨ 如臣者本匪長才, 又無奧識, 洎至遲暮, 日益昏蒙, 讀書雖勤, 掩卷卽忘, 操筆無力, 臨紙難下. ⑩ 臣之學術蹇淺如此, 而前言往事幽昧如彼. ⑪ 是故疲精竭力, 僅得成編, 訖無可觀, 祇自媿耳. ⑫ 伏望聖上陛下, 諒狂簡之裁, 赦妄作之罪, 雖不足藏之名山, 庶無使墁之醬瓿.

－『東文選』「進三國史記表」

주요 어휘 ‖‖‖‖‖‖‖‖‖‖‖‖‖‖‖‖‖

惟 생각할 유	久 오랠 구	著 저술할 저	俾 시킬 비	顧 돌아볼 고
缺 이지러질 결	伏 엎드릴 복	體 몸 / 체득할 체	夏 중국 하	宵 밤 소
旰 해질 간	博 넓을 박	覽 볼 람	淹 담글 / 적실 엄	却 물리칠 각
茫 아득할 망	甚 심할 심	歎 읊을 탄	況 하물며 황	開 열 개
基 터 기	鼎 솥 정	峙 우뚝 솟을 치	范 법 범	曄 빛날 엽
具 갖출 구	載 실을 재	蕪 거칠어질 무	拙 옹졸할 졸	闕 이지러질 궐
安 편안할 안	危 위태할 위	垂 드리울 수	勸 권할 권	戒 경계할 계
貽 끼칠 이	炳 밝을 병	奧 깊을 오	識 알 / 지식 식	洎 스미다 계
掩 가릴 엄	操 잡을 조	諒 헤아릴 량	狂 경망할 광	簡 종이 간
裁 마를 재	藏 감출 장	墁 칠할 만	醬 간장 장	瓿 단지 부

한자 독음 ||||||||||||||

① 유차해동삼국, 역년장구, 의기사실, 저재방책. ② 내명노신, 비지편집, 자고결이, 부지소위. … ③ 복유성상폐하, 성당요지문사, 체하우지근검, 소간여한, 박람전고, 이위. ④ "금지학사대부, 기어오경제자지서, 진·한역대지사, 혹유엄통이상설지자, 지어오방지사, 각망연부지기시말, 심가탄야. ⑤ 황유신라씨·고구려씨·백제씨, 개기정치, 능이예통어중국, 고범엽한서·송기당서, 개유열전. ⑥ 이상내약외, 불이구재. ⑦ 우기고기문자무졸, 사적궐망, 시이군후지선악, 신자지충사, 방업지안위, 인민지리난, 개부득발로, 이수권계. ⑧ 의득삼장지재, 극성일가지사, 이지만세, 병약일성." ⑨ 여신자본비장재, 우무오식, 계지지모, 일익혼몽, 독서수근, 엄권즉망, 조필무력, 임지난하. ⑩ 신지학술건천여차, 이전언왕사유매여피. ⑪ 시고피정갈역, 근득성편, 흘무가관, 지자괴이. ⑫ 복망성상폐하, 양광간지재, 사망작지죄, 수부족장지명산, 서무사만지장부.

1. 국문 해석

① 생각건대 우리 해동(海東) 삼국도 역사가 길고 오래되어 마땅히 그 사실이 책으로 기록되어야 합니다. ② 이에 폐하께서 이 늙은 신하에게 명하시어 편집하도록 하신 것인데, 스스로 돌아보건대 부족함이 많아 어찌할 바를 모르겠습니다. … ③ 엎드려 생각하옵건대 성상 폐하께서는 중국 요임금의 넓은 덕과 총명함을 타고 나시고 우임금의 부지런함과 검소함을 체득하시어, 나랏일로 바쁘신 와중에도 틈이 옛일을 두루 살펴보시고 이르셨습니다. ④ "오늘날의 학사(學士)와 대부(大夫)가 5경(五經)·제자(諸子)의 책이나 진(秦)·한(漢) 역대의 역사에 대해서는 혹 널리 통하여 자세히 설명하는 자가 있으나, 우리나라의 일에 대해서는 도리어 아득하여 그 처음과 끝을 알지 못하니 매우 한탄스러운 일이다. ⑤ 하물며 신라·고구려·백제 삼국이 서로 솥발처럼 대립하면서 예를 갖추어 중국과 통하였으므로 범엽(范曄)의 『한서(漢書)』나 송기(宋祁)의 『당서(唐書)』에 모두 삼국의 열전이 있었다. ⑥ 그러나 중국의 나라 안 일은 자세하게 다루고 다른 나라에 대해서는 간략하게 서술하였기 때문에 삼국의 역사는 상세히 실리지 않았다. ⑦ 또 삼국에 관한 옛 기록은 문체가 거칠고 졸렬하며 빠진 부분이 많으므로, 군왕(君王)의 선악(善惡)과 신하들의 충성스러움과 간사함, 국가의 평안함과 위태로움, 백성의 다스려짐과 어지러움을 모두 밝혀서 후세에 권장하거나 경계할 바를 보이지 못하고 있다. ⑧ 그러므로 마땅히 삼장(三長)을 갖춘 인재를 구하여 일관된 역사를 완성하고 만대에 물려주어 해와 별처럼 빛나도록 해야 하겠다." ⑨ 그러나 신과 같은 자는 본래 삼장의 재주를 가진 사람이 아니고 또 깊은 학식이 없으며 나이가 들어 정신이 날로 혼미해져, 비록 부지런히 책을 읽어도 책을 덮으면 곧 잊어버리며 붓을 잡는 데 힘이 없고 종이를 펴 놓아도 글을 써 내려 가기가 어렵습니다. ⑩ 신의 학술이 이처럼 부족하고 얕으며, 옛말과 지나간 일은 그처럼 아득하고 희미합니다. ⑪ 그러므로 온 정신과 힘을 다 쏟아부어 겨우 책을 만들었사오나 보잘것없기에 스스로 부끄러울 따름이옵니다. ⑫ 엎드려 바라옵건대, 성상 폐하께서 경망하게 쓴 것을 헤아려 주시고, 함부로 만든 죄를 용서하여 주신다면, 비록 명산(名山)의 (사고에) 깊이 간직할 만한 것은 못 되더라도 간장 항아리를 덮는 데 쓰이지 않기를 바랄 뿐입니다.

─ 『동문선(東文選)』 「진삼국사기표(進三國史記表)」

사료 Plus⁺

신라의 박씨, 석씨는 모두 알에서 태어났고, 김씨는 금으로 된 상자에 들어가 하늘에서 내려왔다거나 혹은 금수레를 탔다고도 한다. 이는 너무 괴이해서 믿을 수 없으나, 세속에서는 서로 전하며 이것이 사실이라고 한다.

―『삼국사기(三國史記)』

사료 텍스트 완성하기

교과서 텍스트

1. 헌 (   )은/는 왕명을 받아 분열된 민심을 수습하고 중앙 집권을 강화할 목적으로『삼국사기』를 편찬하였다.

2. 헌『삼국사기』는 (   )적인 합리주의 사관에 따라 기전체로 서술하였다.

3. 역『삼국사기』는 고려가 (   )을/를 계승하였다는 입장을 취하고 있다.

기출 텍스트

1. 능 김부식은 서경에서 (   )이/가 일으킨 난을 진압하였다.

2. 능 (   )은/는 현존하는 우리나라 최고(最古)의 역사서이다.

3. 능『삼국사기』는 유교 사관에 기초하여 (   ) 형식으로 서술하였다.

빈칸 정답		교과서 텍스트	기출 텍스트
	1	김부식	묘청
	2	유교	『삼국사기』
	3	신라	기전체

042 | 삼국유사

천동아, 천지학사

---

① 叙曰. ② 大抵古之聖人, 方其禮樂興邦, 仁義設教, 則怪力亂神, 在所不語. ③ 然而帝王之將興也, 膺符命受圖籙, 必有以異於人者, 然後能乘大變, 握大器, 成大業也. ④ 故河出圖洛出書而聖人作, 以至虹繞神母而誕羲, 龍感女登而注炎, 皇娥遊窮桑之野, 有神童自稱白帝子, 交通而生小昊, 簡狄吞卵而生契, 姜嫄履跡而生弃, 胎孕十四月而生堯, 龍交大澤而生沛公. ⑤ 自此而降, 豈可殫記. ⑥ 然則三國之始祖, 皆發乎神異, 何足怪哉. ⑦ 此紀異之所以漸諸篇也, 意在斯焉.

— 『三國遺事』 「紀異」

주요 어휘 ⅠⅠⅠⅠⅠⅠⅠⅠⅠⅠⅠⅠⅠ

叙 서문 서	怪 기이할 괴	語 말씀 어	膺 품을 / 받을 응	符 증표 / 부절 부
乘 오를 승	變 변할 변	握 쥘 악	器 그릇 / 도구 기	簡 문서 간
狄 오랑캐 적	契 사람 이름 설	嫄 사람 이름 원	履 신 리	胎 아이 밸 태
孕 아이 밸 잉	澤 못 택	沛 늪 패	降 내릴 강	殫 다할 탄
哉 어조사 재	漸 점점 점			

한자 독음 ⅠⅠⅠⅠⅠⅠⅠⅠⅠⅠⅠⅠⅠ

① 서왈. ② 대저고지성인, 방기예악흥방, 인의설교, 즉괴력난신, 재소불어. ③ 연이제왕지장흥야, 응부명수도록, 필유이이어인자, 연후능승대변, 악대기, 성대업야. ④ 고하출도낙출서이성인작, 이지홍요신모이탄희, 용감녀등이주염, 황아유궁상지야, 유신동자칭백제자, 교통이생소호, 간적탄란이생설, 강원이적이생기, 태잉십사월이생요, 용교대택이생패공. ⑤ 자차이강, 기가탄기. ⑥ 연즉삼국지시조, 개발호신이, 하족괴재. ⑦ 차기이지소이점제편야, 의재사언.

1. 국문 해석

① 첫머리에 말한다. ② 대체로 옛 성인들은 예악으로 나라를 일으키고 인의로 가르침을 베푸는 데 있어 괴력난신(怪力亂神)을 말하지 않았다. ③ 그러나 제왕이 장차 일어날 때는 부명(符命)을 받고 도록(圖籙)을 얻어 반드시 보통 사람과는 다른 점이 있으니, 그런 뒤에야 능히 큰 변화를 타서 제왕의 지위를 얻고 대업을 이루었다. ④ 그런 까닭으로 황하에서 그림이 나오고, 낙수(洛水)에서 글이 나옴으로써 성인이 나왔으며, 무지개가 신모(神母)를 에워싸서 복희(伏羲氏)가 탄생하였고, 용이 소전(少典)의 왕비인 여등(女登)과 교감하여 염제(炎帝)를 낳았으며, 황아(皇娥)가 궁상(窮桑)이란 들에서 놀다가 백제(白帝)의 아들이라 칭하는 한 신동(神童)과 통하여 소호(少昊)를 낳았고, 간적(簡狄)은 알을 삼켜 설(契)을 낳았으며, 강원(姜嫄)은 거인의 발자국을 밟아 기(弃)를 낳았고, 요(堯)는 잉태한 지 14개월 만에 태어났으며, 패왕은 용과 큰 못에서 교접하여 태어났던 것이다. ⑤ 그 이후에도 이와 같은 일이 너무 많으니 어찌 다 기록할 수 있겠는가. ⑥ 그러므로 삼국의 시조들이 모두 신기한 일로 탄생했음이 어찌 괴이하겠는가. ⑦ 이것이 책 첫머리에 기이편(紀異篇)이 실린 까닭이며, 그 의도도 여기에 있는 것이다.

─『삼국유사(三國遺事)』「기이(紀異)」

2. 사료 해설

보각국사(普覺國師) 일연(一然)은 장기간 몽골과의 전쟁, 그리고 이어진 일본 원정에 대한 동원으로 인해 국토가 황폐해진 속에서 『삼국유사(三國遺事)』를 저술하였다(1281, 충렬왕 7년). 이는 '유사(遺事)'라는 단어 속에 담긴 것처럼, 잃어버린 사실 혹은 빠뜨린 사실을 보충하기 위해 저술한 것이었다. 즉, 앞선 시기 저술된 『삼국사기(三國史記)』가 유교적 합리주의 사관에 기반해 불교의 설화적 전승 및 신이사(神異史)를 일부러 삭제하거나 수정해서 실었던 것을 비판하고 보충하기 위해 편찬하였다. 이를 통해 전란에 지친 백성들에게 민족적 자긍심을 심어주기 위함이었던 것으로 보인다.

『삼국유사』는 왕력(王曆)·기이(紀異)·흥법(興法)·탑상(塔像)·의해(義解)·신주(神呪)·감통(感通)·피은(避隱)·효선(孝善)의 9항목으로 구성되어 있다. 이 중「기이(紀異)」는 '신이한 것을 기록한다.'라는 이름을 붙인 것인데, 가장 많은 분량을 차지하고 있고, 다른 항목과는 달리 유일하게 서문을 갖추고 있다. 여기서 일연은 그 편찬 의도를 구체적으로 밝혔다.

여기서 일연은 공자가 '괴력난신(怪力亂神)'을 말하지 않는다고 한 것을 비판하였다. 일연은 중국 제왕들의 예를 열거하며 제왕의 탄생이나 국가의 흥망에 초인간적인 힘이 작용하였음을 강조하였다. 이는 유교적 사관에 대한 비판이기도 하였고, 중국 자신들의 역사에서는 제왕의 출현과 관련해 신이함의 정당성을 인정하면서도 주변국의 사례에 대해서는 괴력난신으로 취급하는 것을 비판하는 것이기도 했다. 즉, 일연은 중국 제왕들의 신이를 믿는다면 고구려·백제·신라 삼국의 시조가 신이한 데서 나왔다는 것이 전혀 이상한 일이 아니며, 이를 강조하기 위해 기이편을 맨 처음에 싣는다고 언급하였다.

이 과정에서 일연은 우리의 역사를 중국의 역사와 대등하게 서술하였고, 민족의 시조로서 단군부터 서술하였다. 그러면서 단군을 천제의 손자라고 하였고, 그가 건국한 단군조선을 중국의 요(堯)와 동시대로 다루었다. 이 밖에도 『삼국유사』에는 많은 전설과 신화가 수록되는 등 『삼국사기』에서 볼 수 없었던 다양한 사료들이 있어 오늘날 그 가치가 높이 평가받고 있다.

사료 Plus⁺

『위서』에 이르기를, "지금으로부터 2천여 년 전에 단군왕검(檀君王儉)이 있어 아사달(阿斯達)에 도읍을 정하였다. … 나라를 개창하여 조선이라 했으니 고(요임금)와 같은 시대이다."라고 하였다.

― 『삼국유사(三國遺事)』

▌ 사료 텍스트 완성하기

교과서 텍스트

1. 역 승려 (   )이/가 지은 『삼국유사』는 삼국의 역사와 설화, 우리의 고유문화와 불교에 관한 다양한 이야기를 담고 있다.

기출 텍스트

1. 등 (   )에는 불교사를 중심으로 민간 설화가 기록되었다.

빈칸 정답	교과서 텍스트	기출 텍스트
1	일연	『삼국유사』

043 | 동명왕편

핸비상

① 世多說東明王神異之事, 雖愚夫騃婦, 亦頗能說其事. ② 僕嘗聞之, 笑曰. ③ "先師仲尼, 不語怪力亂神, 此實荒唐奇詭之事, 非吾曹所說." ④ 及讀魏書通典, 亦載其事, 然略而未詳. ⑤ 豈詳內略外之意耶. ⑥ 越癸丑四月, 得舊三國史, 見東明王本紀, 其神異之迹, 踰世之所說者. ⑦ 然亦初不能信之, 意以爲鬼幻, 及三復耽味, 漸涉其源, 非幻也, 乃聖也, 非鬼也, 乃神也. ⑧ 況國史直筆之書, 豈妄傳之哉. ⑨ 金公富軾重撰國史, 頗略其事, 意者, 公以爲國史矯世之書, 不可以大異之事爲示於後世而略之耶?

— 『東國李相國集』 「東明王篇」

주요 어휘 ||||||||||||||||||

說 말씀 설	雖 비록 수	愚 어리석을 우	騃 어리석을 애	婦 아내 부
頗 자못 파	僕 저 / 자신 복	嘗 일찍이 상	聞 들을 문	笑 웃을 소
語 말씀 어	怪 기이할 괴	實 진실로 실	奇 기이할 기	詭 속일 궤
曹 무리 조	讀 읽을 독	載 실을 재	未 아닐 미	詳 자세할 상
越 지날 월	迹 자취 적	踰 넘을 유	復 중복될 복	耽 즐길 탐
味 맛 미	漸 점점 점	涉 건널 섭	幻 환상 환	況 하물며 황
妄 허망할 망	矯 바로잡을 교			

한자 독음 ||||||||||||||||

① 세다설동명왕신이지사, 수우부애부, 역파능설기사. ② 복상문지, 소왈. ③ "선사중니, 불어괴력난신, 차실황당기궤지사, 비오조소설." ④ 급독위서통전, 역재기사, 연략이미상. ⑤ 기상내략외지의야. ⑥ 월계축사월, 득구삼국사, 견동명왕본기, 기신이지적, 유세지소설자. ⑦ 연역초불능신지, 의이위귀환, 급삼복탐미, 점섭기원, 비환야, 내성야, 비귀야, 내신야. ⑧ 황국사직필지서, 기망전지재. ⑨ 김공부식중찬국사, 파략기사, 의자, 공이위국사교세지서, 불가이대이지사위시어후세이략지야?

1. 국문 해석

① 세상에서는 동명왕(東明王)의 신통하고 이상한 일을 많이 말하니, 비록 시골의 어리석은 남녀들도 자못 그 일을 말할 수 있을 정도다. ② 내가 일찍이 그 얘기를 듣고 웃으며 말하였다. ③ "선사(先師) 중니(仲尼)께서는 괴력난신(怪力亂神)에 대해 말씀하지 않으셨으니, 동명왕의 일은 실로 황당하고 기괴하여 우리들이 얘기할 것이 못 된다." ④ 후일 『위서(魏書)』와 『통전(通典)』을 읽어 보니 또한 동명왕의 일을 신고 있었지만 간략하여 자세하지 않았다. ⑤ 아마도 자기 나라의 일은 자세히 하고 외국의 일은 소략하게 기록하려 한 뜻이 아니겠는가. ⑥ 지난 계축년(癸丑年) 4월, 『구삼국사(舊三國史)』를 얻어 동명왕본기(東明王本紀)를 보니 그 신이한 사적이 세상에 전하는 것보다 더하였다. ⑦ 그러나 처음에는 믿지 못해 귀신이나 환상으로만 여겼는데, 세 번 반복하여 읽어서 점점 그 근원에 들어가니, 환상이 아니고 성스러움이며 귀(鬼)가 아니고 신(神)이었다. ⑧ 하물며 국사(國史)는 사실 그대로 쓴 글이니 어찌 함부로 전하였겠는가. ⑨ 김부식(金富軾) 공은 국사를 다시 편찬할 때에 자못 그 일을 생략하였으니, 공은 국사란 세상을 바로잡는 글이므로 크게 이상한 일은 후세에 보일 것이 아니라고 여겨 생략한 것이 아니겠는가?

― 『동국이상국집(東國李相國集)』, 「동명왕편(東明王篇)」

2. 사료 해설

「동명왕편(東明王篇)」은 이규보(李奎報)가 1193년(명종 23년)에 고구려 건국 설화를 재인식하며 지은 서사시이다. 당시 이규보는 과거에 급제는 했지만, 무신 정권 성립의 여파로 인해 관직을 얻지 못하고 있던 상황이었다. 이러한 상황에서 이규보는 백성들의 사상과 생활을 목도하고, 다양한 서적을 읽어나갔던 것으로 보인다. 어느 날 그는 『구삼국사(舊三國史)』를 얻어 읽게 되었는데, 이로 인해 김부식(金富軾)으로 대표되는 유교주의적 역사 인식에서 탈피하게 되었다.

「동명왕편」은 이전에 김부식의 주도하에 편찬된 『삼국사기(三國史記)』와는 여러 면에서 차이점을 보이고 있다. 먼저 『삼국사기』는 금에 대한 사대 관계가 맺어진 후 이에 반대한 묘청의 서경 천도 운동을 진압한 상황에서 편찬된 것이었다. 그러다 보니 북진 정책을 강조하는 고구려 계승 의식보다는 신라를 계승했다는 점이 강조되었다. 반면 「동명왕편」은 이러한 금에 대한 사대 관계 수용을 비판하고, 고구려 계승 의식을 표방하는 관점에서 쓰였다고 본다.

「동명왕편」은 141운(韻) 282구(句) 1410언(言)의 약 4,000자에 이르는 장편 서사시를 통해 고려가 위대한 고구려를 계승하고 있다는 고려인의 자부심을 드러내었다. 이는 당시 무신 정권의 수립에 발맞춰 이전 시기 문신들의 무기력한 사대 관계 수용을 비판하는 것이었다고 해석하기도 한다.

- 가을 9월에 임금이 돌아가시니 그때 나이가 마흔 살이었다. 용산(龍山)에 장사 지내고 동명성왕(東明聖王) 이라 불렀다.

  ─『삼국사기(三國史記)』「고구려본기(高句麗本紀)」시조동명성왕(始祖東明聖王)

- 가을 9월에 동명성왕(東明聖王)이 하늘에 오르고 내려오지 않으니 이때 나이가 마흔 살이었다. 태자가 동 명성왕이 남긴 옥 채찍을 대신 용산(龍山)에 장사 지냈다.

  ─『동국이상국집(東國李相國集)』「동명왕편(東明王篇)」

사료 텍스트 완성하기

교과서 텍스트

1. 한 고려의 역사 인식은 신화나 설화 등을 중시하는 (   )와/과 그것을 비판하는 유교 사관 으로 구분된다.

2. 한 이규보는 (   ) 계승 의식을 반영한 한문 서사시인 『동명왕편』을 지었다.

기출 텍스트

1. 전 이규보는 (   )을/를 통해 동명왕 이야기를 새롭게 인식하게 되었다.

2. 등 동명왕편은 고구려 건국 영웅을 (   ) 형태로 서술하였다.

빈칸 정답		교과서 텍스트	기출 텍스트
	1	신이(神異) 사관	『구삼국사』
	2	고구려	서사시

① 謹據國史, 旁採各本紀與夫殊異傳所載, 參諸堯舜已來經傳子史, 去浮辭, 取正理. ② 張其事而詠之, 以明興亡年代, 凡一千四百六十言.

③ 遼東別有一乾坤, 斗與中朝區以分. ④ 洪濤萬頃圍三面, 於北有陸連如線. ⑤ 中方千里是朝鮮, 江山形勝名敷天. ⑥ 耕田鑿井禮義家, 華人題作小中華.

⑦ 初誰開國啓風雲. ⑧ 釋帝之孫名檀君. ⑨ 並與帝高興戊辰, 經虞歷夏居中宸. ⑩ 於殷虎[武]丁八乙未, 入阿斯達山爲神. ⑪ 享國一千二十八, 無奈變化傳桓因. ⑫ 却後一百六十四, 仁人聊復開君臣.

— 『帝王韻紀』 「東國君王開國年代」

주요 어휘

謹 삼갈 근	據 의거할 거	採 캘 채	殊 다를 수	浮 허황된 부
辭 말씀 사	詠 읊을 영	乾 하늘 건	坤 땅 곤	洪 큰물 홍
濤 큰 물결 도	頃 밭 넓이 경	陸 육지 육	連 잇닿을 련	如 같을 여
線 줄 선	勝 뛰어날 승	敷 펼 부	誰 누구 수	聊 힘입을 요
復 돌아올 복				

한자 독음

① 근거국사, 방채각본기여부수이전소재, 삼제요순이래경전자사, 거부사, 취정리. ② 장기사이영지, 이명흥망연대, 범일천사백육십언.

③ 요동별유일건곤, 두여중조구이분. ④ 홍도만경위삼면, 어북유육연여선. ⑤ 중방천리시조선, 강산형승명부천. ⑥ 경전착정예의가, 화인제작소중화.

⑦ 초수개국계풍운. ⑧ 석제지손명단군. ⑨ 병여제고흥무진, 경우역하거중신. ⑩ 어은호[무]정팔을미, 입아사달산위신. ⑪ 향국일천이십팔, 무내변화전환인. ⑫ 각후일백육십사, 인인요복개군신.

1. 국문 해석

① 삼가 국사(國史)에 의거하는 한편 각 본기와 『수이전(殊異傳)』에 실린 바를 채록하였고, 요·순 이래 경전과 제자, 사서를 참고하여 허황된 말을 버리고 이치에 맞는 바를 취하였다. ② 그 사적을 드러내고 이를 시로 읊어 흥하고 망한 연대를 밝히니 모두 1,460언이다.

③ 요동에 다른 천하가 있으니 그 땅은 중원의 왕조와 구분되어 나뉘었네. ④ 크고도 넓은 바다 물결 삼면을 둘러쌌고 북녘으로는 대륙과 선처럼 이어졌다. ⑤ 그 가운데 사방 천리가 바로 조선이라, 강산의 형승은 천하에 알려졌네. ⑥ 밭 갈아 농사짓고 우물 파서 물 마심이 예의의 나라여서 화인(華人)이 이름하길 소중화(小中華)라 했네.

⑦ 처음에 누가 나라를 열고 풍운을 아뢰었나. ⑧ 석제(釋帝)의 손자 단군일세. ⑨ 요제(堯帝)와 같은 무진년에 나라를 세우시고 우순(虞舜)을 지나 하(夏)나라 때까지 왕위에 계셨도다. ⑩ 은나라 무정(武丁) 8년 을미년 아사달산에 들어가 신이 되었다. ⑪ 나라 다스리길 1,028년이니 조화 상제인 환인의 전한 일 아니겠는가? ⑫ 그 뒤 164년 만에 어진 인물에 힘입어 군신의 의를 회복하였다.

－『제왕운기(帝王韻紀)』「동국군왕개국연대(東國君王開國年代)」

2. 사료 해설

이승휴(李承休)는 몽골의 침입이 한창이던 1252년(고종 39년) 과거에 급제하였고, 이후 몽골과 강화를 맺은 이후 원나라에 사신으로 두 차례 다녀오기도 하였다. 이후에도 그는 감찰어사(監察御史) 등을 지내면서 왕에게 직간을 주저하지 않는 모습을 보였다. 그 뒤 1280년(충렬왕 6년) 충렬왕에게 왕의 실정과 왕 측근의 폐단 등을 간언하였다가 파직되었는데, 은거하면서 『제왕운기(帝王韻紀)』와 『내전록(內典錄)』을 저술하였다. 이후 1298년(충렬왕 24년) 관직에 제수되어 활동하였다.

이승휴는 원나라 사행을 통해 원의 국력을 직접 목도하였고, 이 과정에서 고려가 흡수될지도 모른다는 위기의식을 가졌던 것으로 보인다. 그리하여 충렬왕에게 왕권의 확립을 통한 국가질서의 회복을 기원하고, 군신이 갖추어야 할 유교적 정치 이념을 제시하기 위해 『제왕운기』를 저술한 것으로 보인다.

『제왕운기』는 크게 상권과 하권으로 구성되어 있다. 상권에서는 중국의 역사를 7언시 형식으로 서술하였다. 하권은 「동국군왕개국연대(東國君王開國年代)」와 「본조군왕세계연대(本朝君王世系年代)」로 구성되어 있다. 전자는 전조선·후조선·위만조선·사군 및 삼한·삼국·후고구려·후백제·발해의 역사를 7언시 264구 1,460언으로 읊어 정통론으로 제시하였고, 후자는 5언시 700언으로 지었는데, 고려 태조의 세계(世系)로부터 충렬왕 때까지의 왕계와 정치 및 흥망성쇠를 서술하였다.

『제왕운기』는 우리를 중국과는 다른 천하로서 예의의 나라라고 언급하고 있고, 우리 역사를 중국과 대등하게 파악하고 있다. 그리하여 우리 민족의 시조로서 단군을 기록하였고, 발해를 고구려의 계승국으로 인정하여 고려 태조에게 귀순한 사실을 서술함으로써 발해를 한국사의 체계 속에 포함시키기도 하였다. 또한 『제왕운기』는 당시 원의 강성함을 현실적으로 인정하여 고려를 제후국으로 인식하였으며, 원 황실과 혼인 관계를 맺고 원의 황제에게 후대를 받는 현실을 긍정하는 모습을 보이기도 하였다.

따라서 『제왕운기』에 대한 평가는 양면적으로 갈린다. 원 간섭기 속에서 민족 문화의 우월성과 역사 전통을 지켰다고 보기도 하고, 사대(事大)를 합리화한 비자주적 측면이 있다고 보기도 한다.

사료 Plus⁺

- 후조선(後朝鮮)의 시조는 기자(箕子)인데, 주(周) 무왕(武王) 원년인 기묘년 봄에, 이곳으로 도망하여 와 스스로 나라를 세웠으니, 주 무왕이 멀리 떨어진 봉토(封土)에 조서(詔書)를 내리셨네. 예로써 사례하지 않을 수 없어 찾아가 뵈니, 홍범구주(洪範九疇)로 인륜을 물으셨네. 41대손은 준(準)이라 부르는데, 다른 사람에게 침탈을 당하여 백성이 떠났도다. 928년을 다스렸으니 기자의 유풍(遺風)이 아름답고 도탑게 전하였다네. 준왕이 금마군(金馬郡)에 이주하여 도읍을 세우고 또다시 능히 인군(人君)이 되었도다.

  ─ 『제왕운기(帝王韻紀)』 「동국군왕개국연대(東國君王開國年代)」

- 원종(元宗)은 16년간 왕위에 있었는데, 임연(林衍)이 도중에 폐위하였네. 이 일은 기사년(己巳年) 6월 21일에 있었다. 이때 지금의 폐하(陛下)께서, 세자로 영위(英偉)를 드날리셨도다. 중국에 사행(使行)을 가시어, 나라의 아름다운 이름을 원근(遠近)에 떨치시고, 돌아와 압록강 머리에 이르니, 멋있는 외모를 천자께서 들으시고, 사람을 보내어 두루 찾으셨는데, 이때 고주사(告奏使)를 만나시었고, 고주사는 돌아가 황제께 고하였으니, 엄숙한 군사의 호위를 받으시었도다. 난이 일어난 연유를 밝히어 물으시어, 원종께서 복위(復位)하시었도다. … 공주와 혼인[釐降]하는 은총을 입으니 성대하구나! 황제를 보필하는 이로움이여! 몸소 동궁에 머물며 공경함과 효행을 실천해 보이시고, 왕위에 오르는 천복(天福)을 받게 되시었도다. … 천자의 누이는 왕비가 되시었고, 황제의 외손자는 왕세자가 되시었네. 왕업은 다시 빛나고, 황제의 은혜는 멀리까지도 서서히 스며들었도다.

  ─ 『제왕운기(帝王韻紀)』 「본조군왕세계연대(本朝君王世系年代)」

사료 텍스트 완성하기

교과서 텍스트

1. 한 (   )은/는 중국과 우리나라의 역사를 서사시로 기록한 『제왕운기』를 지었다.

2. 한 이승휴는 고려가 중국과는 구별되는 (   )임을 주장하였다.

기출 텍스트

1. 수 이승휴가 우리 역사를 (   )에서부터 저술한 제왕운기를 지었다.

2. 등 『동명왕편』과 『삼국유사』, 『제왕운기』의 공통점은 (   )이/가 반영되었다는 것이다.

빈칸 정답		교과서 텍스트	기출 텍스트
	1	이승휴	단군
	2	독자적인 국가	민족적 자주 의식

045 | 금속활자 인쇄술의 발달

① 本朝自有國來, 其禮制之損益, 隨代靡一, 病之久矣. ② 至仁廟朝, 始勑平章事崔允儀等十七臣, 集古今同異, 商酌折中, 成書五十卷, 命之曰詳定禮文. ③ 流行於世, 然後禮有所歸, 而人知不惑矣. ④ 是書跨歷年禩, 簡脫字缺, 難於攷審. ⑤ 予先公迺令補緝, 遂成二本, 一付禮官, 一藏于家, 其志遠也. ⑥ 果於遷都之際, 禮官遑遽, 未得齎來, 則幾若已廢, 而有家藏一本得存焉. ⑦ 予然後益諳先志, 且幸其不失. ⑧ 遂用鑄字, 印成二十八本, 分付諸司藏之. ⑨ 凡有司者, 謹傳之勿替, 毋負予用志之痛勤也.

—『東國李相國集』新序詳定禮文跋尾

주요 어휘

損 덜 손	益 더할 익	隨 따를 수	靡 말다 미	病 질병 병
酌 취할 작	歸 돌아갈 귀	簡 책 간	脫 잃을 탈	字 글자 자
缺 어지러질 결	難 어려울 난	攷 상고할 고	審 살필 심	迺 이에 내
補 도울 보	緝 모을 집	遠 멀 원	際 즈음 제	遑 허둥거릴 황
遽 갑자기 거	齎 가져올 재	諳 욀 암	鑄 쇠 부어 만들 주	替 폐기할 체
勤 부지런할 근				

한자 독음

① 본조자유국래, 기예제지손익, 수대미일, 병지구의. ② 지인묘조, 시래평장사최윤의등십칠신, 집고금동이, 상작절중, 성서오십권, 명지왈상정예문. ③ 유행어세, 연후예유소귀, 이인지불혹의. ④ 시서과역년사, 간탈자결, 난어고심. ⑤ 여선공내령보집, 수성이본, 일부예관, 일장우가, 기지원야. ⑥ 과어천도지제, 예관황거, 미득재래, 즉기약이폐, 이유가장일본득존언. ⑦ 여연후익암선지, 차행기불실. ⑧ 수용주자, 인성이십팔본, 분부제사장지. ⑨ 범유사자, 근전지물체, 무부여용지지통근야.

1. 국문 해석

① 고려는 건국한 이래로 예제(禮制)를 보태고 뺀 것이 여러 대를 내려오면서 한 번뿐이 아니었으므로 이를 병으로 여긴 지 오래되었다. ② 인종(仁宗) 대에 와서 비로소 평장사(平章事) 최윤의(崔允儀) 등 17명의 신하에게 명하여 옛날과 지금의 서로 다른 예문을 모아 참작하고 절충하여 50권의 책으로 만들고, 이것을 『상정예문(詳定禮文)』이라고 명명하였다. ③ 이것이 세상에 행해진 뒤에는 예가 제자리를 찾아서 사람이 현혹되지 않았다. ④ 이 책이 여러 해를 지났으므로 책장이 떼어지고 글자가 없어져서 살펴보기가 어려웠다. ⑤ 그런데 나의 선공(先公)이 이를 보충하여 두 본(本)을 만들어 한 본은 예관(禮官)에게 보내고 한 본은 집에 간수하였으니, 그 뜻이 원대하였다. ⑥ 과연 천도(遷都)할 때 예관이 다급한 상황에서 미처 그것을 싸 가지고 오지 못했으니, 그 책이 거의 없어지게 되었는데, 가장본 한 책이 보존되어 있었다. ⑦ 이때에 와서야 나는 선공의 뜻을 더욱 알게 되었고, 또 그 책이 없어지지 않은 것을 다행으로 여긴다. ⑧ 결국 주자(鑄字)를 사용하여, 28본을 인출한 후 여러 관청에 나누어 보내 간수하게 하였다. ⑨ 모든 유사(有司)들은 잃어버리지 않게 삼가 전하여 나의 통절한 뜻을 저버리지 말지어다.

－『동국이상국집(東國李相國集)』신인상정예문발미(新序詳定禮文跋尾)

2. 사료 해설

고려 시대에는 불교와 유교의 발달로 인해 다양한 경전의 인쇄가 필요해짐에 따라 이전 시대보다 인쇄술이 더욱 발달하였다. 특히 그 목적과 용도에 따라 목판 인쇄와 금속활자 인쇄가 각각 발달하여 이를 이용하게 되었다. 먼저 목판 인쇄는 한 종류의 책을 오랜 세월에 걸쳐 지속적으로 찍어낼 수 있다는 장점이 있었다. 그에 비해 금속활자 인쇄는 한 책의 인쇄가 완료되면 기존의 글자판을 해체하고 활자를 다시 배열하여 다른 책을 인쇄할 수 있었기 때문에 다양한 종류의 서적을 소량으로 찍어내는 데 이용되었다.

13세기 초부터 금속활자를 이용한 사례가 있었던 것으로 보인다. 이 중에 시점을 가장 명확히 할 수 있는 금속활자 인쇄물은 『상정고금예문(詳定古今禮文)』이다. 「신인상정예문발미(新序詳定禮文跋尾)」에 따르면, 인종 때 최윤의 등이 엮은 『상정고금예문』을 최충헌이 예관(禮官)과 자기 집에 각각 1부씩 간직해 두도록 하였는데, 강화로 천도할 때 다시 1부만 남게 되어 주자(鑄字)로 28부를 인쇄해 여러 관서에 나누어 간직하게 했다고 한다. 이를 인쇄한 시기는 1234년(고종 21년)으로 추정되고 있으나, 『상정고금예문』은 오늘날 전하지는 않는다.

현존하는 가장 오래된 금속활자본은 1377년(우왕 3년) 청주 흥덕사(興德寺)에서 간행한 『백운화상초록불조직지심체요절(白雲和尙抄錄佛祖直指心體要節)』이다. 이는 백운화상(白雲和尙)이 부처님과 여러 고승들이 이야기한 법문과 게송 가운데 좋은 부분을 뽑아 쓴 것을 인쇄한 것인데, 금속활자 인쇄가 지방의 사찰에서까지 이용될 정도로 폭넓게 사용되었음을 보여준다.

사료 Plus⁺

최이(최우)가 왕족과 고관들을 불러 자기 집에서 잔치를 열었는데, 비단으로 산더미같이 장막을 만들고 가운데 그네를 매었다. … 악공 1,350여 명이 모두 호화롭게 단장하고 뜰에서 연주하니 거문고와 북, 피리 소리가 천지를 진동하였다. 악공에게 각각 은 3근씩 주고 기녀, 광대에게도 각각 비단을 주니 그 비용이 엄청났다.

— 『고려사절요(高麗史節要)』 고종안효대왕(高宗安孝大王)

사료 텍스트 완성하기

교과서 텍스트

1. 역 지금은 전해지지 않지만 (   )이/가 최초로 금속활자로 인쇄되었다.

2. 역 (   )활자는 책의 내용에 따라 필요한 활자를 하나씩 옮겨 심을 수 있어서 다양한 인쇄물을 소량으로 찍어 내는 데 유리하였다.

3. 역 현존하는 세계에서 가장 오래된 금속활자본은 청주 (   )에서 인쇄한 『직지심체요절』이다.

4. 역 『직지심체요절』을 통해 금속활자를 이용한 인쇄술이 (   )까지 널리 퍼졌음을 알 수 있다.

기출 텍스트

1. 전 (   )은/는 『상정고금예문(詳定古今禮文)』을 다시 금속활자로 인쇄하였다.

2. 능 고려 말 금속활자로 (   )이/가 간행되었다.

3. 능 『직지심체요절』은 승려 (   )화상이 석가모니의 가르침에서 중요한 내용을 뽑아 해설한 책이다.

4. 능 『직지심체요절』은 청주 흥덕사에서 (   )활자로 간행되었다.

빈칸 정답		교과서 텍스트	기출 텍스트
	1	『상정고금예문』	최우
	2	금속	『직지심체요절』
	3	흥덕사	백운
	4	지방	금속

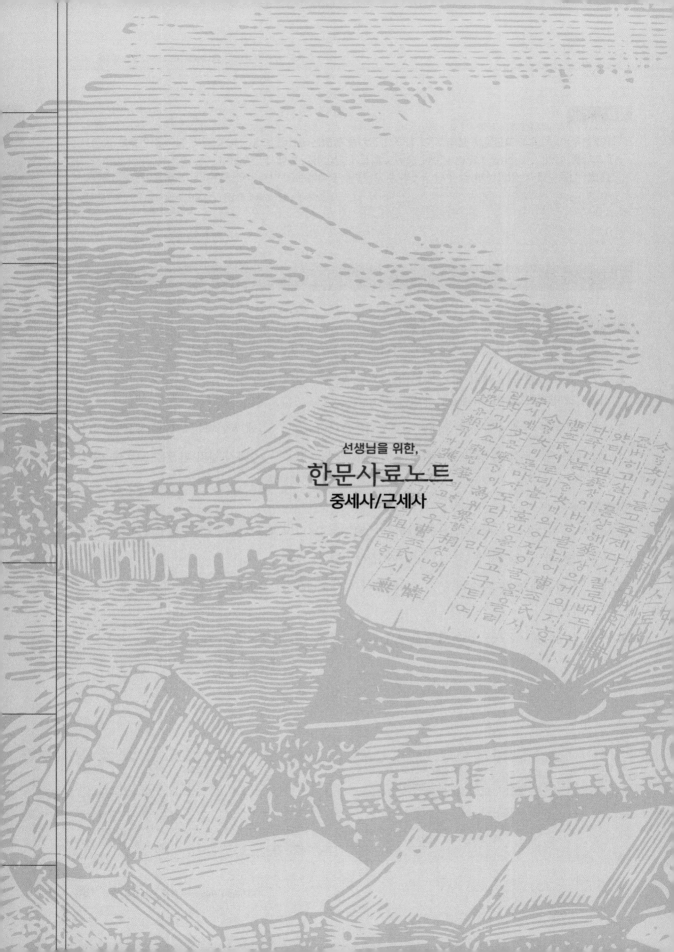

선생님을 위한,

한문사료노트
중세사/근세사

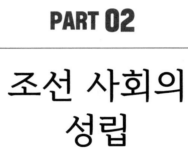

PART 02

조선 사회의
성립

046 정도전의 재상론

출천재

> ① 宰相之職, 臣於治典論之矣. ② 然爲宰相者得其君, 然後道行於上, 而惠及於下. ③ 身榮於前, 而名顯於後. ④ 而君臣之相遇, 自古以爲難也. … ⑤ 噫! 臣之遇君誠難, 而君之遇臣亦難矣. ⑥ 方今明良相遇, 誠意交孚, 相與共圖, 維新之政. ⑦ 千百年之一盛際也. ⑧ 於是作宰相年表, 獨書侍中者, 亦以見宰之兼衆職, 而人主之職, 在擇一相, 百執事以下不與也.
>
> —『朝鮮經國典』

주요 어휘 ||||||||||||||||

職 벼슬 직	惠 은혜 혜	身 일신 신	榮 영화로울 영	顯 나타날 현
遇 만날 우	難 어려울 난	噫 탄식할 희	誠 정성 성	孚 믿음성 있을 부
圖 꾀할 도	維 버리 유	盛 성할 성	際 사이 제	獨 홀로 독
見 볼 견	擇 가릴 택	與 줄 여		

한자 독음 ||||||||||||||||

① 재상지직, 신어치전논지의. ② 연위재상자득기군, 연후도행어상, 이혜급어하. ③ 신영어전, 이명현어후. ④ 이군신지상우, 자고이위난야. … ⑤ 희! 신지우군성난, 이군지우신역난의. ⑥ 방금명양상우, 성의교부, 상여공도, 유신지정. ⑦ 천백년지일성제야. ⑧ 어시작재상연표, 독서시중자, 역이견재지겸중직, 이인주지직, 재택일상, 백집사이하불여야.

1. 국문 해석

① 재상(宰相)의 직책에 대하여 나[臣]는 치전(治典)에서 논하였다. ② 재상이 된 자는 훌륭한 임금을 만나야만 위로는 도(道)를 행하고 아래로는 백성에게 은혜를 베풀 수 있다. ③ 또한 살아서는 일신(一身)이 명예로워지고 죽어서는 후세에 이름을 떨치게 된다. ④ 그런데 임금과 신하가 서로 잘 만난다는 것은 옛날부터 어려운 일이었다. … ⑤ 아! 이러하니 신하가 명군(明君)을 만나기도 진실로 어렵지만, 임금이 양신(良臣)을 만나는 것 또한 어렵다. ⑥ 지금은 명군(明君)과 양상(良相)이 서로 만나 성의로써 교류하며 함께 더불어 유신(維新)의 정치를 도모하고 있다. ⑦ 천 년이나 백 년에 한 번 맞이하는 융성한 시대라고 할 것이다. ⑧ 재상(宰相)의 연표를 작성하는 데 있어서 국정을 총괄하는 시중(侍中)만을 적는 까닭은 총재(冢宰)는 여러 직책을 겸임하고, 임금의 직책은 한 사람의 재상을 잘 선택하는 데 있기 때문이고, 모든 집사(執事) 이하는 여기에 속할 수 없다.

－『조선경국전(朝鮮經國典)』

2. 사료 해설

정도전(鄭道傳)은 공민왕 11년(1362) 진사시(進士試)에 합격하였고, 충주사록(忠州司錄)·성균관박사(成均館博士) 등을 역임하며 관료 생활을 시작하였다. 그런데 우왕 1년(1375)에는 권신 이인임(李仁任)이 주도하는 친원배명정책에 맞섰다가 나주(羅州) 지역에 유배당하기도 하였다. 이후 유랑 생활 등을 하다가, 당시 동북면도지휘사로 있던 이성계(李成桂)를 함주 막사로 찾아가서 그와 인연을 맺기 시작했다. 우왕 10년(1384)에는 정몽주의 서장관이 되어 명나라에 다녀오기도 하였으며, 이후에는 성균좨주(成均祭酒)·성균관대사성(成均館大司成) 등을 역임하였다. 우왕 14년(1388)에는 위화도 회군으로 이성계와 함께 정권을 장악하였고, 조준(趙浚) 등과 함께 전제개혁안을 적극 주장하였다.

정도전은 폐가입진(廢假立眞)의 명분을 내세워 창왕을 폐위하고(1389), 공양왕(恭讓王)을 옹립하는 데 적극적으로 기여하였다. 이후에는 윤이(尹彝)·이초(李初)의 무고 사건 등을 해결하기도 하였고, 삼군도총제부 우군총제사(三軍都摠制府 右軍摠制使)가 되어 병권을 장악하기도 하였다.

정도전은 조준 등과 함께 이성계를 추대함으로써 조선 건국의 주역이 되었다. 그리고 병권을 장악하여 태조의 뒤를 든든하게 뒷받침해주었다. 먼저 그는 태조 2년(1393)에 판삼사사(判三司事)가 되어 여러 절제사들이 거느린 군사 중에 무략(武略)이 있는 이들을 뽑아『진도(陣圖)』를 가르쳤다. 또한 이듬해에는 판의흥삼군부사(判義興三軍府事)로서 경상·전라·양광삼도도총제사(慶尙全羅楊廣三道都摠制使)가 되어 지방 병권을 장악하기까지 하였다.

또한 정도전은 조선의 통치 이념을 정립하는 데 적극적이었다. 태조 3년(1394) 『조선경국전(朝鮮經國典)』을 지어 올렸는데, 여기서 그는 「치전(治典)」에서 권력의 중심이 현명한 재상에게 있어야 한다고 주장하였다. 왕은 반드시 현명하다는 보장이 없을 뿐만 아니라 한 사람의 왕이 만민을 다스리는 것은 불가능하다고 보았기 때문이다. 또한 불교를 배척하는 『심기리편(心氣理篇)』을 지어 유가의 입장에서 불가와 도가를 비판하였다. 그리고 정총(鄭摠) 등과 함께 고려 시대사를 정리하여 『고려국사(高麗國史)』를 지어 올리기도 하였다. 게다가 한양 천도에 주도적으로 참여하여 궁궐과 종묘의 위치, 궁·문의 모든 칭호를 정하기까지 하였다.

그런데 태조 5년(1396)에 명나라가 이른바 표전문(表箋文) 문제로 트집을 잡기 시작하였다. 이에 정도전은 요동 정벌을 본격적으로 추진하기 시작하였고, 명은 이러한 정도전을 보고 '조선의 화근(禍根)'이라고 칭하기도 하였다. 정도전은 요동 정벌의 추진을 위해 진법훈련(陣法訓鍊)을 강화하였는데, 이로 인해 왕자·종친·훈신·무장 등이 가지고 있던 사병(私兵)에 대한 통수권이 해체되어 갔다. 이에 이방원 등은 극도로 반발하였고, 결국 제1차 왕자의 난(1398)으로 이어지게 되었다.

정도전은 재상 중심의 정치를 주장하였다. 그랬기에 태조 1년(1393)에 가장 어린 왕자였던 방석(芳碩)을 세자로 책봉하는 데 동의한 것인지도 모른다. 이러한 정도전의 구상은 방원에 의해 깨졌다. 이후 조선의 통치체제는 국왕권을 내세운 6조 직계제와 재상 중심의 의정부 서사제의 충돌이 발생하였다.

사료 Plus+

• 훌륭한 재상을 뽑으면 나라의 모든 일이 잘 이루어진다. 왕은 어리석을 수도 있고, 현명할 수도 있어서 한결같지 않다.

• 세금을 걷으려면 백성의 생활을 살기 좋게 해야 하고, 호적을 자세하게 만들어야 한다. … 토지가 있고 백성이 있어야 세금을 걷을 수 있다.

• 전 왕조(고려)의 말기에는 비용 지출에 절제가 없고 백성들을 심하게 부렸으므로, 백성들이 원망하고 하늘이 분노하여 스스로 멸망하는 지경에 이르렀다.

— 『조선경국전(朝鮮經國典)』

• 고려씨(高麗氏)가 그 시조 때부터 역대로 모두 실록(實錄)이 있기는 하였으나 그 글이 전쟁을 거친 뒤에 나와 없어지고 잘못된 곳이 많았다. 공민왕 때에 와서 시중(侍中)으로 치사(致仕)한 이제현(李齊賢)이 사략(史略)을 짓는데 숙왕(肅王)에서 끝냈고, 흥안군(興安君) 이인복(李仁復)과 한산군(韓山君) 이색(李穡)이 『금경록(金鏡錄)』을 짓는데 정왕(靖王)에서 끝냈으니, 모두 너무 소략하였고 그 외에는 책으로 만들어 놓은 것이 없다. 우리 국왕 전하가 즉위하신 처음에 판삼사사(判三司事) 신(臣) 정도전(鄭道傳)과 신(臣) 정총(鄭摠) 등에게 명령하여 고려국사(高麗國史)를 찬술하라고 명하셨다. … 삼가 살펴보건대, 원왕(元王) 이상은 참람한 기록이 많으니 지금 그전에 종(宗)이라 했던 것은 왕(王)으로 하고, 절일(節日)이라 했던 것은 생일(生日)로 하고, 조(詔)는 교(敎)로 하고, 짐(朕)은 여(予)로 한 것은 명분을 바르게 한 것이다.

— 『동문선(東文選)』「고려국사서(高麗國史序)」

사료 텍스트 완성하기

교과서 텍스트

1. 한 조선의 설계자로 평가받는 정도전은 『경국대전』의 바탕이 된 (   )을/를 저술하였다.

2. 역 정도전은 (   ) 중심의 정치를 강조하였다.

3. 한 태조 대에는 정도전을 중심으로 (   )을/를 추진하기도 하였는데, 이를 알게 된 명이 그의 압송을 요구하면서 양국 관계가 악화되기도 하였다.

4. 역 태조는 정도전 등 (   )들과 함께 정치를 이끌어 갔다. 이에 불만을 품은 이방원(태종)은 정도전과 세자 등을 제거하는 제 1차 왕자의 난을 일으켰다.

기출 텍스트

1. 전 정도전은 (   )을/를 가르치며 요동 정벌을 추진하였다.

2. 전 정도전의 『조선경국전(朝鮮經國典)』은 (   ) 편찬에 영향을 주었다.

3. 전 정도전은 (   )의 추진으로 인해 명에게 '조선의 화근(禍根)'이라고 지목되었다.

4. 전 정도전은 (   )(으)로 인해 죽임을 당했다.

빈칸 정답		교과서 텍스트	기출 텍스트
	1	『조선경국전』	『진도(陳圖)』
	2	재상	『경국대전(經國大典)』
	3	요동 정벌	요동 정벌
	4	소수의 공신	1차 왕자의 난

047 | 6조 직계제의 시행

한리베르, 한비상, 한씨마스, 한천재

① 恭讓王四年, 各司受稟公事, 皆令直報都評議使司勿隷六曹.

— 『高麗史』「志」百官

② 命門下侍郎贊成事河崙, 更定官制, 改都評議使司爲議政府.

— 『定宗實錄』 2年 4月

③ 左政丞成石璘等上言. ④ "我朝議政府六曹之設, 與宋朝同制, 其議論又切中今時之弊. ⑤ 今六曹判書, 皆增其秩, 以曾經兩府者爲之, 其委任各有所掌, 又有其屬. ⑥ 本府則無所不摠, 而持其大體者也. ⑦ 今乃勞於煩冗細務, 反若六曹之所役屬, 大失設官分職之體. ⑧ 自今凡事之有前例者, 皆委各曹. ⑨ 有別例, 然後呈報本府, 本府參酌輕重, 應啓聞者啓聞, 應行移者行移, 其各曹所爲. ⑩ 如有錯誤住滯者, 本府考察勤慢, 定奪是非."

— 『太宗實錄』 8年 正月

주요 어휘 ⅠⅠⅠⅠⅠⅠⅠⅠⅠⅠⅠⅠⅠ

讓 사양할 양	稟 줄 품	報 알릴 보	勿 아닐 물	隷 부릴 예
贊 도울 찬	崙 산 이름 륜	更 다시 갱	改 고칠 개	璘 옥빛 린
切 절실할 절	中 부합할 중	弊 해질 폐	增 더할 증	秩 등급 질
委 맡길 위	任 맡길 임	掌 주관할 장	屬 엮을 속	摠 모두 총
乃 이에 내	勞 일할 로	煩 괴로워할 번	細 가늘 세	務 사무 무
反 되돌릴 반	若 같을 약	失 잃을 실	例 법식 례	呈 드릴 정
參 비교할 참	酌 참작할 작	應 응할 응	啓 여쭐 계	聞 들을 문
應 응할 응	錯 섞일 착	誤 그릇될 오	住 멈출 주	滯 막힐 체
察 살필 찰	勤 부지런할 근	慢 게으를 만	奪 빼앗을 탈	非 아닐 비

한자 독음 ‖‖‖‖‖‖‖‖‖‖‖‖‖‖

① 공양왕사년, 각사수품공사, 개령직보도평의사사물예육조.

② 명문하시랑찬성사하륜, 갱정관제, 개도평의사사위의정부.

③ 좌정승성석린등상언. ④ "아조의정부육조지설, 여송조동제, 기의론우절중금시지폐. ⑤ 금육조판서, 개증기질, 이증경양부자위지, 기위임각유소장, 우우기속. ⑥ 본부즉무소불총, 이지기대체자야. ⑦ 금내로어번용세무, 반약육조지소역속, 대실설관분직지체. ⑧ 자금범사지유전예자, 개위각조. ⑨ 유별예, 연후정보본부, 본부참작경중, 응계문자계문, 응행이자행이, 기각조소위. ⑩ 여유착오주체자, 본부고찰근만, 정탈시비."

1. 국문 해석

① 공양왕 4년, 각사(各司)가 왕의 결재를 받아야 할[受禀] 공무는 모두 도평의사사(都評議使司)에 직접 보고하도록 하여 6조(曹)에 예속되지 않게 하였다.

－『고려사(高麗史)』「지(志)」백관(百官)

② 문하시랑찬성사(門下侍郎贊成事) 하윤(河崙)에게 명하여 관제(官制)를 다시 정하도록 해서, 도평의사사(都評議使司)를 고쳐 의정부(議政府)로 하였다.

－『정종실록(定宗實錄)』2년(年) 4월(月)

③ 좌정승 성석린(成石璘) 등이 아뢰었다. ④ "우리 조정에서 의정부와 육조를 설치한 것은 중국 송나라 조정과 제도가 같은데, 그 당시에 논해지던 것들이 또 지금의 폐단과 일치합니다. ⑤ 지금은 육조 판서 모두의 서열이 높아 일찍이 양부(兩府)를 역임한 자로 임명하고, 맡은 역할에 따라 각기 관장하는 일이 있으며, 또 소속된 관청이 있습니다. ⑥ 의정부는 모든 것을 다 총괄함으로써 대체(大體)를 가지는 것입니다. ⑦ 지금은 번거롭고 자질구레하며 사소한 사무로 인해 수고로워서 도리어 육조에 소속된 것 같으니, 관청을 설치하고 직책을 나눈 근본을 크게 잃었습니다. ⑧ 이제부터는 모든 일에 전례가 있는 것은 모두 각조(各曹)에 맡기도록 하소서. ⑨ 각조에서 특별한 예가 있는 경우에 의정부에 보고하면, 의정부에서는 경중을 참작하여 임금께 아뢸 것은 아뢰고, 하달할 것은 하달하도록 하소서. ⑩ 각조에서 만일 착오가 있거나 막히는 것이 있으면, 의정부에서 근면과 태만을 고찰하여 시비를 결정하게 하소서."

－『태종실록(太宗實錄)』8년(年) 정월(正月)

2. 사료 해설

이방원(李芳遠)은 재상 중심 통치체제를 구상하던 정도전(鄭道傳)을 피살함으로써 국왕이 중심이 된 통치체제 수립을 위해 서둘렀다. 특히 제2차 왕자의 난을 평정하고 세자로 책봉된 이후 자신의 통치체제 확립에 방해가 될 수 있는 요소들을 모두 억누르고자 하였다. 그리하여 1400년(정종 2년) 4월, 왕 및 왕세자의 시위를 제외한 모든 사병을 혁파하였고, 그 소속의 군사를 모두 의흥삼군부(義興三軍府)에 속하도록 하였다. 또한 도평의사사(都評議使司)를 완전히 폐지하고 그 대신 의정부(議政府)를 세웠으며, 중추원(中樞院) 역시 폐지하고 그 직무를 의흥삼군부(義興三軍府)에 넘겼다.

이방원이 정종 2년(1400) 11월에 왕위를 이어받으니, 바로 그가 태종(太宗)이다. 태종은 여러 차례 관제 개편을 통해 점차 조선의 통치체제 확립에 힘을 기울였다. 태종 5년(1405) 단행한 관제 개혁을 통해 이조·병조가 인사권을 담당하게 하는 등 6조의 업무를 확대하였고, 6조의 장관인 판서를 정2품 아문으로 승격시켜 정무의 중심 집행기관으로 삼았다. 태종 8년(1408)에는 의정부가 정책 의결권만 행사하고, 6조는 행정적 사무를 담당하도록 하였다. 그리고 태종 14년(1414)에는 6조가 모든 정무를 왕에게 직접 상계하도록 하고, 의정부는 사대문서와 중죄인에 대한 재심만 관장하도록 하였다. 이는 '왕-의정부-6조'로 이루어지던 국정이 '왕-6조'로 전환되었음을 의미하였고, 이로 인해 국왕을 중심으로 중앙 집권력이 크게 확장될 수 있었다.

사료 Plus⁺

- 예조에서 임금께 글을 올렸다. "… 육조로 하여금 각각 업무를 바로 아뢰게 하고 임금의 뜻을 받들어 시행하게 하며, 의논할 일이 있으면 육조장관이 같이 의논하여 아뢰게 하소서. 나이와 덕망이 아울러 높고 정치에 통달한 자를 의정부에 두어서 나라의 중요한 일을 의논하여 아뢰도록 하소서."

- 의정부 재상의 권한이 너무 막강하여 없애려고 하였으나, 의정부를 없애기는 어려울 듯하여 이를 개선하고자 한다. 앞으로 의정부는 사대문서를 작성하는 일과 중죄수를 심의하는 일만 하도록 하라. 그리고 의정부의 행정 업무는 6조가 나누어 처리하되 먼저 나에게 보고하도록 하라. 내가 직접 보고를 받아 결정하겠노라.

  －『태종실록(太宗實錄)』 14년

- 세조는 즉위 후 왕권을 강화하고 국정을 장악하고자 하였다. 그는 사형수와 관련된 업무를 제외한 모든 국가의 일을 의정부 정승들의 심의를 거치지 않고 6조가 직접 국왕에게 보고하고 지시받도록 하였다. 한 관료가 이를 반대하자, 세조는 그의 관직을 빼앗고 "정승의 의견을 듣는 것은 임금이 죽었을 때의 제도이다. 너는 내가 죽었다고 생각하고 권력을 아랫사람에게 옮기려 하느냐?"라고 말하였다.

  －『세조실록(世祖實錄)』

사료 텍스트 완성하기

교과서 텍스트

1. 역 태종은 공신들이 개인적으로 거느렸던 (   )을/를 없앤 후 군사권을 장악하여 왕권을 강화하였다.

2. 한 정도전을 제거하고 왕이 된 태종은 국왕 중심의 통치 질서를 확립하기 위하여 (   )을/를 시행하였다.

3. 역 태종은 (   )을/를 독립시키고, 호패법을 통해 인구에 대한 파악을 강화하였다.

4. 한 세조는 왕권 강화를 위해 6조 직계제를 시행하고 (   )을/를 혁파하였으며, 왕과 신하가 학문과 국정을 토의하던 (   )도 중단하였다.

기출 텍스트

1. 전 태종 5년에는 관제를 개혁하여 6조를 정3품 아문에서 (   ) 아문으로 승격시켰다.

2. 전 태종 8년에 의정부는 (   )만을 가지고 행정적인 서무는 6조로 넘기도록 하였다.

3. 전 태종 14년에 의정부는 (   )와/과 중죄수 재심만을 관장하도록 하였다.

빈칸 정답	교과서 텍스트	기출 텍스트
1	사병	정2품
2	6조 직계제	정책 의결권
3	사간원	사대문서
4	집현전, 경연	

048 | 의정부 서사제의 시행

한리베르, 한비상, 한씨마스, 한천재, 한해냄에듀

> ① 今依太祖成憲, 六曹各以所職, 皆先稟於議政府. ② 議政府商度可否, 然後啓聞取旨, 還下六曹施行. ③ 唯吏兵曹除授, 兵曹用軍, 刑曹死囚外刑決, 仍令本曹直啓施行, 隨卽報于政府. ④ 如有未當, 政府從而審駁, 更啓施行. ⑤ 如此則庶合古者專任宰相之意, 惟爾禮曹, 曉諭中外.
>
> — 『世宗實錄』 18年

주요 어휘 ||||||||||||||||

依 의지할 의	憲 법 헌	稟 줄 품	商 헤아릴 상	度 법 도
啓 여쭐 계	聞 들을 문	旨 성지 지	唯 다만 유	除 임명할 제
授 수여할 수	刑 형벌 형	決 결단할 결	仍 인할 잉	隨 좇을 수
卽 곧 즉	報 알릴 보	從 좇을 종	駁 논박할 박	爾 너 이
曉 밝을 효	諭 깨우칠 유			

한자 독음 ||||||||||||||||

① 금의태조성헌, 육조각이소직, 개선품어의정부. ② 의정부상도가부, 연후계문취지, 환하육조시행. ③ 유이병조제수, 병조용군, 형조사수외형결, 잉영본조직계시행, 수즉보우정부. ④ 여유미당, 정부종이심박, 갱계시행. ⑤ 여차즉서합고자전임재상지의, 유이예조, 효유중외.

1. 국문 해석

① 지금 태조께서 제정하여 놓으신 법에 의하여 육조에서는 각각 맡은 직무를 먼저 의정부에 품의(稟議)하라. ② 의정부에서는 가부를 의논한 후에 임금께 아뢰어서 분부를 받고 도로 육조로 돌려보내서 시행하도록 하라. ③ 다만 이조와 병조에서의 관리를 제수하는 것, 병조에서 군사를 쓰는 것, 형조에서 사형수 이외 죄인의 형벌을 결정하는 일은 해당 6조로 하여금 임금께 직접 아뢰어서 시행하고 즉시 의정부에 보고하게 하라. ④ 만일에 합당하지 못한 일이 있으면 의정부에서는 이에 따라 심의·논박하고 다시 계문해서 시행하게 하라. ⑤ 이렇게 되면 옛날 재상에게 전임하는 본의에 거의 합당할 것이니, 예조에서는 중외에 밝게 알리라.

— 『세종실록(世宗實錄)』 18년(年)

2. 사료 해설

세종(世宗)은 부왕(父王)이었던 태종(太宗)의 국왕 중심 통치체제 확립으로 인해 즉위 초기 신료들에게 구애받지 않고 본인이 원하는 정치를 펴나갈 수 있었다. 그리하여 그는 세종 2년(1400)에 집현전(集賢殿)을 설치하여 자신을 보필할 관료 집단을 육성해 나가기 시작하였다.

세종은 자신의 통치철학에 부합하는 신료 집단의 정치적 지위가 어느 정도 높아졌다는 판단이 들자, 의정부 서사제로의 전환을 선포하였다. 이는 세종 말년에 그의 건강이 악화되어 감에 따라 국왕의 권한을 분산하기 위해 시행한 것이기도 하다. 세종은 정치의 운영을 의정부 대신들과 함께 한다고 표방하였지만, 인사권과 군사 문제, 사형수 이외 심리 등은 각 조에서 직접 왕에게 계문하여 시행하도록 하였다. 이는 정치의 운영에서 국왕의 주도권이 손상되지 않는 범위 내에서 의정부 대신의 권한을 회복시켜 나간 것이라고 볼 수 있다.

의정부의 권한은 어린 나이에 즉위한 단종 때에 접어들어 더욱 비대해져 갔다. 의정부 대신인 황보인(皇甫仁)·김종서(金宗瑞) 등이 국정 운영의 주도권을 행사하였는데, 이를 대표적으로 보여 주는 것이 이들이 낙점한 인사에 표시를 한 '황표정사(黃標政事)'였다. 결국 이러한 국정 운영에 불만을 품은 수양대군(首陽大君)이 정변을 일으켜 정국 운영의 주도권을 장악하였고[癸酉靖難], 이후 수양대군이 즉위하니 그가 바로 세조(世祖)이다.

세조는 다시금 6조 직계제의 시행을 통해 국왕 중심의 통치 권력 확립에 힘을 기울였다. 또한 세조 시기 편찬되기 시작한 『경국대전(經國大典)』에서는 왕권 주도론을 중심으로 재상권 주도론이 절충되는 방식의 권력 구조가 나타나게 되었다.

사료 Plus⁺

- 6조 직계제를 시행한 이후, 모든 업무가 6조에 집중되어 있다. 업무의 크고 작음과 가볍고 무거움이 제대로 구별되지 않으며, 의정부는 사형수를 심판하는 일만 하게 되므로 재상을 임명한 뜻에 어긋난다. 6조는 모든 업무를 먼저 의정부에 보고하고, 의정부는 협의를 거쳐 나에게 보고하여 명령을 받고 그 내용을 다시 6조에 내려보내 시행하도록 하라.

  − 『세종실록(世宗實錄)』

- (단종이 11세에 즉위하자) 조정에서는 황보인, 김종서 등 의정부 대신들이 나이 어린 국왕을 보좌한다는 명분으로 정치의 주도권을 장악하였다. 이들의 권력을 보여 주는 대표적인 사례가 '황표정사(黃標政事)'이다. 관리를 임용할 때 신하들이 후보 세 명을 올리면 국왕이 그중 한 명을 낙점하는데, 의정부 대신들이 후보 세 명 가운데 한 명의 이름에 누런 표시를 붙여 올리면 단종은 그것을 그대로 따라 결정하였다.

  − 『단종실록(端宗實錄)』

사료 텍스트 완성하기

교과서 텍스트

1. 한 세종은 왕권과 신권의 조화를 위해 (   )을/를 실시하였다.

2. 한 세종은 (   )을/를 설치하여 학자들로 하여금 학문과 정책을 연구하도록 하고, 훈민정음을 창제하여 민본 정치를 실현하고자 했다.

3. 역 세종은 왕과 신하가 함께 정책을 토론하는 (   )을/를 자주 열었다.

기출 텍스트

1. 전 정도전은 (   )의 운영 원리에 따라 재상 중심으로 국정을 이끌어 가게 하였다.

2. 전 정종 시기에는 (   )을/를 폐지하고 그 재신들만을 의정부에 귀속시켜 독립관부가 되게 하였다.

3. 능 세종 시기에는 의정부 서사제가 실시되어 왕권과 신권의 (   )이/가 이루어졌다.

빈칸 정답		교과서 텍스트	기출 텍스트
	1	의정부 서사제	주례
	2	집현전	문하부
	3	경연	조화

049 | 법전의 편찬

한동아, 한해냄에듀

① 世祖嘗謂左右曰. ② "我祖宗深仁厚澤, 宏規懿範, 播在令章者, 曰元續六典謄錄. ③ 又有累降敎旨, 法非不美, 官吏庸愚, 眩於奉行. ④ 良由科條浩繁, 前後牴牾, 不一大定耳. ⑤ 今欲斟酌損益, 删定會通, 爲萬世成法." … ⑥ 既成, 釐爲六卷以進, 賜名曰經國大典. ⑦ 刑·戶二典, 既已頒行, 四典未及讎正, 八音遽遏, 聖上適追先志, 遂訖就緒, 用頒中外.

—『經國大典』「序」

주요 어휘 |||||||||||||||

嘗 일찍이 상	謂 이를 위	深 깊을 심	厚 두터울 후	澤 은혜 택
宏 클 굉	規 법도 규	懿 아름다울 의	範 법 범	播 뿌릴 파
續 이을 속	謄 베낄 등	錄 기록할 록	庸 쓸 용	愚 어리석을 우
眩 아찔할 현	奉 받들 봉	條 가지 조	浩 클 호	繁 많을 번
牴 부딪힐 저	牾 거스를 오	斟 짐작할 짐	酌 헤아릴 작	損 덜 손
益 더할 익	删 깎을 산	既 이미 기	釐 다스릴 리	進 나아갈 진
賜 줄 사	讎 비교하여 바로잡을 수	遽 갑자기 거	遏 막을 알
適 펼 휼	追 이룰 추	遂 마침내 수	訖 이를 흘	就 나아갈 취
緒 나머지 서	頒 반포할 반

한자 독음 |||||||||||||||

① 세조상위좌우왈. ② "아조종심인후택, 굉규의범, 파재영장자, 왈원속육전등록. ③ 우유누강교지, 법비불미, 관리용우, 현어봉행. ④ 양유과조호번, 전후저오, 불일대정이. ⑤ 금욕짐작손익, 산정회통, 위만세성법." … ⑥ 기성, 이위육권이진, 사명왈경국대전. ⑦ 형·호이전, 기이반행, 사전미급수정, 팔음거알, 성상휼추선지, 수흘취서, 용반중외.

1. 국문 해석

① 세조께서는 일찍이 신하들에게 말씀하셨다. ② "우리 선대왕께서는 깊은 인자함과 두터운 은혜로 넓고도 빼어난 규범(規範)이 법조문 곳곳에 펴져 있으니, 바로 『경제육전(經濟六典)』의 「원전(元典)」·「속전(續典)」·「등록(謄錄)」이다. ③ 또 여러 차례 내리신 교지(教旨)들이 아름다운 법이지만, 관리들이 용렬하고 어리석어 제대로 받들어 행하지 못하였다. ④ 이렇게 된 것은 진실로 법의 과(科)와 조(條)가 너무 번잡하고 앞뒤가 서로 맞지 않고 하나로 정해지지 않았기 때문이다. ⑤ 이제 남고 모자람을 짐작하고 서로 통하도록 갈고 다듬어 자손만대의 성법(成法)을 만들고자 한다." … ⑥ 책이 완성되어 여섯 권으로 만들어 바치니, 『경국대전(經國大典)』이라는 이름을 내리셨다. ⑦ 「형전(刑典)」·「호전(戶典)」은 이미 반포되어 시행하고 있으나 나머지 네 법전은 미처 교정을 마치지 못했는데, 세조께서 갑자기 승하하시니 지금 임금[예종]께서 선대왕의 뜻을 받들어 마침내 하던 일을 끝마치고 나라 안에 반포하셨다.

- 『경국대전(經國大典)』 「서(序)」

2. 사료 해설

조선 왕조의 개창 직후 건국을 주도한 세력은 새로운 통치체제 구축을 위한 성문 법전 편찬에 착수하였다. 그러한 첫 부산물이 1394년(태조 3년)에 편찬된 정도전(鄭道傳)의 『조선경국전(朝鮮經國典)』이었다. 이는 『주례(周禮)』의 육전 체제에 의거하여 치국(治國)의 방도를 종합적으로 서술한 것이었으며, 공식적인 법전으로 채택되지는 않았으나, 후대의 법전 편찬에 많은 영향을 끼쳤다.

이후에는 위화도 회군 이후 혹은 조선의 건국 이후 국왕의 명령들을 모아 정리하고자 하는 시도가 이루어졌다. 이 당시 국왕의 명령을 '교(教)', 그 내용의 경중에 따라 의정부에 명령하여 중외에 널리 알릴 사항을 '교지(教旨)', 지엽적인 세부 사항들을 '전지(傳旨)', 각 관아에서 그러한 교를 받으면 '수교(受教)', 그리고 수교를 법조문화한 것을 '조례(曹例)', 여기에 각 관아에서 이러한 문서를 등재해 모아 놓은 것을 '등록(謄錄)'이라 하였는데, 이러한 것들을 모으고자 하는 시도가 나타난 것이다.

그리하여 첫 관찬 사서로서 편찬된 것은 1397년(태조 6년)에 조준(趙浚) 등이 주도하여 편찬한 『경제육전(經濟六典)』(원육전)이었다. 이는 1388년(우왕 14년) 이래 당시까지 시행되고 있거나 앞으로 준행해야 할 법령을 수집·분류하여 만든 법전이었다. 특히 이두와 방언을 혼용하였기 때문에 『방언육전』 혹은 『이두육전』이라 불리기도 하였다. 『경제육전』은 이후 태종 대의 하륜(河崙), 그리고 세종 대의 이직(李稷)·황희(黃喜) 등에 의해 각각 수정하여 재편찬되기도 하였다. 먼저, 1413년(태종 13년) 하륜은 태조 즉위 이래 수교조례(受教條例)를 추가하여 이를 『속육전(續六典)』(경제육전속전)이라 하였다. 1426년(세종 8년) 이직 등이 태종 즉위 이래의 수교조례를 추가하여 책을 펴냈는데, 개수 과정을 거쳐 1429년(세종 11년) 인쇄한 것을 『속육전』(신속육전, 육전등록)이라 하였다. 또한 1433년(세종 15년)에 황희 등은 이때까지의 수교조례를 종합하여 새롭게 편찬한 『경제속육전』(신찬경제속육전)을 올리기도 하였다.

그런데 『경제육전』은 수교집 체제라는 점에서 문제점이 있었다. 즉, 새로운 수교가 나올 때마다 첨부해야 하거나 수교 간에 중복되거나 모순되는 점들이 나타났기 때문이다. 그리하여 영구히 준수해야 할 만세 불변의 법전을 편찬하려는 시도가 이루어졌고, 그 결과물이 바로 『경국대전(經國大典)』이었다.

『경국대전』은 육전 체제(六典體制)로 이루어져 있다. 「이전(吏典)」은 중앙과 지방의 직제 등을 다루고 있고, 「호전(戶典)」은 호적·조세 제도 등을 다루고 있으며, 「예전(禮典)」은 과거 제도에서부터 상속·혼인 제도 등을 다루고 있다. 「병전(兵典)」은 군제·군사를 다루고 있고, 「형전(刑典)」은 『대명률(大明律)』보다 우선적으로 적용되는 형법으로 형벌·재판 등을 다루고 있으며, 「공전(工典)」은 교통·도량형 등을 다루고 있다.

사료 Plus⁺

- 땅이나 가옥을 사고판 후, 100일 이내에 관아에 신고해서 증서를 받아야 한다.

  ―『경국대전(經國大典)』 「호전(戶典)」

- 부모가 불치의 병이 있거나 70세 이상이면 아들 1명의 군역을 면제한다.

  ―『경국대전(經國大典)』 「병전(兵典)」

- 남자는 15세, 여자는 14세에 혼인할 수 있다. 13세가 되면 혼인을 정할 수 있다.
- 여름에 왕실 가족, 퇴직 관료, 활인서의 환자, 의금부의 죄수에게 얼음을 내준다.

  ―『경국대전(經國大典)』 「예전(禮典)」

- (사헌부는) 시정을 논하여 바르게 이끌고, 모든 관원을 살피며, 풍속을 바로잡고, 원통하고 억울한 일을 풀어 주고, 거짓된 행위를 금하는 등의 일을 맡는다.
- (사간원은) 간쟁하고 정사의 잘못을 논박하는 직무를 관장한다.
- (홍문관은) 궁궐 안에 있는 경적을 관리하고, 문한을 관리하며, 왕이 물을 일에 대비한다. 제학 이상은 다른 관부 관원이 겸한다. 모두 경연을 겸대한다.

  ―『경국대전(經國大典)』 「이전(吏典)」

- 당 태종은 간언(諫言)을 듣는 것이 점점 처음만 같지 못하였다 하는데, 내가 어찌 그와 같겠느냐? 지금부터 할 말이 있거든 기꺼이 말하라. 내가 이를 기특히 여겨 받아들이도록 하겠다. 그대가 원통하고 슬퍼하며 굽히지 않은 것을 내가 대단히 기뻐한다.

  ―『성종실록(成宗實錄)』

사료 텍스트 완성하기

교과서 텍스트

1. 헌 『경국대전』은 의정부와 6조를 중심으로 운영되는 정치 제도, 신분 제도 등 (   ) 전반의 틀을 정리한 조선의 기본 법전이었다.

2. 역 『경국대전』은 각종 행정 법규를 수록하였고 유교적 기본 질서인 효와 충을 강조하였으며 (   )에 입각하여 만들어졌다.

3. 헌 성종은 집현전을 대신하여 (   )을/를 설치하고 경연을 부활하였다.

4. 헌 성종 때 『경국대전』이 완성·반포되면서 (   )에 바탕을 둔 조선의 통치체제가 확립되었다.

기출 텍스트

1. 전 (   )은/는 조선 왕조 최초로 성문화된 법전이었다.

2. 전 『경국대전(經國大典)』은 '국가만세통행지규(國家萬世通行之規)'를 표방했고, 형전을 적용할 수 없는 경우는 (   )에 따랐다.

3. 전 『경국대전(經國大典)』 이후 제2의 법전으로 (   )을/를 편찬하였다.

4. 전 조선 왕조 최후의 법전은 (   )인데, 이 무렵 『육전조례(六典條例)』도 편찬되었다.

빈칸 정답		교과서 텍스트	기출 텍스트
	1	국가 운영	『경제육전(經濟六典)』
	2	민본 사상	『대명률』
	3	홍문관	『속대전(續大典)』
	4	성문 법전	『대전통편(大全通編)』

050 유향소와 경재소

① 司憲府大司憲許應等, 上時務七條. ② "… 其四, 州府郡縣, 各有守令, 鄕愿好事之徒, 置留鄕所, 無時群聚, 詆毁守令, 進退人物, 侵漁百姓, 甚於猾吏. ③ 乞皆革去, 以除積弊. …"

－『太宗實錄』 6年

④ 廣陵府院君李克培議. ⑤ "州府郡縣, 各有土姓. ⑥ 其在京從任者, 謂之京在所. ⑦ 京在所擇其居鄕土姓剛明品官, 爲留鄕所, 有司奸吏所犯, 互相糾察, 維持風俗, 其來已久. ⑧ 中間廢之者, 在世祖朝忠州民告其州守令, 其時留鄕所, 以守令告訴爲不可, 侵其人太甚, 乃至上聞, 以此罷之."

－『成宗實錄』 13年

⑨ 右副承旨金宗直啓曰. ⑩ "前朝太祖, 令諸邑擇公廉之士, 審察鄕吏不法, 故奸吏自戢, 五百年間維持風化者以此. ⑪ 我朝自李施愛煽亂之後, 革罷留鄕所, 奸黠之吏, 恣行不義, 建國未百年, 而風俗衰薄. ⑫ 十室之邑, 必有忠信, 一鄕雖小, 豈無一鄕之善士乎? ⑬ 請復建留鄕所, 糾察鄕風."

－『成宗實錄』 15年

⑭ "或又曰. ⑮ '古者一鄕之中, 擇品官正直一二員, 爲鄕有司, 以正風俗, 名曰留鄕所. ⑯ 革罷以來, 鄕風日以渝薄.' ⑰ 臣意亦以爲復立留鄕所, 擇剛直品官, 爲鄕有司, 則雖未能卒變薄俗, 亦或有維持鄕風, 而頑兇之徒, 庶少戢矣."

－『成宗實錄』 19年

주요 어휘 ‖‖‖‖‖‖‖‖‖‖‖‖

務 사무 무	愿 삼갈 원	群 무리 군	聚 모일 취	詆 흉볼 저
毁 헐뜯을 훼	進 나아갈 진	侵 침범할 침	漁 빼앗을 어	猾 교활할 활
乞 빌 걸	皆 모두 개	革 고칠 혁	去 버릴 거	除 제거할 제
積 쌓일 적	弊 폐단 폐	議 의논할 의	從 좇을 종	任 맡길 임
擇 가릴 택	姓 성 성	剛 굳셀 강	犯 범할 범	互 서로 호
相 서로 상	糾 규명할 규	察 살필 찰	維 유지할 유	持 가질 지
廢 폐할 폐	侵 침노할 침	甚 심할 심	審 살필 심	察 살필 찰
戢 그칠 집	愛 사랑 애	煽 부칠 선	奸 범할 간	黜 약을 힐
衰 쇠할 쇠	薄 엷을 박	糾 고할 두	擇 가릴 택	渝 달라질 투
剛 굳셀 강	變 변할 변	頑 완고할 완	兇 흉악할 흉	少 적을 소

한자 독음 ‖‖‖‖‖‖‖‖‖‖‖‖‖

① 사헌부대사헌허응등, 상시무칠조. ② "… 기사, 주부군현, 각유수령, 향원호사지도, 치유향소, 무시군취, 저훼수령, 진퇴인물, 침어백성, 심어활리. ③ 걸개혁거, 이제적폐. …"

④ 광릉부원군이극배의. ⑤ "주부군현, 각유토성. ⑥ 기재경종임자, 위지경재소. ⑦ 경재소택기거향토성강 명품관, 위유향소, 유사간이소범, 호상규찰, 유지풍속, 기래이구. ⑧ 중간폐지자, 재세조조충주민고기주수령, 기시유향소, 이수령고소위불가, 침기인태심, 내지상문, 이차파지."

⑨ 우부승지김종직계왈. ⑩ "전조태조, 영제읍택공렴지사, 심찰향이불법, 고간이자집, 오백년간유지풍화자 이차. ⑪ 아조자이시애선란지후, 혁파유향소, 간힐지이, 자행불의, 건국미백년, 이풍속쇠박. ⑫ 십실지읍, 필 유충신, 일향수소, 기무일향지선사호? ⑬ 청부건유향소, 두찰향풍."

⑭ "혹우왈. ⑮ '고자일향지중, 택품관정직일이원, 위향유사, 이정풍속, 명왈유향소. ⑯ 혁파이래, 향풍일이 투박.' ⑰ 신의역이위복립유향소, 택강직품관, 위향유사, 즉수미능졸변박속, 역혹유유지향풍, 이완흉지도, 서 소집의."

1. 국문 해석

① 사헌부 대사헌 허응(許應) 등이 시무(時務) 7조(條)를 올렸다. ② "… 넷째, 주(州)·부(府)·군(郡)·현(縣)에 각각 수령이 있는데, 향원(鄕愿) 가운데 일을 좋아가는 무리들이 유향소(留鄕所)를 설치하고, 때없이 무리 지어 모여서 수령을 헐뜯고 사람을 올리고 내치고, 백성들을 침핍(侵逼)하는 것이 활리(猾吏)보다 심합니다. ③ 원하건대, 모두 혁거(革去)하여 오랜 폐단을 없애소서. …"

— 『태종실록(太宗實錄)』 6년(年)

④ 광릉 부원군(廣陵府院君) 이극배(李克培)가 의견을 내었다. ⑤ "주·부·군현(州府郡縣)에는 각각 토성(土姓)이 있습니다. ⑥ 그 서울에 살면서 벼슬하는 곳을 경재소(京在所)라고 합니다. ⑦ 경재소에서는 그 고향에 살고 있는 토성 중에서 강명(剛明)한 품관(品官)을 선택하여 유향소(留鄕所)에 두어 유사(有司) 또는 간사한 관리의 범법 행위를 서로 규찰(糾察)해서 풍속을 유지시키는데, 그 유래가 이미 오래되었습니다. ⑧ 중간에 폐지한 것은, 세조(世祖) 때에 충주(忠州)의 백성이 그 고을 수령을 고소한 적이 있었는데, 그때 유향소에서 수령을 고소한 것은 옳지 못한 일이라 하여 고소한 사람을 너무 심하게 억압하였으므로, 이것이 마침내 임금에게까지 알려졌기 때문에 폐지시킨 것이지 다른 이유는 없습니다."

— 『성종실록(成宗實錄)』 13년(年)

⑨ 우부승지(右副承旨) 김종직(金宗直)이 아뢰었다. ⑩ "고려 태조는 여러 고을에 영(令)을 내려 공변되고 청렴한 선비를 뽑아서 향리(鄕吏)들의 불법을 규찰하게 하였으므로 간사한 아전[奸吏]이 저절로 없어졌는데, 5백 년간의 풍화(風化)를 유지했던 것은 그 때문이었습니다. ⑪ 우리 조정에서는 이시애(李施愛)의 난리 후부터 유향소(留鄕所)가 혁파되자 간악한 아전들이 불의를 자행하여서 건국한 지 1백 년도 못 되어 풍속이 쇠퇴해졌습니다. ⑫ 열 집이 사는 마을에도 반드시 충신이 있다고 하는데, 한 고을이 아무리 적다 하나 어찌 한 고을의 착한 선비가 없겠습니까? ⑬ 청컨대, 다시 유향소를 설립하여 향풍(鄕風)을 규찰하게 하소서."

— 『성종실록(成宗實錄)』 15년(年)

[장령(掌令) 김미(金楣)가 아뢰기를] ⑭ "혹자는 또 말합니다. ⑮ '예전에는 1향(鄕) 가운데에 정직(正直)한 품관(品官) 1, 2원(員)을 택하여 향유사(鄕有司)를 삼아서 풍속을 바로잡게 하고 이름하기를 유향소(留鄕所)라고 하였다. ⑯ 혁파(革罷)한 이래로 향풍(鄕風)이 날로 투박(渝薄)해졌다.' ⑰ 신(臣)의 생각에도 다시 유향소(留鄕所)를 세워, 강직한 품관을 택하여 향유사(鄕有司)를 삼으면, 비록 갑자기 야박한 풍속을 변모시킬 수는 없더라도 또한 향풍(鄕風)을 유지(維持)하여 완흉(頑兇)한 무리가 거의 조금은 그칠 것으로 여겨집니다."

— 『성종실록(成宗實錄)』 19년(年)

2. 사료 해설

조선이 건국되고 지방에 있는 전직 품관들인 유향품관(留鄕品官)·한량관(閑良官) 등이 자의적으로 유향소(留鄕所)를 만들었다. 유향소는 풍기의 단속, 향리의 악폐 저지, 수령의 자문에 응하는 등의 자치적 기능을 수행하였는데, 태종 초 지방 수령권과의 대립 문제로 태종 6년(1406) 폐지되었다. 그런데 유향소 폐지 이후에는 수령들의 불법 행위, 향리들의 폐단 등이 문제가 되었고, 이를 막기 위해 신명색(申明色)의 파견이 시도되었다.

세종 연간에는 유향소가 복구되었고, 유향소를 견제하기 위한 방편으로 경재소(京在所) 제도가 정비되었다. 경재소는 각 지방의 재경(在京) 연락 기구인데, 중앙에 재직하는 고위 관리가 출신 지역 경재소를 관장하며 그 지방에 설치된 유향소를 통제하였다. 이들은 출신 지역과 정부의 중간에서 여러 가지 일을 주선하거나 공물 상납을 책임지기도 하였다. 한편, 경재소를 장악한 중앙의 고위 관리들은 해당 지역의 정치에 개입하기도 하였고, 경제적 이득을 추구하는 모습을 보이기도 하였다.

유향소는 세조 13년(1467)에 또다시 혁파되었다. 이시애(李施愛)의 난 당시 유향소의 일부가 반란의 지도 세력으로 움직인 것, 유향소가 충주 등의 지역에서 수령의 편에 서서 백성들을 혹독하게 다룬 것 등이 폐지에 영향을 미쳤다.

이후 유향소 복설(復設) 운동이 꾸준히 제기되었다. 특히 김종직(金宗直) 등의 사림들은 성리학적 이념과 제도의 실천을 내걸었고, 이를 위해 지방에서 향음주례(鄕飮酒禮)와 향사례(鄕射禮) 등을 시행하기 위해 유향소 복설 운동을 전개하였다. 당시 훈구 세력은 향음주례와 향사례 등이 자신들의 이권을 침해할 것으로 보았지만, 경재소 제도가 있었기 때문에 유향소의 복설을 찬성하였다.

사림의 힘이 미약한 상태에서 복설된 유향소는 결국 훈구파 대신들이 장악하게 되었다. 훈구파 대신들이 경재소를 통해 유향소의 주도권을 행사한 것이다. 이에 사림들은 유향소를 다시 폐지하자고 주장하기도 하고, 따로 사마소(司馬所)를 설치하여 저항하기도 하였다. 그러나 사림들이 중앙 정계를 장악하고, 또한 선조 36년(1603) 경재소가 혁파된 이후 유향소는 명실상부한 향촌 자치 기구로 거듭나게 되었다.

사료 Plus+

1. 농업을 발전시킬 것
2. 백성의 호구를 늘릴 것
3. 학교 교육을 진흥할 것
4. 군사 훈련을 실시하고 군기를 엄정히 할 것
5. 부역을 공평하고 균등하게 부과할 것
6. 소송의 다툼을 적게 할 것
7. 간사하고 교활한 무리를 제거할 것

— 『성종실록(成宗實錄)』

사료 텍스트 완성하기

교과서 텍스트

1. 한 향촌에 거주하는 양반들은 유향소를 조직하여 (   )의 자문에 응하고 (   )의 비리를 감시하면서 자신들의 세력을 유지하였다.

2. 역 유향소는 백성을 교화하고 (   )을/를 보급하는 역할을 하였다.

기출 텍스트

1. 등 조선 정부는 (   )을/를 설치하여 유향소를 통제하였다.

2. 등 성종 시기 사림들은 (   ) 복립에 관한 절목을 마련하였다.

빈칸 정답		교과서 텍스트	기출 텍스트
	1	수령, 향리	경재소
	2	유교 질서	유향소

051 | 사림의 등장과 사화

①　金宗直草茅賤士, 世祖朝登第, 至成宗朝, 擢置經筵, 久在侍從之地, 以至刑曹判書, 寵恩傾朝. ②　及其病退, 成宗猶使所在官, 特賜米穀, 以終其年. ③　今其弟子金馹孫, 所修史草內, 以不道之言, 誣錄先王朝事. ④　又載其師宗直弔義帝文. … ⑤　念我世祖大王, 當國家危疑之際, 姦臣謀亂, 禍機垂發, 誅除逆徒, 宗社危而復安, 子孫相繼, 以至于今, 功業巍巍, 德冠百王. ⑥　不意宗直與其門徒, 譏議聖德, 至使馹孫誣書於史, 此豈一朝一夕之故. ⑦　陰蓄不臣之心, 歷事三朝, 余今思之, 不覺慘懼.

—『燕山君日記』 4年

주요 어휘 ||||||||||||||||

草 초야 초	茅 누추한 거처 모	擢 뽑을 탁	筵 좌석 / 펼 연	久 오랠 구
從 좇을 종	寵 구멍 롱	傾 기울 경	朝 아침 조	病 병 병
猶 오히려 유	特 대우할 특	賜 줄 사	終 끝날 종	馹 역말 일
誣 무고할 무	錄 기록할 록	載 실을 재	弔 조상할 조	義 옳을 의
危 위태할 위	疑 의심할 의	際 즈음 제	姦 간사할 간	謀 꾀할 모
禍 재앙 화	機 기틀 기	誅 벨 주	逆 거스를 역	徒 무리 도
復 다시 부	繼 이을 계	巍 높을 외	冠 갓 관	譏 나무랄 기
議 의논할 의	誣 무고할 무	陰 응달 음	蓄 쌓을 축	余 나 여
慘 참혹할 참	懼 두려워할 구			

한자 독음 ||||||||||||||||

①　김종직초모천사, 세조조등제, 지성종조, 탁치경연, 구재시종지지, 이지형조판서, 롱은경조. ②　급기병퇴, 성종유사소재관, 특사미곡, 이종기년. ③　금기제자김일손, 소수사초내, 이부도지언, 무록선왕조사. ④　우재기사종직조의제문. … ⑤　염아세조대왕, 당국가위의지제, 간신모란, 화기수발, 주제역도, 종사위이부안, 자손상계, 이지우금, 공업외외, 덕관백왕. ⑥　불의종직여기문도, 기의성덕, 지사일손무서어사, 차기일조일석지고. ⑦　음축불신지심, 역사삼조, 여금사지, 불각참구.

1. 국문 해석

① 김종직(金宗直)은 초야의 미천한 선비로 세조 조에 과거에 합격하였고, 성종 조에 이르러 경연관(經筵官)에 발탁하여 오래도록 시종(侍從)의 자리에 있었고, 끝에는 형조판서까지 이르러 은총이 온 조정을 기울였다. ② 그리고 병들어 물러가자 성종께서 소재지의 수령으로 하여금 특별히 미곡(米穀)을 내려주어 남은 생을 다하게 하였다. ③ 지금 그 제자 김일손(金馹孫)이 찬수한 사초(史草) 내에 부도(不道)한 말로 선왕조의 일을 터무니없이 기록하였다. ④ 또 그 스승 김종직의 「조의제문(弔義帝文)」을 실었다. … ⑤ 생각건대, 우리 세조 대왕께서 국가가 위의(危疑)한 즈음을 당하여, 간신이 난(亂)을 꾀하여 화(禍)의 기틀이 일어나려는 찰나에 역적 무리들을 베어 없앰으로써 종묘사직이 위태롭다가 다시 편안하여 자손이 서로 계승하여 오늘에 이르렀으니, 그 공과 업이 높고 커서 덕이 백왕(百王)의 으뜸이시다. ⑥ 그런데 뜻밖에 김종직이 그 문도(門徒)들과 성덕(聖德)을 속이고 논평하여 김일손(金馹孫)으로 하여금 역사에 거짓을 쓰는[誣書] 지경에까지 이르렀으니, 이 어찌 하루 아침저녁의 연고이겠느냐. ⑦ 속으로 불신(不臣)의 마음을 가지고 세 조정을 내리 섬겼으니, 나는 이제 생각할 때 두렵고 떨림을 금치 못하겠다.

― 『연산군일기(燕山君日記)』 4년(年)

2. 사료 해설

사림(士林)은 성종(成宗) 시기 본격적으로 등장한 신진 사류들을 일컫는다. 이들은 조선 왕조 개창에 소극적이던 정몽주 중심의 온건파 신진 사대부들에게 학문적 연원을 두고 있으며, 훈구파 대신들의 부정부패를 비판하고 도덕성과 근본주의적 성리학 이념을 강조하였다. 성종은 이들 사림을 주로 삼사에 배치하며 훈구파 세력을 견제하는 또 하나의 세력으로 육성하였다.

그러나 연산군(燕山君)이 즉위함에 따라 사림의 위치는 불안정해졌다. 거기에 김종직(金宗直)의 제자 김일손(金馹孫)이 『성종실록(成宗實錄)』을 편찬할 때 김종직이 지은 「조의제문(弔義帝文)」을 사초(史草)에 실었는데, 이에 대해 훈구파는 김종직 일파를 세조에 대한 불충(不忠)의 무리로 몰았다. 결국 당시 사림파의 영수였던 김종직은 부관참시(剖棺斬屍)를 당하였고, 김일손 등은 사형을 당하였다. 이를 무오사화(戊午士禍)라고 한다.

사료 Plus⁺

사신(사관)이 논평하기를, "경상도 사람 김종직은 학문이 뛰어나고, 문장을 잘 지으며 가르치기를 즐겼는데, 그에게서 배운 자 중에 과거에 급제한 사람이 많았다. 그러므로 경상도의 선비로서 조정에서 벼슬하는 자들이 종장(宗匠)으로 높이 받들며 스승은 제 제자를 칭찬하고, 제자는 제 스승을 칭찬하는 것이 사실보다 지나쳤다. 조정에 새로 진출한 무리도 잘못되었음을 깨닫지 못하고, 따라서 어울리는 자가 많았다. 그때 사람들이 이것을 비평하여 '경상도 선배의 무리(慶尙先輩黨)'라고 말하였다."라고 하였다.

― 『성종실록(成宗實錄)』

✏ 사료 텍스트 완성하기

교과서 텍스트

1. 한 세조가 왕위에 오르는 데 공을 세운 (   ) 세력은 막대한 토지와 재산을 소유하고 고위 관직을 독점하며 왕권을 위협하였다.

2. 역 사림은 도덕과 의리에 바탕을 둔 (   )을/를 추구하였다.

3. 한 사림은 언론 기관인 (   )에 진출하여 훈구 세력의 독단적인 정치 운영과 부정부패를 비판하였다.

4. 역 연산군은 어머니인 (   ) 사건을 구실로 사화를 일으켜 정국을 혼란에 빠뜨렸다(갑자사화).

기출 텍스트

1. 전 사림은 삼사의 언관직에 주로 포진하여 자신들의 의견을 (   )(이)라고 표방하였다.

2. 등 김종직의 (   )을/를 빌미로 무오사화가 발생하였다.

3. 등 (   )이/가 폐비 윤씨 사건을 연산군에게 밀고한 것이 원인이 되어 갑자사화가 발생하였다.

4. 등 연산군은 조정의 관리들에게 (   )을/를 차게 하였다.

빈칸 정답		교과서 텍스트	기출 텍스트
	1	훈구	공론
	2	왕도 정치	『조의제문』
	3	3사	임사홍
	4	폐비 윤씨	신언패

052 | 기묘사림의 활동

① 所以治國者, 道而已. ② 所謂道者, 率性之謂也. ③ 蓋性無不有, 故道無不在. ④ 大而禮樂刑政, 小而制度文爲, 不假人力之爲. ⑤ 而莫不各有當然之理, 是乃古今帝王所共由爲治. ⑥ 而充塞天地, 貫徹古今, 而實未嘗外乎吾心之內. … ⑦ 伏願殿下, 誠以明道謹獨, 爲治心之要. ⑧ 而立其道於朝廷之上, 則紀綱不難立而立, 法度不難定而定矣.

— 『靜菴先生文集』

⑨ 同知中樞府事金安國啓曰. ⑩ "臣爲慶尙道觀察使, 觀其道人心·風俗, 頹弊乃極. ⑪ 今者上方有志於轉移風俗, 故臣欲體至意, 變革頑風, 而竊思其要, 取古人之書, 可以善俗者, 詳加諺解, 頒道內以教之. ⑫ 此等書冊, 臣有志修撰, 而第緣事務煩劇, 未遑詳悉, 錯誤必多. ⑬ 今方別設撰集廳, 印出文籍, 此等書, 使之更加讐校, 印頒八道, 則於淬勵風化, 庶有小益也. ⑭ 如呂氏鄕約·正俗等書, 乃敦厚風俗之書也. ⑮ 呂氏鄕約雖載於性理大全, 而無註解, 遐方之人, 未易通曉. ⑯ 故臣乃詳其諺解, 使人接目便解, 正俗亦飜以諺字. …"

— 『中宗實錄』 13年

주요 어휘 ||||||||||||||||

率 거느릴 솔	蓋 대개 개	莫 없을 막	充 찰 충	塞 찰 색
貫 꿸 관	徹 통할 철	未 아닐 미	嘗 일찍이 상	伏 엎드릴 복
願 원할 원	誠 참으로 성	謹 삼갈 근	獨 홀로 독	要 요긴할 요
難 어려울 난	定 정할 정	啓 아뢸 계	頹 무너질 퇴	弊 해질 폐
極 다할 극	轉 옮길 전	移 옮길 이	變 변할 변	革 고칠 혁
頑 완고할 완	竊 훔칠 절	詳 자세할 상	諺 언문 언	解 풀 해
頒 나눌 반	修 꾸밀 수	撰 지을 찬	緣 연유할 연	務 힘쓸 무

煩 괴로워할 번　　劇 심할 극　　遑 허둥거릴 황　　詳 자세할 상　　悉 모두 실
錯 섞일 착　　　　誤 그릇할 오　　廳 관청 청　　　　印 인쇄할 인　　校 교정할 교
讎 비교하여 바로잡을 수　　雖 비록 수　　　　載 실을 재　　　　註 글 뜻 풀 주
遐 멀 하　　　　曉 훤히 알 효　　接 사귈 접　　　　飜 번역할 번

한자 독음 ‖‖‖‖‖‖‖‖‖‖‖‖

① 소이치국자, 도이이. ② 소위도자, 솔성지위야. ③ 개성무불유, 고도무부재. ④ 대이예악형정, 소이제도문위, 불가인력지위. ⑤ 이막불각유당연지리, 시내고금제왕소공유위치. ⑥ 이충색천지, 관철고금, 이실미상외호오심지내. … ⑦ 복원전하, 성이명도근독, 위치심지요. ⑧ 이입기도어조정지상, 즉기강불난립이립, 법도불난정이정의.

⑨ 동지중추부사김안국계왈. ⑩ "신위경상도관찰사, 관기도인심·풍속, 퇴폐내극. ⑪ 금자상방유지어전이풍속, 고신욕체지의, 변혁완풍, 이절사기요, 취고인지서, 가이선속자, 상가언해, 반도내이교지. ⑫ 차등서책, 신유지수찬, 이제연사무번극, 미황상실, 착오필다. ⑬ 금방별설찬집청, 인출문적, 차등서, 사지갱가수교, 인반팔도, 즉어쉬려풍화, 서유소익야. ⑭ 여여씨향약·정속등서, 내돈후풍속지서야. ⑮ 여씨향약수재어성리대전, 이무주해, 하방지인, 미역통효. ⑯ 고신내상기언해, 사인접목편해, 정속역번이언자. …"

1. 국문 해석

① 나라를 다스리는 것은 도(道)뿐입니다. ② 이른바 도(道)라는 것은 천성(天性)을 따르는 것을 말합니다. ③ 대개 천성(天性)이 있지 않은 것이 없기 때문에 도(道)도 있지 않은 것이 없습니다. ④ 크게는 예악형정(禮樂刑政)과 작게는 제도·문화·사업이 인력(人力)을 빌지 않은 것이 없습니다. ⑤ 각각 당연한 이치(理致)가 있지 않은 것이 없는데, 이것은 곧 고금(古今)의 제왕들이 다 같이 실천하며 정치를 하시던 것입니다. ⑥ 이는 하늘과 땅에 가득 차고 옛날과 지금을 관철하는 것인데, 실은 일찍이 내 마음 안에서 벗어나지 않습니다. … ⑦ 엎드려 바라건대, 전하께서는 정말로 도(道)를 밝히고 홀로 있는 때를 조심하는 것으로써 마음을 다스리는 요점으로 삼으시기 바랍니다. ⑧ 그 도(道)를 조정(朝廷)의 위에 세우시면 기강은 어렵게 세우지 않더라도 세워질 것이고, 법도는 어렵게 정하지 않더라도 정해질 것입니다.

－『정암선생문집(靜菴先生文集)』

⑨ 동지중추부사(同知中樞府事) 김안국(金安國)이 아뢰었다. ⑩ "신이 경상도(慶尙道) 관찰사(觀察使)가 되었을 때에 그 도(道)의 인심과 풍속을 보니 매우 퇴폐하였습니다. ⑪ 지금 성상께서 풍속을 변화시키려는 뜻을 가지고 계시므로, 신이 그 지극한 의도를 본받아 완악한 풍속을 변혁하고자 하는데, 가만히 그 방법을 생각해 보니 옛사람의 책 중에서 풍속을 바로잡을 수 있는 것을 택하여 거기에 언해(諺解)를 붙여 도내에 반포하여 가르치게 하는 것이었습니다. ⑫ 이러한 책들에 대해서 신이 수찬하기로 뜻을 가지고 있으나, 사무가 번잡하고 많아 미처 자세히 살피지 못하였으므로 반

드시 착오가 많을 것입니다. ⑬ 지금 별도로 찬집청(撰集廳)을 설치하여 문적(文籍)을 인출하고 있으니, 이 책들을 다시 교정하여 팔도에 반포하게 하면 풍속 교화를 고취시킴에 조금이나마 도움이 있을 것입니다. ⑭『여씨향약(呂氏鄕約)』이나『정속(正俗)』같은 책은 곧 풍속을 순후하게 하는 책입니다. ⑮『여씨향약』이 비록『성리대전(性理大全)』에 실려 있으나 주해(註解)가 없어 우리나라 사람들은 쉽게 이해하지 못합니다. ⑯ 그러므로 신이 곧 그 언해를 상세하게 만들어 사람마다 보는 즉시 이해하게 하고,『정속(正俗)』역시 언자(諺字)로 번역하였습니다. …"

— 『중종실록(中宗實錄)』 13년(年)

2. 사료 해설

중종반정 이후 중종은 새로운 정치를 펴고자 사림들을 중용하였는데, 이들을 기묘사림(己卯士林)이라고 한다. 조광조(趙光祖)·김안국(金安國)·김식(金湜)·김정(金淨)·김구(金絿) 등이 여기에 해당한다. 이들은 내세운 정치 이념은 '도학 정치(道學 政治)'였다. 이에 따라 요순(堯舜) 삼대(三代)와 같은 이상 사회를 '지치(至治)'로 규정하고, 이를 실현하기 위해 군주에게 철저한 수신을 요구하였다. 이들은 도학 정치의 이념으로서 위민(爲民)과 애민(愛民)을 내세웠고, 군주와 대신의 잘못을 지적할 수 있는 언로(言路)를 열어두어야 한다고 하였다.

사료 Plus⁺

- 대사헌(大司憲) 이계맹(李繼孟), 대사간(大司諫) 윤희손(尹喜孫) 등이 아뢰기를 "근래 신 등이 아뢴 일이 많았으나 하나도 흔쾌히 따르신 것이 없습니다. 받아들이신 것은 다만 모두 작은 일뿐이고 … 신 등의 직책은 간언에 있으니, 실망이 많습니다. 전하의 뜻은 어떠하신지 모르겠습니다." 임금이 말하길 "근일 대간의 말을 받아들인 것이 한두 가지가 아니다. 들을 만하면 듣고 의논할 만하면 의논한다. 들을 만하지 못한 것을 어찌 반드시 좇겠는가?" 대간이 또 아뢰기를 "공론(公論)은 국가의 원기이며, 대간은 공론을 제기하는 관리입니다. 원기가 쇠하면 사람이 병들고 공론이 폐지되면 나라가 위태롭습니다. 전하께서 즉위한 이래 신 등이 공론을 잡고 연달아 대궐 아래 엎드렸습니다."

  — 『중종실록(中宗實錄)』 1년(年)

- 동지중추부사 김안국(金安國)이 아뢰었다. "… 농서(農書)와 잠서(蠶書) 등도 의식(衣食)에 대한 큰 정사이기 때문에 세종조에 이어(俚語)로 번역하고 8도에서 개간하였습니다. 지금 역시 농업을 힘쓰는 일에 뜻을 두기 때문에 신 또한 언해를 붙이게 되었고『이륜행실(二倫行實)』은 신이 전에 승지(承旨)로 있을 때 개간을 청하였습니다. 삼강(三綱)이 중요함은 비록 어리석은 사람들도 모두 알거니와, 붕우형제(朋友兄弟)의 윤리에 대해서는 보통 사람은 알지 못하는 이가 있기 때문에 신이『삼강행실도(三綱行實圖)』에 의하여 유별로 뽑아 엮어서 개간하였습니다.『벽온방(辟瘟方)』같은 것은 온역질(瘟疫疾)은 전염되기 쉽고 사람이 많이 그로 인해 죽기 때문에, 세종조에서는 생명을 중히 여기고 아끼는 뜻에서 이를 이어(俚語)로 번역하여 경향에 인포(印布)하였는데, 지금은 희귀해졌기로 신 또한 언해를 붙여 개간하였습니다.『창진방(瘡疹方)』에 대해서는 이미 번역하여 개간하였으나 경향에 반포하지 않았으므로 요절하는 사람들이 대부분 이 병으로 죽기 때문에 신이 경상도로 갈 적에 이를 싸 가지고 가서 본도에서 간행하여 반포하였습니다. 바라건대 구급에 간편한 비방을 널리 반포하던 성종조의 전례를 따라 많이 개간하여 널리 반포하소서."

  — 『중종실록(中宗實錄)』 13년(年) 4월(月)

사료 텍스트 완성하기

교과서 텍스트

1. 한 중종은 정치 기강을 쇄신하고자 (　　　)을/를 비롯한 사림을 대거 등용하였다.

2. 한 조광조는 천거제인 (　　　)을/를 통해 사림을 등용하고 향약을 실시하였다.

3. 한 조광조는 도교 행사를 주관하던 (　　　)을/를 철폐하고, 반정 과정에서 공을 세운 공신들의 등급을 조정하거나 삭제하였다.

4. 한 (　　　)(으)로 불린 사헌부와 사간원의 관리들은 '공론'을 앞세워 왕과도 거침없는 논쟁을 벌이며 자신들의 의견을 관철하기도 하였다.

기출 텍스트

1. 전 기묘사림은 요순 시대와 같은 이상 사회의 구현과 (　　　)의 실현을 내세웠다.

2. 전 기묘사림은 군주의 수신과(　　　)을/를 강조하였다.

3. 능 조광조는 (　　　) 폐지 등 유교적 개혁 정치를 추진하였다.

4. 능 조광조는 (　　　)을/를 주장하였다.

빈칸 정답		교과서 텍스트	기출 텍스트
1		조광조	도학 정치
2		현량과	지치주의
3		소격서	소격서
4		대간	도학 정치

053 | 기묘사화

囲금성

---

① 下傳旨于義禁府曰. ②"光祖·金淨·金湜·金絿等, 交相朋比, 附己者進之, 異己者斥之, 聲勢相倚, 盤據權要, 引誘後進, 詭激成習, 使國論朝政日非. ③ 在朝之臣, 畏其勢焰, 莫敢開口事, 及自任·世熹·朴薰·奇遵等, 和附詭激之論等事, 推之."

—『中宗實錄』14年 11月 15日

④ 上曰. ⑤"國政當在於朝廷, 朝廷之政, 大臣爲之, 而臺諫則補闕拾遺耳. ⑥ 古云, '政在臺閣則亂.' ⑦ 近來政不在大臣而在臺閣. ⑧ 人君·大臣, 知其弊而莫之救, 過激成習, 使耆舊大臣, 皆被論退去. ⑨ 此宗社所關, 必矯此弊, 然後朝廷安靜, 故乃爾."

—『中宗實錄』14年 11月 18日

주요 어휘 ||||||||||||||||||

傳 전할 전	旨 성지 지	淨 찰 정	湜 엄정할 식	絿 급할 구
附 붙을 부	進 나아갈 진	斥 물리칠 척	聲 명성 성	勢 위세 세
倚 의지할 의	盤 어정거릴 반	據 의지할 거	權 권력 권	要 요긴할 요
引 끌 인	誘 꾈 유	後 뒤 후	進 나아갈 진	詭 속일 궤
激 부딪칠 격	成 이룰 성	習 익힐 습	勢 기세 세	焰 불 댕길 염
莫 없을 막	敢 감히 감	開 열 개	薰 향초 훈	遵 좇을 준
推 옮을 추	臺 돈대 대	諫 간할 간	補 기울 보	闕 이지러질 궐
拾 주울 습	遺 끼칠 유	耳 뿐 이	閣 세울 / 내각 각	弊 해질 폐
莫 없을 막	救 건질 구	過 지날 과	習 익힐 습	耆 늙은이 기
舊 예 구	被 당할 피	退 물러날 퇴	矯 바로잡을 교	弊 해질 폐
靜 고요할 정	乃 이에 내	爾 그러할 이		

한자 독음 ‖‖‖‖‖‖‖‖‖‖‖‖

① 하전지우의금부왈. ② "광조·김정·김식·김구등, 교상붕비, 부기자진지, 이이자척지, 성세상의, 반거권요, 인유후진, 궤격성습, 사국논조정일비. ③ 재조지신, 외기세염, 막감개구사, 급자임·세희·박훈·기준등, 화부궤격지논등사, 추지."

④ 상왈. ⑤ "국정당재어조정, 조정지정, 대신위지, 이대간즉보궐습유이. ⑥ 고운, '정재대각즉란.' ⑦ 근래정부재대신이재대각. ⑧ 인군·대신, 지기폐이막지구, 과격성습, 사기구대신, 개피논퇴거. ⑨ 차종사소관, 필교차폐, 연후조정안정, 고내이."

1. 국문 해석

① 임금이 의금부(義禁府)에 전지를 내렸다. ② "조광조(趙光祖)·김정(金淨)·김식(金湜)·김구(金絿) 등은 서로 붕당을 맺고서 저희에게 붙는 자는 천거하고 저희와 뜻이 다른 자는 배척하여, 성세로 서로 의지하여 권요의 자리를 차지하고, 후진을 유인하여 궤격이 버릇이 되게 하여 국론과 조정을 날로 글러가게 하였다. ③ 조정(朝廷)에 있는 신하들이 그 세력이 치열한 것을 두려워하여 아무도 입을 열지 못하게 된 일과, 윤자임·박세희·박훈·기준 등이 궤격한 논의에 화부한 일들을 추고하라."

－『중종실록(中宗實錄)』 14년(年) 11월(月) 15일(日)

④ 임금이 말씀하셨다. ⑤ "나라의 정사는 조정에 있어야 하고, 조정의 정사는 대신이 해야 하며, 대간(臺諫)은 부족한 부분을 보완할 뿐이다. ⑥ 옛말에 이르길, '정사가 대각(臺閣)에 있으면 어지러워진다.'라고 했다. ⑦ 근래 정사가 대신에게 있지 않고 대각에 있다. ⑧ 임금과 대신이 그 폐해를 알고도 구제하지 못하매 과격함이 버릇되어 나이 많은 대신이 다들 논박을 받고 물러가게 되었다. ⑨ 이것은 종사(宗社)에 관계되므로 이 폐단을 바로잡고서야 조정이 안정될 것이기 때문에 그렇게 한 것이다."

－『중종실록(中宗實錄)』 14년(年) 11월(月) 18일(日)

2. 사료 해설

기묘사림(己卯士林)들은 자신들의 도학 정치(道學 政治) 이념 실현을 위해 성리학 중심의 사회질서를 수립하고자 노력하였고, 폐단을 저지르는 훈구파 세력들에게 강하게 맞섰다. 이를 위해 먼저 유교 이념에 어긋난다는 이유로 소격서(昭格署)와 기신재(忌晨齋)를 혁파하였다. 또한 정몽주(鄭夢周)·김굉필(金宏弼)·정여창(鄭汝昌)에 대한 문묘 종사(文廟 從祀)를 추진하였는데, 훈구파의 반대로 인해 정몽주의 문묘 종사만 실현되었다. 그리고 현량과(賢良科)의 추진과 위훈(僞勳) 삭제를 추진하였는데, 이는 훈구파들의 큰 반발을 불러와 기묘사화(己卯士禍)로 이어지게 되었다.

사료 Plus+

- 수원부사(水原府使) 이성언(李誠彦)이 아뢰었다. "대간(大諫)이 한번 탄핵하면 손쉽게 관리가 내쳐지는 풍조가 만연한데 이게 옳은 일입니까? 대간이 낸 의견에 모두가 동의하는 것은 그것이 진실로 옳아서가 아니라 남들이 자신을 비난할까 두려워서입니다. 대간은 정치를 문란하게 만드는 존재입니다."

  ─『중종실록(中宗實錄)』 12년(年) 10월(月)

- 시강관(侍講官) 조광조(趙光祖)가 아뢰었다. "대간(臺諫)이 정치를 문란하게 만든다는 것은 틀린 말입니다. 재상(宰相)이 공론(公論)을 말하지 않기 때문에 대간이 공론을 말하는 것입니다. 만약 대간도 공론을 말하지 않는다면 초야의 의견을 물어서라도 정사를 바로잡는 게 맞지 않겠습니까?"

  ─『중종실록(中宗實錄)』 12년(年) 11월(月)

- 경연에서 참찬관(參贊官) 조광조가 중종에게 아뢰었다. "지방의 경우에는 관찰사와 수령, 서울의 경우에는 홍문관(弘文館)과 육경(六卿), 그리고 대간들이 모두 재행(才行)이 있어 임용할 만한 사람을 천거하여, 대궐의 뜰에 모아 놓고 친히 대책(對策)하게 한다면 인물을 많이 얻을 수 있을 것입니다. 이는 역대 선왕께서 하지 않으셨던 일이고, 한나라 현량과의 뜻을 이은 것입니다. 덕행은 여러 사람이 천거하는 바이므로 반드시 헛되거나 그릇되는 것이 없을 것입니다."

  ─『중종실록(中宗實錄)』 13년(年) 3월(月)

📝 사료 텍스트 완성하기

교과서 텍스트

1. 역 중종과 훈구세력은 조광조의 급진적인 개혁 정치에 부담과 반발로 인해 사림 세력을 제거하였는데, 이를 (   )(이)라고 한다.

2. 역 (   ) 때에는 외척 세력 간의 정치적 다툼 속에서 많은 사림 세력이 또다시 큰 피해를 입었는데, 이를 을사사화라고 한다.

기출 텍스트

1. 능 (   )의 나뭇잎은 기묘사화가 발생하는 데 영향을 미쳤다고 한다.

2. 능 (   ) 간의 권력 다툼으로 을사사화가 발생하였다.

빈칸 정답		교과서 텍스트	기출 텍스트
	1	기묘사화	주초위왕(走肖爲王)
	2	명종	외척

054 | 군역 제도의 동요

① 知事洪淑曰. ② "軍士之怨苦, 果爲尤甚. ③ 各官京主人等, 下歸本邑, 全收一邑步兵及選上之價, 或船輸, 或陸運. ④ 及到京城, 或以惡布授給, 或減數給之, 以立代役之人, 京主人等, 取利甚大, 而軍士之受弊至此, 至爲過甚."

— 『中宗實錄』, 中宗 23年 8月

주요 어휘 ‖‖‖‖‖‖‖‖‖‖‖‖

淑 맑을 숙	怨 원망할 원	苦 근심 고	尤 더욱 우	甚 심할 심
歸 돌아갈 귀	收 거둘 수	價 값 가	船 배 선	輸 나를 수
陸 육지 육	運 돌 운	到 이를 도	授 줄 수	給 넉넉할 급
減 덜 감	弊 해질 폐	過 지날 과		

한자 독음 ‖‖‖‖‖‖‖‖‖‖‖‖

① 지사홍숙왈. ② "군사지원고, 과위우심. ③ 각관경주인등, 하귀본읍, 전수일읍보병급선상지가, 혹선수, 혹육운. ④ 급도경성, 혹이악포수급, 혹감수급지, 이입대역지인, 경주인등, 취리심대, 이군사지수폐지차, 지위과심."

1. 국문 해석

① 지사(知事) 홍숙(洪淑)이 아뢰었다. ② "군사들의 원망과 고통은 과연 더욱 심합니다. ③ 각 고을의 경주인(京主人)들이 본 고을에 내려가 온 고을의 보병(步兵) 및 선상(選上)의 대가(代價)를 전부 가두어, 혹은 배로 수송하거나 혹은 육지로 운반합니다. ④ 서울에 도착하면 혹은 악포(惡布)로 주고, 혹은 수량을 감해서 주고 대역(代役)할 사람을 세우므로, 경주인들이 취득하는 이익은 매우 크지만, 군사들이 받는 폐해는 이러하여 잘못됨이 지극히 심합니다."

— 『중종실록(中宗實錄)』, 중종(中宗) 23년(年) 8월(月)

2. 사료 해설

조선 초기 군역 제도는 봉족제(奉足制)로 운영되다가 보법(保法)의 성립으로 군역 의무자가 확대됨과 동시에 균일·평준화되었다. 그런데 보법의 성립과 동시에 양반층의 군역 기피 현상도 나타났다. 점차 양반층의 군역 제외는 당연시되었고, 군역 담당자는 양인층에 한정됨에 따라 군역의 고역(苦役) 현상이 일반화되었다. 마침내 그 복무를 타인에게 대신하게 하고 일정한 대가를 지불하는 대립(代立), 실제 복무를 하지 않고 포를 거두는 방군수포(放軍收布)가 확산되었다. 점차 대립가(代立價)가 폭등하였고, 경주인(京主人)들이 대립가를 일괄로 받아 사람들을 입역시키는 과정에서 중간 차익을 챙기는 행위까지 성행하였다.

사료 텍스트 완성하기

교과서 텍스트

1. 역 군역은 16세 이상 60세 미만의 (   )에게 부과되었다.

2. 역 군사 조직으로 중앙에는 (   )을/를 두어 궁궐과 한양을 방어하였고, 지방에는 (   )와/과 수군절도사를 파견하여 각각 육군과 수군을 지휘하게 하였다.

3. 한 사람을 사서 (   )을/를 대신하거나(대립), 포를 받고 군역을 면제해 주는 (   )이/가 성행하였다.

4. 한 조선은 양인 개병제를 실시하였으나 군사 확보가 어려워지자 상비병 유지를 위해 평민 장정 1명당 매년 (   )의 군포를 거두었다.

기출 텍스트

1. 수 보법은 (   )을/를 두어 경제적 비용을 보조하게 하였다.

2. 수 보법의 운영 과정에서 포를 내고 면제받는 (   )이/가 성행하였다.

3. 수 농민의 요역 동원 기피는 군역의 (   )(으)로 이어졌고, 이는 (   )의 성행으로 이어졌다.

4. 등 군적수포제는 불법적인 (   )(으)로 인해 시행되었다.

빈칸 정답	교과서 텍스트	기출 텍스트
1	양인 남자	보인
2	5위, 병마절도사	방군수포제
3	군역, 방군수포	요역화, 대립제
4	2필	대립

① 吾東方世居遼水之東, 號爲萬里之國. ② 三面阻海, 一面負山, 區域自分, 風氣亦殊. ③ 檀君以來設官置州, 自爲聲教, 前朝太祖作信書教國人, 衣冠, 言語悉遵本俗. ④ 若衣冠, 言語, 與中國不異, 則民心無定, 如齊適魯. ⑤ 前朝之於蒙古, 不逞之徒相繼投化, 於國家甚爲未便. ⑥ 乞衣冠則朝服外, 不必盡從華制. ⑦ 言語則通事外, 不必欲變舊俗. ⑧ 雖燃燈, 擲石, 亦從古俗無不可也.

一『世祖實錄』

주요 어휘 ||||||||||||||||||

區 구역 구	域 지경 역	殊 죽일 수	聲 소리 성	遵 좇을 준
魯 노나라 노	逞 굳셀 령	徒 무리 도	繼 이을 계	投 던질 투
甚 심할 심	盡 다할 진	從 좇을 종	華 중국 화	變 변할 변
燃 불사를 연	燈 등잔 등	擲 던질 척		

한자 독음 ||||||||||||||||||

① 오동방세거요수지동, 호위만리지국. ② 삼면조해, 일면부산, 구역자분, 풍기역수. ③ 단군이래설관치주, 자위성교, 전조태조작신서교국인, 의관, 언어실준본속. ④ 약의관, 언어, 여중국불이, 즉민심무정, 여제적로. ⑤ 전조지어몽고, 불령지도상계투화, 어국가심위미편. ⑥ 걸의관칙조복외, 불필진종화제. ⑦ 언어즉통사외, 불필욕변구속. ⑧ 수연등, 척석, 역종고속무불가야.

1. 국문 해석

① 우리 동방 사람들은 대대로 요수(遼水) 동쪽에 살았으며, 만리지국(萬里之國)이라 불렀습니다. ② 삼면이 바다로 막혀 있고, 일면은 산을 등지고 있어 그 구역이 자연적으로 나누어져 있고, 풍토와 기후도 역시 다릅니다. ③ 단군 이래 관아(官衙)와 주군(州郡)을 설치하고 독자적인 언어와 문자[聲敎]를 써 왔으며, 전조(前朝)의 태조(太祖)는 신서(信書)를 지어 백성들을 가르쳤는데, 의관과 언어는 모두 본국의 풍속을 준수하도록 하였습니다. ④ 만일 의관과 언어가 중국과 더불어 다르지 않다면 민심이 정착되지 않아서 마치 제나라 사람이 노나라에 간 것과 같게 될 것입니다. ⑤ 고려 말 불만을 품은 무리가 서로 잇달아서 몽골로 투화(投化)한 것은 한 국가로서는 매우 온당치 않은 일입니다. ⑥ 바라건대 의관은 조복(朝服)을 제외하고 반드시 다 중국 제도를 따를 필요는 없습니다. ⑦ 언어는 서로 교류하는 것[通事] 이외에 반드시 옛 습속을 변경하려 할 것이 아닙니다. ⑧ 비록 연등(燃燈)·척석(擲石)이라 할지라도 역시 옛 습속을 좇아도 불가할 것은 없습니다.

-『세조실록(世祖實錄)』

2. 사료 해설

조선은 독자적 역사 인식을 유지하면서도, 명과의 사대 관계를 통한 실리를 추구하였다. 당시 신료들은 우리나라가 단군이라는 독자적인 민족의 시조를 갖고 있으며, 언어·의관·풍속 등에서 중국과 다른 점이 많음을 강조하였다. 그러면서 명의 황제를 중앙의 천자로 인정하였고, 이에 따라 조선은 새로운 왕이 즉위할 때 명에 이를 알리고 책봉을 받아왔다.

명과의 사대 관계는 국제적으로 명의 권위를 인정한다는 형식적인 성격의 외교 관계로 볼 수 있는데, 이는 당시 국제 관계의 현실과 명분을 모두 고려한 것이었다. 또한 조공품과 회례품의 교환을 통해 명의 선진 문물을 수용할 수 있는 기회의 의미도 있었다.

대명 관계가 가장 안정되었던 시기는 세종의 재위 시기였다. 세종은 지성사대론(至誠事大論)을 내세워 명의 요구에 순응하는 태도를 보였다. 이를 통해 세종 시기에 조선은 명으로부터 '충순하고 특별한 번국(藩國)'으로 인정받게 되었으며, 이러한 대명 관계의 안정은 세종의 안정적인 치세로 이어졌다.

특히 세종 시기 조선 정부는 종래 조공 물품이었던 금(金)·은(銀)의 세공을 면제받기 위한 외교적 절충을 시도하였다. 이는 당시 금·은의 생산량으로 볼 때 과도한 부담이었기 때문이다. 마침내 조선 정부는 세종 11년(1429) 금은 세공을 우(牛)·마(馬)·포(布)로 대납하게 되었다. 금·은이 생산되지 않는다는 이유로 세공을 면제받았기 때문에, 이후 조선 정부는 금·은의 생산을 통제함과 동시에 민간의 금·은 사용 등을 엄격히 금지하였다.

사료 Plus⁺

- 제나라 선왕이 물었다. "이웃 나라와 사귐에 도(道)가 있습니까?" 맹자께서 대답하셨다. "있습니다. 오직 인자만이 대국을 가지고 소국을 섬길 수 있습니다. … 오직 지자만이 소국을 가지고 대국을 섬길 수 있습니다. … 대국을 가지고 소국을 섬기는 자는 천명을 즐겁게 따르는 자요, 소국을 가지고 대국을 섬기는 자는 천명을 두려워하는 자이니, 천명을 즐겁게 따르는 자는 천하를 보존하고, 천명을 두려워하는 자는 그 나라를 보전합니다."

  ― 『맹자(孟子)』 「양혜왕(梁惠王)」

- 내가 생각하건대, 옛날 성인들이 중국을 다스릴 적에 많은 나라를 세우고 제후들과 친하였다. 큰 나라는 작은 나라를 돌보고 작은 나라는 큰 나라를 섬기도록 하여 각기 그 정성을 다하게 한 것은 먼 나라나 가까운 나라나 할 것 없이 화합하게 하려 한 것이었다. 삼가 생각하건대, 명이 만방을 달래고, 인이 깊고 덕을 두텁게 하여, 무릇 하늘과 땅 사이에 있는 동물이나 식물 모두 그 은덕에 젖었다. 그러므로 해외에 있는 우리나라도 일시동인(一視同仁)의 덕화를 입게 되어 … 천명에 따르고 작은 나라를 돌보는 인(仁)이 지극한 일이다.

  ― 권근(權近), 『양촌집(陽村集)』

- 태종이 말하였다. "명 황제는 큰일을 일으켜 공을 이루는 것을 좋아한다. 만일 우리나라가 조금이라도 사대의 예를 잃으면, 황제는 반드시 군사를 일으켜 죄를 물을 것이다. 나는 한편으로 (명을) 섬기면서, 다른 한편으로는 성을 튼튼히 하고 군량을 저축하는 것을 급선무로 여긴다."

  ― 『태종실록(太宗實錄)』

- 충심으로 사대하니 천자는 은총을 내리고 우방은 평화를 지키며 백성들은 태평하다네.

- 칙서를 받들고 북경에서 돌아오니, 임금이 왕세자와 백관을 거느리고 모화관으로 나아가서 칙서를 맞이하였다. 칙서에 이르기를, "표를 보고 모두 알았노라. 금 · 은이 이미 본국(조선)에서 나지 않는다고 하니 이제부터 조공 물품은 다만 토산물로써 성의를 다할 것이로다."

  ― 『세종실록(世宗實錄)』

사료 텍스트 완성하기

교과서 텍스트

1. 핸 조선은 (   )을/를 상국으로 인정하였으나, 단군 이래 독자 문화와 역사에 대한 자부심이 강하였다.

2. 핸 명과의 관계는 조공품과 (   )의 교환이라는 공식적인 교역을 통해 명의 선진 문물을 수용하려는 경제·문화적 의미가 강하였다.

3. 핸 조선은 명과 관계가 돈독해지고 교류가 활발해지면서 (   )을/를 비롯한 유교 문화를 적극 수용하였다.

기출 텍스트

1. 수 조선 초 (   )을/를 강화하여 요동 정벌을 추진하였다.

2. 등 조선은 명과의 조공·책봉 관계 속에서 (   )을/를 도모하였다.

빈칸 정답		교과서 텍스트	기출 텍스트
	1	명	진법 훈련
	2	회례품	실리
	3	삼강오륜	

056 | 여진과의 관계

예미래엔 / 핸리베르

---

① 都巡問使朴信上言. ② "鏡城·慶源地面, 不禁出入, 則或有闌出之患, 一於禁絶, 則野人以不得鹽鐵, 或生邊隙. ③ 乞於二郡置貿易所, 令彼人得來互市." ④ 從之, 唯鐵則只通水鐵.

— 『太宗實錄』 6年

주요 어휘 ||||||||||||||||

巡 순행할 순	信 믿을 신	鏡 거울 경	慶 경사 경	源 근원 원
闌 가로막을 란	禁 금할 금	鹽 소금 염	鐵 쇠 철	邊 가 변
隙 틈 / 원한 극	乞 빌 걸	唯 오직 유		

한자 독음 ||||||||||||||||

① 도순문사박신상언. ② "경성·경원지면, 불금출입, 즉혹유란출지환, 일어금절, 즉야인이부득염철, 혹생변극. ③ 걸어이군치무역소, 영피인득래호시." ④ 종지, 유철칙지통수철.

1. 국문 해석

① 동북면 도순문사(東北面都巡問使) 박신(朴信)이 상언(上言)하였다. ② "경성(鏡城)·경원(慶源) 지방에 야인의 출입을 금하지 아니하면 혹은 떼 지어 몰려들 우려가 있고, 일절 끊고 금하면 야인이 소금[鹽]과 쇠[鐵]를 얻지 못하여서 혹은 변경에 원한(怨恨)이 생길까 합니다. ③ 원하건대, 두 고을에 무역소(貿易所)를 설치하여 저들로 하여금 와서 호시(互市)하게 하소서." ④ 임금이 그대로 따르고, 다만 쇠는 수철(水鐵)만 오직 통상(通商)하게 하였다.

— 『태종실록(太宗實錄)』 6년(年)

2. 사료 해설

조선 정부는 여진에 대해 회유책과 강경책을 내용으로 한 교린 정책을 통해 국경 지역을 안정시키고자 하였다.

먼저 조선 정부는 귀순한 여진족에게는 관직·토지·주택 등을 주어 조선인으로 동화시키고자 하였다. 또한, 경성과 경원에서는 무역소를 열어 여진족이 가져온 가죽이나 말 등 특산물을 식량·농기구·의류 등과 교환하도록 하였다.

그러나 조선 정부는 여진족이 국경 지역을 어지럽히면 군사력을 동원하여 그 근거지를 토벌하는 강경책을 펼쳤다. 세종 시기에는 최윤덕(崔潤德)을 압록강 유역에 보내 이 지역의 여진족을 토벌하였고, 그리하여 자성군(慈城郡)·무창군(茂昌郡)·우예군(虞芮郡)이 설치되었는데 태종 시기 설치된 여연군(閭延郡)과 함께 '4군'이라 불린다. 또한 김종서(金宗瑞)를 두만강 유역의 여진족을 정벌하도록 보내서, 경원(慶原)·종성(種城)·회령(會寧)·경흥(慶興)·온성(穩城)·부령(富寧) 등으로 6진을 설치하도록 하였다. 이러한 4군 6진 지역에는 삼남 지역의 농민들을 꾸준히 사민(徙民)하였고, 거주민을 토관으로 임명하여 민심을 수습하였다.

새롭게 차지한 4군 6진 등의 지역에 대해서는 사민 대상이 추진되었다. 세종 대까지는 주로 함길도와 평안도 등의 해당도 유이민을 보내는 방식으로 추진되었고, 세조 이후에는 하삼도(下三道) 민인들을 보내는 방식으로 추진되었다. 하삼도 사민의 경우 인구의 증가로 토지 부족 현상이 나타나고 있었기 때문에 북방의 개척을 통해 이를 해결하려 한 것이었다. 정부는 1호당 30결 정도의 토지를 분급함으로써 이들의 경제적 안정을 도모하였다. 그 밖에도 벽보(壁堡)·농보(農堡)·목책(木柵)을 설치하고 군사를 주둔함으로써 침략으로부터 보호하기 위한 방안도 마련해 두었다.

사료 Plus⁺

김종서(金宗瑞)가 아뢰다. "오랑캐들에게는 은혜와 위력을 함께 보여야 합니다. 저들이 쳐들어와 백성을 죽이고 가축을 약탈해 가도 용서하고 정벌하지 않는다면 저들은 우리가 두려워하고 겁낸다 생각하여 훗날에 지금보다 더 심하게 해독을 마음대로 부릴 것입니다. … 내년 가을에 본 도의 정병(精兵)을 동원하여 정벌하려 합니다."

— 『세종실록(世宗實錄)』

사료 텍스트 완성하기

교과서 텍스트

1. 한 여진과는 경성과 경원에서 (   )을/를 열어 교역을 허용하고 귀순을 장려하였다.

2. 역 세종 대에는 (   )이/가 압록강 유역의 여진족을 몰아내고 4군을 설치하였으며, (   )은/는 두만강 유역의 여진족을 토벌하고 6진을 개척하여 영토를 확장하였다.

3. 역 4군 6진 지역에는 (   )지방의 주민들을 이주시켜 살게 하였고, 거주민을 (   )(으)로 임명하여 민심을 수습하였다.

기출 텍스트

1. 능 여진과의 무역을 위해 경원에 (   )을/를 처음 설치하였다.

2. 능 (   )을/를 보내어 여진을 몰아내고 6진을 개척하였다.

3. 수 4군 6진으로 파악한 지역에는 삼남지방의 일부 주민을 이주시키고, 토착민을 (   )(으)로 임명하였다.

빈칸 정답		교과서 텍스트	기출 텍스트
	1	무역소	무역소
	2	최윤덕, 김종서	김종서
	3	삼남, 토관	토관

057 | 일본과의 관계

한리베르

---

① 對馬島左衛門大郎, 使三未三甫羅來朝, 奉書于禮曹曰. ② "… 商泊只許乃而浦·富山浦兩處, 到泊販賣, 請通泊左右道各浦, 任意行販." ③ 佐郎愼幾答書云. ④ "… 諭商船往來處, 謹將轉啓, 在前來泊乃而·富山兩浦外, 蔚山鹽浦, 亦許販賣."

— 『世宗實錄』 8年

주요 어휘 ||||||||||||||||

使 보낼 시	奉 받들 봉	泊 배 댈 박	只 다만 지	富 부유할 부
任 맡길 임	販 팔 판	賣 팔 매	愼 삼갈 신	幾 기미 기
答 대답할 답	諭 깨우칠 유	船 배 선	往 갈 왕	轉 구를 전
啓 열 계	蔚 고을 이름 울	鹽 소금 염		

한자 독음 |||||||||||||||

① 대마도좌위문대랑, 시삼미삼보라내조, 봉서우예조왈. ② "… 상박지허내이포·부산포양처, 도박판매, 청통박좌우도각포, 임의행판." ③ 좌랑신기답서운. ④ "… 유상선왕내처, 근장전계, 재전래박내이·부산양포외, 울산염포, 역허판매."

1. 국문 해석

① 대마도의 좌위문대랑(左衛門大郎)이 삼미삼보라(三未三甫羅)를 보내어 내조(來朝)하여 예조에 글월을 올려 말하였다. ② "… 상선(商船)이 정박하는 곳은 다만 내이포(乃而浦)와 부산포(富山浦) 두 곳에만 와서 무역하도록 제한을 하였는데, 이것도 좌우도(左右道)의 각지의 항구에 마음대로 다니며 무역할 수 있도록 허가하여 주소서." ③ 이에 대하여 좌랑(佐郞) 신기(愼幾)가 답서를 보냈다. ④ "… 상선이 정박하는 장소에 대하여는, 삼가 나라에 보고를 드리어 과거에 지정되었던 내이포와 부산포 이외에 울산(蔚山)의 염포(鹽浦)에서도 무역을 허가하기로 하였다."

— 『세종실록(世宗實錄)』 8년(年)

2. 사료 해설

조선 정부는 일본에 대해 강경책과 회유책을 내용으로 한 교린 정책을 통해 해안 지역의 평화를 도모하였다. 그리하여 왜구 등의 침탈에 맞서 태조 시기에는 김사형(金士衡)이 지휘하는 군대를 대마도로 보내 이들을 공격하기도 하였다. 또한 일본에서 평화적 무역 관계를 요청해 오면 제한된 교역을 허용하기도 하였다. 조선은 일본에 식량·의복·면포·서적 등을 제공하였고, 구리·유황·향료·약재 등 무기 원료와 기호품을 사들였다. 그런데 왜구의 침탈이 근절되지 않자 세종 대에는 이종무(李從茂)를 보내 대마도를 정벌하였다[己亥東征]. 이후 일본의 간청으로 조선 정부는 부산포·제포(창원)·염포(울산)의 세 항구를 열어 교역을 허가하였고, 계해약조를 통해 세견선의 숫자를 매년 50척으로 정하였다.

15세기 후반 이래 조선의 목면과 일본의 은·구리를 교환하는 무역이 성행하였다. 일본은 이에 무역의 확대를 요구하였고, 조선 정부는 거절하였다. 게다가 조선이 조선에 거주하는 일본인에 대해 통제를 시도하자, 일본 측의 반발은 심해져 갔다. 이러한 갈등의 양상은 지속적으로 반복되어 삼포왜란(三浦倭亂) - 임신약조(壬申約條) - 사량진왜변(蛇梁鎭倭變) - 정미약조(丁未約條) - 사량진왜변(蛇梁鎭倭變)으로 이어지게 되었다.

사료 Plus⁺

- 유구국(流球國)의 중산 왕 찰도가 사신을 보내 문서와 예물을 바치고, 잡아갔던 남녀 12명을 송환하며 망명한 산남 왕의 아들 승찰도를 돌려보내 달라고 청하였다. 그 나라 세자 무녕도 왕세자에게 글월을 올리고 예물을 바치었다.

  ―『태조실록(太祖實錄)』

- 유구국(流球國) 사람 열네 명이 떠날 때가 되니, (임금이) 명하여 음식을 대접하였다. 유구국(流球國)에 글을 보내기를 "이번에 너희 나라의 사람이 배를 타고 바람을 만나 우리나라의 해안에 표류해 왔는데, 우리 전하께서 이를 가엾이 여기시어 구휼하시고 의복과 양식 등의 물품을 주어 돌려보내는 바이다."라고 하였다.

- 좌의정(左議政) 박은(朴訔)이 "이제 왜가 중국에 들어가 도적질하고 본도로 돌아오는 시기이므로, 이종무(李從茂) 등에게 다시 쓰시마섬에 나가 적을 맞아서 치고, 적을 전멸할 기회를 잃지 마옵소서."라고 청하였다.

- 일본국 도전은 조선 국왕 전하께 글을 받들어 올립니다. 지난해 바다를 건너 구한 것은 대장경판이었는데, 화엄경 등 경판을 주셨습니다. 이제 거듭 사신을 보내 … 감히 청합니다. 구하는 경판을 우리나라에 은혜롭게 주시면 이웃과 호의를 두텁게 하는 것이 아니겠습니까.

- 조선 국왕 이도(李祹)는 일본 국왕 전하에게 회답합니다. 구하시는 대장경판은 단지 한 벌이 있을 뿐이고, 나의 조상이 전해 주신 것이므로 청하시는 대로 따를 수 없음을 지난번 서신에서 말했습니다. 살펴 양해하시기 바랍니다.

  ―『세종실록(世宗實錄)』

- 일본인들의 습성은 굳세고 사나우며, 칼과 창을 능숙하게 쓰고 배를 부리는 데 익숙합니다. 우리나라와는 바다를 사이에 두고 서로 바라보고 있는데, 그들의 법도에 맞게 진무하면 예를 갖추어 조빙하지만, 법도에 어긋나게 하면 곧 방자하게 노략질합니다.

  ―『해동제국기(海東諸國記)』

사료 텍스트 완성하기

교과서 텍스트

1. 역 고려 말 창왕 때에는 (   )이/가, 조선 태조 때에는 (   )이/가 각각 왜구 토벌에 나섰다.

2. 한 조선에서 일본에게 보내 준 (   ) 인쇄본은 일본 불교 발전에 크게 이바지하였다.

3. 한 세종 대에 (   )의 지휘 아래 왜구의 소굴이던 대마도(쓰시마섬)를 정벌하였다.

4. 한 계해약조(1443)는 일본에게 부산포, 제포(창원), 염포(울산)의 세 항구를 열어 교역을 허가하였고, 매년 (   )의 배만이 왕복할 수 있도록 하는 것이었다.

기출 텍스트

1. 수 조선은 일본에게 염포 등 (   )을/를 개방하여 무역과 거주를 허락하였다.

2. 능 신숙주가 일본에 다녀와 (   )을/를 썼다.

3. 능 계해약조는 제한된 범위의 (   )을/를 허용한 것이다.

4. 능 조선 정부의 통제에 반발하여 (   )이/가 일어났다.

빈칸 정답		교과서 텍스트	기출 텍스트
	1	박위, 김사형	삼포
	2	팔만대장경	『해동제국기』
	3	이종무	무역
	4	50척	3포 왜란

058 | 임진왜란의 발발

엽비상

① 七月初六日, 舜臣與億祺會于露梁, 元均修緝破船七艘, 先來留泊. ② 聞賊船七十餘艘, 自永登浦, 移泊於見乃梁. ③ 初八日, 舟師至中洋, 賊見我軍盛, 促櫓而歸, 諸軍追至, 則賊船七十餘艘, 列陣於內洋, 地勢狹窄, 且多險嶼, 難以行船. ④ 我軍進退誘引, 賊果悉衆追之, 引出于閑山前洋. ⑤ 我軍擺列爲鶴翼陣, 揮旗鼓譟, 一時齊進. ⑥ 連放大小銃筒, 先破賊船三艘, 賊氣挫少却, 諸將軍吏, 歡呼踴躍. ⑦ 乘銳崩之, 箭丸交發, 焚賊船六十三艘, 餘賊四百餘名, 棄船登陸而走.

— 『宣祖實錄』 25年 6月

주요 어휘 ||||||||||||||

舜 순임금 순	億 억 억	祺 복 기	露 이슬 노	梁 들보 량
均 고를 균	修 고칠 수	緝 꿰맬 집	破 깨뜨릴 파	艘 배 소
留 머물 류	泊 배 댈 박	聞 들을 무	移 옮길 이	舟 배 주
師 군사 사	賊 도둑 적	盛 성할 성	促 재촉할 촉	櫓 노 로
陣 진을 칠 진	勢 기세 기	狹 좁을 협	窄 좁을 착	險 험할 험
嶼 섬 서	難 어려울 난	退 물러날 퇴	誘 꾈 유	引 끌 인
悉 다 실	衆 무리 중	追 쫓을 추	擺 벌여놓을 파	鶴 학 학
翼 날개 익	揮 지휘할 휘	旗 기 기	鼓 북 고	譟 시끄러울 조
進 나아갈 진	銃 총 총	筒 대통 통	破 깨뜨릴 파	挫 꺾을 좌
少 적을 소	却 퇴각할 각	歡 기뻐할 환	踴 뛸 용	躍 뛸 약
銳 날카로울 예	崩 무너뜨릴 붕	箭 화살 전	丸 알 환	焚 불사를 분
棄 버릴 기	登 오를 등	陸 뭍 륙		

한자 독음 ‖‖‖‖‖‖‖‖‖‖‖‖

① 칠월초육일, 순신여억기회우노량, 원균수집파선칠소, 선래유박. ② 문적선칠십여소, 자영등포, 이박어 견내량. ③ 초팔일, 주사지중양, 적견아군성, 촉로이귀, 제군추지, 즉적선칠십여소, 열진어내양, 지세협착, 차 다험서, 난이행선. ④ 아군진퇴유인, 적과실중추지, 인출우한산전양. ⑤ 아군파열위학익진, 휘기고조, 일시제 진. ⑥ 연방대소총통, 선파적선삼소, 적기좌소각, 제장군리, 환호용약. ⑦ 승예봉지, 전환교발, 분적선육십삼 소, 여적사백여명, 기선등육이주.

1. 국문 해석

① 7월 6일, 이순신이 이억기와 노량에서 회합하였는데, 원균은 부서진 선박 7척을 수리하느라 먼저 와 정박하고 있었다. ② 적선 70여 척이 영등포(永登浦)에서 견내량(見乃梁)으로 옮겨 정박하 였다는 것을 들었다. ③ 8일, 수군이 바다 가운데에 이르니, 왜적이 아군이 강성한 것을 보고 노를 재촉하여 돌아가자 모든 군사가 추격하여 가 보니, 적선 70여 척이 내양(內洋)에 벌여 진을 치고 있는데 지세(地勢)가 좁은 데다 험악한 섬도 많아 배를 운행하기가 어려웠다. ④ 그래서 아군이 진격하기도 하고 퇴각하기도 하면서 그들을 유인하니, 왜적들이 과연 총출동하여 추격하기에 한산 (閑山) 앞바다로 끌어냈다. ⑤ 아군이 죽 벌여서 학익진(鶴翼陣)을 치고는 기(旗)를 휘두르고 북을 치며 떠들면서 일시에 나란히 진격하였다. ⑥ 크고 작은 총통들을 연속적으로 쏘아 대어 먼저 적선 3척을 쳐부수니 왜적들이 사기가 꺾이어 조금 퇴각하니, 여러 장수와 군졸이 환호성을 지르면서 발을 구르고 뛰었다. ⑦ 예기(銳氣)를 이용하여 왜적을 무찌르고 화살과 탄환을 번갈아 발사하여 적선 63척을 불살라 버리니, 잔여 왜적 400여 명이 배를 버리고 육지로 올라가 달아났다.

－『선조실록(宣祖實錄)』 25년(年) 6월(月)

2. 사료 해설

일본에서는 도요토미 히데요시[豊臣秀吉]가 전국을 통일하였다는 소식이 전해짐에 따라, 조선 정부는 정세를 탐지하기 위해 통신사를 보내기로 결정하였다. 그런데 이마저도 정여립의 난으로 인해 뒤늦게 보내게 되었는데, 파견된 통신사 일행은 정사 황윤길(黃允吉), 부사 김성일(金誠一)이 었다. 귀국 후 서인의 정사 황윤길은 일본이 많은 병선(兵船)을 준비하고 있어 반드시 병화가 있을 것이라고 보고한 반면, 동인의 부사 김성일은 침입할 정형을 발견하지 못했다고 하였다.

이때 선조 25년(1592) 도요토미 히데요시의 명령을 받은 군대가 부산포를 급습하면서 쳐들어왔 다. 이러한 침략은 자신에게 반대하는 다이묘들의 군사력을 약화시키고, 명과의 무역을 확대하려 는 것이기도 하였다. 16만여 명에 달하는 일본군은 센고쿠 시대의 전투 과정에서 축적된 전투 경험 과 조총을 앞세워 한성을 함락하고 함경도까지 진격하였다. 그러나 이순신이 이끄는 수군 등이 활 약함에 따라 전세가 만회되기 시작하였다.

사료 Plus⁺

- 근래에 국운이 불길하여 섬 오랑캐가 불시에 침입하였다. … 아! 우리 여러 고을의 수령, 각 지역의 선비와 백성들아! 충성이 어찌 임금을 잊을 것이며, 의리상 마땅히 나라를 위해 죽을 것이니, 혹은 무기를 빌려주고, 혹은 군량을 도우며, 혹은 말을 달려 전장에서 앞장서고, 혹은 쟁기를 던지고 밭두둑에서 일어나리라.

  ―『제봉집(霽峰集)』

- 명군이 칠성문(평양성 북문)으로 들어가고 우리 군사는 함구문(평양성 서문)으로 들어가 내성에 이르니, 총알을 난사하여 우리 사졸이 많이 다쳤다. … 포위망을 풀어 적이 달아날 길을 열어 주었더니, 그 밤에 적은 대동강을 따라 얼음을 타고 도주하였다.

  ―『서애집(西厓集)』

- 함경도 회령의 국경인 등이 반란을 일으켜 그곳에 있던 왕자 임해군과 순화군을 사로잡아 일본군에게 넘겨 주었다.

  ―『선조실록(宣祖實錄)』

- 도성을 되찾았다. … 성안에 남아 있던 백성을 보니 백에 하나도 성한 사람이라고는 없었다. 남아 있던 백성은 모두 굶주리고 병들어 그 꼴은 차마 볼 수 없을 지경이었다. … 종묘와 세 대궐, 그리고 종루와 큰 거리 북쪽에 있는 각 관청 등도 모두 재가 되어 버렸다.

  ―『징비록(懲毖錄)』

- 명의 병사들이 끊임없이 오가며 소주와 꿀, 병아리 등의 물건을 찾는 일이 많고, 조금만 여의치 않으면 큰 몽둥이로 마구 매질하며 고을 수령까지 모욕했다. 그들이 가는 곳의 관원은 맞이하고 보내는 근심이 있을 뿐 아니라 이처럼 난리가 벌어지지 않는 날이 없으니, 그 괴로움을 견딜 수가 없다.

  ―『쇄미록(瑣尾錄)』

사료 텍스트 완성하기

교과서 텍스트

1. 옉 일본에서 분열을 수습한 (   )은/는 불만 세력의 관심을 밖으로 돌리기 위해 조선을 침략하였다.

2. 한 일본군은 (   )까지 점령하였고 함경도 지역에도 쳐들어가 조선의 왕자 두 명을 포로로 잡았으며, 일부 병력은 두만강 건너 여진과도 충돌하였다.

3. 옉 조선과 명의 연합군은 평양성을 되찾았고 (   )도 행주산성에서 일본군을 격파하였다.

4. 옉 조선은 (   )을/를 파견하여 조선인 포로를 데려오게 하고 일본과 국교를 회복하였다.

기출 텍스트

1. 전 (   )의 조선군은 배수진을 치고 저항하며 기병(騎兵) 중심의 전술을 구사하였다.

2. 전 이순신의 (   )은/는 조선 수군이 남해안 일대의 제해권을 장악하는 계기가 되었다.

3. 전 권율의 (   )은/는 일본군의 북진을 저지하였고, 그들이 서울철병을 서두르게 한 계기가 되었다.

4. 전 (   )의 병법은 훈련도감의 조직과 전술의 기본 골격이 되었다.

빈칸 정답		교과서 텍스트	기출 텍스트
	1	도요토미 히데요시	신립
	2	평양	한산도대첩
	3	권율	행주대첩
	4	사명 대사	『기효신서(紀效新書)』

059 | 과전법과 직전법, 관수관급제

① 凡公私田租, 每水田一結, 糙米三十斗, 旱田一結, 雜穀三十斗. ② 此外有橫歛者, 以贓論. ③ 除陵寢・倉庫・宮司・公廨・功臣田外, 凡有田者, 皆納稅, 水田一結, 白米二斗, 旱田一結, 黃豆二斗.

— 『高麗史』「食貨志」

④ 傳曰. ⑤ "人多言職田有弊, 故議諸大臣, 皆曰. ⑥ '我國士大夫俸祿微薄, 職田未可遽革.' ⑦ 予亦以爲然. 今聞朝士家, 濫收其稅, 民甚病之." … ⑧ 明澮等啓曰. ⑨ "職田稅, 官收官給, 則無此弊矣." … ⑩ 傳曰. ⑪ "職田稅, 令所在官監收給之. ⑫ 惡米勿禁. 祭享衙門官吏, 今後擇差."

— 『成宗實錄』

주요 어휘 ||||||||||||||||

糙 현미 조	雜 섞일 잡	穀 곡식 곡	橫 멋대로 할 횡	歛 거둘 렴
贓 장물 장	除 제외할 제	陵 무덤 능	寢 사당 침	皆 모두 개
納 바칠 납	旱 가물 한	黃 누를 황	豆 콩 두	弊 해질 폐
俸 녹 봉	祿 복 록	微 작을 미	薄 엷을 박	遽 갑자기 거
革 고칠 혁	聞 들을 문	甚 심할 심	病 병 병	澮 시내 회
啓 열 계	收 거둘 수	給 넉넉할 급	監 볼 감	享 누릴 향
擇 가릴 택	差 어긋날 차			

한자 독음 ||||||||||||||||

① 범공사전조, 매수전일결, 조미삼십두, 한전일결, 잡곡삼십두. ② 차외유횡렴자, 이장론. ③ 제능침・창고・궁사・공해・공신전외, 범유전자, 개납세, 수전일결, 백미이두, 한전일결, 황두이두.

④ 전왈. ⑤ "인다언직전유폐, 고의제대신, 개왈. ⑥ '아국사대부봉녹미박, 직전미가거혁.' ⑦ 여역이위연. 금문조사가, 남수기세, 민심병지." … ⑧ 명회등계왈. ⑨ "직전세, 관수관급, 즉무차폐의." … ⑩ 전왈. ⑪ "직전세, 영소재관감수급지. ⑫ 악미물금. 제향아문관리, 금후택차."

1. 국문 해석

① 모든 공사의 전조(田租)는 매 논 1결에 조미(糙米) 30말, 밭 1결에 잡곡 30말로 한다. ② 이 밖에 멋대로 거둔 자는 장물[贓]로 취급하여 처벌한다. ③ 능침(陵寢), 창고(倉庫), 궁사(宮司), 공해(公廨), 공신전(功臣田)을 제외하고 무릇 토지를 가진 자는 모두 세(稅)를 바치는데, 논 1결에 백미(白米) 두 말, 밭 1결에 콩(黃豆) 두 말로 한다.

─『고려사(高麗史)』「식화지(食貨志)」

④ 전지하였다. ⑤ "사람들이 직전(職田)이 폐단이 있다고 많이 말하기에 대신들에게 의논하게 하였더니 모두가 말하였다. ⑥ '우리나라 사대부의 봉록(俸祿)이 박하여 직전을 갑자기 혁파할 수 없습니다.' ⑦ 나도 또한 그렇게 여겼는데, 지금 들으니 조정 관원이 그 세(稅)를 지나치게 거두어 백성들이 심히 괴롭게 여긴다 한다." … ⑧ 한명회 등이 아뢰었다. ⑨ "직전의 세(稅)는 관에서 거두어 관에서 주면(官收官給) 이런 폐단이 없을 것입니다." … ⑩ 전지하였다. ⑪ "직전의 세는 소재지의 관리로 하여금 감독하여 거두어 주게 하라. ⑫ 나쁜 쌀을 금하지 말며, 제향 아문(祭享衙門)의 관리는 금후로는 가려서 정하라."

─『성종실록(成宗實錄)』

2. 사료 해설

과전법(科田法) 체제에서 사전을 분급받은 자를 전주(田主), 해당 토지의 소유권자를 전객(佃客)이라고 한다. 사전은 본래 본인 대에 한해 분급했으나, 수신전(守信田)과 휼양전(恤養田)의 형태로 세습되는 것에 대해서는 인정하였다. 그러나 수신전ㆍ휼양전 규정은 회수하기 어려운 세전(世傳) 현상을 초래하였고, 이는 공신전과 더불어 사전의 만성적 부족 현상을 초래하였다.

전주는 전객들로부터 수확의 1/10[1결당 30두]을 징수하고, 이 가운데 2두씩을 세(稅)로 국가에 납부해야 했다. 그런데 전주는 1/10의 전조 외에도 수납가(輸納價)ㆍ초가(草價) 등도 징수하여 실제 수취량은 전체 수확량의 1/5에 육박하였으며, 이 밖에도 전객의 토지를 탈점하는 경우가 많았다.

사전의 만성적 부족 현상으로 말미암아 과전법이 혁파되고, 그 대신 직전법(職田法)이 제정되었다. 직전법의 내용은 현직 관리에게만 수조지를 분급한다는 것이었다. 그러나 이를 시행하자 수조 권자의 전조남징(田租濫徵) 현상은 더욱 심해졌다. 재직 기간 중에 최대한 많은 부를 확보해야 한다는 압박감의 발로였다.

그리하여 시행된 것이 바로 관수관급제(官收官給制)였다. 관수관급제는 전객이 직접 경창(京倉)에 조를 납부하면, 정부가 녹봉 지급 시 전주에게 수납한 전조를 지급하는 방식이었다. 이는 전주가 자행하는 여러 폐단을 막고, 전객의 경제적 성장을 반영하여 그들을 보호하기 위한 방편이었다.

사료 Plus⁺

> 호조(戶曹)에서 아뢰었다. "과전(科田)을 모두 전주(田主)가 수세(收稅)하게 한 것이 조종조(祖宗朝)로부터 시행된 지 이미 오래되었습니다. … 전주가 거둘 때에 함부로 거두는 자가 있으므로, 비록 경작인[佃夫]으로 하여금 사헌부(司憲府)에 고발하도록 하였으나, 초야(草野)의 백성들이 어찌 일일이 고발할 수 있겠습니까? …"
>
> — 『성종실록(成宗實錄)』

📁 사료 텍스트 완성하기

교과서 텍스트

1. 역 이성계와 신진 사대부는 (   )을/를 단행하여 농장을 몰수해 토지를 재분배함으로써 신진 관리들의 경제 기반을 마련하였다.

2. 역 세조는 국가 재정을 안정시키기 위해 (   )을/를 실시하고, 군사의 수를 늘려 국방을 강화하였다.

3. 역 관리들에게 지급할 (   )이/가 부족해지자 과전법을 개정하여 직전법을 제정하였다.

기출 텍스트

1. 수 과전법은 수조율을 그해 생산량의 (   )(으)로 잡았다.

2. 수 전주(田主)가 세금을 거둘 때 나타나는 폐단을 시행하기 위해 (   )이/가 시행되었다.

3. 수 직전법은 (   )에게만 수조권을 지급한 것이다.

빈칸 정답		교과서 텍스트	기출 텍스트
	1	과전법	1/10
	2	직전법	관수관급제
	3	토지	현직 관리

060 | 공법의 시행

① 六等田, 皆以五十七畝爲結, 而依此收稅各異, 則非惟節目煩碎, 科田出軍賦役等事, 計算甚難. ② 當依前例, 結卜廣狹, 各異分定, 而同科收租. … ③ 故以五十七畝所定之數, 推而演之, 以二十斗同科定結, 則六等田之結一百五十二畝, … 一等田之結三十八畝. ④ 上上年收稅二十斗, 上中年收稅十八斗, 上下年收稅十六斗, 中上年收稅十四斗, 中中年收稅十二斗, 中下年收稅十斗, 下上年收稅八斗, 下中年收稅六斗, 下下年收稅四斗.

— 『世宗實錄』 26年

주요 어휘 ||||||||||||||

依 의지할 의	此 이것 차	收 거둘 수	惟 생각할 유	節 항목 절
煩 괴로워할 번	碎 부술 쇄	難 어려울 난	例 법식 례	結 맺을 결
卜 점 복	廣 넓을 광	狹 좁을 협	推 헤아릴 추	演 부연할 연

한자 독음 ||||||||||||||

① 육등전, 개이오십칠무위결, 이의차수세각이, 즉비유절목번쇄, 과전출군부역등사, 계산심난. ② 당의전례, 결복광협, 각리분정, 이동과수조. … ③ 고이오십칠무소정지수, 추이연지, 이이십두동과정결, 즉육등전지결일백오십이무, … 일등전지결삼십팔무. ④ 상상년수세이십두, 상중년수세십팔두, 상하년수세십육두, 중상년수세십사두, 중중년수세십이두, 중하년수세십두, 하상년수세팔두, 하중년수세육두, 하하년수세사두.

1. 국문 해석

① 6등의 전지를 다 57무(畝)로 1결을 삼고, 이에 의하여 조세 징수를 각각 다르게 하자면 절목이 번잡할 뿐 아니라, 토지의 비례로 군대에 나가고 부역에 응하는 등의 일에 계산하기도 매우 곤란합니다. ② 마땅히 전례에 의하여 토지의 넓고 좁음을 등급마다 각기 다르게 분정(分定)하고 동과(同科)로 수조(收租)할 것입니다. … ③ 57무(畝)로 정한 수로써 미루어 절충하여, 20말로써 동과(同科)로 결(結)을 정하면, 6등 전지의 1결은 152무(畝), … 1등 전지의 1결은 38무가 됩니다. ④ 조세액은 상상년은 20말, 상중년은 18말, 상하년은 16말, 중상년은 14말, 중중년은 12말, 중하년은 10말, 하상년은 8말, 하중년은 6말, 하하년은 4말로 되옵니다.

- 『세종실록(世宗實錄)』 26년(年)

2. 사료 해설

과전법이 시행됨에 따라 공전(公田)·사전(私田)의 조율(租率)은 1/10, 즉 1결당 30두로 규정되었다. 그러나 이는 평상적인 해의 조액을 기준으로 한 것으로 농사의 작황에 따라 조를 감해줄 필요성이 있었기 때문에 답험손실법(踏驗損失法)이 규정되었다. 이는 농사의 상황을 10분(分)으로 잡아 손해가 1분이면 1분의 조(租)를 감하고 손해가 8분이면 전액을 면제하도록 하는 것이었다. 이를 위해 매년 농사의 작황을 파악해야 했는데, 공전일 경우 해당 지방의 수령이 주관하여 답험하도록 되어 있고, 사전일 경우에는 전주(田主)가 각자 답험하도록 하였다. 그러나 답험손실법은 작황을 파악하는 과정에서 전주의 자의적인 판단과 수조액 이외의 불법적인 수탈이 자행될 여지가 많았다.

세종은 답험손실법의 폐단을 막기 위해 많은 고민과 연구를 행했는데, 이러한 과정 끝에 나온 것이 바로 공법(貢法)이었다. 세종 12년(1430)에는 공법에 대한 전국적인 여론조사를 5개월 동안 시행하였는데, 무려 172,806명이 응한 이 조사에서 예상 밖에 반대 여론이 많았다. 세종은 이를 이유로 충분한 시간을 갖고 시행 가능한 방안을 입안하여 토론하는 방식으로 공법의 내용을 보완해 나갔다. 그리하여 세종 26년(1444)에 이르러서야 공법을 최종 확정하여 시행하였다.

사료 Plus⁺

- 서울과 지방의 벼슬아치들은 물론이고 일반 백성에게도 그 가부를 물어서 아뢰어라.
- 각도 감사는 고을마다 연분(年分)을 살펴 정하되 … 총합하여 10분으로 비율을 삼아서, 전실(全實)을 상상년, 9분실(九分實)을 상중년, … 3분실(三分實)을 하중년, 2분실(二分實)을 하하년으로 한다. 수전과 한전을 각각 등급을 나누어서 모(某) 고을의 수전 모 등년(等年), 한전 모 등년으로 아뢰게 한다. 1분실(一分實)은 9등분에 포함되지 않으니 조세를 면제한다.

- 『세종실록(世宗實錄)』

사료 텍스트 완성하기

교과서 텍스트

1. 한 세종 때 농경지의 토질과 풍흉을 고려하여 전세를 차등 있게 거두는 (   )을/를 시행하였다.

2. 한 세종 때에는 토지의 (   ) 및 풍흉을 고려하여 4두에서 20두까지 차등 있게 거두는 공법을 시행하였다.

3. 한 공법은 전세를 거둘 때 토지 비옥도에 따라 6단계로 나누어 면적을 달리하고(전분 6등법), 해마다 풍흉에 따라 거둘 양을 9등급으로 나누어 1결에 최고 (   )에서 최하 4두까지 거두었다(연분 9등법).

기출 텍스트

1. 전 본래 답험의 1차 책임자는 (   )이었지만, 관내의 모든 전답을 직접 조사할 수는 없었으므로 품관에게 실무를 맡겼다.

2. 등 답험에 따른 관리의 농간을 없애기 위해 (   )이/가 실시되었다.

3. 등 공법은 (   )와/과 연분 9등에 따라 세금을 부과하였다.

빈칸 정답		교과서 텍스트	기출 텍스트
	1	공법	수령
	2	비옥도	공법
	3	20두	전분 6등

061 | 농사직설

역천재

① 農者, 天下國家之大本也. ② 自古聖王, 莫不以是爲務焉. … ③ 恭惟 太宗恭定大王, 嘗命儒臣, 掇取古農書切用之語, 附註鄕言, 刊板頒行, 敎 民力本. ④ 及我主上殿下, 繼明圖治, 尤留意於民事. ⑤ 以五方風土不同, 樹藝之法, 各有其宜, 不可盡同古書, 乃命諸道監司, 逮訪州縣老農, 因地 已試之驗具聞. ⑥ 又命臣招, 就加詮次, 臣與宗簿少尹臣卞孝文, 披閱參 考, 祛其重複, 取其切要, 撰成一編, 目曰農事直說. ⑦ 農事之外, 不雜他 說, 務爲簡直, 使山野之民曉然易知.

— 『農事直說』「序」

주요 어휘 ||||||||||||||||||

莫 없을 막	務 힘쓸 무	恭 공손할 공	惟 생각할 유	嘗 일찍이 상
掇 주울 철	取 취할 취	附 붙을 부	刊 책 펴낼 간	板 널빤지 판
頒 나눌 반	繼 이을 계	圖 다스릴 도	治 다스릴 치	尤 더욱 우
留 머무를 류	意 뜻 의	樹 나무 수	藝 심을 예	逮 미칠 체
訪 찾을 방	驗 증험할 험	具 갖출 구	聞 들을 문	招 부를 초
就 이룰 취	加 더할 가	詮 설명할 전	次 버금 차	簿 장부 부
披 나눌 피	閱 조사할 열	複 겹칠 복	切 중요할 절	要 구할 요
撰 지을 찬	雜 섞일 잡	簡 간략할 간	曉 환히 알 효	易 바꿀 역

한자 독음 ||||||||||||||||||

① 농자, 천하국가지대본야. ② 자고성왕, 막불이시위무언. … ③ 공유태종공정대왕, 상명유신, 철취고농서 절용지어, 부주향언, 간판반행, 교민역본. ④ 급아주상전하, 계명도치, 우유의어민사. ⑤ 이오방풍토불동, 수 예지법, 각유기의, 불가진동고서, 내명제도감사, 체방주현노농, 인지이시지험구문. ⑥ 우명신초, 취가전차, 신 여종부소윤신변효문, 피열참고, 거기중복, 취기절요, 찬성일편, 목왈농사직설. ⑦ 농사지외, 불잡타설, 무위간 직, 사산야지민효연역지.

1. 국문 해석

① 농사는 천하의 대본(大本)이다. ② 예로부터 성왕(聖王)이 이를 힘쓰지 아니한 사람이 없었다. … ③ 삼가 생각하건대 태종 공정대왕(恭靖大王)께서 일찍이 유신(儒臣)에게 명하시어 옛날 농서(農書)로서 절실히 쓰이는 말들을 뽑아서 향언(鄕言)으로 주(註)를 붙여 판각(板刻)해 반포토록 하여, 백성을 가르쳐서 농사를 힘쓰게 하셨다. ④ 우리 주상전하께서는 명석한 임금을 계승하여 정사에 힘을 써 더욱 민사(民事)에 마음을 두셨다. ⑤ 오방(五方)의 풍토가 같지 않아 곡식을 심고 가꾸는 법이 각기 적성(適性)이 있어, 옛글과 다 같을 수 없다 하여, 여러 도의 감사에게 명하여 주현의 노농(老農)들을 방문토록 하여, 농토의 이미 시험한 증험에 따라 갖추어 아뢰게 하셨다. ⑥ 또 신(臣) 정초(鄭招)에게 순서에 따라 얽게 하시고 종부소윤(宗簿少尹) 변효문(卞孝文)과 더불어 교열하고 참고하여 그 중복된 것을 버리고 그 절실하고 중요한 것만 뽑아서 찬집하여 한 편(編)을 만들게 하고 제목을 『농사직설』이라고 하였다. ⑦ 농사 외에는 다른 설(說)은 섞지 아니하고 간략하고 바른 것에 힘을 써서, 산야(山野)의 백성도 환히 쉽사리 알도록 하였다.

ー『농사직설(農事直說)』「서(序)」

2. 사료 해설

고려 말 조선 초에는 중국의 농서인 『농상집요(農桑輯要)』의 영향을 많이 받았다. 이 책은 중국 화북 지방의 농업 경험을 정리한 것이었다. 태종(太宗) 시기에는 이 책에서 우리 농사에 필요한 부분들을 집중 선택하여 이두로 번역한 『농서집요(農書輯要)』를 편찬하였다. 그러나 우리 풍토가 중국의 풍토와 달랐기 때문에 이 책을 참고하는 데는 한계가 있었다.

그리하여 우리의 독자적 농서가 편찬되었으니 이것이 바로 『농사직설(農事直說)』이다. 이 책은 중국의 대표적 농서인 『제민요술(齊民要術)』과 『농상집요(農桑輯要)』, 『사시찬요(四時纂要)』를 참고하여 중국의 선진적인 화북 농법을 받아들이고, 여기에 하삼도 노농(老農)들의 경험을 집약하여 독자적인 농법을 정리한 것이었다.

『농사직설』은 주로 곡식 작물 재배에 중점을 둔 서적이다. 대표적으로 논에서의 벼 재배법을 살펴보면, 직파법(直播法)·건답법(乾畓法)·묘종법(苗種法)을 다루고 있다. 이를 통해 당시 남부 지방의 농법을 알 수 있다. 먼저, 직파법은 논에 미리 싹을 틔운 볍씨를 뿌려 그대로 키워 거두는 방식으로 15세기 농민 대부분이 선택한 방법이었다. 다음으로 건답법은 볍씨를 마치 밭작물처럼 마른 논에 심어 키우다가, 모가 성장하면 물을 넣어 키우는 방식이었다. 이는 봄 가뭄이 심한 우리 풍토에서 개발된 독특한 풍토였지만, 직파법보다 김매기가 힘들었기 때문에 널리 행해지지는 않았다. 마지막으로 묘종법은 못자리에서 키운 벼의 모를 논에 옮겨 심어 재배하는 방식이었다. 이 방법은 김매기가 쉽고 수확량도 많았으나, 모를 옮겨 심는 시기에 가뭄이 들면 위험했다. 조선 전기에는 수리 시설이 부족했기 때문에 정부에서 권장하지 않았고, 경상도 등의 지역에서 일부 농민들만 행하는 방식이었다.

사료 Plus⁺

벼 품종에는 이른 벼와 늦벼가 있다. 경종법에는 물갈이[향명(鄕名)은 수삶이], 마른갈이[향명은 건삶이]와 삽종법[향명은 묘종]이 있다. 제초하는 법은 대체로 같다. … 삽종법(揷種法)은 물이 있는 논을 선택하되 비록 가물어도 마르지 않는 곳이어야 한다. 2월 하순부터 3월 상순 사이에 갈 수 있다. 논마다 10분의 1은 모를 기르고 나머지 10분의 9는 모를 심는다.

— 『농사직설(農事直說)』 종도조(種稻條)

사료 텍스트 완성하기

교과서 텍스트

1. 한 조선 정부는 건국 초부터 개간을 장려하고 조선 현실에 맞는 (   )을/를 편찬하여 보급하였다.

2. 한 조선 전기에는 농업 기술도 발전하여 밭농사에서는 (   )이/가 널리 행해졌으며, 남부 일부 지방에서는 이앙법이 보급되었다.

3. 역 한편 주변에서 쉽게 구할 수 있는 약재로 질병을 치료할 수 있도록 (   )을/를 편찬하였다.

기출 텍스트

1. 전 (   )은/는 15세기 우리의 독자적인 농법을 정리한 농서이다.

2. 전 『농사직설』은 중국의 (   ) 등을 참조하여 편찬하였다.

3. 전 『농사직설』은 벼의 재배법을 수경법(水耕法), 건경법(乾耕法), (   )의 세 가지로 나누어 설명하고 있다.

빈칸 정답		교과서 텍스트	기출 텍스트
	1	『농사직설』	『농사직설』
	2	2년 3작	『제민요술』
	3	『향약집성방』	삽종법(揷種法)

242 Part 02 조선 사회의 성립

062 | 상속과 제사

國금성, 國천재

① 上謂金宗瑞曰. ② "親迎之禮, 本朝不行久矣. ③ 府尹高若海等, 據古禮請之, 太宗時有欲行親迎之議, 年少處女, 亦皆嫁之, 以其親迎之爲難也. ④ 所難者, 何事?" ⑤ 宗瑞對曰. ⑥ "我國之俗, 男歸女第, 其來久. ⑦ 若令女歸男第, 則其奴婢衣服器皿, 女家皆當備之, 以是憚其難也. ⑧ 男家若富, 則待新婦不難, 貧者則支待甚艱, 男家亦忌之."

— 『世宗實錄』 12年

⑨ 右立議段, 父母邊田民乙, 分衿爲昆, 漏落奴婢陳告者, 先賞一口後, 長幼次序, 以依大典施行爲乎事是置. ⑩ 祭祀應行事件乙, 同議磨鍊後, 錄爲臥乎事. … ⑪ 凡忌祭乙, 毋得輪行, 皆行于宗子家爲乎矣. ⑫ 每年子孫等, 各出米助祭, 親子女則出十斗, 親孫子女則出五斗, 親曾孫子女及外孫子女則出二斗事.

— 「栗谷先生男妹分財記」

주요 어휘 |||||||||||||||||

親 친히 **친**	迎 맞이할 **영**	久 오랠 **구**	據 의거할 **거**	嫁 시집갈 **가**
難 어려울 **난**	歸 돌아갈 **귀**	第 집 **제**	器 그릇 **기**	皿 그릇 **명**
當 당할 **당**	備 갖출 **비**	憚 꺼릴 **탄**	富 부유할 **부**	貧 가난할 **빈**
支 지탱할 **지**	甚 심할 **심**	艱 어려울 **간**	忌 꺼릴 **기**	段 구분 **단**
邊 가 **변**	衿 옷깃 **금**	昆 형 **곤**	漏 샐 **누**	落 떨어질 **락**
陳 늘어놓을 **진**	告 알릴 **고**	賞 상줄 **상**	幼 어릴 **유**	次 버금 **차**
序 차례 **서**	應 응할 **응**	磨 갈 **마**	鍊 불릴 **연**	錄 기록할 **록**
臥 엎드릴 **와**	輪 돌다 **윤**			

한자 독음 ⅠⅠⅠⅠⅠⅠⅠⅠⅠⅠⅠⅠ

① 상위김종서왈. ② "친영지예, 본조불행구의. ③ 부윤고약해등, 거고예청지, 태종시유욕행친영지의, 연소처녀, 역개가지, 이기친영지위난야. ④ 소난자, 하사?" ⑤ 종서대왈. ⑥ "아국지속, 남귀여제, 기래구. ⑦ 약령녀귀남제, 즉기노비의복기명, 여가개당비지, 이시탄기난야. ⑧ 남가약부, 즉대신부불난, 빈자즉지대심간, 남가역기지."

⑨ 우입의단, 부모변전민을, 분금위곤, 누락노비진고자, 선상일구후, 장유차서, 이의대전시행위호사시치. ⑩ 제사응행사건을, 동의마연후, 록위와호사. … ⑪ 범기제을, 무득윤행, 개행우종자가위호의. ⑫ 매년자손등, 각출미조제, 친자녀칙출십두, 친손자녀칙출오두, 친증손자녀급외손자녀칙출이두사.

1. 국문 해석

① 임금이 김종서(金宗瑞)에게 물었다. ② "친영(親迎)의 예는 우리나라에서 오랫동안 실시하지 않았는데, 부윤(府尹) 고약해(高若海) 등이 고례(古禮)에 의거하여 이를 실행할 것을 요청하였다. ③ 태종 때에 친영의 예를 실시하자는 의논이 있었으나, 나이 어린 처녀도 모두 결혼을 시킨 것은 친영을 행하기가 어려웠기 때문이었다. ④ 그 어려운 이유란 무엇인가?" ⑤ 종서가 대답하였다. ⑥ "우리나라의 풍속은 남자가 여자의 집으로 가는 것이 그 유래가 오랩니다. ⑦ 만일 여자가 남자의 집으로 들어가게 된다면, 곧 거기에 필요한 노비·의복·기명(器皿)을 여자의 집에서 모두 마련해야 되기 때문에, 그것이 곤란하여 어렵게 되는 것입니다. ⑧ 남자의 집이 만일 부자라면 곧 신부를 접대하는 것이 어렵지 않겠지만, 가난한 사람은 부담하기가 매우 어렵기 때문에, 남자의 집에서도 이를 꺼려 왔습니다."

-『세종실록(世宗實錄)』 12년(年)

⑨ 부모 쪽 전답과 노비의 몫을 나누므로 누락된 노비를 고하는 사람에게는 먼저 한 명을 상으로 준 뒤 장유(長幼)의 차서에 따라 『경국대전(經國大典)』대로 시행하는 일이다. ⑩ 그렇지만 거행해야 할 제사에 관한 일을 형제자매가 함께 의논하여 마련한 뒤에 아래와 같이 기록한다. … ⑪ 모든 기제사를 돌아가며 지내지 말고 모두 종자의 집에서 거행하다. ⑫ 매년 자손들이 각각 쌀을 내어 제사를 돕는데, 친자녀(親子女)는 10말[斗]을 내고, 친손자녀는 5말을 내고, 친증손자녀(親曾孫子女)와 외손녀는 2말을 낸다.

-「율곡선생남매분재기(栗谷先生男妹分財記)」

2. 사료 해설

조선 초기에는 부계와 모계 친족 모두가 존중되는 양계적 친족 체계가 지속되었다. 아들과 딸의 구별 없이 자녀들이 돌아가면서 제사를 지내는 윤회봉사가 일반적이었고, 재산 역시도 고르게 상속되었다. 그리하여 『경국대전』에서도 자녀들의 재산 분배를 균등하게 할 것을 규정하고 있었다.

혼인의 방식도 고려 시대와 마찬가지로 남자가 여자의 집으로 장가가는 것이 일반적이었다. 남자들은 혼인하면 처가에서 1~5년 정도 살면서 자식을 낳아 길렀다. 그래서 딸과 아들이 동등하게 대우받을 수 있었다.

그런데 『주자가례(朱子家禮)』로 대표되는 성리학적 규범이 향촌사회에까지 널리 보급됨에 따라 기존의 가족 제도에 큰 변화가 나타나기 시작하였다. 이에 따라 17세기 이후 부계 중심의 가족 제도가 점차 강화되었고, 혼인·제사·상속에 이르기까지 가족 제도의 변화가 본격화되었다.

사료 Plus⁺

- 무릇 자손에게 유서나 훈계하는 글을 남기는 것, 노비와 땅, 집을 나누는 것은 모두 한 집을 다스리는 것이다. … 어찌 아들과 딸을 구별하고 외손과 친손을 구별하겠는가. 조부모·부모의 마음으로 이를 보면 본래 다 같은 자손이다.

  ─『성종실록(成宗實錄)』

- 우리나라는 비록 사대부가 후손(아들)이 없는 경우라도 하더라도 후사를 세우지 않고 딸로 하여금 제사를 주관하게 한다.

  ─『중종실록(中宗實錄)』

- 인종 1년 정월 초사일, 어머니 기일 때문에 (휴가를 받아) 집에서 몸과 마음을 깨끗이 하였다. … 이번 제사의 차례는 큰누님 댁이다. 큰형의 아들과 함께 청파동에 갔더니 작은형의 아들도 막 도착해 있었다. 바로 제사를 거행하였다.

  ─『이문건(李文楗)의 일기[默齋日記]』

사료 텍스트 완성하기

교과서 텍스트

1. 역 조선 초기에는 아들과 딸의 구별 없이 자녀들이 돌아가면서 제사를 지냈고, (   )도 고르게 상속되었다.

2. 역 유교식 혼례에서는 여자가 남자의 집으로 시집오는 것이었고, 이 과정이 중요했기 때문에 (   )(이)라는 절차가 있었다.

3. 역 서원, 향약 등을 통해 (   )이/가 향촌사회에 널리 보급되면서 기존의 가족 제도에 큰 변화가 나타났다.

4. 역 양반들은 점차 (   )에 따라 관례와 친영이 포함된 혼례를 치렀다.

기출 텍스트

1. 수 조선 전기에는 형제들이 돌아가면서 부모의 (   )을/를 지냈다.

2. 능 조선 전기에는 자녀에게 재산을 (   )하는 일이 많았다.

3. 능 조선 전기에는 아들딸 구별 없이 (   )대로 족보에 기록하였다.

4. 능 조선 시대에는 점차 혼인 후에 (   ) 집에서 생활하는 경우가 보편화되었다.

빈칸정답		교과서 텍스트	기출 텍스트
	1	재산	제사
	2	친영	균분 상속
	3	성리학적 규범	태어난 순서
	4	『주자가례』	남자

063 향약의 시행

① 大司憲趙光祖曰. ② "鄕約本意則不如是, 今之鄕約, 大似迫促, 甚非王道之事也. ③ 其故乃監司, 迫而使之行也. ④ 京中亦如是, 故臣召五部言之矣. ⑤ 治道不可急迫, 當以德優游而使民化之, 然後可以言治也."

― 『中宗實錄』 14年 10月

⑥ 衆推一人有齒德學術者, 爲都約正, 以有學行者二人副之. ⑦ 約中輪回爲直月司貨, 直月必以有奴僕可使令者爲之, 司貨必以書院儒生爲之. ⑧ 都副正非有故則不遞, 直月每會輪遞, 司貨一年輪遞. … ⑨ 凡善惡之籍, 皆自參約後書之, 約前雖有過失, 皆許令洗滌, 不復論說, 必仍舊不改, 然後乃書于籍. ⑩ 惡籍則明知改過, 然後於會集時, 僉議爻周, 善籍則雖有過, 亦不爻, 必有不孝父母, 不友兄弟, 淫姦犯禁, 贓汚辱身等大段悖理之行, 然後乃爻善籍而黜約.

― 『栗谷全書』

주요 어휘 ||||||||||||||||

迫 닥칠 **박**	促 재촉할 **촉**	乃 이에 **내**	監 살필 **감**	召 부를 **소**
急 급할 **급**	優 넉넉할 **우**	游 어슬렁거릴 / 놀 **유**		衆 무리 **중**
推 천거할 **추**	術 꾀 **술**	副 버금 **부**	貨 재화 **화**	遞 갈마들 **체**
洗 씻을 **세**	滌 씻을 **척**	爻 사귈 **효**	周 두루 **주**	贓 장물 **장**
汚 더러울 **오**	辱 욕되게 할 **욕**	悖 어그러질 **패**		

한자 독음 ‖‖‖‖‖‖‖‖‖‖‖‖‖

① 대사헌조광조왈. ② "향약본의즉불여시, 금지향약, 대사박촉, 심비왕도지사야. ③ 기고내감사, 박이사지행야. ④ 경중역여시, 고신소오부언지의. ⑤ 치도불가급박, 당이덕우유이사민화지, 연후가이언치야."

⑥ 중추일인유치덕학술자, 위도약정, 이유학행자이인부지. ⑦ 약중윤회위직월사화, 직월필이유노복가사령자위지, 사화필서원유생위지. ⑧ 도부정비유고즉불체, 직월매회윤체, 사화일년윤체. … ⑨ 범선악지적, 개자참약후서지, 약전수유과실, 개허영세척, 불부논설, 필잉구불개, 연후내서우적. ⑩ 악적즉명개과, 연후어회집시, 첨의효주, 선적즉수유과, 역불효, 필유불효부모, 불우형제, 음간범금, 장오욕신등대단패리지행, 연후내효선적이출약.

---

1. 국문 해석

① 대사헌(大司憲) 조광조(趙光祖)가 아뢰었다. ② "향약의 본의는 그렇지 않는데 지금의 향약은 대단히 촉박한 듯하니, 왕도(王道)에 매우 어그러지는 일입니다. ③ 그 까닭은 감사(監司)가 구박해서 행하게 하기 때문입니다. ④ 경중(京中)도 그러하므로 신이 오부(五部)를 불러서 말하였습니다. ⑤ 치도(治道)는 급박해서는 안 되고, 덕(德)으로 여유를 두고서 백성을 교화시켜야 올바른 정치라고 말할 수 있습니다."

- 『중종실록(中宗實錄)』 14년(年) 10월(月)

⑥ 여러 사람들은 나이와 덕망과 학술(學術)이 있는 한 사람을 추대하여 도약정으로 삼고, 학문과 덕행이 있는 두 사람을 부약정으로 추대한다. ⑦ 약중(約中)에서 교대로 직월과 사화를 맡는데 직월은 반드시 부릴 노복이 있어 사령(使令)이 가능한 사람으로 삼고 사화는 반드시 서원 유생으로 삼는다. ⑧ 도정과 부정은 사고가 있지 않으면 바꾸지 않고, 직월은 모임이 있을 때마다 교대로 바꾸며, 사화는 1년에 한 번씩 바꾼다. … ⑨ 선적(善籍)·악적(惡籍)은 모두 스스로 향약에 참여한 뒤부터 기록하고 그 이전에는 과실이 있었더라도 모두 말소하여 다시 논하지 않고 반드시 예전 그대로 고치지 않은 뒤에야 장부에 기록한다. ⑩ 악적에 기록된 것은 허물을 고친 것을 명백히 안 뒤에야 모임 때 공론으로 말소하고, 선적에 기록된 것은 비록 허물이 있더라도 말소하지 않고 반드시 부모에게 불효하거나, 형제에게 우애하지 못하거나, 음간(淫姦)으로 금령을 범하거나, 부정한 재물을 취하여 몸을 욕되게 하는 등의 크게 패륜한 행실이 있은 뒤에야 선적에서 말소하고 약에서 쫓아낸다.

- 『율곡전서(栗谷全書)』

2. 사료 해설

조광조(趙光祖) 등의 기묘사림(己卯士林)은 훈구파들의 지방 통제 수단으로 이용되던 경재소(京在所)·유향소(留鄕所) 등의 철폐를 주장하고, 그 대안으로서 향약(鄕約)의 보급을 제안하였다. 향촌 사회의 교화를 도모할 수 있는 향약의 보급은 도학 정치의 실현을 이뤄낼 수 있는 방편으로 인식되었기 때문이다. 그리하여 경상감사 김안국(金安國)이 『여씨향약언해(呂氏鄕約諺解)』를 간행하였고, 향약의 전국적인 실시를 도모하였다.

그런데 당시 향약은 기묘사림이 중국에서 만들어진 향약을 급속도로 보급하는 방식으로 시행되면서, 전통과 자치가 아우러지지 못한 채 관(官) 주도로 시행되었다는 문제점이 있었다. 그래서 기묘사화(己卯士禍)가 벌어지자 향약은 급속도로 사라지게 되었다.

이후 선조 초에 사림이 정권을 장악함에 따라 향약의 실시가 당면 문제로 대두하였다. 조정에서는 또다시 관 주도의 향약을 추진하려 했으나, 율곡(栗谷) 이이(李珥) 등이 반대함으로써 일단은 중단되었다. 이후 이이와 퇴계(退溪) 이황(李滉) 등의 노력으로 민간에서 향약이 점차 번져나가기 시작하였다. 이렇게 시행된 향약은 이전의 향약과 달리 지역별 특색이 반영된 것이었다.

사료 Plus⁺

- 처음 향약을 정할 때 약문을 동지에게 두루 보이고 그 마음을 바로잡고, 몸가짐을 단속하고, 착하게 살고 허물을 고치기 위해 약계(約契)에 참례하기를 원하는 자 몇 사람을 가려 서원에 모아 놓고 약법을 의논하여 정한 다음 도약정, 부약정 및 직월·사화를 선출한다.

  ─『해주향약(海州鄕約)』

- 부모에게 불순한 자, 형제가 서로 싸우는 자, 가문의 도리를 어지럽히는 자, 일이 관청에 간섭되고 향촌의 풍속에 관계되는 자, 위세를 부려 관을 흔들며 자기 마음대로 행하는 자, 향장(鄕長)을 능욕하는 자, 수절하는 부인을 유인하여 더럽히는 자 등 7항목은 극벌에 처한다.

  ─『예안향약(禮安鄕約)』

사료 텍스트 완성하기

교과서 텍스트

1. 역 중종 때 조광조가 (   )을/를 번역하였고, 이후 이황과 이이가 우리나라 실정에 맞게 만들어 향촌에 널리 보급하였다.

2. 역 사림은 (   )을/를 통해 지방민을 교화하고 통제하면서 향촌사회의 주도권을 강화해 나갔다.

3. 역 사림은 유학의 도덕과 예법을 배우는 기본 서적인『소학』과 가정에서 지켜야 할 예법을 정리한 (   )을/를 보급하여, 백성에게 유교적 생활 규범을 익히게 하였다.

4. 역 향약은 처음에는 중국에서 만들어진 향약의 영향을 받았으나, 군현이나 마을 단위로 시행되면서 지역별로 (   ) 있게 만들어 졌다.

기출 텍스트

1. 수 기묘사림은 소학으로써 인재를 기르고 (   )을/를 시행하여 백성들을 감화시켰다.

2. 능 이이는 (   )을/를 시행하여 향촌 교화에 힘썼다.

3. 능 사림은 도덕과 의리를 바탕으로 하는 (   )을/를 강조하면서 향촌 자치를 내세웠다.

4. 능 사림은 (   )을/를 토대로 학문의 기반을 구축하였고, 소학 보급에 노력하였다.

빈칸정답		교과서 텍스트	기출 텍스트
	1	중국의 향약(여씨향약)	여씨향약
	2	향약	해주향약
	3	『주자가례』	왕도 정치
	4	특색	서원

064 | 성리학의 발달

① 理氣元不相離. ② 似是一物, 而其所以異者, 理無形也氣有形也, 理無爲也氣有爲也. ③ 無形無爲, 而爲有形有爲之主者理也. ④ 有形有爲, 而爲無形無爲之器者氣也. ⑤ 理無形而氣有形, 故理通而氣局. ⑥ 理無爲而氣有爲, 故氣發而理乘. ⑦ '理通'者何謂也? ⑧ 理者無本末也無先後也. … ⑨ 氣之偏則理亦偏, 而所偏非理也氣也. ⑩ 氣之全則理亦全, 而所全非理也氣也.

—『栗谷全書』

주요 어휘 |||||||||||||||

離 떼놓을 리　　似 같을 사　　形 형체 형　　主 주관할 주　　器 그릇 기
乘 탈 승　　偏 치우칠 편

한자 독음 |||||||||||||||

① 이기원불상리. ② 사시일물, 이기소이이자, 이무형야기유형야, 이무위야기유위야. ③ 무형무위, 이위유형유위지주자이야. ④ 유형유위, 이위무형무위지기자기야. ⑤ 이무형이기유형, 고이통이기국. ⑥ 이무위이기유위, 고기발이이승. ⑦ '이통'자하위야? ⑧ 이자무본말야무선후야. … ⑨ 기지편즉이역편, 이소편비이야기야. ⑩ 기지전즉이역전, 이소전비이야기야.

1. 국문 해석

① 리(理)와 기(氣)는 원래 서로 떨어질 수 없다. ② 이처럼 하나의 물건 같지만 다른 점은 기(理)는 무형무위(無形無爲)하고 기(氣)는 유형유위(有形有爲)하다는 점이다. ③ 무형무위하므로 유형유위를 주제하는 것이니 이것이 리(理)다. ④ 유형유위하므로 무형무위의 그릇이 되는 것이니 이것이 기(氣)다. ⑤ 리(理)는 무형하고 기(氣)는 유형하므로 리(理)는 통(通)하고 기(氣)는 국한된다[理通氣局]. ⑥ 리(理)는 무위하고 기(氣)는 유위하므로 기(氣)가 발(發)하면 리(理)가 탄다[氣發一途說]. ⑦ '리(理)는 통(通)한다.'라는 것은 무슨 뜻인가? ⑧ 리(理)는 본말이 없고 선후가 없다. … ⑨ 기(氣)가 치우치면 리(理)도 치우치는데, 치우친 것은 리가 아니고 기(氣)이다. ⑩ 기(氣)가 온전하면 리(理)도 온전한데 온전한 것은 리(理)가 아니고 기(氣)이다.

—『율곡전서(栗谷全書)』

2. 사료 해설

퇴계(退溪) 이황(李滉)과 율곡(栗谷) 이이(李珥)의 사상은 그들이 활동하였던 정치적 환경을 놓고 성립되었기 때문에, 그들이 활동하였던 시기를 살펴보아야 한다. 먼저 이황(1501~1570)은 사림이 구체제를 비판하고 훈척과 투쟁하던 시기에 활동하였다. 그리하여 그는 기묘사화(1519) 이후 훈척이 정치를 주도하던 상황에서 도덕의 절대성에 초점을 맞춘 주리론을 발전시켰다.

율곡 이이(1536~1584)는 사림이 중앙 정계에 진출하여 직접 개혁을 실시하고 있던 시기에 활동하였다. 그리하여 율곡은 기(氣)의 기능을 중시하면서 수미법 등의 경장(更張)을 주장하였다.

이들의 사상적 차이는 특히 심성론에서 두드러지게 나타났다. 대표적인 논변이 바로 사단칠정(四端七情) 논쟁이다. 사단과 칠정은 인간이 대상 세계에 반응하여 드러내는 감정을 뜻하는 개념으로, 사단은 도덕적 감정이라고 할 수 있고, 칠정은 일반적인 감정이라고 할 수 있다. 그리하여 사단은 그 자체로 선하지만, 일반 감정인 칠정은 선할 수도 있고 악할 수도 있다. 이황과 이이는 이러한 사단과 칠정의 의미와 발생 원인을 탐구하면서, 각자 독자적인 학설을 개진하였다.

퇴계는 사단과 칠정의 관계를 철저하게 구분하였다. 그래서 그는 사단(四端)은 이(理)에서 발생하고, 칠정(七情)은 기(氣)에서 발생한다고 보았는데, 이를 이기호발설(理氣互發說)이라고 한다. 이를 통해 이황은 인간이 도덕적으로 선한 존재라는 사실을 부각시키고자 하였다. 따라서 그는 이와 기가 섞일 수 없음을 강조하면서, 이들의 관계를 이귀기천(理貴氣賤)이라고 보았다.

반면 율곡은 사단칠정이 서로 대립하는 것이 아니고, 양자 모두 이와 기가 혼재된 것이라고 보았다. 그는 사단칠정을 포함한 모든 인간의 감정은 모두 기가 발하고 이가 여기에 타면서 드러난다는 기발이승일도설(氣發理乘一途說)을 주장하였다. 또한 이와 기의 관계를 물과 그릇의 관계에 비유하는 이통기국(理通氣局)으로 보았다.

퇴계와 이황의 사상적 차이는 그들의 성학군주론에서도 극명하게 나타난다. 퇴계의 『성학십도(聖學十圖)』는 군주 자신이 성학을 따를 것을 주장하며, 성인(聖人)과 성왕(聖王)이 되는 방법을 10가지 그림과 설명으로 제시하였다. 반면, 율곡의 『성학집요(聖學輯要)』는 신하가 군주에게 성학을 가르쳐 기질을 변화시켜야 한다고 주장하며, 학문과 통치에 관한 고전의 내용을 세세하게 제시하였다. 이러한 차이는 율곡이 활동하였던 시기에 사림이 훈척보다 정치적 우위를 차지하고, 주도적으로 개혁을 이끌어 나갔던 시대적 변화를 반영한 것이라 할 수 있다.

이후 이이(李珥) − 김장생(金長生) − 송시열(宋時烈) − 권상하(權尙夏)로 이어지는 기호학파 내에서 호락논쟁(湖洛論爭)이 일어났다. 이러한 논쟁은 주로 한원진(韓元震)으로 대표되는 충청 지역의 학자들[湖西]과 이간(李柬)으로 대표되는 서울과 경기 지역의 학자들[洛陽]로 나뉘어 논쟁을 벌여서 호락논쟁이라고 한다. 호락논쟁의 핵심은 인간과 짐승의 본성을 동일하게 바라보느냐의 여부였다. 호론 학자들은 인간과 짐승의 본성이 다르다고 주장하였고, 낙론 학자들은 인간과 짐승의 본성이 같다고 주장하였다. 호론에는 조선과 청이 본질적으로 다르다는 화이론이 내재되어 있었고, 낙론은 화이론적 구분에 비판적인 입장이었다. 이러한 호락논쟁은 양란을 거치면서 극심해진 사회적 무질서 속에서 인간 본성에 대한 논쟁이 성리학자들에 의해 발현된 것이다. 또한 오랑캐라고 멸시했던 만주족이 청을 세워 중국 지역을 장악하고 발전해 나가는 상황을 두고, 조선의 성리학자들이 세계관·인간관에 대해 치열하게 논쟁을 벌인 것이기도 하다.

사료 Plus+

- 우리나라 교육은 중국을 따라 중앙에는 성균관과 사학(四學)이 있고, 지방에는 향교가 있어 자못 훌륭합니다. 하지만 오직 서원만은 설치되어 있지 않습니다. … 서원이 흥성해지면 선비의 기풍이 크게 변하고 습속이 날로 개선되어 왕의 교화가 이루어질 수 있을 것입니다.

  —『퇴계문집(退溪文集)』

- 이황이 아뢰기를 "옛날 사람들은 먼저 『소학(小學)』을 읽어 본바탕을 함양하였습니다. 그러나 후세 사람들은 『소학』을 읽지 않기 때문에 학문에 근본이 없어 격물치지(格物致知)의 좋은 결과를 알지 못합니다. 소학은 비단 어린 사람들뿐만 아니라 장성한 사람들도 읽어야 할 책입니다."라고 하였다.

  —『선조실록(宣祖實錄)』

- 이이가 명나라의 두 사신(황홍헌, 왕경민)을 접견하였을 때, 황홍헌이 역관에게 말하였다. "그렇다면 그가 바로 천도책(天道策, 이이가 장원 급제했을 때의 답안)을 지은 사람인가?" 그렇다고 대답하니, 두 사신이 고개를 끄덕였다. 길을 오면서 이이의 예에 대한 논의와 화답한 시를 보고 특별히 예의를 갖추어 정중히 대하였으며, 모든 편지에 반드시 율곡 선생이라 칭하였다.

  —『선조수정실록(宣祖修正實錄)』

- 이간(李柬)이 말하였다. "인의예지신과 같은 덕성(德性)은 짐승 역시 동등하게 받았습니다. 다만 차이가 있다면 인간은 덕성이 온전하고 짐승은 치우쳐 있다는 정도입니다." 한원진이 말하였다. "그것은 이(理)의 관점에서만 본 것입니다. 기(氣)의 관점에서 보면 어떤지요? 만물은 제각각 다릅니다. 짐승이 어찌 인의예지신을 가지고 있다고 하겠습니까?"

  —『한산기행(寒山記行)』

✏ 사료 텍스트 완성하기

교과서 텍스트

1. 옙 (   )은/는 어린 나이의 왕이 이해하기 쉽게 성리학의 기본 내용인 우주 생성의 원리 등을 그림과 글로 제시하였다.

2. 옙 (   )은/는 유교 경전 중에서 공자나 맹자 등의 가르침을 선별하여 편집한 책으로, 유교적 이상 정치를 실현하는 방법을 제시하였다.

기출 텍스트

1. 듭 이황은 『성학십도(聖學十圖)』, (   ) 등을 저술하였다.

2. 듭 이이는 (   )을/를 주장하였다.

빈칸 정답		교과서 텍스트	기출 텍스트
	1	『성학십도』	『주자서절요(朱子書節要)』
	2	『성학집요』	기발이승일도설(氣發理乘一途說)

065 | 동국통감의 편찬

韓지학사

① 先正司馬公, 裒集歷代史, 旁採羣書, 撮其機要, 上起衰周, 下迄五季, 作長編, 曰資治通鑑, 誠史家之指南也. ② 紫陽朱夫子, 因之作綱目, 文約而事愈備, 監戒昭而幾微著, 深得春秋謹嚴之旨. … ③ 吾東方, 自檀君歷箕子, 以至三韓, 載籍無徵, 下逮三國, 僅有國乘, 粗略太甚, 加以無稽不經之說. ④ 後之作者, 相繼纂述, 有全史焉, 有史略焉, 有節要焉, 然復襲本史之疎漏. ⑤ 高麗氏, 統三爲一, 傳世三十三歷年幾五百, 雖有國史, 中間記載繁簡, 頗有不同, 且未免闕遺之失. ⑥ 恭惟, 太祖康獻大王, 應運開國, 收舊圖籍, 以爲秘府之藏. ⑦ 三宗相承文治益隆, 設官開局, 撰麗史, 有所謂全史者, 有所謂節要者, 史家制作, 於斯漸備. ⑧ 世祖惠莊大王, 聖學天縱, 留神經史, 嘗謂左右曰. ⑨ "吾東方雖有諸史, 無長編通鑑可擬資治." ⑩ 命詞臣, 將欲校讎, 而事竟未施. ⑪ 我主上殿下紹膺大統, 適追先猷, 命達成君臣徐居正, 行護軍臣鄭孝恒, 叅議臣孫比長, 行護軍臣李淑瑊, 前都事臣金澣, 校理臣李承寧, 司儀臣表沿沫, 典籍臣崔溥, 博士臣柳仁洪, 曁臣克墩等, 撰修東國通鑑以進.

— 『東國通鑑』 「序」

주요 어휘 ⅠⅠⅠⅠⅠⅠⅠⅠⅠⅠⅠⅠⅠⅠ

裒 모을 부	旁 두루 방	採 캘 채	羣 무리 군	撮 모을 촬
機 기밀 기	要 요긴할 요	起 일어날 기	衰 쇠할 쇠	迄 이를 흘
季 끝 계	作 지을 작	誠 진실로 성	指 가리킬 지	紫 자줏빛 자
綱 벼리 강	愈 나을 유	備 갖출 비	監 볼 감	戒 경계할 계
微 작을 미	謹 삼갈 근	嚴 엄할 엄	徵 부를 징	僅 겨우 근
粗 거칠 조	略 다스릴 략	甚 심할 심	稽 머무를 계	繼 이을 계
纂 모을 찬	述 지을 술	復 다시 부	襲 답습할 습	疎 트일 소

漏 샐 루	繁 많을 번	簡 간략할 간	頗 자못 파	闕 이지러질 궐
遺 끼칠 유	圖 그림 도	籍 문서 적	祕 숨길 비	藏 감출 장
益 더할 익	隆 클 륭	謂 이를 위	節 요약할 절	要 요긴할 요
漸 점점 점	備 갖출 비	縱 늘어질 종	嘗 맛볼 상	擬 헤아릴 의
校 교정할 교	讎 비교하여 바로잡을 수		紹 이을 소	膺 가슴 응
猷 꾀할 유	撰 지을 찬	進 나아갈 진		

한자 독음 ‖‖‖‖‖‖‖‖‖‖‖‖‖‖

① 선정사마공, 부집역대사, 방채군서, 촬기기요, 상기쇠주, 하흘오계, 작장편, 왈자치통감, 성사가지지남야. ② 자양주부자, 인지작강목, 문약이사유비, 감계소이기미저, 심득춘추근엄지지. … ③ 오동방, 자단군역기자, 이지삼한, 재적무징, 하체삼국, 근유국승, 조약태심, 가이무계불경지설. ④ 후지작자, 상계찬술, 유전사언, 유사약언, 유절요언, 연부습본사지소루. ⑤ 고려씨, 통삼유일, 전세삼십삼역년기오백, 수유국사, 중간기재번간, 파유부동, 차미면궐유지실. ⑥ 공유, 태조강헌대왕, 응운개국, 수구도적, 이위비부지장. ⑦ 삼종상승문치익융, 설관개국, 찬려사, 유소위전사자, 유소위절요자, 사가제작, 어사점비. ⑧ 세조혜장대왕, 성학천종, 류신경사, 상위좌우왈. ⑨ "오동방수유제사, 무장편통감가의자치." ⑩ 명사신, 장욕교수, 이사경미시. ⑪ 아주상전하소응대통, 훌추선유, 명달성군신서거정, 행호군신정효항, 참의신손비장, 행호군신이숙감, 전도사신김화, 교리신이승녕, 사의신표연말, 전적신최부, 박사신유인홍, 기신극돈등, 찬수동국통감이진.

1. 국문 해석

① 선정(先正) 사마광(司馬光)이 역대의 역사서를 모으고 두루 여러 책에서 채택하여 그 요긴한 것을 모아서, 위로는 쇠한 주나라에서 시작해서 아래로는 오계(五季)에 이르기까지 장편을 지어 『자치통감(資治痛鑑)』이라고 부르니, 진실로 사가의 나침반입니다. ② 자양(紫陽)의 주부자(朱夫子)가 그것을 이용하여 『강목』을 지었는데, 문장이 간략하면서도 기사가 더욱 갖추어져서 경계함이 밝아지고 기미가 드러났으니 『춘추』의 근엄한 뜻을 깊이 얻었습니다. … ③ 우리 동방은 단군으로부터 기자를 지나 삼한에 이르기까지 고증할 만한 문적이 없었으며, 아래로 삼국에 이르러 겨우 역사책이 있었지만 대강 간략함이 매우 심하였고, 게다가 근거도 없고 경전에도 나오지 않는 말들을 더하였습니다. ④ 후에 작자들이 서로 이어서 모으고 지으니 전사(全史)가 있고, 사략(史略)이 있고, 절요(節要)가 있었지만, 그러나 본사(本史)의 소략하고 빠진 부분을 또다시 답습하였습니다. ⑤ 고려가 삼국을 통일시켜 33세대를 전하면서 거의 500년이 지났는데, 비록 국사(國史)가 있었지만 중간에 기재한 것이 너무 번잡하거나 간략하여 자못 사실과 같지 않은 것이 있었고, 또한 빠뜨리고 누락시키는 실수를 면치 못하였습니다. ⑥ 공손히 생각하건대, 태조 강헌대왕은 운에 응하여 나라를 연 뒤 옛날의 도적(圖籍)을 거두어들여 비부(秘府)에 간직하도록 하였습니다. ⑦ 삼종(三宗)이 서로 이어서 문치가 더욱 높아지자 관을 설치하고 국을 열어 『고려사』를 편찬하니, 이른바 '전사'라는 것이 있고, 이른바 '절요'란 것이 있어서 사가의 제작이 이에 점차 갖추어졌습니다.

⑧ 세조 혜장대왕은 하늘이 내리신 성학으로 경사(經史)에 마음을 집중하여 일찍이 좌우에 일러 말씀하셨습니다. ⑨ "우리 동방에 비록 여러 역사책이 있지만 가히 『자치통감(資治通鑑)』에 비길 만한 장편 통감은 없다." ⑩ 이에 사신(詞臣)에게 명하여 장차 교정하고 바로잡으려 했으나 일이 마침내 시행되지 못하였습니다. ⑪ 우리 주상 전하[성종]께서는 대통을 이어받고 선왕의 계책을 뒤따라서 달성군(達成君) 신 서거정(徐居正), 행호군(行護軍) 신 정효항(鄭孝恒), 참의(參議) 신 손비장(孫比長), 행호군(行護軍) 신 이숙감(李淑瑊), 전(前) 도사(都事) 신 김화(金澕), 교리(校理) 신 이승녕(李承寧), 사의(司儀) 신 표연말(表沿沫), 전적(典籍) 신 최부(崔溥), 박사(博士) 신 유인홍(柳仁洪) 및 신 이극돈(李克墩) 등에게 『동국통감(東國通鑑)』을 찬수해 올리라고 명하였습니다.

－『동국통감(東國通鑑)』 「서(序)」

2. 사료 해설

세조는 고조선과 고구려 중심의 웅장한 고대사를 재조명하고 이를 고려사와 연결시키려는 의도에서 새로운 사서의 편찬을 명하였다. 이에 시작된 편찬 사업은 성종 7년(1476)에 이르러 『삼국사절요(三國史節要)』로 나타나게 되었는데, 이 책은 단군조선에서부터 삼국 시대 말까지의 우리나라 역사를 편년체로 서술한 것이었다. 이후 성종 15년(1484)에 서거정(徐居正) 등의 훈신들이 『삼국사절요』와 『고려사절요』를 합하여 『동국통감』을 1차적으로 완성하였다. 그러나 성종은 사림들을 참여시켜 다시 수정하도록 하였고, 오늘날 전하는 『동국통감』이 완성되었다.

『동국통감』은 편년체로 서술되었는데, 단군조선에서 삼한까지를 「외기(外紀)」, 삼국의 건국으로부터 신라 문무왕 9년(669)까지를 「삼국기」, 669년에서 고려 태조 18년(935)까지를 「신라기」, 935년부터 고려 말까지를 「고려기」로 편찬하였다.

이러한 구성은 단군 조선을 국사의 시작으로 확립했다는 점과 삼국의 역사를 각각 독립적으로 대등하게 다루었다는 점에서 큰 의의가 있다.

사료 Plus⁺

우리 조선은 예로부터 단군은 요임금과 병립하여 백성은 순후하고 풍속은 질박하였습니다.
－ 서거정(徐居正), 「동국통감을 올리는 글[進東國通鑑箋]」

사료 텍스트 완성하기

교과서 텍스트

1. 역 태종 때 세계 지도인 (   )을/를 만들었는데, 이 지도는 조선 왕조의 개창을 알리려는 의도가 반영된 것이다.

2. 역 고조선부터 고려 말까지의 역사를 정리한 (   )을/를 편찬하였다.

3. 역 효자, 충신, 열녀들의 이야기를 담은 (   )을/를 간행하여 백성에게 유교 윤리를 쉽게 가르치고자 하였다.

4. 역 조선은 유교 질서를 확립하기 위해 국가 행사에 필요한 절차를 정리해 (   )(이)라는 의례서를 편찬하였다.

기출 텍스트

1. 능 성종 시기에는 (   ) 역사서인 『동국통감(東國通鑑)』이 편찬되었다.

2. 능 성종 시기에는 고조선에서 고려까지의 역사를 정리한 (   )이/가 저술되었다.

3. 능 성종 시기에는 각 도의 지리, 풍속 등이 수록된 (   )이/가 간행되었다.

4. 능 영조 시기에는 우리나라 역대 문물을 정리한 (   )이/가 편찬되었다.

빈칸 정답		교과서 텍스트	기출 텍스트
	1	혼일강리역대국도지도	편년체
	2	『동국통감』	『동국통감』
	3	『삼강행실도』	『동국여지승람』
	4	『국조오례의』	『동국문헌비고』

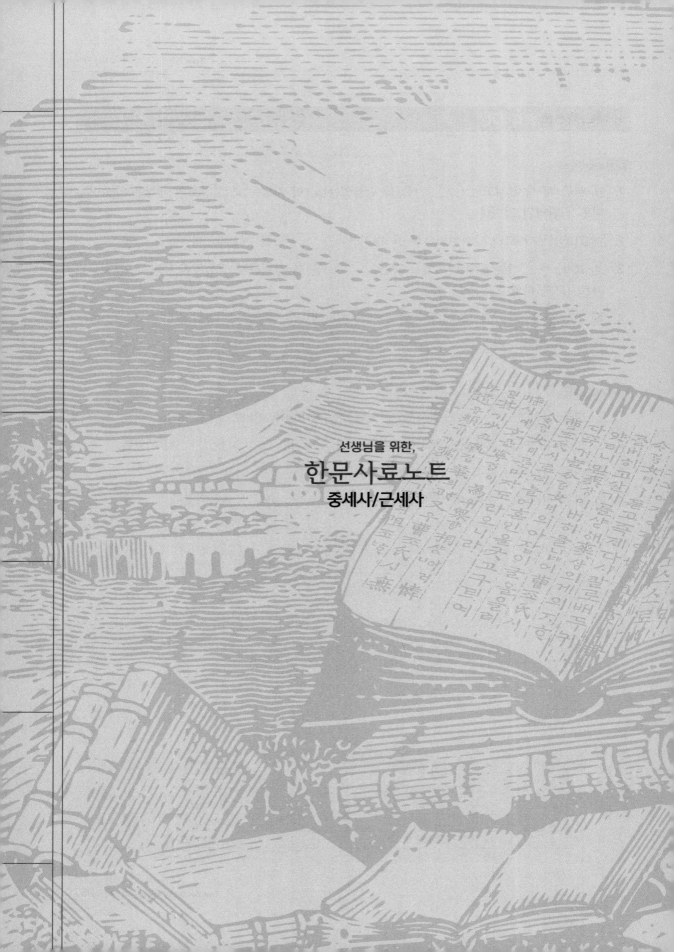

선생님을 위한,

한문사료노트
중세사/근세사

PART 03

조선 사회의
변동

066 붕당 정치의 확립과 분화

① 傳曰, "三公六卿亦不言其非, 漸成朋黨, 使人主孤立於上, 如此凌上之風, 不可不革."

— 『燕山君日記』

② 答曰, "噫! 苟君子也, 不患其有黨, 惟患其黨之爲少也. ③ 予亦法朱熹之說, 願入於李珥·成渾之黨也."

— 『宣祖實錄』

④ 我國自中世以來, 奸壬用事, 士禍相繼. ⑤ 前有戊午甲子之戮, 後有己卯乙巳之殘. ⑥ 一時忠賢, 騈死於洪流, 猶未有朋黨之號. ⑦ 自宣廟以來, 一分爲二, 二分爲四, 四又分爲八.

— 『星湖全集』

주요 어휘 ||||||||||||||||

傳 전할 전	卿 벼슬 경	漸 점점 점	孤 외로울 고	如 같을 여
凌 깔볼 능	革 고칠 혁	答 대답할 답	苟 진실로 구	惟 생각할 유
說 말씀 설	奸 간사할 간	壬 간사할 임	繼 이을 계	戮 죽일 륙
殘 해칠 잔	騈 나란히 할 변	洪 클 홍	流 흐를 류	猶 오히려 유
廟 사당 묘				

한자 독음 ||||||||||||||||

① 전왈, "삼공육경역불언기비, 점성붕당, 사인주고입어상, 여차능상지풍, 불가불혁."

② 답왈, "희! 구군자야, 불환기유당, 유환기당지위소야. ③ 여역법주희지설, 원입어이이·성혼지당야."

④ 아국자중세이래, 간임용사, 사화상계. ⑤ 전유무오갑자지륙, 후유기묘을사지잔. ⑥ 일시충현, 병사어홍유, 유미유붕당지호. ⑦ 자선묘이래, 일분위이, 이분위사, 사우분위팔.

1. 국문 해석

① 전교하길, "삼공(三公)·육경(六卿) 역시 그 잘못됨을 말하지 않아, 점차로 붕당(朋黨)을 이루어, 군주로 하여금 위에서 고립되게 하니, 이와 같이 위를 능멸하는 풍습을 고치지 않을 수가 없다."라고 하였다.

—『연산군일기(燕山君日記)』

② 답하길, "아아! 참으로 군자(君子)라면 당이 있는 것을 걱정할 것이 아니라 오히려 당이 적을까를 걱정해야 할 것이다. ③ 나도 주희(朱熹)의 말을 본받아 이이·성혼의 당에 들어가기를 바란다. 지금부터 너희들은 나를 이이·성혼의 당이라고 부르도록 하여라."라고 하였다.

—『선조실록(宣祖實錄)』

④ 우리나라는 중세 이래로 간인(奸人)이 용사(用事)하여 사화(士禍)가 계속되었다. ⑤ 앞에는 무오년(1498, 연산군 4년)과 갑자년(1504)의 살육(殺戮)이 있었고, 뒤에는 기묘년(1519, 중종 14년)과 을사년(1545, 명종 즉위년)의 잔학(殘虐)이 있었다. ⑥ 한때의 충신(忠臣)과 현사(賢士)가 거센 물결 속에서 함께 죽었지만 그래도 붕당이라는 명호(名號)는 없었다. ⑦ 선조(宣祖) 때부터 하나가 나뉘어 둘이 되고, 둘이 갈라져서 넷이 되었으며, 넷은 또 갈라져서 여덟이 되었다.

—『성호전집(星湖全集)』

2. 사료 해설

중국 한·당 시기에 붕당은 신료들이 사적으로 정치 세력을 모아 분쟁을 일으킨다고 하여 죄악시되고 처벌받았다. 그러나 송나라 시기 구양수(歐陽修)·범중엄(范仲淹) 등이 당시 재상이었던 여이간(呂夷簡) 등과 대립하며 자신들을 군자의 붕당이라고 자칭함에 따라 붕당에 대한 인식이 근본적으로 달라지게 되었다[慶曆黨議]. 특히 구양수는 사적인 이익을 탐하는 무리를 위붕(僞朋)이라 하였고, 공적인 도리를 실현하려는 무리를 진붕(眞朋)이라고 하여 각각 구별하였다. 이후 주희(朱熹) 역시도 군주는 붕당이 있는 것을 우려할 것이 아니라 진붕이 우세하도록 이끌어야 하며, 나아가 그 당에 들어가도 된다고 주장하였다.

붕당론은 사림 정치 시기에 본격적으로 주장되기 시작하였다. 특히 율곡 이이가 적극적인 붕당론을 개진함에 따라 선조는 자신도 율곡의 당에 들고 싶다고 할 정도였다. 그리하여 붕당에 토대를 둔 사림들이 정치 참여를 활발하게 함에 따라 조선 특유의 붕당 정치가 출현하게 되었다.

봉당 정치 시기 봉당은 상호 비판과 견제의 기능을 수행하였다. 사림들은 봉당을 통해 공론을 형성하고 이를 정치 운영에 반영하기 위해 노력하였다. 그러나 봉당 정치는 점차 권력을 놓고 대립하는 관계로 놓이게 되었으며, 특히 반정과 환국 등을 거치면서 변질되었다. 이 과정에서 흔히 '사색(四色)'이라고 꼽히는 남인(南人)·북인(北人), 그리고 서인(西人)에서 나뉜 노론(老論)·소론(少論) 등으로 나뉘게 되었다.

그리하여 조선 후기 실학자들은 봉당에 대해 비판적인 모습을 보이게 된다. 이들은 봉당 정치가 파행으로 접어들어 민생과 관련 없는 복상(服喪) 문제, 세자책봉 문제 등으로 다투는 것을 우려하였다.

사료 Plus⁺

- 인심(人心)이 함께 옳다 하는 것을 공론(公論)이라 하며, 공론의 소재를 국시(國是)라고 합니다. 국시란 한 나라의 사람이 의논하지 않고도 똑같이 옳다 하는 것이니, 이익으로 유혹하는 것도 아니고 위세로 무섭게 하지 않아도 삼척동자도 그 옳은 것을 아는 것이 국시입니다.

- 봉당에서는 군자인가 소인인가가 중요합니다. 진실로 군자들의 모임이라면 봉당은 많을수록 좋겠습니다만, 소인이라면 한 사람이라도 용납해서는 안 될 것입니다. 어찌 봉당이 없는 것만을 옳다고 하겠습니까? 군자들이 봉당을 이루는 것을 허용해야 합니다. 선비는 도(道)를 함께하는 사람들과 봉당을 형성하기 때문에 봉당이 번성할수록 임금도 더욱 성실해지고 나라도 더욱 편안해집니다.

  —『율곡전서(栗谷全書)』

- 그렇다면 어떻게 해야 되겠는가? 선비들의 과거를 줄여서 난잡하게 나오는 것을 막고, 관리들의 고과(考課)를 엄격히 하여 무능한 자를 도태시킨다. 그런 뒤에 관직(官職)을 아껴서 많이 주지 말고, 승진(陞進)을 신중히 하여 가볍게 올리지 말며, 자리와 인재가 알맞게 되도록 힘써서 자리를 자주 옮기지 않는다. 그리고 이익이 나오는 구멍을 막아서 백성들의 심지(心志)를 안정시킨다. 이와 같을 뿐이니 이렇게 하지 않으면 비록 죽인다고 하더라도 막지 못할 것이다.

  —『성호전집(星湖全集)』

✏ 사료 텍스트 완성하기

교과서 텍스트

1. 한 붕당 정치는 선조 때 외척 정치의 청산과 (   )의 임명 문제를 둘러싸고 사림이 동인과 서인으로 나뉘면서 시작되었다.

2. 역 붕당 정치가 본격화되자 사림의 정치 참여의 폭이 확대되고 언론 기관인 (   )의 기능이 강화되었다.

3. 한 광해군 때에는 정국의 주도권을 잡은 (   )이/가 서인과 남인을 배제한 채 권력을 독점하려 하였다.

4. 역 (   ) 이후 서인과 남인은 서로의 학문적 입장을 존중하고 상대방의 정책을 비판, 견제하는 방식으로 국정을 운영하였다.

기출 텍스트

1. 수 사림의 갈등이 심해지면서 (   )을/를 중심으로 한 서인과 신진 사림을 중심으로 한 동인으로 분열되었다.

2. 수 동인은 (   ) 모반 사건을 계기로 온건파인 남인과 급진파인 북인으로 나뉘었다.

3. 수 인조반정 이후 서인이 우세한 가운데 (   )와/과 연합하여 공존하는 구도가 유지되었다.

4. 수 서인은 송시열을 중심으로 한 노론과 (   )을/를 중심으로 한 소론으로 갈라졌다.

빈칸 정답		교과서 텍스트	기출 텍스트
	1	이조전랑	기성 사림
	2	3사	정여립
	3	북인	남인
	4	인조반정	윤증

067 광해군의 중립 외교

역천재 / 한천재, 한해냄에듀

---

① 王大妃下教書, 宣諭中外, 若曰. ② "… 我國服事天朝, 二百餘載. ③ 義卽君臣, 恩猶父子. ④ 壬辰再造之惠, 萬世不可忘也. ⑤ 先王, 臨御四十年, 至誠事大, 平生未嘗背西而坐. ⑥ 光海忘恩背德, 罔畏天命, 陰懷二心, 輸款奴夷. ⑦ 己未征虜之役, 密教帥臣, 觀變向背, 卒致全師投虜, 流醜四海. ⑧ 王人之來本國, 羈縶拘囚, 不啻牢狴. ⑨ 皇勅屢降, 無意濟師, 使我三韓禮義之邦, 不免夷狄禽獸之歸. ⑩ 痛心疾首, 胡可勝言. ⑪ 夫滅天理斁人倫, 上以得罪於宗社, 下以結怨於萬姓. ⑫ 罪惡至此, 其何以君國子民, 居祖宗之天位, 奉宗社之神靈乎. ⑬ 兹以廢之, 量宜居住."

— 『仁祖實錄』 1年

주요 어휘

宣 베풀 선	諭 깨우칠 유	服 복종할 복	載 해 재	猶 오히려 유
惠 은혜 혜	忘 잊을 망	臨 임할 임	御 어거할 어	誠 정성 성
事 사대할 사	嘗 일찍이 상	背 등 배	恩 은혜 은	罔 없을 망
畏 두려워할 외	陰 몰래 음	懷 품을 회	輪 둘레 륜	款 정성 관
虜 포로 로	觀 볼 관	變 변할 변	投 던질 투	流 흐를 류
醜 추할 추	羈 굴레 기	縶 맬 집	拘 잡을 구	牢 우리 뢰
狴 짐승 이름 폐	勅 위로할 래	屢 창 루	降 내릴 강	禽 날짐승 금
獸 짐승 수	疾 병 질	勝 이길 승	滅 멸망할 멸	斁 섞을 두
罪 허물 죄	結 맺을 결	怨 원망할 원	惡 악할 악	奉 받들 봉
靈 신령 령	兹 이 자	廢 폐할 폐	量 헤아릴 량	宜 마땅할 의
居 있을 거	住 살 주			

한자 독음 ⅠⅠⅠⅠⅠⅠⅠⅠⅠⅠⅠⅠⅠⅠⅠⅠⅠⅠ

① 왕대비하교서, 선유중외, 약왈. ② "… 아국복사천조, 이백여재. ③ 의즉군신, 은유부자. ④ 임진재조지혜, 만세불가망야. ⑤ 선왕, 임어사십년, 지성사대, 평생미상배서이좌. ⑥ 광해망은배덕, 망외천명, 음회이심, 윤관노이. ⑦ 기미정로지역, 밀교수신, 관변향배, 졸치전사투로, 유추사해. ⑧ 왕인지래본국, 기집구수, 불시뢰폐. ⑨ 황래누강, 무의제사, 사아삼한예의지방, 불면이적금수지귀. ⑩ 통심질수, 호가승언. ⑪ 부멸천리두인윤, 상이득죄어종사, 하이결원어만성. ⑫ 죄악지차, 기하이군국자민, 거조종지천위, 봉종사지신영호. ⑬ 자이폐지, 양의거주."

1. 국문 해석

① 왕대비가 교서를 내려 중외에 선유하였는데, 내용은 다음과 같다. ② "… 우리나라가 중국 조정을 섬겨온 것이 2백여 년이다. ③ 의리로는 곧 군신이며 은혜로는 부자와 같다. ④ 임진년에 재조(再造)해 준 그 은혜는 만세토록 잊을 수 없는 것이다. ⑤ 선왕께서 40년 동안 재위하시면서 지성으로 섬기어 평생에 서쪽을 등지고 앉지도 않았다. ⑥ 광해는 배은망덕하여 천명을 두려워하지 않고 속으로 다른 뜻을 품고 오랑캐에게 성의를 베풀었다. ⑦ 기미년 오랑캐를 정벌할 때에는 은밀히 수신(帥臣)을 시켜 동태를 보아 행동하게 하여 끝내 전군이 오랑캐에게 투항함으로써 추한 소문이 사해에 펼쳐지게 하였다. ⑧ 중국 사신이 본국에 왔을 때 그를 구속하여 옥에 가두듯이 했다. ⑨ 황제가 자주 칙서를 내려도 구원병을 파견할 생각을 하지 않아 예의의 나라인 삼한(三韓)으로 하여금 오랑캐와 금수가 됨을 면치 못하게 하였다. ⑩ 그 통분함을 어찌 이루 다 말할 수 있겠는가. ⑪ 천리를 거역하고 인륜을 무너뜨려 위로는 종묘사직에 득죄하고 아래로는 만백성에게 원한을 맺었다. ⑫ 죄악이 이에 이르렀으니 그 어떻게 나라를 통치하고 백성에게 군림하면서 조종조의 천위(天位)를 누리고 종묘사직의 신령을 받들겠는가. ⑬ 그러므로 이에 폐위하고 적당한 데 살게 한다."

─『인조실록(仁祖實錄)』 1년(年)

2. 사료 해설

광해군에 대한 평가는 양면적이다. 인조반정 이후 조선에서는 광해군을 명에 대한 의리를 저버리고, 폐모살제를 일으킨 비도덕적인 군주로 평가하였다. 그러나 20세기 들어서는 대동법의 실시, 『동의보감』의 편찬, 중립 외교를 통한 전쟁 방지 등이 강조되면서 그를 긍정적으로 평가하였다. 그러나 광해군이 본인을 지지하는 대북에만 권력을 집중시켜 정치적 분열을 격화시켰고, 풍수설에 현혹되어 무리한 궁궐 공사를 자행한 점 등을 함께 보아야 한다는 주장도 있다.

사료 Plus⁺

- 도원수(都元帥) 강홍립(姜弘立)에게 하유하였다. "당초 요동으로 건너간 군사 1만 명은 오로지 양서(兩西)의 정예병만을 선발하여 단속하고 훈련하였으므로 장수와 병졸들이 서로 익숙하니, 지금에 와서 경솔히 바꾸기는 곤란하다. 명나라 장수의 말을 그대로 따르지만 말고 오직 패하지 않을 방도를 강구하는 데에 힘을 쓰라."

  — 『광해군일기(光海君日記)』

- 강홍립(姜弘立)이 통역관을 시켜 여진인에게 말하기를, "우리는 본래 너희와 원수진 일이 없는데, 무엇 때문에 서로 싸우겠느냐. 지금 여기 온 것은 부득이한 일이었음을 너희는 모르느냐?" 하니 드디어 적과 화해하는 말이 오갔다.

  — 『연려실기술(燃藜室記述)』

- 민가 수천 채를 철거하고 두 채의 궁궐을 건축하는 등 토목 공사를 10년 동안 그치지 않았으며 … 이에 폐위하고 적당한 데 살게 한다.

  — 『인조실록(仁祖實錄)』

사료 텍스트 완성하기

교과서 텍스트

1. 힌 광해군은 각지에서 전염병이 유행하자 (   )을/를 완성하도록 하였다.

2. 힌 광해군은 강성한 후금과의 충돌을 피하기 위해 (   )을/를 펼쳤다.

3. 힌 서인 세력은 광해군이 이복동생인 (   )을/를 죽이고, 계모인 (   )을/를 핍박하자 유교 윤리에 어긋난 정치를 한다고 비판하였다.

기출 텍스트

1. 수 광해군은 명과 후금 사이에서 (   ) 정책을 취하였다.

2. 능 광해군 시기 전통 한의학을 정리한 (   )이/가 간행되었다.

빈칸 정답		교과서 텍스트	기출 텍스트
	1	『동의보감』	중립 외교
	2	중립적 외교	『동의보감』
	3	영창대군, 인목대비	

068 | 호란의 발생

① 今者虜使龍骨大等齎慢書, 稱以尊號定奪. ⋯ ② 臣等竊不勝痛哭焉. ③ 丁卯之難, 慘被蹂躪, 羈縻之擧, 出於下策, 竭生民之膏血, 飾行人之玉帛, 卑辭乞憐者, 十年于玆矣. ④ 彼旣欲僭竊僞號, 則必不待我以隣國, 將臣妾我也, 屬國我也. ⋯ ⑤ 殿下雖未能焚其書, 斬其使, 以作三軍之氣, 豈至於親接賊使, 以聽不道之言乎? ⑥ 宜以嚴辭峻語, 顯示斥絶之意. ⋯ ⑦ 則雖以國斃, 可以有辭於天下後世也.

— 『仁祖實錄』 14年

주요 어휘 ‖‖‖‖‖‖‖‖‖‖‖

虜 오랑캐 로	齎 가져올 재	慢 거만할 만	稱 일컬을 칭	定 정할 정
奪 빼앗을 탈	竊 남몰래 절	勝 견딜 승	痛 아플 통	哭 울 곡
慘 참혹할 참	被 입을 피	蹂 밟을 유	躪 짓밟을 린	羈 굴레 기
縻 고삐 미	擧 들 거	竭 다할 갈	膏 기름 고	飾 꾸밀 식
玉 구슬 옥	帛 비단 백	卑 낮을 비	辭 말 사	乞 빌 걸
憐 불쌍히 여길 련	玆 이 자	彼 저 피	旣 이미 기	僭 참람할 참
僞 거짓 위	號 부르짖을 호	妾 첩 첩	屬 엮을 속	斬 벨 참
嚴 엄할 엄	峻 높을 준	顯 나타날 현	雖 비록 수	斃 죽을 폐

한자 독음 ‖‖‖‖‖‖‖‖‖‖‖

① 금자노사용골대등재만서, 칭이존호정탈. ⋯ ② 신등절불승통곡언. ③ 정묘지난, 참피유린, 기미지거, 출어하책, 갈생민지고혈, 식행인지옥백, 비사걸련자, 십년우자의. ④ 피기욕참절위호, 즉필불대아이린국, 장신첩아야, 속국아야. ⋯ ⑤ 전하수미능분기서, 참기사, 이작삼군지기, 기지어친접적사, 이청부도지언호? ⑥ 의이엄사준어, 현시척절지의. ⋯ ⑦ 즉수이국폐, 가이유사어천하후세야.

1. 국문 해석

① 요즈음 오랑캐 사신 용골대 등이 가지고 온 거만한 글에 존호(尊號)를 확정했다고 칭했습니다. … ② 신들은 적이 통곡을 금치 못하겠습니다. ③ 정묘년의 난리에 참혹하게 유린당하고 기미(羈縻)의 거조가 궁여지책에서 나와 생민(生民)의 고혈을 다 기울여 사신에게 예물을 바치면서 비굴한 말로 애걸한 것이 10년이나 되었습니다. ④ 저들이 이미 위호(僞號)를 참람하게 칭하려고 하였으니, 반드시 우리나라를 이웃 나라로 대우하지 않고 장차 신첩으로 여길 것이며 속국으로 여길 것입니다. … ⑤ 전하께서 비록 그 글을 불태우고 사신을 참하여 삼군(三軍)의 사기를 진작시키지는 못할지언정, 어찌 친히 적의 사신을 접견하시어 부도한 말을 듣는단 말입니까? ⑥ 의당 엄준한 말로 배척하여 끊는 뜻을 분명히 보여야 합니다. … ⑦ 비록 나라가 망하더라도 천하 후세에 명분이 설 것입니다.

－『인조실록(仁祖實錄)』 14년(年)

2. 사료 해설

인조와 서인 세력은 친명배금의 태도를 취하면서 서북 변경의 병력을 강화했다. 그래서 하삼도의 군사 1만여 명을 뽑아 장만(張晩)을 도원수, 이괄(李适)을 부원수로 삼아 지휘하게 하였다. 그런데 부원수 이괄이 이듬해인 인조 2년(1624) 반란을 일으켰다가 진압되었는데, 이로 인해 북방의 군사력이 손실을 보고 지리적 정보가 후금에게 유출되었다.

인조 4년(1626) 새로 즉위한 홍타이지는 조선을 먼저 제압해야 한다고 판단하였다. 후금이 명을 칠 때 조선과 모문룡(毛文龍)의 군대가 연합하여 후방을 칠 것을 염려한 것이다. 그리하여 이듬해 (1627) 3만의 군사를 보내 조선을 공략하게 하였고, 인조는 강화도로 피신하였다. 후금은 3만의 병력으로 장기간 전쟁을 수행하기에는 한계가 있었고, 모문룡의 군대를 패퇴시켰기 때문에 일정 성과를 거두었다고 판단하였다. 따라서 조선의 강화 요청을 받아들여 군대를 철수하는 대신 형제 관계를 맺기로 하였다.

이후 후금은 명과의 교역 단절로 식량 확보 등에 어려움을 겪자 조선에게 많은 양의 세폐액을 요구하였다. 또한 국호를 '청'으로 바꾸고, 조선에 대해 군신 관계를 요구하기 시작했다. 조선 정부에서는 주전론이 우세하여 이를 따르지 않았다. 그러자 청 태종은 직접 군사 13만여 명을 이끌고 조선을 침략하였다. 조선 정부는 남한산성에 웅거해 저항하였지만, 추운 날씨와 식량의 고갈 등으로 점차 주화론이 우세해졌다. 그리하여 결국 조선은 삼전도에서 굴욕적인 항복을 하게 되었다.

사료 Plus⁺

- 강화를 하여 국가를 보존하는 것보다 차라리 의를 지켜 망하는 것이 옳다고 했으나 이것은 신하가 절개를 지키는 데 쓰이는 말입니다. … 자기의 힘을 헤아리지 아니하고 경망하게 큰소리를 쳐서 오랑캐들의 노여움을 도발, 마침내는 백성이 도탄에 빠지고 종묘와 사직에 제사 지내지 못하게 된다면 그 허물이 이보다 클 수 있겠습니까.

- 정묘년(丁卯年)의 맹약을 아직 지켜서 몇 년이라도 화를 늦추고, … 성을 쌓으며, 군량을 저축하여 변방의 방어를 더욱 튼튼하게 하되 군사를 집합시켜 움직이지 않으며 적의 허점을 노리는 것이 우리로서는 최상의 계책일 것입니다.

- 나라의 안전을 지키고 백성을 편안하게 할 수 있는 방법을 생각해 보았습니다. 청의 군신 관계 요구를 수용해야 합니다. 우리의 국력은 바닥나 있고, 오랑캐(청)의 군사력은 매우 강성합니다.

    ─『지천집(遲川集)』

- 우리나라는 바다 동쪽 한구석에 있어 중국과 멀리 떨어져 있으니 이미 명나라의 수도 부근의 나라도 아니고, 항복하여 봉토를 받은 신하도 아니며, 태조 대왕이 스스로 나라를 세운 후 명을 섬긴 명의 영토 밖 국가입니다. 임금이 외적에 항복하여 치욕을 당하는 것은 신하로서 차마 볼 수 없는 일이지만, 임금께는 백성과 종묘사직을 지켜야 하는 책임이 있습니다.

    ─『지천속집(遲川續集)』

- 김신국이 양식을 마련했는데 하루 양식으로 군병은 세 홉씩 줄이고 백관은 다섯 홉씩 줄여도 오히려 다음 달까지 닿지 못하니, 오랫동안 도적에게 싸인 바라. 어떻게 될지 모르겠도다.

    ─『산성일기(山城日記)』

- 청 태종의 말을 전하기를, "지난날의 일을 말하려 하면 길다. 이제 용단을 내려 (남한산성에서) 왔으니 매우 다행스럽고 기쁘다."라고 하자, 임금(인조)이 대답하기를 "천은이 망극합니다."라고 하였다. … 임금이 세 번 절하고 아홉 번 머리를 조아리는 예를 행하였다. … 임금이 밭 가운데 앉아 물러나기를 기다렸는데, 해질 무렵이 된 뒤에야 (청 태종이) 비로소 도성으로 돌아가게 허락하였다. 왕세자와 빈궁, 두 대군과 부인은 모두 머물러 두도록 하였는데, 이는 대체로 장차 북쪽으로 데리고 가려는 목적에서였다.

    ─『인조실록(仁祖實錄)』

- 청군이 돌아가는 날, 세자와 빈궁과 대군과 대군 부인도 모두 함께 가야만 하였다. 또한, 청군은 조선인 남녀 수백 명을 세 줄로 세워 한꺼번에 끌고 갔는데 종일토록 그치지 않았다.

    ─『연려실기술(燃藜室記述)』

사료 텍스트 완성하기

교과서 텍스트

1. 역 (   )의 난에 가담한 일부 무리가 후금으로 도망가 인조반정의 부당성을 주장하였다.

2. 한 서인이 주도한 인조반정으로 광해군이 폐위된 이후 조선이 친명배금 정책을 실시하자 후금은 조선을 침략하여 (   ) 관계를 맺었다.

3. 한 청의 (   ) 관계 요구에 대해 조선에서는 청과 화친을 맺자는 주화론과 전쟁을 하자는 주전론이 대립하였다.

4. 역 병자호란 당시 인조는 (   )(으)로 피란하여 항전하였지만 삼전도에서 굴욕적인 항복을 하였다.

기출 텍스트

1. 능 인조반정 이후 (   ) 정책을 추진하였다.

2. 능 정묘호란 당시 (   )이/가 용골산성에서 항쟁하였다.

3. 능 인조는 (   )에서 청의 강요로 군신 관계를 맺었다.

4. 전 (   )은/는 전쟁 이후에도 청에 가서 포로 석방과 귀환을 위한 교섭에 주력하였다.

빈칸 정답		교과서 텍스트	기출 텍스트
	1	이괄	친명배금
	2	형제	정봉수
	3	군신	삼전도
	4	남한산성	최명길

069 | 비변사 체제

몐 미래엔, 몐 지학사 / 펜 리베르

---

① 成廟建州之役, 權設備邊司. ② 宰臣之任是事者, 稱知邊宰相. ③ 然只爲一時兵革而設, 未必眞任樞機之重. ④ 及至今日, 事無巨細, 無不歸重. ⑤ 政府徒擁虛號, 六曹皆失其職. ⑥ 名曰'備邊', 而科擧判下, 妃嬪揀擇等事, 亦由此出. ⑦ 名不正・言不順, 莫此爲甚.

─ 『孝宗實錄』 5年

주요 어휘 |||||||||||||

權 권한 권	任 맡길 임	邊 가 변	革 고칠 혁	樞 본질 추
機 틀 기	巨 클 거	細 가늘 세	擁 안을 옹	失 잃을 실
判 판단할 판	嬪 아내 빈	揀 가릴 간	擇 가릴 택	順 순할 순

한자 독음 |||||||||||||

① 성묘건주지역, 권설비변사. ② 재신지임시사자, 칭지변재상. ③ 연지위일시병혁이설, 미필진임추기지중. ④ 급지금일, 사무거세, 무불귀중. ⑤ 정부도옹허호, 육조개실기직. ⑥ 명왈'비변', 이과거판하, 비빈간택등사, 역유차출. ⑦ 명부정・언불순, 막차위심.

1. 국문 해석

① 성종(成宗) 대에 건주여진(建州女眞)을 정벌할 때 임시로 비변사(備邊司)를 설치했습니다. ② 재상으로서 이 일을 맡은 사람을 지변재상(知邊宰相)이라고 불렀습니다. ③ 그러나 이것은 일시적인 전쟁 때문에 설치한 것으로서 국가의 중요한 모든 일들을 참으로 다 맡긴 것은 아니었습니다. ④ 그런데 오늘에 와서는 큰일이건 작은 일이건 중요한 것으로 취급되지 않는 것이 없습니다. ⑤ 그 결과 정부는 한갓 헛이름만 지니고 육조는 모두 그 직임을 상실하였습니다. ⑥ 명칭은 '변방의 방비를 담당하는 것[備邊]'이라고 하면서, 과거 시험에 대한 판하(判下)나 비빈(妃嬪)을 간택하는 등의 일까지도 모두 여기를 경유하여 나옵니다. ⑦ 명분이 바르지 못하고 말이 이치에 맞지 않음이 이보다 심할 수가 없습니다.

─ 『효종실록(孝宗實錄)』 5년(年)

2. 사료 해설

비변사(備邊司)는 왜구와 여진의 잦은 침입 속에서 군사 방략을 협의하게 만든 지변사재상(知邊事宰相)에서 연원한다. 여러 번의 치폐를 반복하던 비변사는 명종 9년(1554) 독자적인 관사가 건립되고, 당상관들이 모여 변방의 군사 문제를 논의하게 되면서 관제상 독립된 기관이 되었다. 이듬해 왜구가 전라도 일대에 침입하는 을묘왜변(乙卯倭變)이 발생하자 비변사의 청사가 따로 마련되고, 관제상 정식아문(正式衙門)이 되었다.

비변사는 양란을 거치면서 정책을 결정하는 기구로 발돋움하였다. 임진왜란 시기에는 전쟁 수행에 필요한 모든 사무를 처리하며 그 기능이 더욱 확대되었고, 호란이 발생하던 무렵에는 서인 정권이 군영을 설치하면서 비변사 제조당상 등을 겸임하여 군영을 지배하고자 하였다. 비변사는 점차 비빈(妃嬪)의 간택까지도 처리하는 등 국정 전반을 관장하는 기구로 자리잡게 되었다.

사료 Plus⁺

- 사헌부(司憲府)가 아뢰었다. "… 비변사를 설치한 시초의 이유는 알 수 없으나 명칭으로 그 뜻을 생각해보면 반드시 변방의 방비에 대한 긴급한 일 등이 있을 경우 대신과 지변재신(知邊宰臣)들이 한자리에 모여 계책을 세우기 위하여 설치한 것입니다. 그런데 지금은 팔도와 육조의 공사(公事)가 거의 모두 비변사로 들어가는데 그 가운데 약간 중요한 것은 대신이 친히 초(草)하여 회계하고 기타는 모두 유사 당상(有司堂上)의 손에 맡겨집니다. 1~2명의 유사가 어찌 온 나라의 공사를 독단으로 처리할 수 있겠습니까. 육조의 해당 관원은 비변사에 품명(稟命)하느라 제때에 스스로 결단할 수가 없으니, 문서가 적체되는 것은 실로 여기에 연유한 것입니다. 수많은 당상(堂上)이 매일 몰려나와서 진부진 단자(進不進單子)에 이름을 기록하는 것으로 책임만 때울 뿐 전혀 하는 일이 없는가 하면 본디 띠고 있는 본직(本職)의 일도 그에 따라 폐해지고 있습니다. …"

  ― 『선조실록(宣祖實錄)』 34년(年)

- 비당(備堂)을 팔도(八道)의 구관당상(句管堂上)으로 나누어 차임(差任)하도록 명하였다. 이날 임금이 대신(大臣)과 비당(備堂)을 인견하고 하교(下敎)하였다. "양역(良役)은 변통시키지 않을 수 없는데, 결역(結役)과 일필역(一疋役)은 모두 행할 수가 없다. 다만 모름지기 수령을 잘 가려서 그들로 하여금 첨정(簽丁)을 수괄(搜括)하게 하되, 또 기국의 당상관들로 하여금 각도(各道)를 나누어 구관(句管)하게 하여 왕래하면서 심찰(審察)한다면, 사정을 상세히 알 수 있을 것이다. 그리고 이미 나누어 구관하게 한 다음엔 비록 왕래하지 않더라도 도내(道內)의 수령과 사민(士民)들을 서로 접촉할 수 있게 될 것이고 수한(水旱)과 질고(疾苦)를 날마다 들을 수 있을 것이다. 이렇게 한다면 다만 양역(良役)뿐만이 아니라 소복(蘇復)시키고 개혁(改革)하는 모든 정사에 실로 도움이 있게 될 것이다."라고 하였다.

  ― 『영조실록(英祖實錄)』 10년(年)

사료 텍스트 완성하기

교과서 텍스트

1. 헌 원래 비변사는 (   )와/과 왜구의 침입에 효과적으로 대응하기 위해 설치된 임시 회의 기구였다.

2. 헌 비변사는 (   ) 이후 기능이 강화되어 국방뿐만 아니라 국가의 중요한 일을 결정하는 최고 기구가 되었다.

3. 역 비변사의 위상이 높아짐에 따라 (   )의 기능은 축소되었다.

4. 역 양난 이후 정부는 (   )의 권한을 약화하고 수령의 권한을 강화하여 향촌사회 문제를 해결하고자 하였다.

기출 텍스트

1. 수 비변사는 (   ) 문제를 논의하기 위한 임시 기구로 출발하였다.

2. 수 비변사는 (   )을/를 거치면서 국정 전반을 관장하게 되었다.

3. 수 비변사는 (   ) 시기에 핵심 권력 기구로 기능하였다.

4. 전 고종 즉위 후 비변사의 업무는 (   )와/과 삼군부에 분속되었다.

빈칸 정답		교과서 텍스트	기출 텍스트
	1	여진	국방
	2	임진왜란	전란(양란)
	3	의정부	세도 정권
	4	유향소	의정부

070 군사 제도의 개편

① 時命設都監鍊兵, 以余爲都提調. ② 余請, "發唐粟米一千石爲糧, 日給人二升, 招募軍人, 應募者四集." ③ 堂上趙儆以穀少不能給, 欲限之設法. ④ 置一巨石, 令應募者, 先擧試力, 又令超越土牆一丈許, 能者許入, 不能者拒之. ⑤ 人皆飢困無氣, 中格者十之一二. ⑥ 或有在都監門外, 求試不得, 顚仆而餓死者. ⑦ 不久得數千人, 敎鳥銃鎗刀之技, 立哨官把總以領之, 分番直宿宮中. ⑧ 凡有行幸, 以此扈衛, 民心稍有恃.

—『西厓先生文集』訓鍊都監

주요 어휘 |||||||||||||||||

提 끌 제	調 고를 조	糧 양식 량	招 부를 초	募 모을 모
應 응할 응	趙 나라 조	儆 경계할 경	設 설립할 설	巨 클 거
牆 담 장	拒 막을 거	飢 주릴 기	困 괴로울 곤	格 바로잡을 격
顚 쓰러질 전	銃 총 총	鎗 창 쟁	技 재주 기	哨 망볼 초
把 잡을 파	總 거느릴 총	扈 뒤다를 호	衛 지킬 위	稍 점점 초

한자 독음 |||||||||||||||||

① 시명설도감련병, 이여위도제조. ② 여청, "발당속미일천석위양, 일급인이승, 초모군인, 응모자사집." ③ 당상조경이곡소불능급, 욕한지설법. ④ 치일거석, 령응모자, 선거시력, 우령초월토장일장허, 능자허입, 불능자거지. ⑤ 인개기곤무기, 중격자십지일이. ⑥ 혹유재도감문외, 구시부득, 전부이아사자. ⑦ 불구득수천인, 교조총쟁도지기, 입초관파총이영지, 분번직숙궁중. ⑧ 범유행행, 이차호위, 민심초유시.

1. 국문 해석

① 이때, 훈련도감을 설치하여 군사를 훈련시키라 명하시고, 나를 도제조로 삼았다. ② 나는 청하였는데, "당속미(唐粟米) 1,000석을 꺼내어 양식으로 하되 하루에 한 사람에게 두 되씩 준다 하여 군인을 모집하면 응모하는 자가 사방에서 모여들 것입니다."라고 하였다. ③ 당상 조경(趙儆)이 곡식이 적어 능히 지급할 수 없다는 이유로 한정하려 하여 법칙을 세웠다. ④ 큰 돌 하나를 놓아두고, 응모자들로 하여금 먼저 들게 하여 힘을 시험해 보고, 또 한 길 남짓한 흙 담장을 뛰어넘게 하여 능히 해내는 자는 들어오기를 허락해 주고 못하는 자는 거절하였다. ⑤ 사람들이 다 굶주리고 피곤해서 기운이 없으므로 합격하는 자는 열 가운데 한둘이었다. ⑥ 어떤 사람은 도감문 밖에 있다가 시험 보기를 요구했으나 얻지 못하고 쓰러져서 굶어 죽은 자도 있었다. ⑦ 얼마 안 되어 수천 명을 얻어 조총 쏘는 법과 창·칼 쓰는 기술을 가르쳐서 초관(哨官)과 파총(把摠)을 세워서 그들을 거느리고 번을 나누어 궁중에서 보초를 서게 하였다. ⑧ 무릇 행차의 거둥이 있을 때는 이들로써 호위하니 민심이 차츰 믿게 되었다.

－『서애선생문집(西厓先生文集)』 훈련도감(訓鍊都監)

2. 사료 해설

훈련도감은 임진왜란 당시 척계광(戚繼光)의 『기효신서(紀效新書)』에서 영향을 받아 편성한 군영이다. 이들은 포수(砲手)·살수(殺手)·사수(射手)의 삼수병으로 구성되었고, 군사 1인당 1개월에 쌀 6말의 급료를 받는 군사로 모집되었다. 정부는 훈련도감의 운영을 위해 삼수미(三手米)를 거두었고, 각종 무기장을 자체 운영하여 군수품을 충당하였다. 또한 훈련도감의 원활한 인원 충원을 위해 각 지방에 도감군을 할당하여 차출하는 승호제(陞戶制)를 적용하기도 하였다.

사료 Plus⁺

오늘날 사람들이 임진년 이래 군사를 일으킨 뒤로 사졸들이 패퇴하여 흩어지기를 잘하는 것을 보고 하는 말이 '우리나라 군사는 본래 나약하고 겁이 많아 아무리 조련시켜도 전쟁터에서는 쓰기가 어렵다.'라고 합니다. … 병사의 강함과 약함, 용맹함과 겁이 많음은 장수가 어떻게 운용하느냐에 달려 있을 뿐입니다. 군졸이 궤멸하여 흩어지지 않게 하는 가장 긴요한 것은 오직 '속오(束伍)'에 있으니, 『기효신서(紀效新書)』 중에 장수가 해야 할 일에 대해서 논한 말이 많지만 그 요점은 모두 '속오' 한 편에 들어 있습니다. 지금 사람들이 군졸만 많이 모아 놓으면 적을 방어하는 줄로 아는데, 대오를 결속하고 부대를 나누는 법은 모르기 때문에 질서가 어긋나고 문란해져서 두서가 없습니다. 이러한 군대로써 죽음을 무릅쓰고 전쟁에 임하기를 바랄 수 있겠습니까. 이 때문에 우리나라의 사졸이 쉽게 무너지는 것은 그 죄가 사졸에게 있는 것이 아니고 장수에게 있는 것이니, 그때는 속오의 법을 몰랐기 때문입니다.

－『선조실록(宣祖實錄)』 27년(年)

사료 텍스트 완성하기

교과서 텍스트

1. 역 정부는 왜란 중에 창설한 (   )을/를 시작으로 한성과 그 주변에 어영청, 총융청, 수어 청, 금위영을 설치하였다.

2. 역 지방군으로는 양반부터 천민까지 포함하여 (   )을/를 창설하였다.

3. 역 (   )은/는 평상시 생업에 종사하면서 수령이나 중앙에서 파견된 관리들로부터 훈련을 받다가 적이 침입해 오면 전투에 동원되었다.

기출 텍스트

1. 능 훈련도감은 (   )(으)로 구성되었다.

2. 전 훈련도감 운영 재원의 일부는 (   )(으)로 충당하였다.

3. 능 효종은 북벌 정책을 추진하기 위해 (   )을/를 확대하였다.

빈칸 정답		교과서 텍스트	기출 텍스트
	1	훈련도감	삼수병
	2	속오군	삼수미
	3	속오군	어영청

071 | 효종의 북벌론

옉미래엔, 옉천재 / 힌씨마스 / 됭비상

> ① "彼虜有必亡之勢. … ② 天時人事, 不知何日是好機會來時, 故欲養精砲十萬. ③ 愛恤如子, 皆爲敢死之卒. ④ 然後俟其有釁, 出其不意, 直抵關外. ⑤ 則中原義士豪傑, 豈無響應者."
>
> －『宋書拾遺』

주요 어휘 ⅢⅢⅢⅢⅢⅢ

彼 저 피	虜 오랑캐 로	機 시기 기	砲 대포 포	恤 구휼할 휼
如 같을 여	敢 감히 감	釁 틈 흔	抵 거스를 저	關 빗장 관
豪 호걸 호	傑 뛰어날 걸	響 울림 향	應 응할 응	

한자 독음 ⅢⅢⅢⅢⅢⅢ

① "피로유필망지세. … ② 천시인사, 부지하일시호기회래시, 고욕양정포십만. ③ 애휼여자, 개위감사지졸. ④ 연후사기유흔, 출기불의, 직저관외. ⑤ 즉중원의사호걸, 기무향응자."

1. 국문 해석

① "저 오랑캐는 반드시 망하게 될 형편에 처해 있소. … ② 천시(天時)와 인사(人事)의 좋은 기회가 언제 닥쳐올지 모르기 때문이오. ③ 그러므로 정예화된 포병(砲兵) 10만을 길러 자식처럼 사랑하고 위무하여 모두 결사적으로 싸우는 용감한 병사로 만들 것이다. ④ 그리고 기회를 봐서 저들이 예기치 못하였을 때에 곧장 관(關)으로 쳐들어갈 계획이오. ⑤ 그러면 중원의 의사(義士)와 호걸 중에 어찌 호응하는 자가 없겠소."

－『송서습유(宋書拾遺)』

2. 사료 해설

효종은 즉위 직후 북벌을 내세우며 기민하게 움직였다. 먼저, 친청파(親淸派)인 김자점(金自點) 등을 제거하고, 이완(李浣) 등의 무인들과 산림들을 대거 중용하였다. 또한, 훈련도감의 군액을 증대시키고, 어영군과 금군(禁軍)을 정비·개편하였으며, 기마병의 확보에 주력하였다. 그리고 북벌의 재원 확보를 위해 대동법을 확대 실시하였고, 노비 추쇄(推刷)를 엄격히 하였다.

효종의 북벌 추진은 산림들의 적극적인 협조 없이는 달성하기 힘들었다. 그리하여 효종은 송시열을 독대해 북벌에 협조할 것을 요구했다. 그러나 송시열은 북벌의 당위성에 대해서는 동의하였으나, 이상론만 견지하며 자신의 입지를 강화하는 계기로 삼았을 뿐이었다.

효종 이후 현종 시기에는 북벌이 제대로 시행되기 힘들었다. 특히 경신대기근(庚辛大飢饉, 1670-1671)의 강타는 왕조의 존립까지 위협하는 자연재해였기 때문에 군비를 확충하긴 어려웠다.

그런데 현종 말년에 청에서 삼번의 난이 일어났다. 이어 즉위한 숙종은 이러한 국제 정세에 편승해 북벌을 추진하자는 주장을 수용하였다. 그리하여 북벌을 담당할 기구로서 도체찰사부(都體察使府)를 두었으며, 산성을 축조하고 무과 합격자를 늘리는 등 군비를 확충해 나갔다. 그러나 삼번의 난이 진압됨에 따라 북벌은 점차 형해화되었다.

사료 Plus⁺

- 우리는 저들(청)과 비교하여 한 치도 나은 점이 없다. 머리를 깎지 않고 상투를 틀고 있는 것만 가지고 스스로 천하제일이라고 하면서 '지금의 중국은 옛날의 중국이 아니다.'라고 하면서 … 중국 고유의 훌륭한 법과 제도마저 배척해 버리고 만다. 그렇다면 장차 어디에서 본받아 행하겠는가.

  ─ 『연암집(燕巖集)』

- 7월 28일, 아하! 명나라 왕의 은택은 이미 다 말라 버렸다. 중국에 사는 선비들이 자발적으로 오랑캐의 제도를 좇아서 변발을 한 지도 백 년이나 되었건만, 그래도 오매불망 가슴을 치며 명나라 왕실을 생각하는 까닭은 무슨 이유인가? 중국을 차마 잊지 않으려는 까닭이다.

  ─ 『열하일기(熱河日記)』

📖 사료 텍스트 완성하기

교과서 텍스트

1. 한 병자호란 이후 (　　　　)을/를 내세우며 청을 북벌하여 병자호란의 치욕을 씻고 명에 대한 의리를 지켜야 한다는 북벌론이 일어났다.

2. 한 효종은 남한산성과 (　　　　)을/를 고쳐 쌓고 군대를 양성하는 등 군비 확충에 힘썼다.

3. 역 청에 인질로 끌려갔다가 돌아온 (　　　　)은/는 군대를 양성하고 성곽을 수리하는 등 군사력을 강화하였지만, 현실적으로 이미 강성해진 청을 정벌하는 것은 어려웠다.

기출 텍스트

1. 수 효종은 (　　　　) 등을 중용하고 군비를 확충하면서 북벌을 준비하였다.

2. 능 효종은 (　　　　)을/를 중심으로 북벌을 추진하였다.

3. 능 효종 재위 시기에는 (　　　　) 정벌에 조총 부대가 동원되었다.

빈칸 정답		교과서 텍스트	기출 텍스트
	1	소중화론	이완
	2	북한산성	어영청
	3	효종	나선

072 | 예송 논쟁

① 其言行語默, 出處進退, 動遵朱門程法. ② 就其所成就而論之, 其高密達大, 非近世群儒所可及也. ③ 丙子後, 憤冠履之倒置, 屢召不就. ④ 孝廟初服, 與金尚憲, 金集諸賢, 赴朝卽還. ⑤ 孝廟有大志, 知時烈, 可與共事. ⑥ 遣金益熙, 密諭聖志, 遂契合隆重, 稱之以先生, 特賜獨對. ⑦ 又夜命顯廟親傳御札. ⑧ 感激奮厲, 自樹以春秋大義. ⑨ 及孝廟昇遐, 慟慕如不欲生. … ⑩ 最被賊鑴輩所忌嫉. ⑪ 甲寅之禍, 幾死僅免. ⑫ 庚申更化, 有收敍敦召之命, 依程子西監例暫入, 旋遭國喪. … ⑬ 尹拯父子, 素黨鑴, 遽發書訾斥時烈. ⑭ 時輩於是, 遂助拯而合而爲一. ⑮ 至是鑴, 拯輩, 兩憾交煽, 駭機益張, 遂及於極禍焉.

— 『肅宗實錄』 15年

주요 어휘 |||||||||||||

默 침묵할 묵   遵 좇을 준   程 법도 정   憤 성낼 분   倒 넘어질 도
昇遐(승하) 임금이 세상을 떠남   敍 차례 서   就 이룰 취   赴 나아갈 부
諭 깨우칠 유   敦 도타울 돈   暫 잠시 잠   遭 만날 조   素 본디 소
鑴 솥 휴   遽 갑자기 거   訾 헐뜯을 자   憾 서운할 감   駭 놀랄 기
極 다할 극   煽 부칠 선   禍 재앙 화   斥 물리칠 척

한자 독음 |||||||||||||

① 기언행어묵, 출처진퇴, 동준주문정법. ② 취기소성취이론지, 기고밀달대, 비근세군유소가급야. ③ 병자후, 분관이지도치, 누소불취. ④ 효묘초복, 여김상헌, 김집제현, 부조즉환. ⑤ 효묘유대지, 지시열, 가여공사. ⑥ 견김익희, 밀유성지, 수계합융중, 칭지이선생, 특사독대. ⑦ 우야명현묘친전어찰. ⑧ 감격분려, 자수이춘추대의. ⑨ 급효묘승하, 통모여불욕생. … ⑩ 최피적휴배소기질. ⑪ 갑인지화, 기사근면. ⑫ 경신경화, 유수서돈소지명, 의정자서감예잠입, 선조국상. … ⑬ 윤증부자, 소당휴, 거발서자척시열. ⑭ 시배어시, 수조증이합위일. ⑮ 지시휴, 증배, 양감교선, 해기익장, 수급어극화언.

1. 국문 해석

① 그 언행·어묵(語默)·출처·진퇴는 움직이면 주문(朱門)의 법을 따랐다. ② 그 성취한 바에 대하여 논하면 그 높고 정밀하며 멀고 큼은 근세의 뭇선비들의 미칠 바가 아니다. ③ 병자년 이후로 관구(冠屨)가 무너진 것을 분하게 여겨 여러 번 불러도 나아가지 아니했다. ④ 효종이 처음 정무(政務)를 볼 때 김상헌(金尙憲)·김집(金集), 여러 어진 이들과 더불어 조정에 나아갔다가 곧 돌아왔다. ⑤ 효종이 큰 뜻을 가지고 송시열과 더불어 일을 함께할 만한 것을 알았다. ⑥ 김익희(金益熙)를 보내어 성의(聖意)를 비밀리에 유시(諭示)하니, 드디어 계합(契合)이 융숭하고 중하여 선생이라고 일컬었으며, 특별히 독대(獨對)를 내렸다. ⑦ 또 밤에 현종(顯宗)에게 명하여 친히 어찰(御札)을 전하게 하였다. ⑧ 송시열이 감격하고 분발하여 스스로 춘추대의를 세웠다. ⑨ 효종의 승하(昇遐)하자 애통하고 사모하여 살고자 아니하는 것처럼 하였다. … ⑩ 적 윤휴의 무리에게 꺼리고 미워함을 가장 많이 입었다. ⑪ 갑인(甲寅)·을묘년(乙卯年)의 화(禍)에 거의 죽게 되었다가 겨우 면했다. ⑫ 경신년 경화(更化)에 거두어 서용하고 돈독히 부르는 명이 있자, 정자(程子)의 서감(西監)의 예(例)에 의하여 잠시 들어갔다가 곧 국휼(國恤)을 만났다. … ⑬ 윤증(尹拯) 부자(父子)는 본래 윤휴(尹鑴)를 편들고 송시열과 어긋났는데, 윤증이 당시의 의논이 이와 같음을 보자, 갑자기 글을 보내어 송시열을 헐뜯고 배척했다. ⑭ 당시의 무리가 이에 드디어 윤증을 도와서 합하여 하나가 되었다. ⑮ 이때에 이르러 윤휴·윤증의 무리가 두 감정을 번갈아 부채질하여 해기(駭氣)가 더욱 벌어져서 드디어 극진한 화에 이르렀다.

－『숙종실록(肅宗實錄)』15년(年)

2. 사료 해설

현종은 즉위 직후 예송 논쟁에 휩싸이게 되었다. 효종의 어머니인 자의대비가 효종을 위해 입어야 할 상복의 종류를 둘러싸고 서인과 남인 사이에 논쟁이 발생하였기 때문이다. 『국조오례의』에는 효종처럼 차자로서 왕위에 올랐다가 죽었을 경우 그 어머니가 입어야 할 상복에 관해서는 규정이 없었다. 그런데 『주자가례』 등에 따르면 장남이 죽을 경우 어머니는 3년 상복을, 차남의 경우에는 1년 상복을 입는 것으로 되어 있었다. 당시 서인은 왕에게도 사대부와 같은 예를 적용하여 1년 상복을 입어야 한다고 생각하였고, 남인은 왕과 사대부의 예는 다르므로 3년 상복을 입어야 한다고 주장하였다. 결국 조정에서는 『대명률』과 『경국대전』의 '부모는 장자·중자의 구별 없이 모두 기년복을 입는다.'라는 포괄적 규정에 따라 자의대비의 상복을 1년복으로 결정하였다.

현종 말년에는 효종의 비 인선왕후의 상에 시어머니인 자의대비가 입어야 할 상복을 둘러싸고 갑인예송이 발생하였다. 그런데 이때는 『경국대전』에 장자부(長子婦)와 중자부(衆子婦)의 상복은 기년복과 대공복으로 구별되어 있었다. 이제 서인 예론에 담긴 '체이부정(體而不正)' 등의 논리가 드러날 수밖에 없었다. 그리하여 갑인예송에서는 남인의 주장이 받아들여져서, 이후 숙종 초기까지는 남인이 정국을 주도하게 되었다.

사료 Plus⁺

주자의 글에서 그 의도를 제대로 파악하지 못하면 공자의 글도 해독할 수 없으므로, 이 때문에 도가 밝혀지지 않고 행해지지 않는 것이다. 우옹(尤翁, 송시열)께서는 만년에 이 점을 크게 걱정하여 『주자대전』을 풀이하고 그 말의 같고 다름을 조사하고 분별하여 바로잡으려 하셨다. 그 일이 시작되고 겨우 10여 조목에 이르러 그치고 말았으니 안타까울 뿐이다. 나(한원진)는 어려서부터 주자의 글을 받아서 읽고 반복하여 두루 살펴보았고, 일생의 힘을 기울여 그 논설의 같고 다름에 문제가 있는 것을 거의 대부분 변별하였다.

－『주자언론동이고(朱子言論同異攷)』

사료 텍스트 완성하기

교과서 텍스트

1. 한 17세기 말에 서인과 남인은 두 차례의 (   )을/를 겪으며 정치적 대립이 격화되었다.

2. 한 예송 논쟁 당시 신권 중심 정치를 지향한 서인은 왕실도 사대부와 같이 (   )을/를 따라야 한다고 주장하였다.

3. 한 예송 논쟁 당시 국왕의 권위를 중요시한 (   )은/는 왕실의 예는 사대부의 예와 다르다고 주장하였다.

기출 텍스트

1. 전 서인과 (   )의 공존 체제는 두 차례의 호란과 효종의 북벌 추진까지는 균열 없이 지속되었다.

2. 전 (   ) 논쟁에서 처음에는 서인이, 나중에는 남인이 우세하였다.

3. 능 송시열은 효종의 사망에 따른 자의대비의 복상 문제에 대해 (   )을/를 주장하였다.

빈칸정답		교과서 텍스트	기출 텍스트
	1	예송	남인
	2	『주자가례』	예송
	3	남인	기년설

073 환국 정치

---

① 鄭元老·姜萬鐵上變書曰. ② "… 堅言, '上春秋鼎盛, 而體數不寧, 且無儲位. ③ 倘有不幸, 大監欲免不得.' ④ 福善無所答. ⑤ 堅曰, '今國家將亡, 必須善爲, 而黨論當打破.' ⑥ 臣聞來悚然, 卽欲來告, 而上倚重領相, 恐被誣告之罪, 趑趄至今, 今不敢隱, 敢此細達."

－『肅宗實錄』 6年

주요 어휘 ||||||||||||

變 변고 변   鼎盛(정성) 한창 혈기가 왕성함   寧 편안할 녕   儲 쌓을 저
倘 혹시 당   答 대답할 답   須 모름지기 수   打 타파할 타   破 깨뜨릴 파
悚 두려워할 송   倚 의지할 의   恐 두려워할 공   被 미칠 피   誣 무고할 무
趑 머뭇거릴 자   隱 숨길 은   敢 감히 감   細 자세할 세   達 통달할 달

한자 독음 ||||||||||||

① 정원로·강만철상변서왈. ② "… 견언, '상춘추정성, 이체수불녕, 차무저위. ③ 당유불행, 대감욕면부득.' ④ 복선무소답. ⑤ 견왈, '금국가장망, 필수선위, 이당론당타파.' ⑥ 신문래송연, 즉욕래고, 이상의중영상, 공피무고지죄, 자저지금, 금불감은, 감차세달."

---

1. 국문 해석

① 정원로(鄭元老)·강만철(姜萬鐵)이 상변(上變)한 글은 다음과 같았다. ② "… 허견이 말하길, '주상의 춘추(春秋)가 젊으신데 몸이 자주 편찮으시고 또 세자[儲位]가 없습니다. ③ 만약 불행한 일이 있으면 대감(大監)이 임금자리를 면하려도 될 수가 없을 것입니다.'라고 하였습니다. ④ 이에 복선군이 대답이 없었습니다. ⑤ 허견이 말하길, '이제 나라가 장차 망하려는데 반드시 잘하여야 할 것이며, 당론(黨論)을 마땅히 타파하여야 할 것입니다.'라고 하였습니다. ⑥ 신이 듣고는 송연(悚然)하여 곧 와서 고하려고 하였으나, 주상께서 영상(領相)을 신임하고 존중하시므로 무고(誣告)했다는 죄를 입을 것을 두려워하여, 이제까지 주저하다가 이제 감히 숨길 수 없어서 감히 이를 자세히 아룁니다."

－『숙종실록(肅宗實錄)』 6년(年)

2. 사료 해설

　숙종(肅宗) 시기에는 집권 세력이 급격히 변화하는 환국(換局)이 여러 차례 발생하였다. 이는 당시 상품 화폐 시장의 발달, 신분제의 동요, 향촌 사회의 변동이라는 시대적 상황이 정치에도 영향을 미친 것으로 보아야 한다.

　먼저 '갑인환국(甲寅換局)'은 갑인예송과 결부되어 나타났다. 숙종은 부왕(父王)인 현종의 묘지문을 송시열(宋時烈)에게 짓도록 하였다. 이는 집권 세력이었던 서인과의 관계 안정을 위해 취한 조치였다. 그런데 이때 경상도 진주의 남인 유생 곽세건(郭世楗)이 이를 반대하는 상소를 올렸다. 그 내용은 갑인예송(甲寅禮訟) 때 송시열은 효종을 서자로 취급하여 자의대비의 복제을 대공복으로 적용하였으므로, 송시열에게 현종의 묘지문을 짓게 해서는 안 된다는 것이었다. 그러자 숙종은 이를 받아들여 현종의 묘지문은 외척 김석주에게 짓도록 하고, 송시열을 유배 보냄과 동시에 서인 세력을 축출하였다.

　남인 정권은 몇 년을 유지하지 못하고 이내 축출되었으니, 이를 '경신환국(庚申換局)'이라고 한다. 당시 남인의 영수였던 허적(許積)은 그의 조부 허잠(許潛)을 위한 연시연(延諡宴)을 벌였는데, 그날 비가 오자 숙종은 궁중에서 쓰는 용봉차일(龍鳳遮日)을 보내려고 하였으나 벌써 허적이 가져간 뒤였다. 이에 숙종은 허적을 영의정에서 내쫓고 서인을 주요 요직에 앉혔다. 이 무렵 정원로(鄭元老)가 허적의 서자였던 허견(許堅)의 역모를 고변하는 '삼복의 변[三福之變]' 사건이 터졌다. 이는 숙종의 5촌인 복창군(福昌君)·복선군(福善君)·복평군(福平君) 삼 형제가 허견과 결탁하여 역모하였다는 것이었다. 그리하여 이 사건과 관련된 이들 대부분이 처형당하였고, 남인은 몰락하게 되었다.

　서인 정권은 '기사환국(己巳換局)'으로 한 차례 더 몰락하였다. 이는 숙종이 장희빈과의 사이에서 낳은 아들 윤(昀)을 원자(元子)로 책봉하고 소의(昭儀) 장옥정을 희빈(禧嬪)으로 삼으려 하였는데, 서인 정권이 이를 반대하자 발생한 사건이었다. 숙종은 서인을 몰아내고 남인을 다시 등용하였으며, 이를 통해 자신이 원하던 대로 원자의 명호를 정하고 소의 장씨를 희빈으로 책봉할 수 있었다. 또한 이때 서인의 영수인 송시열이 숙종의 처사를 잘못이라고 간하자, 송시열을 삭탈관직하고 제주로 귀양 보냈다가 후에 사약(賜藥)을 내렸다.

　이후 폐출된 인현왕후(仁顯王后)를 놓고 서인과 남인이 다시 격돌하였으니, 이를 '갑술환국(甲戌換局)'이라고 한다. 당시 노론(老論) 김춘택(金春澤)과 소론(少論) 한중혁(韓重爀) 등이 인현왕후 민씨의 복위 운동을 전개하자, 민암(閔黯) 등으로 대표되는 남인 세력은 이들을 체포하여 국문하려 하였다. 그런데 갑자기 숙종이 이러한 민암의 처사를 문제삼아 민암을 사사(賜死)하였고, 남인 세력을 대거 유배 보냈다. 이와 동시에 폐비 민씨에 대한 복위 노력을 치하하며, 소론 남구만(南九萬)·박세채(朴世采) 등을 조정의 요직에 등용하는 소론 정권을 성립시켰다.

사료 Plus⁺

- 윤휴가 비밀리에 상소를 올렸다. … "아! 병자·정축년의 일은 하늘이 우리를 돌봐 주지 않아 일어난 것입니다. 그리하여 짐승 같은 것들이 핍박해 와 우리를 남한산성으로 몰아넣고 우리를 삼전도에서 곤욕을 주었으며, 우리 백성을 도륙하고 우리 의관(衣冠)을 갈기갈기 찢어 버렸습니다. … 머리털을 깎인 유민들이 가슴을 치고 울먹이며 명나라를 잊지 않고 있다 하니, 가만히 태풍의 여운을 듣건대 천하의 대세를 알 수 있습니다. … 우리나라의 정예로운 병력과 강한 활솜씨는 천하에 소문이 난 데다가 화포와 조총을 곁들이면 넉넉히 진격할 수 있습니다."

　　　　　　　　　　　　　　　　　　　　　　　　　　　　　　　　　　－『현종실록(顯宗實錄)』

• 부인을 해치려고 하는 자들(소실인 교 씨)이 한때나마 자기 생각대로 되어 음란과 사치를 일삼으며 즐거워하고 있으나, 하늘은 저들의 악행이 뚜렷해질 때까지 기다리고 있다가 곧 벌을 내릴 것이오.

―『사씨남정기(謝氏南征記)』

사료 텍스트 완성하기

교과서 텍스트

1. 한 숙종 때에는 예송 과정에서 집권한 남인이 역모 사건에 연루되면서 서인이 다시 정권을 잡는 (   )이/가 일어났다.

2. 역 숙종 말년에 (   )와/과 소론은 왕위 계승을 놓고 대립하였을 뿐만 아니라 왕권을 위협하기까지 했다.

3. 한 (   ) 이후 정권을 잡은 붕당이 상대의 존재를 부정함으로써 붕당 정치의 핵심인 견제와 균형 기능은 작동하지 못하였다.

4. 한 환국이 되풀이되는 과정에서 서인은 남인에 대한 대응 문제를 놓고 노론과 (   )(으)로 갈라섰다.

기출 텍스트

1. 수 숙종은 (   )을/를 위해 여러 붕당을 번갈아 등용하였다.

2. 수 숙종은 (   )을/를 설치하여 5군영 체제를 갖추었다.

3. 능 숙종은 낳은 지 두 달 된 왕자의 명호를 '원자(元子)'로 정하고자 하였고, 이에 (   )이/가 반대하자 관작을 삭탈하고 문외 출송하도록 명하였다.

4. 능 환국을 거치면서 특정 붕당이 정권을 독점하는 (   ) 추세가 나타났다.

빈칸 정답		교과서 텍스트	기출 텍스트
	1	경신환국	왕권 강화
	2	노론	금위영
	3	환국	송시열
	4	소론	일당 전제화

074 영조의 탕평책

예금성, 예리베르, 예미래엔, 예비상, 예천재 / 한리베르

---

① 朋黨之弊, 未有甚於近日. ② 初以斯文起鬧, 今則一邊之人, 盡驅之
於逆黨. … ③ 我國本偏小, 用人之道亦不廣. ④ 而至於近日, 其所用人,
罔非黨目中人. … ⑤ 被謫之人, 令金吾, 參其輕重, 與大臣登對疏釋. ⑥
銓曹蕩平收用.

─ 『英祖實錄』 1年

주요 어휘 |||||||||||||

弊 해질 폐	甚 심할 심	起 일어날 기	鬧 시끄러울 료	盡 다할 진
驅 몰 구	逆 거스를 역	黨 무리 당	偏 치우칠 편	廣 넓을 광
罔 없을 망	黨 무리 당	被 입을 피	謫 귀양 갈 적	參 참여할 참
輕 가벼울 경	重 무거울 중	登 오를 등	對 대답할 대	疏 통할 소
釋 풀 석	銓 저울질할 전	曹 관아 조	蕩 쓸어버릴 탕	收 거둘 수

한자 독음 |||||||||||||

① 붕당지폐, 미유심어근일. ② 초이사문기료, 금즉일변지인, 진구지어역당. … ③ 아국본편소, 용인지도역불광.
④ 이지어근일, 기소용인, 망비당목중인. … ⑤ 피적지인, 영금오, 참기경중, 여대신등대소석. ⑥ 전조탕평수용.

---

1. 국문 해석

① 붕당(朋黨)의 폐단이 요즈음보다 심한 적이 없었다. ② 처음에는 유학 내에서 시비가 일어나
더니 지금은 다른 편의 사람을 모조리 역당(逆黨)으로 몰고 있다. … ③ 우리나라는 본래 한쪽에
치우치고 작아서 사람을 쓰는 방법 역시 넓지 못하다. ④ 더구나 근래에는 그 사람을 임용하는 것
이 모두 당목(黨目) 가운데 사람이었다. … ⑤ 저 귀양을 간 사람들은 금오(金吾)로 하여금 그 경중
을 참작해 대신(大臣)과 더불어 어전에서 나를 만날 때 억울함이 없게 하라. ⑥ 전조(銓曹)에서는
탕평(蕩平)하게 거두어 쓰라.

─ 『영조실록(英祖實錄)』 1년(年)

2. 사료 해설

경종이 재위 4년 만에 훙거하여 왕세제인 영조가 즉위하였다. 영조는 탕평 교서를 통해 노론과 소론을 등용할 것을 표방하였다. 하지만 경종 시기 탄압을 받았던 노론은 신임옥사의 4대신을 복작하며 연루된 자들도 모두 유배에서 풀어주었고, 남인과 소론의 과격분자들에 대한 보복을 시도하였다. 그런데 노론이 소론에 대한 보복을 계속 고집하자, 영조는 정미환국(1727)을 통해 노론을 축출하고 소론 정권을 성립시켰는데, 이러한 상황에서 소론계의 이인좌 등이 병란을 일으키는 사건[武臣亂]이 발생하였다.

이듬해 영조는 기유대처분을 통해 군주권 앞에서의 붕당은 용서하지 않겠다고 선언하였다. 이러한 선언으로 노론·소론·남인 어느 붕당에서든지 붕당 타파의 선언을 수용하는 부류가 생겼다. 왕의 처분에 대한 온건한 입장을 표방하는 이들에게는 완론(緩論)이란 호칭이 붙여진 반면에, 사림의 붕당 의리를 포기하지 않는 자들은 준론(峻論)이라 불렸다.

영조의 탕평 정치는 완론 중심으로 운영되었다. 그리하여 신료들의 무분별한 당쟁과 신권의 팽창을 막기 위해 이조낭관(吏曹郎官)의 통청권(通淸權)과 한림(翰林)의 회천권(回薦權)이 개혁되었다.

사료 Plus⁺

- 나라를 위해 몸과 마음을 다 바칠 의리와 서로 화목하게 지낼 도리를 생각하지 않고 오직 자기 당파의 주장과 어긋나지 않을지만 염려를 하니, … 탕평(蕩平)하는 것은 공(公)이요, 당에 물드는 것은 사(私)인데, 여러 신하는 공을 하고자 하는가, 사를 하고자 하는가?

- 임금이 말하기를, "선대 임금(숙종)께서 서원 가운데 그대로 보존하도록 명한 것은 내버려 두고, 그 나머지는 주자서원일지라도 마땅히 헐어서 치워 버려야 한다. 이 서원을 건립한 것이 어찌 높이고 사모하는 참된 마음에서 나왔겠는가? 그것을 빙자하여 사사로운 이익을 이루려는 데 지나지 않으니 도리어 옛날의 현인에게 오욕을 끼치는 것이다." 하였다.

  ―『영조실록(英祖實錄)』

- 두루 사귀고 무리 짓지 않음이 바로 군자의 공정한 마음이요, 무리 지으며 두루 사귀지 않음이 바로 소인의 사사로운 마음이다.

  ―「탕평비(蕩平碑)」

사료 텍스트 완성하기

교과서 텍스트

1. 한 영조는 붕당의 근거지인 (   )을/를 대폭 정리하였다.

2. 한 영조는 탕평의 뜻을 알리기 위해 성균관 입구에 (   )을/를 세웠다.

3. 한 영조는 사실상 노론에 의지하였고, (   )을/를 끌어들여 외척 세력이 성장하였다.

4. 역 영조는 태종 때 설치되었다가 폐지된 (   )을/를 다시 설치하여 백성의 억울함을 풀어주고자 하였고, (   )을/를 정비하여 도성의 홍수를 예방하고자 했다.

기출 텍스트

1. 수 영조는 붕당을 없애자는 논리에 동의하는 (   )을/를 중심으로 정국을 운영하였다.

2. 수 영조는 (   )에게 인정되었던 3사 관리의 선발 관행을 없앴다.

3. 수 영조는 가혹한 형벌을 폐지하고 사형수에 대한 (   )을/를 엄격하게 시행하였다.

4. 수 영조는 서원을 (   )의 기반이라는 이유로 대폭 정리하였다.

빈칸 정답		교과서 텍스트	기출 텍스트
	1	서원	탕평파
	2	탕평비	이조전랑
	3	외척	삼심제
	4	신문고, 청계천	붕당

① 今此選文士課講製, 蓋出於作成人才之聖意與! … ② 一, 講製人員, 則必以文臣槐院分館中. ③ 勿論參上・參外, 自政府相議, 限三十七歲以下抄啓. ④ 而講製試官, 則每月初一日, 自內閣列書提學・直提學之時原任及曾經直閣・待敎之已陞資者. ⑤ 大啓備二員受點, 專管當月內考講考券之事. ⑥ 一以寓專一責成之效, 一以防持久懈弛之弊.

— 『正祖實錄』 1年

주요 어휘 ||||||||||||||||

選 가릴 **선**	講 익힐 **강**	製 지을 **제**	蓋 대개 **개**	才 재주 **재**
槐 삼공 **괴**	槐院(괴원) 승문원(承文院)		限 한계 **한**	抄 뽑을 **초**
啓 아뢸 **계**	閣 세울 **각**	列 벌일 **열**	提 이끌 **제**	陞 오를 **승**
資 재물 **자**	管 대롱 **관**	當 당할 **당**	責 꾸짖을 **채**	效 본받을 **효**
防 막을 **방**	持 가질 **지**	懈 게으를 **해**	弛 늦출 **이**	弊 해질 **폐**

한자 독음 ||||||||||||||||

① 금차선문사과강제, 개출어작성인재지성의여! … ② 일, 강제인원, 즉필이문신괴원분관중. ③ 물론참상・참외, 자정부상의, 한삼십칠세이하초계. ④ 이강제시관, 즉매월초일일, 자내각열서제학・직제학지시원임급증경직각・대교지이승자자. ⑤ 대계비이원수점, 전관당월내고강고권지사. ⑥ 일이우전일책성지효, 일이방지구해이지폐.

1. 국문 해석

① 이제 이 문사(文士)들을 선발하여 강제(講製)를 시험하는 것은 대개 인재를 양성하려는 임금의 뜻에서 나온 것이 아니겠는가! … ② 첫째, 강제 인원은 반드시 문신(文臣)으로 과거에 합격한 후 승문원에 배속되어 실무를 익히는 사람들로 한다. ③ 이 가운데 6품 이상 종3품 이하의 참상(參上)이나 7품 이하의 참하(參下)를 막론하고 모두 의정부에서 상의하여 37세 이하에 한하여 뽑는다. ④ 강제의 시험관은 매달 초하룻날 내각에서 전·현직 제학·직제학 및 일찍이 직각·대교를 지내고 이미 자급(資級)이 승급된 사람들 가운데서 한다. ⑤ 임금께서 2원(員)을 갖추어 낙점한 다음 그달 안으로 경서를 외우는 고강(考講)과 시험지를 작성하는 고권(考卷)을 맡아서 책임지게 한다. ⑥ 그리하여 (강제 인원들이) 한편으로는 자신의 일에 전념할 수 있는 효력이 있게 하고, 한편으로는 오래도록 버티면서 해이해지는 폐단을 방지한다.

-『정조실록(正祖實錄)』1년(年)

2. 사료 해설

영조 연간에 행해졌던 탕평 정치를 '완론탕평(緩論蕩平)'이라고 한다면, 정조 연간에 행해졌던 탕평 정치를 '준론탕평(峻論蕩平)'이라고 한다. 정조는 완론탕평에 참여한 관료들이 탕평의 근본을 부정했다고 주장하는 청류 계열의 인물을 등용하고, 임금과 신하 간의 의리를 중시하여 당파의 옳고 그름을 명백히 가리고자 하였다. 그리하여 김종수(金鍾秀)로 대표되는 노론 청류계와 채제공(蔡濟恭)으로 대표되는 남인 청론계를 보합함으로써 정치를 주도해 나갔다.

정조는 국왕 중도의 정치 체제를 구현하기 위해 노력하였다. 먼저 규장각을 설치하여 근시(近侍)·사관(史官)·시관(試官)·경연관 등의 역할을 수행하게 함으로써 이를 정책 자문 기구로 삼았다. 또한 이곳에서 초계문신제를 통해 신료들을 재교육하여 왕정의 방향을 숙지하도록 하였다. 규장각에는 벼슬길이 막혀 있던 서얼 출신의 박제가, 이덕무, 서이수 등을 등용하여 정조의 개혁을 뒷받침하기도 하였다.

한편 정조는 군사권을 장악하기 위해 기존의 5군영과 별도로 장용영을 창설하였다. 장용영은 유력 가문들이 장악한 5군영과 달리 국왕의 호위 군대로서 왕권을 뒷받침하였다. 또한, 수원에 화성을 세우고 여러 차례 행차하여 왕의 위상을 과시하는 동시에 민생에 관한 백성들의 목소리를 직접 듣고자 노력하였다.

사료 Plus⁺

- 영상(領相)이 바야흐로 지문(誌文)을 짓고 있거니와, 선대왕의 사업과 실적은 곧 균역(均役)·탕평(蕩平)·준천(濬川)이다. 탕평은 50년 동안의 대정(大政)인데, 말을 만들어 갈 적에 단지 탕평 두 글자만 쓴다면 혼돈하게 될 염려가 없지 않다. 충신과 역적을 구분하는 데 이쪽이 옳고 저쪽이 그른 것, 그리고 저쪽이 객(客)이고 이쪽은 주(主)인 구별을 분명하게 말하지 않을 수 없다. 내가 이광좌(李光佐)·최석항(崔錫恒)·조태억(趙泰億)을 추탈한 것도 또한 선조(先朝)의 뜻을 받든 것이다. 탕평은 의리에 방해받지 않고 의리는 탕평에 방해받지 않은 다음에야 바야흐로 탕탕평평(蕩蕩平平)의 큰 의리라 할 수 있다. 지금 내가 한 말은 곧 의리의 탕평이지, 혼돈의 탕평이 아니다.

  —『정조실록(正祖實錄)』 즉위년(卽位年)

- 임금이 평소 책을 숭상하여 세손 때부터 책을 많이 구입하여 보관하였다. 왕위에 오른 첫해에 맨 먼저 『고금도서집성(古今図書集成)』 5천여 권을 북경에서 구입하였고, 옛날 홍문관과 강화부 행궁에 보관되어 있던 명대 서적들을 옮겨 모았다. … 규장각 서남쪽에 서고를 건립하여 중국 책들을 저장하였으며, 북쪽에는 우리나라의 책을 저장하였는데, 총 3만여 권이었다.

  —『정조실록(正祖實錄)』 1년(年)

- 붕당의 이름이 생긴 이래로 삼상(三相)이 오늘과 같은 적은 아마도 처음 있는 일일 듯하다. 그러므로 이번 일로 나는 자부하는 마음이 든다. 경들 세 사람은 모름지기 각자 마음을 다해 나로 하여금 좋은 결과를 볼 수 있게 하라. 오늘의 급한 일은 조정에서 의심하여 멀리하는 것을 없애는 데 있을 뿐이다.

  —『정조실록(正祖實錄)』 12년(年)

- 만천명월주인옹(萬川明月主人翁)은 말한다. … 달은 하나뿐이고 물의 종류는 일만 개나 되지만, 물이 달빛을 받으면 앞 시내에도 달이요, 뒤 시내에도 달이어서 달과 시내의 수가 같게 되므로 시냇물이 일만 개면 달 역시 일만 개가 된다. … 하늘에 있는 달은 하나뿐이며, 달은 태극이고 바로 나다.

  —『홍재전서(弘齋全書)』 만천명월주인옹자서(萬川明月主人翁自序)

PART

03

📗 사료 텍스트 완성하기

교과서 텍스트

1. 헌 정조는 권력에서 소외되었던 남인과 (   )을/를 등용하였다.

2. 헌 정조는 (   )와/과 『대전통편』 등을 편찬하여 법령과 제도를 정비하였다.

3. 헌 정조는 (   )을/를 설치하여 국왕 중심의 정치 체제를 강화하고자 노력하였다.

4. 헌 정조는 친위 부대인 (   )을/를 설치하고 수원 화성을 건설하여 개혁 정치를 펼치고자 노력하였다.

기출 텍스트

1. 수 정조는 (   )을/를 학문 연구와 인재 육성의 기구로 삼았다.

2. 수 정조는 (   )이/가 군현 단위의 향약을 직접 주관하게 하였다.

3. 수 영조가 없앴던 (   )의 후임자 천거 관행은 정조 시기에 완전히 폐지되었다.

4. 능 정조는 (   )에 입각하여 '의리주인(義理主人)'을 강조하였다.

빈칸 정답		교과서 텍스트	기출 텍스트
	1	소론	규장각
	2	『탁지지』	수령
	3	규장각	이조전랑
	4	장용영	군주도통론

076 홍경래의 난과 세도 정치

옙리베르, 옙미래엔, 옙비상, 옙지학사, 옙천재 / 힌동아, 힌리베르, 힌비상, 힌천재, 힌해냄에듀

① 平西大元帥, 爲急, 急馳檄事. ② 我關西, 父老子弟, 公私賤, 或聽此檄. ③ 盖關西, 箕聖故城, 檀君蒼窟, 衣冠及濟, 文物炳烺. … ④ 朝廷之等棄西土, 不異於棄土. ⑤ 甚至於, 權門奴婢, 見西人則, 必曰, '平漢其爲西人者.' ⑥ 豈不冤抑哉. … ⑦ 見今冲王在上, 權奸日熾. ⑧ 如金祖淳, 朴宗慶輩, 專弄國, 柄仁, 天降災. … ⑨ 玆以檄文, 先諭列府君侯, 切勿撓動, 洞開城門, 以迎我師. ⑩ 若有蠢爾抗拒者, 當以鐵騎, 五天, 蹙之無遺矣. ⑪ 須速請命擧行宜當者.

—『稗林』「純祖記事」

주요 어휘 ⅢⅢⅢⅢⅢⅢⅢⅢ

急 급할 급	馳 달릴 치	檄 격문 격	關 빗장 관	賤 천할 천
聽 들을 청	蒼 푸를 / 늙은 창	窟 굴 / 소굴 굴	濟 건널 제	炳 밝을 병
烺 빛 밝을 랑	棄 버릴 기	權 권세 권	豈 어찌 기	冲 어릴 충
奸 범할 간	熾 성할 치	弄 희롱할 롱	切 끊을 절 / 모두 체	
勿 말 물	撓 어지러울 요	洞 골 동	開 열 개	蠢 꿈틀거릴 준
爾 너 이	抗 막을 항	拒 막을 거	鐵 쇠 철	騎 말 탈 기
蹙 닥칠 축	須 모름지기 수			

한자 독음 ⅢⅢⅢⅢⅢⅢⅢⅢ

① 평서대원수, 위급, 급치격사. ② 아관서, 부로자제, 공사천, 혹청차격. ③ 개관서, 기성고성, 단군창굴, 의관급제, 문물병랑. … ④ 조정지등기서토, 불이어기토. ⑤ 심지어, 권문노비, 견서인즉, 필왈, '평한기위서인자.' ⑥ 기불원억재. … ⑦ 견금충왕재상, 권간일치. ⑧ 여김조순, 박종경배, 전농국, 병인, 천강재. … ⑨ 자이격문, 선유열부군후, 체물요동, 동개성문, 이영아사. ⑩ 약유준이항거자, 당이철기, 오천, 축지무유의. ⑪ 수속청명거행의당자.

1. 국문 해석

① 평서대원수(平西大元帥)는 급히 격문을 띄운다. ② 우리 관서(關西)의 부로자제(父老子弟)와 공사천민(公私賤民)은 모두 이 격문을 들어라. ③ 무릇 관서는 기자(箕子)의 옛터요, 단군 시조의 옛 근거지로 훌륭한 인물이 넘치고 문물이 번창한 곳이다. … ④ 그러나 조정에서는 서토를 버림이 썩은 흙[糞土]이나 다름없다. ⑤ 심지어 권세 있는 집의 노비들도 서로의 인사를 보면 반드시 '평안도 놈[平漢]'이라 일컫는다. ⑥ 서토에 있는 자가 어찌 억울하고 원통치 않은 자 있겠는가. … ⑦ 지금 나이 어린 임금이 위에 있어서 권세 있는 간신배가 날로 치성하고 있다. ⑧ 그리하여 김조순(金祖淳)·박종경(朴宗慶)의 무리가 국가의 권력을 제멋대로 하니 어진 하늘이 재앙을 내린다. … ⑨ 이제 격문을 띄워 먼저 열부군후(列府君侯)에게 알리노니 절대로 동요치 말고 성문을 활짝 열어 우리 군대를 맞으라. ⑩ 만약 어리석게도 항거하는 자가 있으면 기마병의 발굽으로 밟아 무찔러 남기지 않으리니. ⑪ 마땅히 명령을 따라서 거행함이 좋으리라.

— 『패림(稗林)』 「순조기사(純祖記事)」

사료 Plus+

- 가을에 한 늙은 아전이 대궐에서 돌아와 처와 자식에게 "요즘 이름 있는 관리들이 모여서 하루 종일 이야기를 하여도 나랏일에 대한 계획이나 백성에 대한 걱정은 전혀 하지 않았다. 오로지 각 고을에서 보내오는 뇌물의 많고 적음과 좋고 나쁨에만 관심을 가지고, 어느 고을의 수령이 보내온 물건은 극히 정묘하고, 또 어느 수령이 보낸 물건은 매우 넉넉하다고 말한다. 이름 있는 관리들이 말하는 것이 이러하다면, 지방에서 거두어들이는 것이 반드시 늘어날 것이다. 나라가 어찌 망하지 않겠는가." 하고 한탄하면서 눈물을 흘려 마지않았다.

  — 『목민심서(牧民心書)』

- 떵떵거리는 수십 집안이 대를 이어 가며 국록을 먹는다. 서로들 돌아가며 싸우고 죽이면서 약한 이를 힘센 놈이 먹어 치우네. 세력을 휘두르는 대여섯 집안이 재상 자리, 대감 자리, 모두 다 차지하고 관찰사, 절제사도 완전히 차지하네. 도승지, 부승지는 모두가 이들이며 사헌부, 사간원도 전부가 이들이라. 이들이 모두 다 벼슬아치 노릇 하며 이들이 오로지 소송 판결하네.

  — 『여유당전서(與猶堂全書)』

- (외척 박종경은) 관작(官爵)을 홀로 거머쥐고 … 문관의 권한, 무관의 권한, 인사의 권한, 비변사의 권한, 군사의 권한, 재정의 권한, 토지세의 권한, 시장 운영의 권한을 모두 손안에 잡고 득의양양하며 왼손엔 칼자루를, 오른손엔 저울대를 쥐어 거리낌이 없습니다.

- 순무영에서 보고하다. "정주성을 점령하고 홍경래를 따르던 무리 남녀 총 2,983명을 생포하였으며, 그중 여자 842명과 열 살 이하 남자아이 224명을 제외한 1,917명을 모두 참수하였습니다."

- 향리와 향무, 일반 백성들은 천대받아 버려진 데 대해 원한을 쌓아왔고, 가렴주구에 오랫동안 시달려 왔던 터라 한번 소리치매 메아리처럼 응하지 않음이 없었으니, … 오랫동안 왕의 군대를 동원해서야 겨우 평정할 수 있었으니, 아! 개탄스러운 일입니다.

  — 『순조실록(純祖實錄)』

사료 텍스트 완성하기

교과서 텍스트

1. 한 (   )은/는 대청 무역과 광산 개발로 상공업이 크게 발달하였으나, 세도 정권의 수탈로 지역민들의 불만이 높았다.

2. 한 몰락 양반 (   )은/는 평안도 지역에 대한 차별 대우와 세도 정권의 수탈에 맞서 치밀한 준비 끝에 봉기하였다.

3. 역 세도 정치 시기에는 정치 기강이 해이해지면서 (   )이/가 파견되는 횟수가 점차 줄어 들었다.

기출 텍스트

1. 능 세도 정치기에 (   )에 반발하여 홍경래의 난이 발생하였다.

2. 능 (   )의 주도로 가산, 정주성 등을 점령하였다.

빈칸 정답		교과서 텍스트	기출 텍스트
	1	평안도	지역 차별
	2	홍경래	홍경래
	3	암행어사	

077 영정법의 시행

①　仁祖甲戌量田後, 遂罷視年上下之法. ②　三南則以當初各等所定結數, 仍錄租案. ③　嶺南只有上之下, 兩湖只有中之中, 其餘五道皆定爲下之下, 依前收稅. ④　京畿三南海西關東凡一結收田稅四斗.

－『萬機要覽』「財用編」各道收稅

주요 어휘 ||||||||||||||

量 헤아릴 **양**　　　仍 인할 **잉**　　　錄 기록할 **록**　　　依 의지할 **의**　　　收 거둘 **수**

稅 징수할 **세**　　　關 빗장 **관**

한자 독음 ||||||||||||||

① 인조갑술양전후, 수파시년상하지법. ② 삼남즉이당초각등소정결수, 잉록조안. ③ 영남지유상지하, 양호지유중지중, 기여오도개정위하지하, 의전수세. ④ 경기삼남해서관동범일결수전세사두.

1. 국문 해석

① 인조 갑술(甲戌)에 양전(量田)을 한 뒤에 마침내 시년상하(視年上下)의 법을 혁파하였다. ② 삼남지방은 처음에 각 등급으로 결수를 정하고 조안(租案)에 기록하였다. ③ 영남은 상지하(上之下)까지만 있게 하고, 호남과 호서 지방은 중지중(中之中)까지만 있게 하며, 나머지 5도는 모두 하지하(下之下)로 정하여 전례에 의하여 징수한다. ④ 경기·삼남·해서·관동은 모두 1결에 전세 4두를 징수한다.

－『만기요람(萬機要覽)』「재용편(財用編)」각도수세(各道收稅)

2. 사료 해설

공법에서 규정된 전분 6등법과 연분 9등법은 과세 기준이 복잡하고 토지 작황을 일일이 파악해야 하는 번거로움이 있었다. 그리하여 15세기 말부터 이를 엄격히 적용하지 않고 최저 세율인 4~6두를 걷는 것이 관례화되었고, 결국 인조 연간에 이를 공인하였다. 다만 영정법하에서도 흉년으로 인한 조세를 감면할 필요성이 있었기 때문에 경차관을 통해 답험을 행하였는데, 이 과정에서도 폐단이 일어나 영조 연간에는 비총제(比摠制)가 법제적으로 확립되었다.

사료 Plus+

왕이 하교하였다. "아! 내가 비록 덕이 박할지라도 백성을 유익하게 하는 정사는 조금 안다. 그런데 경차관들이 경솔하게 은혜를 베풀었다. 그것을 어찌 참 은혜라고 하겠는가? 이제야 세금 제도가 고르게 되었다. 그러나 여러 고을은 오직 수령이 어떻게 하느냐에 따라 달려 있다. … 팔도에 분부하여 수령에게 엄하게 신칙하도록 하라."

— 『영조실록(英祖實錄)』

사료 텍스트 완성하기

교과서 텍스트

1. 한 임진왜란 이후 경작지가 황폐해지고 토지 대장에서 많은 토지가 누락되어 전세 징수가 어려워지자, 인조 때에 토지 1결당 쌀 4~6두를 거두는 (   )을/를 실시하였다.

2. 역 조선 후기 정부는 농민 생활의 안정과 국가 재정의 확보를 위해 (   )에 관계없이 일정액을 거두는 영정법을 실시하였다.

3. 한 영정법의 실시로 농민의 조세 부담은 다소 줄었으나, (   )에게는 큰 도움이 되지 못했다.

기출 텍스트

1. 전 영정법으로 (   )이/가 고정되었다.

2. 전 영정법 실시 직후에는 작황조사를 위해 (   )이/가 파견되었다.

3. 수 영정법은 (   )에 관계없이 전세 부담액을 1결당 4두로 고정한 것이다.

빈칸 정답		교과서 텍스트	기출 텍스트
	1	영정법	전세액
	2	풍흉	경차관
	3	소작인	풍흉

078 | 대동법의 시행

한동아

① 中宗朝, 文正公趙光祖有改貢案之議, 宣祖朝, 文成公李珥請行收米之法, 壬辰後, 右議政柳成龍亦言收米之便, 而事皆未就. ② 至宣祖戊申, 左議政李元翼建白, 刱行大同法, 收米于民結, 移作京貢. ③ 先始畿甸, 遂置宣惠廳. … ④ 昔之諸道各邑, 各以其土物來貢者. ⑤ 幷作京貢定出京貢主人, 以其所收之米量定其價, 魚鱗作等, 出給貢人, 使之進排. ⑥ 以爲祭享御供及諸般經用之需, 餘則儲置各邑, 以備公用之資.

ー「萬機要覽」「財用編」大同法

주요 어휘 ‖‖‖‖‖‖‖‖‖‖‖‖

趙 나라 조	收 거둘 수	便 편할 편	就 이룰 취	翼 날개 익
刱 비롯할 창	甸 경기 전	鱗 비늘 린	給 공급할 급	進 나아갈 진
排 밀칠 배	祭 제사 제	享 누릴 향	御 어거할 어	般 돌 반
儲 쌓을 저	資 재물 자			

한자 독음 ‖‖‖‖‖‖‖‖‖‖‖‖

① 중종조, 문정공조광조유개공안지의, 선조조, 문성공이이청행수미지법, 임진후, 우의정유성룡역언수미지편, 이사개미취. ② 지선조무신, 좌의정이원익건백, 창행대동법, 수미우민결, 이작경공. ③ 선시기전, 수치선혜청. … ④ 석지제도각읍, 각이기토물래공자. ⑤ 병작경공정출경공주인, 이기소수지미양정기가, 어린작등, 출급공인, 사지진배. ⑥ 이위제향어공급제반경용지수, 여즉저치각읍, 이비공용지자.

1. 국문 해석

① 중종 때 조광조(趙光祖)가 공안을 개정하자고 주장하였고, 선조 때 이이(李珥)가 수미법(收米法)을 시행하기를 청하였으며, 임진왜란 이후에는 우의정 유성룡(柳成龍)이 역시 미곡을 거두는 것이 편리하다고 주장하였으나, 일이 모두 성취되지 못하였다. ② 선조 무신년(戊申年, 선조 41년) 좌의정 이원익(李元翼)의 건의로 대동법을 비로소 시행하여, 민결(民結)에서 미곡을 거두어 서울로 옮기게 했다. ③ 먼저 경기에서 시작하고 드디어 선혜청을 설치하였다. … ④ 옛날 여러 도와 각읍에서 각각 그 토산물로 공납하던 것을 모두 경공(京貢)으로 만들었다. ⑤ 경공주인(京貢主人)을 정출(定出)하여 거두어들인 미곡으로 그 가격을 헤아려 정하고, 공물의 이름과 수량 등을 가지런히 기록하고[魚鱗作等] 공인(貢人)에게 출급(出給)하여 물건을 진상하게 하였다. ⑥ 여러 제사와 임금이 쓰실 비용[祭享御供], 관청에서의 여러 비용[諸般經用]의 수요를 충당하고, 남으면 각 고을에 남겨놓아 공용(公用)의 비용으로 준비하였다.

―『만기요람(萬機要覽)』「재용편(財用編)」대동법(大同法)

사료 Plus⁺

- 각 고을에서 공물을 상납하려 할 때 각 관청의 사주인(방납인)들은 … 자기가 갖고 있는 물품을 관청에 대신 내고, 그 고을 농민들에게 자기가 낸 물건값을 턱없이 높게 쳐서 열 배의 이익을 취하니, 이것은 백성의 피땀을 짜내는 것입니다.

  ―『선조실록(宣祖實錄)』

- 강원도에는 대동법을 싫어하는 자가 없는데, 충청도와 전라도에는 좋아하는 자와 싫어하는 자가 있습니다. … 특히 전라도에는 싫어하는 자가 많은데, 이는 토호가 많은 까닭입니다. 이렇게 볼 때 단지 토호들만 싫어할 뿐 백성들은 모두 대동법을 보고 기뻐합니다.

  ―『포저집(浦渚集)』

- 선혜법(宣惠法)을 경기 지방에 실시한 지 지금 20년이 되어 가는데, 백성이 매우 편하게 여기고 있습니다. 팔도 전체에 통용시키면 팔도 백성들이 그 혜택을 받을 수 있을 텐데, … 그 편리한 점을 알면서도 시행하지 못한 지 오래입니다. 현재 갖가지 부역이 중첩되고 백성들이 도탄에 빠졌으니, 반드시 대대적으로 고쳐서 민심을 위안할 소지를 만들어야 합니다.

- 지방에서 온 사람의 말을 듣건대 민간이 모두 한꺼번에 납부하는 것을 고통스럽게 여긴다고 하였습니다. … 20결을 소유한 자는 20석을 내도록 되어 있으니, 이런 식으로 될 경우 전결이 많으면 많을수록 더욱 고통스럽게 여길 것은 당연합니다. … 대가(大家)와 거족(巨族)이 불편하게 여기며 원망을 하는 것이라면 이 또한 쇠퇴한 세상에서 우려스러운 일이라 할 것입니다.

  ―『인조실록(仁祖實錄)』

- 우의정 김육이 아뢰었다. "대동법은 백성을 편안하게 하는 좋은 계책입니다. … 이 법의 시행을 부호들이 좋아하지 않으나 국가에서 법령을 시행할 때는 마땅히 소민들이 원하는 대로 해야 합니다."

  ―『효종실록(孝宗實錄)』

사료 텍스트 완성하기

교과서 텍스트

1. 한 (   )의 폐단이 심해지자, 정부는 대동법을 실시하였다.

2. 한 대동법의 실시 이후 (   )이/가 등장하여 상품 화폐 경제의 발달을 촉진하였다.

3. 한 대동법의 시행으로 (   )이/가 없는 가난한 농민들은 세금 부담에서 벗어날 수 있게 되었다.

4. 한 대동법의 실시로 농민들은 토산물을 시장에 내다 팔아 (   )을/를 마련하였는데, 이 과정에서 상품 화폐 경제가 발전하였다.

기출 텍스트

1. 수 대동법은 토산물 대신 (   ), 동전 등으로 납부하게 한 것이다.

2. 전 대동법의 실시로 출현한 특권 상인들은 (   )을/를 직접 제조하여 납부하기도 하였다.

3. 수 대동법의 실시는 공가를 받고 관청의 필요 물품을 조달하는 (   )이/가 등장하는 계기가 되었다.

4. 전 대동법 실시 이후에도 공납의 일부는 (   )(이)라는 명목으로 현물 상납되었다.

빈칸 정답		교과서 텍스트	기출 텍스트
	1	방납	쌀과 포목
	2	공인	물품
	3	토지	공인
	4	대동세	진상

① 盖良布減半. ② 計其所減, 捴爲五十餘萬疋, 而以錢則百餘萬兩. ③ 內而各衙門, 外而各營鎭需用之講確省減者, 爲五十餘萬兩. ④ 而軍需經費之不可不給代者, 尚爲四十餘萬兩. ⑤ 以漁鹽舡稅, 選武軍官布, 隱餘結所捧合十數萬兩當之, 而猶有不足則又分定於各營邑而充之. ⑥ 西北兩道外就六道田結, 每一結收米二斗或錢五錢, 以常年田結計之, 勿論米錢以錢折計, 可爲三十餘萬兩. ⑦ 要令給代不足之數, 約略相當. ⑧ 又有會錄一條, 諸道錢穀, 量定會錄. ⑨ 軍作米十萬石亦爲移屬, 折半糶糴, 以備水旱之資.

— 『萬機要覽』 「財用編」 均役

주요 어휘 ||||||||||||||||||

盖 대개 개	減 덜 감	捴 모두 총	錢 돈 전	營 진영 영
鎭 진영 진	需 구할 수	講 익힐 강	確 굳을 획	費 쓸 비
漁 고기 잡을 어	鹽 소금 염	舡 배 선	稅 세금 세	隱 숨길 은
捧 받들 봉	猶 오히려 유	就 이를 취	要 긴요할 요	約 대략 약
略 대략 략	穀 곡식 곡	屬 엮을 속	糶 쌀 팔 조	糴 쌀 살 적
備 갖출 비	資 재물 자			

한자 독음 ||||||||||||||||||

① 개양포감반. ② 계기소감, 총위오십여만필, 이이전즉백여만량. ③ 내이각아문, 외이각영진수용지강확성감자, 위오십여만양. ④ 이군수경비지불가불급대자, 상위사십여만량. ⑤ 이어염강세, 선무군관포, 은여결소봉합십수만량당지, 이유유불족즉우분정어각영읍이충지. ⑥ 서북양도외취육도전결, 매일결수미이두혹전오전, 이상년전결계지, 물론미전이전절계, 가위삼십여만양. ⑦ 요영급대부족지수, 약약상당. ⑧ 우유회록일조, 제도전곡, 양정회록. ⑨ 군작미십만석역위이속, 절반조적, 이비수한지자.

1. 국문 해석

① 대개 양포(良布)는 반을 감하였다. ② 그 감한 것을 계산하니, 총 50여만 필이며, 돈으로 하면 100여만 냥이다. ③ 안으로는 각 아문(衙門)과 밖으로는 각 영(營), 진(鎭)의 수용(需用)을 강구하고 확정하여 감한 것이 50여만 냥이 된다. ④ 그러나 군수(軍需)의 경비로서 급대(給代)하지 아니할 수 없는 것이 아직도 40여만 냥이 되었다. ⑤ 어(漁)·염(鹽)·선(船)세(稅)와 선무군관포(選武軍官布)와 은여결(隱餘結)로 징수한 것을 합한 10여만 냥으로 이를 충당해도 오히려 부족함이 있으니 또 각 영·읍에 분정하여 이를 충당하였다. ⑥ 서·북 양도(兩道) 이외에 6도의 전결에서 매 1결에 쌀 2말이나 혹은 돈 5전을 거두는 것은 평년의 전결로써 계산하되 쌀과 돈 할 것 없이 돈으로 환산하면 30여만 냥이 될 수 있다. ⑦ 필요하면 급대(給代)의 부족한 수량으로 하여금 간략히 서로 충당한다. ⑧ 또한 회록(會錄) 일조(一條)가 있어서 여러 도의 돈과 곡식을 헤아리고 정하여 회록한다. ⑨ 군작미(軍作米) 10만 석도 역시 이속(移屬)하되, 절반은 조적(糶糴)으로 하여 수재(水災)와 한재(旱災)의 대비책으로 준비하였다.

― 『만기요람(萬機要覽)』 「재용편(財用編)」 균역(均役)

2. 사료 해설

당시 군역 제도의 모순과 문란은 농민들의 농촌 유리 현상을 촉진하였다. 이에 대한 개선책 논의는 효종 이래 계속 강구되어 왔다. 이에 영조 18년(1742)에는 양역사정청(良役査正廳)을 두어 양역의 실태 파악을 위해 노력하였고, 이듬해에는 파악한 양인의 호구를 바탕으로 『양역실총(良役實摠)』을 만들게 하였다. 이를 바탕으로 개혁안을 최종적으로 논의하여 결정한 것이 바로 균역법(均役法)이다. 이는 일반 양민의 군포 부담을 1필로 감하여 통일한 것이 핵심적인 내용이었다.

또한 균역법 시행에 따른 군포 부족분을 보충하기 위하여 상층 양민에 대한 선무군관포(選武軍官布) 징수, 결작미(結作米) 1결당 2두 또는 돈 5전 징수, 은결(隱結)의 색출, 어전세(漁箭稅)·염세(鹽稅)·선세(船稅)의 국고 이관 등의 대안을 마련하였다.

사료 Plus⁺

- 임금이 이르다. "양역(良役)을 끝내 변통하지 못한다면 조선은 반드시 망할 것이다. 어찌 변통할 방도가 없겠는가? 여러 신하는 이에 대한 대책을 아뢰도록 하라."
- 10여 만의 민호로 50만의 양역을 감당해야 하니, 한 집에 비록 남자가 4, 5명이 있어도 모두 군역에서 벗어나지 못합니다. … 도망가거나 죽은 자의 몫을 채울 수 없으니, 이에 백골징포(白骨徵布), 황구첨정(黃口簽丁)의 폐단이 생겨나고, 일족과 이웃에게 거두게 되니 죄수가 옥에 가득하게 되고, 원통하여 울부짖는 것이 갈수록 심해져 화기를 상하게 합니다.

― 『영조실록(英祖實錄)』

▌사료 텍스트 완성하기

교과서 텍스트

1. 한 양란 이후 (   )이/가 면제된 양반의 수가 늘어나 상민이 군포 부담으로 어려움을 겪었다.

2. 한 균역법 시행으로 줄어든 수입은 토지 1결마다 결작 (   )을/를 거두고, 어염세와 선박세 등으로 보충하였다.

3. 한 균역법 시행으로 줄어든 수입은 일부 양인 상류층에게 선무군관이라는 칭호를 주고 (   )을/를 납부하게 하였다.

기출 텍스트

1. 수 균역법이 실시되며 일부 상류층에게 (   )의 칭호를 주고 포 1필을 받았다.

2. 수 균역법은 재정 보완을 위해 (   )을/를 부과하였다.

3. 수 균역법은 (   ), 선박세 등의 잡세 수입으로 재정 부족분을 보충하였다.

빈칸 정답		교과서 텍스트	기출 텍스트
	1	군역	선무군관
	2	2두	결작
	3	포 1필	어장세

080 │ 삼정의 문란과 임술농민봉기

① 晉州按覈使朴珪壽, 上疏略曰. ② "亂民之自陷, 必有由焉. ③ 卽不過三政之俱紊, 而若其剝膚切骨, 惟還餉居其最矣. … ④ 宜及此時, 別開一局, 揀選委任, 悉具條理. ⑤ 或因舊而修飾, 或師古而增損, 潤色周詳, 然後擧而先試, 一道次第通行. ⑥ 如是而弊未祛民未安者, 臣未之聞也."

―『哲宗實錄』 13年 5月

주요 어휘 ‖‖‖‖‖‖‖‖‖‖‖

晋 나아갈 진	按 어루만질 안	覈 핵실할 핵	珪 홀 규	壽 수명 수
疏 소통할 소	略 간략할 략	陷 빠질 함	由 말미암을 유	過 지날 과
俱 함께 구	紊 어지러울 문	剝 벗길 박	膚 살갗 부	切 끊을 절
骨 뼈 골	惟 생각할 유	還 환곡 환	餉 군향 향	最 가장 최
矣 어조사 의	揀 가릴 간	選 가릴 선	委 맡길 위	任 맡길 임
悉 모두 실	舊 예 구	修 닦을 수	飾 꾸밀 식	師 모범으로 삼을 사
增 붙을 증	損 덜 손	潤 윤이 날 윤	周 두루 주	詳 자세할 상
擧 들 거	弊 해질 폐	祛 떨어 없앨 거	聞 들을 문	

한자 독음 ‖‖‖‖‖‖‖‖‖‖‖

① 진주안핵사박규수, 상소약왈. ② "난민지자함, 필유유언. ③ 즉불과삼정지구문, 이약기박부절골, 유환향거기최의. … ④ 의급차시, 별개일국, 간선위임, 실구조리. ⑤ 혹인구이수식, 혹사고이증손, 윤색주상, 연후거이선시, 일도차제통행. ⑥ 여시이폐미거민미안자, 신미지문야."

1. 국문 해석

① 진주 안핵사(按覈使) 박규수(朴珪壽)가 상소했는데, 대략 다음과 같았다. ② "난민(亂民)들이 스스로 죄에 빠진 것은 반드시 이유가 있을 것입니다. ③ 그것은 곧 삼정(三政)이 모두 문란해진 것에 불과한데, 살을 베어 내고 뼈를 깎는 것 같은 고통은 환곡(還穀)과 향곡(餉穀)이 으뜸입니다. ··· ④ 마땅히 이런 때에 미쳐서는 특별히 하나의 국(局)을 설치하고, 적임자를 잘 선발하여 위임시켜 조리를 상세히 갖춰야 합니다. ⑤ 혹은 전의 것을 따라 겉모양을 꾸미기도 하고 혹은 옛것을 본받아 더하거나 빼기도 하면서 윤색하여 두루 상세히 갖추게 한 후에 이를 먼저 한 도(道)에다가 시험하여 보고 차례로 통행하게 하소서. ⑥ 이렇게 하고도 폐단이 제거되지 않고 백성이 편안하지 못하다는 것은 신은 듣지 못했습니다."

— 『철종실록(哲宗實錄)』 13년(年) 5월(月)

PART

03

2. 사료 해설

삼정의 문란이 극에 달한 철종 시기에는 전국의 농민들이 각지에서 봉기를 일으켰는데, 이를 '임술 농민봉기[壬戌民亂]'라고 한다. 정부는 사태의 수습을 위해 안핵사 등을 파견하였고, 봉기의 원인으로 지목된 삼정의 문란을 바로잡기 위해 삼정이정청(三政釐正廳)을 설치하고, 삼정책문을 내려 조세 폐단에 대한 개혁안을 구하였다. 이에 많은 사람들이 삼정이정책을 지어 바쳤는데, 동포제(洞布制) 실시, 환곡제 폐지 후 사창제(社倉制) 실시 등이 제안되었다. 그리하여 발표된 삼정이정책에서는 환곡제의 혁파 등을 마련하였으나, 점차 농민 봉기가 수그러들자, 개혁은 중단되고 삼정이정청은 폐지되었다.

사료 Plus⁺

- 제 지아비 작년에 돌아가셨는데 남편은 세상을 떴으나 뱃속에 아기가 있었지요. 천행으로 사내아이를 낳았는데 그 아기 배내털 마르기도 전에 이장이 관가에 알려 군액에 충원되었네요. 포대기에 쌓인 갓난아기 장정으로 군적에 올려서 문이 닳도록 찾아와 군포를 바치라고 독촉하고 어제는 아기를 업고 관가에 점호를 받으러 갔다오. ··· 점호라고 받고 돌아오니 아기는 이미 죽어 있었지요.

— 「군정탄(軍丁歎)」

- 노전 마을 젊은 아낙 그칠 줄 모르는 통곡 소리 / ··· 시아비 상복 막 벗고 갓난아기는 배냇물도 마르지 않았는데 / 삼대가 군적이 실리다니 / 아무리 호소해도 문지기는 호랑이 같고 / 이정은 으르렁거리고 마구간 소마저 몰아가네 / 칼을 갈아 방에 들자 자리에는 피가 가득 / 자식 낳아 군액 당한 것 한스러워 그랬다네.

— 「애절양(哀絶陽)」

- 빌려주고 빌리는 건 양쪽 다 원해야지 억지로 시행하면 불편한 것이다. 온 땅을 돌아봐도 모두 고개를 저을 뿐 빌리겠다는 사람은 하나도 없는데 봄철에 좀먹은 쌀 한 말 받고서 가을에 온전한 쌀 두 말을 바치고 게다가 좀먹은 쌀값 돈으로 내라 하니 온전한 쌀 판 돈을 바칠 수밖에 이익으로 남는 것은 교활한 관리만 살을 찌워 한번 벼슬길에 천 마지기 밭이 생기고 쓰라린 고초는 가난한 자에게 돌아가니 휘두르는 채찍질에 살점이 떨어진다.

— 정약용(丁若鏞), 「하일대주(夏日對酒)」

- 봄철에 좀먹은 것 한 말 받고 가을에 정미 두 말을 갚는데 더구나 좀먹은 쌀값 돈으로 내라니 정미 팔아 돈으로 낼 수밖에 남는 이윤은 교활한 관리 살찌워 환관 하나가 밭이 1,000두락이고 백성들 차지는 고생뿐이어서 긁어 가고 벗겨 가고 걸핏하면 매질이라.

  － 정약용(丁若鏞), 『여유당전서(與猶堂全書)』

- 임술년(壬戌年) 2월 19일, 진주민 수만 명이 머리에 흰 수건을 두르고 손에 몽둥이를 들고 무리를 지어, 진주 읍내에 모여 이서(吏胥)와 하급 관리들의 집 수십 호를 태우니, 행동거지가 가볍지 않았다. 병마절도사가 해산하고자 시장에 가니, 흰 수건을 두른 백성들이 길 위에 빙 둘러 백성들의 재산을 함부로 거둔 명목과 아전이 억지로 세금을 포탈하고 강제로 징수한 일들을 면전에서 여러 번 질책하는데, 능멸함과 위협함이 조금도 거리낌이 없었다.

  － 『임술록(壬戌錄)』

- 진주 양민이 소동을 일으킨 것은 오로지 우병사 백낙신(白樂莘)의 탐학 때문이다. 그가 부임한 이래 한 짓은 법에 어긋나고 인정에 거슬리지 않는 것이 없고, 오로지 자기 이익만을 추구하였다. 신유년(辛酉年) 겨울, 환곡을 받아들일 때 돈으로 계산하여 덧붙여 먹은 것이 4,100여 냥이다. … 병영의 아전들이 먹어 치워 부족하게 된 환곡을 거두기 위해 고을 안의 우두머리급 백성을 초청하여 잔치를 벌여 꾀기도 하고 잡아 가두어 위협하면서 집집마다 이유 없이 징수한 것이 6만여 냥에 달하였다.

  － 『진주초군작변등록(晉州樵軍作變謄錄)』

- 철종 13년 4월, 경상도(慶尙道) 안핵사(按覈使) 박규수(朴珪壽)가 관리의 환곡 포탈을 조사하고 옥사를 다스리는 문제로 장계를 올렸다. "금번 진주의 난민들이 소동을 일으킨 것은 오로지 전 우병사 백낙신이 탐욕을 부려 수탈하였기 때문입니다. 경상 우병영의 환곡 결손과 도결에 대해 시기를 틈타 한꺼번에 6만 냥의 돈을 집집마다 배정하여 억지로 받으려 하였습니다. 이 때문에 고을 인심이 들끓고 여러 사람의 노여움이 폭발해서 전에 듣지 못하던 변란이 갑자기 일어난 것입니다."

  － 『철종실록(哲宗實錄)』 13년(年) 4월(月)

• 공주부 농민의 요구 사항
1. 세미(稅米)는 항상 7량 5전으로 정하여 거둘 것
2. 각종 군포(軍布)를 농민에게만 편중되게 부담시키지 말고, 각 호마다 균등하게 부담시킬 것
3. 환곡(還穀)의 폐단을 없앨 것
4. 군역의 부족분을 보충한다거나 부족분을 보충한다는 명분으로 결렴(結斂)하는 제도를 폐지할 것
5. 아전과 장교의 침탈을 금지할 것

  － 『용호한록(龍湖閒錄)』

• 삼정이정청의 개혁안
1. 전정은 각종 부가세를 없애고 세금을 법대로 징수한다.
2. 군정은 연령 규정을 엄격히 준수한다.
3. 환곡을 없애고 토지 1결당 2냥씩 부과한다.

  － 『이정청등록(釐整廳謄錄)』

사료 텍스트 완성하기

교과서 텍스트

1. 역 삼정 중에서도 (   )의 폐해가 가장 심각하였는데, 이는 이것의 이자가 관청의 경비로 사용되면서 고리대처럼 운영되었고, 여기에 지방관과 향리들의 부정이 더해졌기 때문이었다.

2. 한 삼정의 문란으로 인한 지배층의 수탈은 미륵 신앙이나 (   )와/과 같은 예언서의 유행으로 이어졌다.

3. 한 세도 정권은 삼정의 개혁을 위해 (   )을/를 설치했으나 문제를 근본적으로 해결하지 못하였다.

기출 텍스트

1. 수 봉기 발생 이전에 (   ), 벽서, 괘서 등의 항거가 있었다.

2. 능 임술농민봉기로 진주에 안핵사로 (   )이/가 파견되었다.

3. 수 임술농민봉기는 (   )이/가 설치되는 계기가 되었다.

빈칸 정답		교과서 텍스트	기출 텍스트
	1	환곡	소청
	2	『정감록』	박규수
	3	삼정이정청	삼정이정청

081 | 농업의 발달

역천재 / 한동아, 한미래엔, 한씨마스, 한해냄에듀

① 大抵所貴於揷秧者有三. ② 省鋤功, 一也. ③ 二土之氣, 交養一苗, 二也. ④ 去故就新, 洗髓蠲濁, 三也. ⑤ 或以其遇大旱, 棄全功, 謂之危道. ⑥ 然此有不然者. ⑦ 凡種稻之田, 必須有川可引, 有瀦可漑. ⑧ 無此則非稻田也. ⑨ 非稻田而慮旱, 何獨揷秧爲然哉.

— 『林園經濟志』

주요 어휘 |||||||||||||||

抵 이를 저	揷 꽂을 삽	秧 모 앙	省 덜 생	鋤 호미 / 김맬 서
交 서로 교	養 기를 양	苗 모 묘	去 제거할 거	就 이룰 취
洗 씻을 세	髓 골수 수	蠲 밝을 견	濁 더러울 탁	棄 버릴 기
危 위태할 위	種 씨 종	稻 벼 도	須 모름지기 수	瀦 물 괼 저
漑 물 댈 게	慮 생각할 려	旱 가물 한	獨 홀로 독	揷 꽂을 삽

한자 독음 |||||||||||||||

① 대저소귀어삽앙자유삼. ② 생서공, 일야. ③ 이토지기, 교양일묘, 이야. ④ 거고취신, 세수견탁, 삼야. ⑤ 혹이기우대한, 기전공, 위지위도. ⑥ 연차유불연자. ⑦ 범종도지전, 필수유천가인, 유저가개. ⑧ 무차즉비도전야. ⑨ 비도전이려한, 하독삽앙위연재.

1. 국문 해석

① 일반적으로 모내기법을 귀중하게 여기는 이유는 세 가지가 있다. ② 김매기의 수고를 줄이는 것이 첫째이다. ③ 두 땅의 힘으로 하나의 모를 서로 기르는 것이 둘째이다. ④ 옛 흙을 떠나 새 흙으로 가서 고갱이를 씻어 내어 더러운 것을 깨끗하게 하는 것이 셋째이다. ⑤ 어떤 사람은 모낸 모가 큰 가뭄을 만나면 모든 노력이 허사가 된다 하여 모내기법을 위험한 방도라고 말한다. ⑥ 그러나 여기에는 그렇지 않은 점이 있다. ⑦ 무릇 벼를 심는 논에는 물을 끌어들일 수 있는 하천이나 물을 댈 수 있는 저수지가 꼭 필요하다. ⑧ 이러한 것이 없다면 벼논이 아니다. ⑨ 벼논이 아닌 곳에서 가뭄을 우려한다면 어찌 유독 모내기법에 대해서만 그렇다고 하는가.

— 『임원경제지(林園經濟志)』

2. 사료 해설

17세기 무렵 이앙법(移秧法)의 삼남지방 보급과 그로 인한 광작(廣作)의 실시, 그리고 상품 화폐 경제의 발달 등으로 말미암아 농민층은 분화되었다. 특히 이 시기 출현한 경영형 부농은 판매를 목적으로 한 농업 경영으로 이윤을 추구한 이들을 말한다. 이들은 자기 소유 토지 이외에도 다른 사람의 토지를 빌려 경작함으로써 경영 규모를 늘려 나갔으며, 임노동자도 고용하여 상품 작물을 재배하고 판매하였다. 특히 고려 말 전래되어 16세기 널리 확산된 면화, 16세기 말 전래되어 18세기 전반기에 널리 확산된 연초는 많은 노동력이 필요하였는데, 이앙법 사용으로 절감된 노동력과 임노동자의 활용 등을 통해 널리 보급될 수 있었다.

사료 Plus⁺

- 모내기하면 파종하는 것에 비해 힘이 4/5가 적게 든다. 그러므로 일할 사람이 많으면 한없이 경작할 수 있고, 땅이 없는 자는 빌려서 농사지을 수도 없다.

　　　　　　　　　　　　　　　　　　　　　　　　　　　　　　　　　　　　　－『성호사설(星湖僿說)』

- 신 박문수(朴文秀)가 호서(湖西)에 오랫동안 있었으므로 민폐를 익히 알고 있어 감히 이를 앙달(仰達)합니다. 농민의 일을 말씀드리면 전답은 모두 사부(士夫)·향족(鄕族)·부호(富戶)에게 점유되어 있습니다. 그러므로 그들이 경작하는 땅은 병작(竝作) 아닌 것이 없고 많이 얻는 자라야 10두락의 논에 불과합니다. 하루의 역사(役事)에는 반드시 10인이 있어야 하고, 김을 매는 한 사람의 세량(貰糧)은 쌀 3되요, 품값은 돈 5푼이며 세 차례 김을 매야 하고 한 차례 수확하고 한 차례 타작해야 하므로 이에 들어가는 인부는 50인 가까이 되니 마침내 소득이란 것은 20석에 지나지 않습니다. 그리고 이 가운데 10석은 본주(本主)에게 돌아가고 10석만이 그들의 소유물인데, 경작할 때 대여받은 것은 모두가 토호(土豪)나 부민(富民)에게 빚을 낸 것입니다.

　　　　　　　　　　　　　　　　　　　　　　　　　　　　　　　－『비변사등록(備邊司謄錄)』 영조(英祖) 3년(年)

- 부농층은 땅이 넓어서 빈민을 농업 노동에 고용함으로써 농사를 짓지 않고서도 향락을 누릴 수 있으며, 빈농층 가운데 어떤 농민은 지주의 농지를 빌려 경작할 수 있지만 어떤 자는 농지를 얻을 수가 없으므로 임금 노동자가 되어 타인에게 고용됨으로써 생계를 유지한다. 그리고 그것도 할 수 없는 농민들은 농촌을 떠나 이리저리 떠돌아다니며 먹을 것을 구걸하게 된다.

　　　　　　　　　　　　　　　　　　　　　　　　　　　　　　　　　　　　　－『농포문답(農圃問答)』

- 부유한 백성은 토지 겸병에 힘쓰고 농사를 많이 짓는 것에 욕심을 내어 적게는 3, 4석씩, 많게는 6, 7석씩 한꺼번에 볍씨를 뿌려 노동력을 줄이고 한꺼번에 모내기를 하여 수고를 줄입니다. 비록 어쩌다가 가뭄을 당하더라도 대부분 좋은 논을 소유하고 있어서 수확이 많습니다. 그러나 가난한 백성은 볍씨를 뿌리고 모내는 일을 맨 나중에 하므로 가뭄을 만나 흉년이 들면 입에 풀칠할 길이 없습니다.

　　　　　　　　　　　　　　　　　　　　　　　　　　　　　　　　　　　　　－『정조실록(正祖實錄)』

- 정조 22년 5월, 이병모(李秉模)가 말하였다. "직파법(直播法)으로 불과 10두락 농사짓던 사람이 이앙법(移秧法)으로 농사지으면 적어도 20~40두락을 농사지을 수 있습니다. 같은 힘으로 넓은 땅에서 농사를 지을 수 있으니 넓은 땅을 경작하는 사람이 늘어났습니다. 하지만 가난하고 힘없는 농민들은 토지를 확보하는 것이 어려워 늘 근심합니다."

- 농민들은 모내기를 좋아하지만 가뭄이 들면 농사를 망칩니다. 그러나 백성들은 모내기를 편한 일로 여긴 지 오래되어 모두 모내기하는 것이 습속이 되었습니다.

　　　　　　　　　　　　　　　　　　　　　　　　　　　　　　　　　　　　　－『일성록(日省錄)』

✏ 사료 텍스트 완성하기

교과서 텍스트

1. 한 모내기법이 일반화되면서 노동력을 절감한 양반 지주와 일반 농민들이 더 넓은 농토를 경작하는 (   )이/가 나타났다.

2. 한 광작의 유행으로 일부 농민은 (   )이 되었다.

3. 한 16세기 이후 가을에 보리를 심어 여름에 수확한 후 갈아엎은 자리에 콩이나 조 등을 재배하는 (   )와/과 작물 사이에 다른 작물의 씨를 뿌려 함께 재배하는 (   ) 등이 성행하였다.

4. 한 모내기법으로 인해 봄보리를 수확한 논에 모를 옮겨 심음으로써 1년에 벼와 보리를 농사짓는 (   )이/가 가능하였다.

기출 텍스트

1. 능 조선 후기에는 모내기법의 확대로 (   )이/가 성행하였다.

2. 능 조선 후기에는 (   )와/과 상품 작물의 재배가 확대되었다.

3. 능 조선 후기에는 담배, 면화 등 (   )이/가 재배되었다.

4. 능 조선 후기에는 정률 지대에서 (   ) 지대로 바뀌는 현상이 나타났다.

빈칸 정답		교과서 텍스트	기출 텍스트
	1	광작	이모작
	2	부농	광작
	3	그루갈이, 사이짓기	상품 작물
	4	이모작	정액

082 | 시전상인의 성장과 난전의 분쟁

① 又啓言, 帽子廛市民康德一等, 原情以爲. ② "渠廛行貨之物貨, 卽各色香·三升·氈·軸·帽子·針子等諸種. ③ 而針子一種, 近爲床廛人所盜賣. ④ 蓋床廛人符同本署書員, 偸竊市案. ⑤ 刀擦床廛物貨中貫子之貫字, 冒錄渠廛物貨中針子之針字. ⑥ 事竟發覺. … ⑦ 床廛人反生權利之計, 屢訴本署. ⑧ 而有反案之題, 則稱以亂廛, 無慮四五百人, 持木椎, 吶喊突入, 無論老少, 見輒亂打."

― 『日省錄』 正祖 12年

주요 어휘 ||||||||||||||||

啓 아뢸 계	帽 모자 모	廛 가게 전	渠 저희 거	香 향기 향
氈 모전 전	軸 굴대 축	帽 모자 모	針 바늘 침	盜 훔칠 도
賣 팔 매	偸 훔칠 투	竊 훔칠 절	擦 문지를 찰	冒 무릅쓸 모
錄 기록할 록	事 일 사	竟 끝내 경	發 드러날 발	覺 밝힐 각
權 전매할 각	題 표제 제	慮 생각할 려	椎 때릴 추	吶 떠들 납
喊 소리칠 함	突 갑자기 돌	輒 문득 첩	打 칠 타	

한자 독음 ||||||||||||||||

① 우계언, 모자전시민강덕일등, 원정이위. ② "거전행화지물화, 즉각색향·삼승·전·축·모자·침자등제종. ③ 이침자일종, 근위상전인소도매. ④ 개상전인부동본서서원, 투절시안. ⑤ 도찰상전물화중관자지관자, 모록거전물화중침자지침자. ⑥ 사경발각. … ⑦ 상전인반생각이지계, 누소본서. ⑧ 이유반안지제, 즉칭이난전, 무려사오백인, 지목추, 납함돌입, 무론노소, 견첩난타."

1. 국문 해석

① 또 계하여 말하길, 모자전(帽子廛) 상인[市民] 강덕일(康德一) 등의 원정(原情)은 다음과 같았습니다. ② "저희 전[渠廛]은 다양한 물화(物貨)를 판매하는데, 각종 색향(香)·삼승포(三升布)·솜 털로 만든 모직물[氎]·축(軸)·모자(帽子)·바늘[針子] 등 여러 종류입니다. ③ 그런데 바늘 한 종을 근래 상전(床廛) 사람들이 몰래 팔고 있습니다. ④ 대개 상전(床廛) 사람들이 본서(本署)의 서원(書員)과 부동(符同)하여 시안(市案)을 몰래 훔쳤습니다. ⑤ 그리하여 칼로 문질러 상전의 물화 가운데 관자(貫子)의 '관(貫)'이라는 글자를 지우고, 저희 전[渠廛]의 물화 가운데 바늘[針子]의 '침(針)'이라는 글자를 허위로 기록하였던 것입니다. ⑥ 그러다가 일이 결국 발각되었습니다. … ⑦ 상전 사람들은 도리어 이익을 챙길 계책을 꾸며 본서[平市署]에 여러 차례 소를 제기하였습니다. ⑧ 죄안을 재심하라는 글이 내려오자, (상전 사람들이) 난전(亂廛)을 일킬으며 무려 4, 5백 명이 저마다 나무 몽치를 들고 고함을 지르며 돌입하여 노소(老少)를 막론하고 눈에 띄는 대로 난타를 하였습니다."

— 『일성록(日省錄)』 정조(正祖) 12년(年)

2. 사료 해설

조선 정부의 허가를 받아 시전을 중심으로 상업 활동을 수행한 상인들을 시전상인이라고 한다. 이들은 도성 내 특정 물품에 대한 독점적 판매 권리를 승인받은 특권적 집단이었다. 그러나 상공업의 발달 등으로 취급물종이 다양해짐에 따라 물종을 둘러싸고 분쟁이 발생하기 시작하였다.

사료 Plus+

잡철전(雜鐵廛) 상인 유종욱(柳宗郁) 등이 위외(衛外) 격쟁(擊錚)하였다. "… 중방철(中方鐵)은 외읍 철점 소산인데 주관하는 시전이 없었습니다. 이에 저희들이 시안에 기록하여 실려 있으니 야장배(冶匠輩)가 저희 시전에서 중방철을 사다가 두드려 그릇을 만들면 저희들이 다시 야장에게서 그릇을 사들여 각자 전업하여 생활했습니다. 몇 해 전에 야장배가 특별히 이익을 독차지할 계책을 내어 외읍에서 서울로 오는 철상(鐵商)을 중간에서 맞이하여 사들였습니다. 몰래 숨겨놓고 이익을 꾀하기에 그들을 잡아다가 난전법(亂廛法)으로 다스렸습니다. 이에 야장들이 원한을 품고 한성부(漢城府)에 거짓으로 고소하였으나 이치에 맞지 않는다고 하여 패소하고, 비변사(備邊司)·평시서(平市署)·형조(刑曹) 세 곳에 고소하였으나 모두 패소했습니다. 그런데 작년에 국왕에게 아뢰어 야장 등이 중방철 주인이 되는 바람에 저희는 장차 멸망할 지경에 이르렀습니다. 야장 등이 그릇을 만들어 저희 시전에 화협(和協)하여 매매하지 않으며 각기 야로(冶爐)를 어지럽게 줄지어 늘어놓고 잡철 등을 팔고 있으니, 저희들은 매매할 물건이 없어 실업자가 되었습니다. … 바라건대 야장들이 전사(廛肆)를 벌이고 이익을 독차지하는 폐단을 금하고, 이전처럼 화협하여 서로 매매하도록 하여 균등하게 생활의 혜택을 입도록 해주십시오."

— 『비변사등록(備邊司謄錄)』 정조(正祖) 12년(年)

083 | 사상의 성장

㉪동아 / ㉮리베르, ㉮미래엔, ㉮비상, ㉮천재

① "惜乎! 吾讀書本期十年, 今七年矣." ② 出門而去. ③ 無相識者, 直之雲從街, 問市中人, 曰. ④ "漢陽中, 誰最富." ⑤ 有道卞氏者. … ⑥ "安城畿湖之交, 三南之綰口." ⑦ 遂止居焉. ⑧ 棗栗柹梨柑榴橘柚之屬, 皆以倍直居之. ⑨ 許生榷菓, 而國中無以讌祀. ⑩ 居頃之, 諸賈之獲倍直於許生者, 反輸十倍.

— 『燕巖集』「許生傳」

주요 어휘

惜 아까울 석	吾 나 오	讀 읽을 독	識 알 식	雲 구름 운
從 좇을 종	街 거리 가	誰 누구 수	最 가장 최	富 부유할 부
畿 경기 기	湖 호수 호	綰 얽을 관	遂 이를 수	止 머무를 지
居 거주할 거	棗 대추 조	栗 밤 율	柹 감 시	梨 배 리
柑 감자 감	榴 석류 류	橘 귤나무 귤	柚 유자 유	屬 엮을 속
倍 곱 배	榷 전매할 각	菓 과일 과	讌 잔치 연	祀 제사 사
頃 밭 넓이 단위 경		獲 얻을 획	輸 나를 수	

한자 독음

① "석호! 오독서본기십년, 금칠년의." ② 출문이거. ③ 무상식자, 직지운종가, 문시중인, 왈. ④ "한양중, 수최부." ⑤ 유도변씨자. … ⑥ "안성기호지교, 삼남지관구." ⑦ 수지거언. ⑧ 조율시리감류귤유지속, 개이배직거지. ⑨ 허생각과, 이국중무이연사. ⑩ 거경지, 제고지획배직어허생자, 반수십배.

1. 국문 해석

① "아깝다! 내가 당초 글 읽기를 십 년을 기약했는데, 이제 칠 년이로구나." ② 문밖으로 나섰다. ③ (허생은) 서로 알만한 사람이 없어서 곧장 운종가로 나가서 시장의 사람 중에 물어보았다. ④ "누가 서울 성중에서 가장 부자인가요?" ⑤ 이에 변씨를 말해 주는 이가 있었다. … ⑥ (허생이 말하길) "안성은 기(畿)·호(湖)의 접경이요, 삼남의 어귀이다." ⑦ 곧 이에 머물러 살았다. ⑧ 그리하여 대추·밤·감·배·감자·석류·귤·유자 등을 모두 값을 2배로 주고 사서 저장했다. ⑨ 허생이 과일을 몽땅 쓸었기 때문에 온 나라가 잔치나 제사를 못 지낼 형편에 이르렀다. ⑩ 얼마 안 가서 허생에게 두 배의 값으로 과일을 팔았던 사람들이 도리어 열 배의 값을 주고 사 가게 되었다.

— 『연암집(燕巖集)』「허생전(許生傳)」

2. 사료 해설

사상들은 공물의 방납과 대동법의 시행, 농업 생산력의 발달, 대외무역의 증가 등을 발판으로 등장하여 성장해 나갔다. 이들은 한양의 경강상인(京江商人), 평양의 유상(柳商), 개성의 송상(松商), 의주의 만상(灣商), 동래의 내상(萊商) 등 지역을 거점으로 하는 상인 집단으로 발전하였다.

한편, 사상은 상품을 매점매석해 가격 상승과 매매 조작을 노리던 상행위를 자행하기도 하였는데, 이러한 상행위를 '도고(都賈)'라고 한다. 도고는 이러한 매점매석 행위를 하던 상인 또는 상인 조직을 일컫는 말로도 사용한다. 당시 도고는 손쉽게 이익을 극대화할 수 있는 방법이였으며, 18세기 중엽 사상이나 특권 상인의 도고가 극히 성행하였다. 특히 경강상인과 개성상인에 의해 자행되는 도고는 전국에 걸쳐 행해졌고, 그 폐단이 매우 심각하였다.

사료 Plus⁺

- 도성 백성이 의지하여 살아가는 것은 오로지 시사(시장)를 벌여 놓고 있고 없는 것을 팔고 사며 교역하는 데 달려 있습니다. 그런데 근래에는 기강이 엄하지 않아 간사한 무리들이 어물과 약재 등의 물종은 물론이고, 도고(都賈)라 이름하면서 중앙에서 이익을 독점하는 폐단이 그 단서가 한둘이 아닙니다. … 근래에는 이 법이 점차 더욱 해이해져 온갖 물건의 가격이 크게 오른 것이 오로지 이에서 말미암은 것이라고 합니다. 평시서(平市署)와 법을 집행하는 관서에서 참으로 적발하여 통렬하게 다스렸다면 어찌 이런 일이 있겠습니까?

  — 『영조실록(英祖實錄)』

- 우리나라는 동, 서, 남의 3면이 바다이므로, 배가 통하지 않는 곳이 없다. 배에 물건을 싣고 오가면서 장사하는 상인은 반드시 강과 바다가 이어지는 곳에서 이득을 얻는다. 전라도 나주의 영산포, 영광의 법성포, … 충청도 은진의 강경포는 육지와 바다 사이에 위치하여 바닷가 상인과 내륙 상인이 모두 여기에서 서로의 물건을 거래한다.

  — 『택리지(擇里志)』

사료 텍스트 완성하기

교과서 텍스트

1. 한 일부 사상은 독점적 도매상인인 (   )(으)로 성장하였다.

2. 한 수공업자들이 시장에 내다 팔 물건을 만들면서 관영 수공업은 점차 (   ) 수공업으로 바뀌었다.

기출 텍스트

1. 전 조선 후기에는 군문(軍門)의 (   )와/과 세가(勢家)의 노비들도 상행위에 참여하였다.

2. 능 조선 후기에는 상인과 공인이 수공업자에게 원료와 자금을 미리 주고 물품을 대량으로 생산하게 하는 (   )이/가 유행하였다.

빈칸 정답		교과서 텍스트	기출 텍스트
	1	도고	군졸
	2	민영	선대제

084 | 신해통공의 실시

핸동아, 핸지학사

① 左議政蔡濟恭啓言. ② "若論都下民瘼, 都庫爲最. ③ 我朝亂廛之法, 專爲六廛之上應國役, 使之專利也. ④ 近來游手無賴之輩, 三三五五, 自作廛號, 凡係人生日用物種, 無不各自主張. ⑤ 大以馬駄船載之産, 小而頭戴手提之物, 伏人要路, 廉價勒買. ⑥ 而物主如或不聽, 輒稱亂廛, 結縛歐納於秋曹京兆. ⑦ 故所持者, 雖或落本, 不得不垂涕泣賣去. … ⑧ 宜使平市署, 考出數三十年以來零瑣新設之廛號, 一倂革罷. ⑨ 分付秋曹京兆, 六廛外以亂廛捉納者, 非徒勿施. ⑩ 施以反坐, 則商賈有和賣之利, 民生無艱窘之患."

一『正祖實錄』15年 1月

주요 어휘 ||||||||||||

蔡 성씨 채 濟 건널 제 啓 열 계 瘼 병들 막 最 가장 최
廛 가게 전 應 응할 응 游 놀 유 賴 힘입을 뢰 輩 무리 배
係 걸릴 계 物 만물 물 種 씨 종 駄 실을 태 船 배 선
載 실을 재 頭 머리 두 提 끌 제 廉 값쌀 염 價 값 가
勒 강제할 늑 買 살 매 聽 들을 청 輒 문득 첩 稱 일컬을 칭
亂 어지러울 난 縛 묶을 박 歐 쥐어박을 구 納 바칠 납 秋曹(추조) 형조
曹 관아 조 兆 조짐 조 落 떨어질 락 涕 눈물 체 泣 울 읍
賣 팔 매 捉 잡을 착 徒 무리 도 艱 괴로울 간 窘 궁해질 군

한자 독음 ||||||||||||

① 좌의정채제공계언. ② "약론도하민막, 도고위최. ③ 아조난전지법, 전위육전지상응국역, 사지전리야. ④ 근래유수무뢰지배, 삼삼오오, 자작전호, 범계인생일용물종, 무불각자주장. ⑤ 대이마태선재지산, 소이두대수제지물, 복인요로, 염가늑매. ⑥ 이물주여혹불청, 첩칭난전, 결박구납어추조경조. ⑦ 고소지자, 수혹낙본, 부득불수체읍매거. … ⑧ 의사평시서, 고출수삼십년이래영쇄신설지전호, 일병혁파. ⑨ 분부추조경조, 육전외이난전착납자, 비도물시. ⑩ 시이반좌, 즉상고유화매지리, 민생무간군지환."

1. 국문 해석

① 좌의정(左議政) 채제공(蔡濟恭)이 아뢰었다. ② "도성에 사는 백성의 고통으로 말한다면 도고(都庫)가 가장 심합니다. ③ 우리나라 난전(亂廛)의 법은 오로지 육의전이 위로 나라의 일에 순응하기 때문에 그들로 하여금 이익을 독차지하게 하자는 것입니다. ④ 근래 빈둥거리며 노는 무뢰배들이 삼삼오오 떼를 지어 스스로 가게 이름을 만들고, 무릇 사람들의 생필품에 관계되는 것들을 제각기 멋대로 전부 주관합니다. ⑤ 크게는 말이나 배에 실은 물건부터 작게는 머리에 이고 손에 든 물건까지 길목에서 사람을 기다렸다가 싼값으로 억지로 삽니다. ⑥ 만약 물건 주인이 듣지 않으면 곧 난전이라 부르면서 결박하여 형조와 한성부에 잡아넣습니다. ⑦ 그러므로 물건을 가진 사람들이 간혹 본전도 되지 않는 값에 어쩔 수 없이 눈물을 흘리며 팔아 버리게 됩니다. … ⑧ 마땅히 평시서(平市署)로 하여금 20~30년 사이에 새로 벌인 영세한 가게 이름을 조사해 내어 모조리 혁파하도록 하십시오. ⑨ 형조와 한성부에 분부하여 육의전 이외에 난전이라 하여 잡아오는 자들에게는 벌을 베풀지 말도록 하십시오. ⑩ 반좌법(反坐法)을 적용하면, 장사하는 사람들은 서로 매매하는 이익이 있을 것이고 백성도 곤궁한 걱정이 없을 것입니다."

－『정조실록(正祖實錄)』 15년(年) 1월(月)

2. 사료 해설

육의전(六矣廛)을 비롯한 시전상인들은 난전의 성행으로 심각하게 이익을 침해받고 있었다. 이들은 자신들의 영업권을 지키기 위해 난전 활동의 금지를 요구하였고, 그 결과 금난전권(禁亂廛權)을 부여받았다. 금난전권은 난전인(亂廛人)을 잡아들일 수 있는 착납권(捉納權)과 난전물(亂廛物)을 관에서 압수할 수 있는 속공권(屬公權)으로 이루어져 있었다. 소상품 생산자나 소상인층은 시전상인들의 감시로 자유로운 성장을 방해받고 있었고, 시전상인들에게 부여된 독점적 판매권은 한양의 물가고를 늘상 유발하고 있었다.

이에 정부에서는 시전의 금난전권을 폐지해야 한다는 주장이 대두하였다. 결국 정조 15년(1791) 좌의정 채제공(蔡濟恭)의 주창에 따라 30년 이내에 설치된 시전을 폐지하고, 육의전을 제외한 시전의 금난전권을 폐지하게 되었다. 이로 인해 일반 상인들은 더이상 금난전권에 저촉되지 않고 자유롭게 상행위를 할 수 있게 되었다.

신해통공의 결과 사상들은 자본을 더욱 축적하여 성장해 나갈 수 있었다. 그리하여 이전까지 수공업자들은 생산한 물건들에 대한 독자적 판매망을 구축하여 자유롭게 매매할 수 있었는데, 신해통공 이후에는 점차 상인에게 예속되어 가는 모습을 보였다. 사상들은 수공업자를 고용하는 처지가 되었고, 수공업자들은 상인 자본에 예속된 피고용자의 처지로 전락하였다.

사료 Plus⁺

• 행랑 하나 점포 하나 가게마다 열려 있고 떠들썩하고 분주한 곳, 육주비(육의전)라네. 즐비한 물건이 산처럼 쌓여 있으니 누가 한 것인가.

― 「성시전도시(城市全圖詩)」

• 여러 관청 중에 사섬시, 전함사, 소격서, 사온서, 귀후서 등은 지금은 없어졌고, 내자시, 내섬시, 사도시, 예빈시, 제용감, 전설사, 장원서, 사포서, 양현고, 도화서 등은 소속 장인이 없어졌으며, 그 밖의 여러 관청은 장인의 종류도 서로 달라졌고, 정해진 인원도 들쑥날쑥하다. 그리고 장인을 공조에 등록하던 규정들은 점차 폐지되어 시행되지 않는다.

― 「대전통편(大典通編)」

사료 텍스트 완성하기

교과서 텍스트

1. 역 금난전권이란 특정 물품의 독점 판매권을 가진 시전이 허가받지 않은 상인인 (   )을/를 도성 안에서 금지할 수 있는 권한이다.

2. 역 정조는 상공업을 진흥하기 위해 상업 발전에 장해가 되는 (   )을/를 폐지하였다.

기출 텍스트

1. 등 (   )은/는 관허 상인으로 금난전권을 행사하였다.

2. 등 자본력을 가진 상인 중에서 (   )에 투자하여 부를 축적하는 경우도 있었다.

빈칸정답		교과서 텍스트	기출 텍스트
	1	난전	육의전
	2	금난전권	수공업

085 | 상평통보의 주조와 전환

리베르, 해냄에듀

① 引見大臣備局諸臣, 始以用錢定奪. ② 錢爲天下通行之貨, 而惟我國, 自祖宗朝, 累欲行之而不得者. ③ 蓋以銅鐵非土産, 而且民俗與中國有異, 有窒礙難行之弊也. ④ 至是, 大臣許積·權大運等, 請行之. ⑤ 上問于群臣, 群臣入侍者皆言其便. ⑥ 上從之. 命戶曹·常平廳·賑恤廳·御營廳·司僕寺·訓鍊都監, 鑄常平通寶, 定以錢四百文, 直銀一兩, 行于市.

— 『肅宗實錄』 4年

⑦ 天下至廣, 而産財各異. ⑧ 其勢不能不轉移流通, 此錢所以作. ⑨ 錢無用之器, 特權而宜之, 欲財之盡乎用也. ⑩ 然歷代因革, 辨論各明. ⑪ 廢之則有濕粟薄絹之患. ⑫ 行之則有重利逐末之尤.

— 『星湖僿說』

주요 어휘 |||||||||||||||||||

引 끌 인	奪 빼앗을 탈	惟 생각할 유	累 여러 누	銅 구리 동
鐵 쇠 철	窒 막을 질	礙 거리낄 애	難 어려울 난	弊 해질 폐
許 허락할 허	積 쌓을 적	權 권리 권	運 돌 운	賑 구휼할 진
恤 구휼할 휼	廳 관청 청	訓 가르칠 훈	鍊 정련할 련	監 살필 감
鑄 쇠 부어 만들 주	寶 보배 보	財 재물 재	轉 구를 전	移 옮길 이
流 흐를 유	通 통할 통	特 특별할 특	盡 다할 진	辨 분별할 변
廢 폐할 폐	濕 축축할 습	粟 조 속	薄 엷을 박	絹 비단 견
患 근심 환	逐 쫓을 축	尤 더욱 우		

1. 국문 해석

① 대신과 비변사의 여러 신하를 만나서, 비로소 돈[錢]을 사용하는 일을 논의하여 결정하였다. ② 돈은 천하에 통행하는 재화인데, 오직 우리나라에서만 조종조(祖宗朝)로부터 여러 차례 행하려고 하였으나 행할 수 없었다. ③ 이는 대개 동전이 우리나라에서 나는 산물이 아닌 데다가, 백성들의 풍속이 중국과 달라 통하지 않고 막혀 있어 행하기 어려운 폐단이 있었다. ④ 이에 이르러 대신 허적(許積) · 권대운(權大運) 등이 시행하기를 청하였다. ⑤ 숙종(肅宗)이 여러 신하에게 묻자 그 자리에 있던 신하들이 모두 그 편리함을 말하였다. ⑥ 숙종이 그대로 따르고, 호조(戶曹) · 상평청(常平廳) · 진휼청(賑恤廳) · 어영청(御營廳) · 사복시(司僕寺) · 훈련도감(訓鍊都監)에 명하여 상평통보(常平通寶)를 주조하여 돈 400문(文)을 은 1냥(兩)의 값으로 정하여 시중에 유통시켰다.

-『숙종실록(肅宗實錄)』 4년(年)

⑦ 천하가 지극히 넓어서 생산되는 재물이 고장마다 다르다. ⑧ 형편상 지역마다 서로 유통하여 무역하지 않을 수 없기 때문에 이러한 돈을 만들게 된 것이다. ⑨ 돈 자체는 쓸모없는 물건이지만 특권을 알맞게 주어서 재물을 다 쓰려고 만든 것이다. ⑩ 역대 연혁을 보면 분명하게 각각의 명암을 논할 수 있다. ⑪ 돈을 폐지하면 곡식을 말리지 않고, 비단을 엷게 짜는 폐단이 있다. ⑫ 돈을 사용하면 이익을 중하게 여겨 말업(상공업)만 쫓는다.

-『성호사설(星湖僿說)』

2. 사료 해설

숙종 4년(1678) 영의정 허적(許積)의 주청으로 상평통보(常平通寶)가 주조되었다. 이전에도 동전을 주조하여 유통하려는 노력은 있었으나 자급자족적 경제로 인해 널리 통용되지는 못하였다. 그러나 이 시기는 농업 생산력의 증가와 대동법의 실시, 나아가 상공업의 발달 등으로 인해 교환 수단으로서 화폐 수요가 증가한 시기였다. 숙종은 화폐 유통에 관한 절목인 「행전절목(行錢節目)」을 마련하여 동전의 가치를 은 가격 기준으로 정하였고[동전 400문(文) = 은 1냥], 시전(市廛)의 물건에 대한 지불은 반드시 동전을 사용할 것 등을 규정하였다.

이렇게 주조된 상평통보는 전국적인 지불 수단으로 자리매김하였다. 일상적인 거래는 물론이고 각종 고용에 대한 대가도 동전으로 지급되었다. 화폐 유통의 증대는 전국적인 상품 화폐 경제의 발달을 촉진하였고, 사상의 성장과 오일장 체계의 확대를 더욱 불러일으켰다.

상평통보의 활발한 이용은 전황(錢荒) 문제를 초래하기도 하였다. 전황 문제는 숙종 24년(1689) 이후 동전의 추가적인 주전이 중단됨에 따라 동전의 수요에 비해 공급이 부족하면서 나타난 문제였다. 이는 영조 연간 시행된 대규모 동전 주조 등으로 말미암아 해결할 수 있었다.

그런데 18세기 후반 정조 연간에 다른 전황 문제가 발생한다. 이는 사상의 상업자본이 공인 및 시전상인의 상업자본을 압도함에 따라 공시인의 자금이 부족해지는 문제로 이어진 것이었다. 이에 정부는 공시인들에게 자금을 대여하기도 하였고, 주교사(舟橋司)를 설치하여 사상도고에 대한 통제를 강화해 나가기도 하였다.

사료 Plus⁺

- 지금 돈이 귀해진 것은 조정에서 간직하고 부유한 백성들이 쌓아 두어 유통이 되지 않는 까닭입니다. 만일 관가의 돈을 쌓아 두는 폐단을 없애고 민간의 돈을 유통시키는 효과가 있게 한다면, 전황의 폐단을 해결할 수 있을 것입니다.

  ― 『영조실록(英祖實錄)』

- 우리 숙종 때 옛날 제도를 고증하여 비로소 동전을 주조하였는데 나라의 재용이 이 때문에 넉넉해지고 백성들이 그 혜택을 입었으며, 시행한 지 1백여 년이 되었어도 위아래가 다 편리하게 여기고 있습니다. 다만 일본 구리의 값이 비싸고 주조하는 비용이 많이 들기 때문에 돈의 품귀가 근래에 심해졌고 은의 생산도 줄고 하여 장사치와 역관들이 생업을 잃게 되었습니다.

  ― 『정조실록(正祖實錄)』

사료 텍스트 완성하기

교과서 텍스트

1. 역 물건을 사고파는 일이 늘어나면서 동전인 (   )이/가 널리 사용되었다.

2. 역 상평통보는 상품의 매매뿐만 아니라, 품삯의 지불과 세금이나 (   ) 납부 등에도 사용되었다.

3. 역 청과의 무역이 활발해지면서 거래 수단인 (   )의 수요가 늘어 은광 개발이 촉진되었다.

기출 텍스트

1. 능 (   )의 주장에 따라 상평통보가 유통되었다.

2. 능 지주와 대상인들은 상평통보를 (   )의 수단으로 삼았다.

3. 능 화폐의 주조가 늘어나자 유통이 제대로 되지 않아서 (   )이/가 일어났다.

빈칸 정답		교과서 텍스트	기출 텍스트
	1	상평통보	허적
	2	지대	재산 축적
	3	은	전황

086 | 대외 무역의 전개

① 國禁漸弛, 私商濫隨, 恣意交易, 謂之中江後市. ② 而後因柵門後市之漸盛, 每有使行, 我商携貨入市, 彼則坐而取利, 不復駄載而來矣. ③ 肅宗庚辰, 咨禮部罷中江後市, 而柵門後市則至今行之. … ④ 而使行出入柵時, 灣上及松都商人等潛持銀蔘混在夫馬之中, 販物牟利. ⑤ 至於回還, 車脚故令遲運, 而先送使臣出柵, 無所憚壓, 然後任情買賣而歸, 是謂柵門後市.

—『萬機要覽』「財用編」

주요 어휘 ||||||||||||||||

禁 금할 금	漸 점점 점	弛 느슨할 이	濫 퍼질 람	隨 따를 수
恣 방자할 자	柵 울타리 책	盛 성할 성	携 휴대할 휴	駄 실을 태
載 실을 재	灣 물굽이 만	潛 몰래 잠	蔘 인삼 삼	混 섞을 혼
販 팔 판	物 만물 물	牟 탐낼 모	利 이로울 리	車 수레 차 / 거
脚 다리 각	遲 늦을 지	運 돌 운	送 보낼 송	憚 꺼릴 탄
壓 억압할 압	買 살 매	賣 팔 매		

한자 독음 ||||||||||||||||

① 국금점이, 사상남수, 자의교역, 위지중강후시. ② 이후인책문후시지점성, 매유사행, 아상휴화입시, 피즉좌이취리, 불부태재이래의. ③ 숙종경진, 자예부파중강후시, 이책문후시즉지금행지. … ④ 이사행출입책시, 만상급송도상인등잠지은삼혼재부마지중, 판물모리. ⑤ 지어회환, 거각고영지운, 이선송사신출책, 무소탄압, 연후임정매매이귀, 시위책문후시.

1. 국문 해석

① 국법으로 금하는 것이 점점 해이해져서 사상들이 함부로 따라가 저희 마음대로 교역했는데, 이것을 중강후시(中江後市)라 하였다. ② 후에 책문후시(柵門後市)가 점점 성해짐에 따라 사행(使行)이 있을 때마다 우리나라 상인이 화물을 휴대하고 입시(入市)하니 청나라 사람들은 앉아서 이익을 취하여 다시 화물을 싣고 오지는 않았다. ③ 숙종 경진년(庚辰年, 1700년) 예부에 요청하여 중강후시를 혁파하였으나, 책문후시(柵門後市)는 지금까지 행해지고 있다. … ④ 사행(使行)이 책문을 출입할 때는 만상(灣上)과 송도(松都)의 상인 등이 은·삼을 몰래 가지고 인부와 말 속에 섞여 들어 물건을 팔아서 이익을 꾀했다. ⑤ 또한 회환(回還)함에 이르러서는 거각을 일부러 천천히 운전하게 하고 먼저 사신을 책문으로 나가게 하여 거리낄 것이 없게 한 뒤, 저희 마음대로 매매하고 돌아오는데 이를 책문후시(柵門後市)라 한다.

— 『만기요람(萬機要覽)』 「재용편(財用編)」

사료 Plus⁺

- 동래부에서 인삼을 밀거래한 일본인을 처벌할 것을 요구하자 왜관의 우두머리가 말하였다. "일본에서는 인삼이 재배되지 않아 모두 귀하게 여깁니다. 또한, 쓰시마 도주가 쇼군에게 바치기 위해 많은 인삼이 필요하여 밀거래한 것입니다."

  — 『숙종실록(肅宗實錄)』

- 근래 삼화가 점점 귀하여 거의 씨가 마를 지경에 이르렀다. 전에는 강계삼의 품질이 좋은 것도 2냥에 불과하였는데, 지금은 나날이 값이 뛰어 정한 값이 거의 없다. 그 폐단의 근원을 찾아보면 오로지 왜인들이 사들이려고 하는 것이 모두 강계삼이기 때문이다.

  — 『비변사등록(備邊司謄錄)』

- 국초에는 연경(燕京)에 가는 인원들이 은화(銀貨)를 지니고 가서 반비(盤費)·무역의 자금으로 하였는데, 선덕(宣德) 연간에 이르러서는 금은(金銀)은 국산이 아니므로 주청(奏請)하여 면공(免貢)하였다. 이로부터 연경에 가서 매매하는 데에는 은화를 가져가는 것을 금하고 인삼으로 대신하여, 한 사람에 10근씩으로 하였는데, 뒤에 점점 넘쳐나서 그 수량이 많아지므로, 숭정(崇禎) 초년에 이르러서 매인에게 80근을 가져가게 허락하니, 이것을 '팔포(八包)'라 이르는 것이다. 그 뒤에 또 은자를 지니고 가는 것을 허락하여, 삼 매근에 절은(折銀) 25냥, 80근에 은 2,000냥을 1인(人) 팔포로 하였다.

  — 『만기요람(萬機要覽)』

- 사행이 돌아올 때에는, 어느 사행이나 서적·물소뿔 등 어느 것 하나 금지품 아닌 것이 없는데, 근년에 와서는 매양 공용은(公用銀)으로 그들에게 뇌물을 써왔기 때문에 짐이 나올 때 다만 한두 개의 꾸러미만을 풀어 보아, 금법이 있는 형식만을 보여줄 뿐이었다.

  — 『담헌서(湛軒書)』

- 나라 안에서 생산되는 은을 모두 연경으로 보내어 금세 떨어지는 비단이나 쓸데없는 그릇, 사치스러운 식품으로 바꾸며 부족하면 일본에서 수입한 은으로 충당하는데, 일본 은은 쌀이나 포목과 바꾸어 얻은 것이다. 이 때문에 나라의 창고가 항상 비어 있게 된다.

  — 『성호사설(星湖僿說)』

- 일본이 이전에는 나가사키에서 남경(南京)과 무역하였으나 지금은 청이 무역을 금하였다. 그리하여 조선이 청에서 사들인 백사(白絲)는 모두 왜관에서 거래되었다. … 연경(燕京)에서 은 60냥으로 백사 100근을 구입해서 왜관에 가면, 백사 100근의 가격은 은 160냥이 되었다.

— 『승정원일기(承政院日記)』

사료 텍스트 완성하기

교과서 텍스트

1. 한 국경 지역에서는 정부가 공식적으로 허용한 개시 무역과 사적으로 이루어지는 (　　　) 무역이 성행하였다.

2. 역 사상들은 종로, 칠패, 배오개 등에서 활동하였는데, 특히 송상, 만상, 내상 등 일부 사상들은 (　　) 및 일본과의 무역을 통하여 많은 부를 축적하였다.

3. 동 (　　　)은/는 한강을 근거로 서해와 남해까지 진출하여 미곡, 소금, 어물 등을 거래하였다.

기출 텍스트

1. 능 책문에서 (　　　)이/가 열려 사무역이 이루어졌다.

2. 능 (　　　)은/는 책문후시를 통해 대외 무역에 종사하였다.

3. 능 송상은 (　　　)(이)라는 독자적인 회계법을 창안하였다.

4. 능 내상은 (　　　)을/를 중심으로 대일 무역을 전개하였다.

빈칸정답	교과서 텍스트	기출 텍스트
1	후시	후시
2	청	만상
3	경강상인	사개치부법
4		왜관

087 광업의 발달

① 我國, 物力不足, 徭役甚重. ② 每以國力採之, 則亦多勞費矣. ③ 令採銀官, 得穴開鑿, 然後募民許給, 使之收稅. ④ 稅之多少, 量宜定數, 則官不費力, 稅入自多. ⑤ 坡州之銀, 地近而品好, 封爲官採. ⑥ 其他交河·谷山·春川·公山等地産銀處, 採銀官皆已知之, 使往察開穴, 令民輸稅採用, 則富商大賈, 必有樂趨者矣.

－『承政院日記』 孝宗 2年

주요 어휘 ||||||||||||||||

徭 요역 요	採 캘 채	勞 일할 로	費 쓸 비	矣 어조사 의
鑿 뚫을 착	募 모을 모	收 거둘 수	量 헤아릴 량	輸 나를 수
賈 장사 고	趨 뒤쫓을 추			

한자 독음 ||||||||||||||||

① 아국, 물력부족, 요역심중. ② 매이국력채지, 즉역다로비의. ③ 영채은관, 득혈개착, 연후모민허급, 사지수세. ④ 세지다소, 양의정수, 즉관불비력, 세입자다. ⑤ 파주지은, 지근이품호, 봉위관채. ⑥ 기타교하·곡산·춘천·공산등지산은처, 채은관개이지지, 사왕찰개혈, 영민수세채용, 즉부상대고, 필유락추자의.

1. 국문 해석

① 우리나라는 물력이 부족하여 요역이 매우 무겁습니다. ② 마냥 나라의 힘으로 채굴한다면, 노동력과 비용이 많이 들어갑니다. ③ 채은관(採銀官)에게 명하여 광산을 개발한 연후에 백성을 모집하여 허급하고 그로 하여금 세금을 받게 합니다. ④ 세금의 크기를 적당하게 정한다면 관에서 힘을 들이지 않아도 세입이 절로 많아집니다. ⑤ 파주(坡州)에서 산출되는 은(銀)은 땅이 가깝고 품질이 좋아 관채(管採)로 봉해야 합니다. ⑥ 그 밖에 교하·곡산·춘천·공산 등의 은 생산지는 채은관이 모두 이미 알고 있으므로 그로 하여금 가서 개발하고 민으로 하여금 세금을 가져오게 쓰도록 한다면 부상대고(富商大賈)들 중에 반드시 즐기며 쫓는 자들이 있을 것입니다.

－『승정원일기(承政院日記)』 효종(孝宗) 2년(年)

2. 사료 해설

　5군영 성립 후 각 군영은 각종 무기의 제조 원료를 마련할 필요가 있었다. 이에 각 군영에서는 광산을 개발한 자를 반드시 감관(監官)에 임명하였고, 이들에게 광산 경영의 성과에 따라 당상첩(堂上帖)·가선첩(嘉善帖) 등을 수여하기도 하였다.

　조선 후기 호조에서는 재정 조달을 위해 은광 개발을 추진하였지만, 농민들의 피역 저항이 심하여 한계가 있었다. 이에 대한 타개책으로 효종 2년(1651) 시행된 것이 설점수세제(設店收稅制)이다. 이는 정부가 채은관(採銀官)을 파견하여 광산 지역에 제련장과 부대시설을 포함한 점을 설치하고, 이후의 경영은 민간에게 채굴을 맡기고 채은광을 통해 세금을 거두게 하는 제도였다. 당시 파견된 채은관은 은광을 시굴할 수 있는 광산 기술자들로, 채광 실적에 따라 앞서 언급한 당상첩 등을 수여하기도 하였다.

　그런데 숙종 13년(1687)부터 설점수세의 권한에 대한 문제가 대두하였다. 당시 설점한 광산의 소유권이 호조에게만 일원화되어 있지 않고, 군영 등에 속한 경우가 있었기 때문이다. 이에 숙종 28년(1702) 각 군영의 소관 아래의 점(占)들은 모두 호조에 이속되도록 하고, 사실상 호조만이 설점수세권을 갖는 것으로 해결되었다. 이때 정부에서는 민간인의 광산 경영을 감독하고 수세를 위해 별장(別將)을 파견하였는데, 이들은 대개 부상·대고(大賈)나 권세가의 사인(私人)들이었다.

　별장의 파견은 여러 가지 문제점을 수반하였다. 먼저 별장이 생산량의 2/3를 가져간다고 표현될 정도로 운영상의 문제가 나타났다. 또한 지방의 토호 등이 주도하는 잠채는 여전히 성행하였고, 이들은 수령과 결탁해서 별장제의 폐지를 주장하기도 하였다. 게다가 별장제로 인해 수입원을 잃게 된 각 군영 등이 광산에 대해 각종 잡세를 부과하는 폐단이 발생하기도 하였다.

　이에 영조 51년(1775)에는 별장제를 폐지하고 수령수세제로 전환하였다. 수령수세제는 물주(物主)가 호조의 설립 허가를 받아 자기 자본으로 점을 설치하고, 해당 지역 수령이 물주에게 세금을 받아 납부하는 제도를 말한다. 물주의 자본을 토대로 실질적인 광산의 운영은 현지에 거주하는 혈주(穴主)나 덕대(德大)가 맡았다. 이들은 설점할 때 참여한 자들을 각각의 혈과 공정에 배치하여 광군의 작업을 지시·감독하였으며, 생산된 광물을 수합하여 물주를 통해 판매하였다.

　광산에서 일하는 광부들은 인근에서 징발된 농민이 아니라 이 시기 농촌에서 유리되어 떠도는 임노동자들이었다. 사료에서 이들은 '연군(鉛軍)'이라 호칭되는데, 광산 규모에 따라 수천 명에 달하기도 하였다. 그런데 광부들은 빈민이면서 대규모로 떠돌아다녔기 때문에 절도·폭행·약탈 등을 자행하여 종종 사회 문제를 일으켰다. 한편, 광부가 모여 사는 점촌은 차인(差人)들과 상인들이 광물을 구입하기 위해 몰려들었으므로 상거래가 급속히 활성화되었다.

사료 Plus⁺

- 호조가 아뢰기를, "근래에 와서 술과 고기, 소금, 간장 등의 소소한 값들은 모두 은을 사용하고 있는데, 나라의 백성들이 오히려 그 덕으로 생계를 꾸려 간다고 합니다. 명군을 상대로 장사할 때 처음 시도하였는데, 오래 시행하고 나서는 습속이 되어 술을 팔고 땔감 파는 사람들이 물건을 살 사람을 만나면 반드시 먼저 은이 있는지 물어본다고 합니다.

  一 『선조실록(宣祖實錄)』

- 조정에서 은이 나는 곳에 은점을 설치하도록 허가해 주면, 돈 많은 장사꾼은 각자 재물을 내어 일꾼을 모집할 것입니다. 땅이 없어 농사를 짓지 못하는 백성이 점민이 되어 그곳에 모여 살며, 은을 캐서 호조와 각 영, 고을에 세를 바치고 남는 대로 물주에게 돌릴 것이니 공사 간에 유익한 일입니다.

  一 『경제야언(經濟野言)』

- 우리나라는 물력(物力)이 부족하고 요역이 매우 무거운데, 매번 나라에서 채굴하면 비용이 많이 들 것입니다. 은광 채굴을 담당하는 관리가 은혈(銀穴)을 찾아서 개발하게 한 이후 백성을 모집하여 채굴할 것을 허락해 주고, 세를 바치게 하되 많고 적음을 적당하게 헤아려 수량을 정한다면 나라의 힘을 허비하지 아니하여도 세입(稅入)이 절로 많게 될 것입니다.

  一 『증보문헌비고(增補文獻備考)』

- 황해도 관찰사 이의준의 보고에 따르면, 수안군의 금광은 다섯 곳이 있었는데, 그중 두 곳의 금맥은 이미 바닥이 나서 철폐하는 상황이고, 세 곳의 금맥은 풍성합니다. 올여름에 새로 판 금혈이 39곳이고, 비가 와서 채굴을 중지한 금광이 99곳입니다. 현재 광꾼은 550여 명인데, 도내의 무뢰배들이 농사를 그만두고 들어왔을 뿐만 아니라 사방에서 이익을 탐하는 무리들이 소문을 듣고 몰려왔습니다. 이번 여름 장마로 대부분이 흩어졌는데도 현재 남아 있는 막사가 아직도 700여 곳이 되고, 그 인구 또한 1,500명 남짓입니다.

  一 『비변사등록(備邊司謄錄)』

사료 텍스트 완성하기

교과서 텍스트

1. 한 (   )의 광산 개발을 금지하던 정부가 17세기 이후 이를 허용하고 세금을 거두는 정책을 시행하면서 광산 개발이 촉진되었다.

2. 역 (   )이/가 발달하여 은·구리 등의 광물 수요가 늘어남에 따라 민간 위주의 광산 개발이 본격화되었다.

3. 한 광산 개발은 주로 (   )(이)라는 전문 경영인이 상인 물주로부터 자본을 조달받아 채굴업자인 혈주와 노동자를 고용하는 형태로 이루어졌다.

4. 역 대다수의 농민은 토지를 잃고 머슴이 되거나 농촌을 떠나 도시, 포구, 광산에서 품삯을 받고 일하는 (   )이/가 되었다.

기출 텍스트

1. 전 설점수세제 이전에는 각 군영이 관할 광산에 (   )을/를 파견하여 부역 노동을 감독하였다.

2. 전 호조는 설점수세제를 실시하며 (   )의 광산 채굴을 허용하였다.

3. 전 호조는 (   )을/를 파견하여 각 군영이 관리하는 은광 관리권을 흡수하였다.

4. 전 별장제의 폐지로 인해 (   )이/가 광산 수세 업무를 맡게 되었다.

빈칸 정답		교과서 텍스트	기출 텍스트
	1	민간	감관
	2	수공업	민간인
	3	덕대	별장
	4	임노동자	지방 수령

088 | 상속과 가족 제도의 변화

몐금성, 몐동아, 몐리베르, 몐미래엔 / 핂동아

> ① 父子情理, 則雖無間於男女. ② 而生前無奉養之道, 死後無行祭之禮, 則何獨以田民與男子等分乎. ③ 女子則以田民三分之一分分給. ④ 揆諸情義, 小無不可.
>
> ―『扶安金氏愚磻古文書』

주요 어휘 |||||||||||||||||

雖 비록 수	間 틈 간	奉 받들 봉	養 기를 양	祭 제사 제
何 어찌 하	獨 홀로 독	揆 헤아릴 규		

한자 독음 |||||||||||||||||

① 부자정리, 즉수무간어남녀. ② 이생전무봉양지도, 사후무행제지예, 즉하독이전민여남자등분호. ③ 여자즉이전민삼분지일분분급. ④ 규제정의, 소무불가.

1. 국문 해석

① 아비와 자식 사이의 정리(情理)라는 면에서 본다면 아들과 딸 사이에 차별이 있어서는 안 될 것이다. ② 생전에 봉양의 도리가 없고, 사후에 제사의 예마저 차리지 않는데 어찌 유독 재산만은 남자 형제와 균등하게 나누어 가질 수 있겠는가. ③ 딸들은 (이제부터 남자 형제들이 물려받는) 재산의 3분의 1만 나누어 갖도록 해라. ④ 정이나 도리라는 면에서 따져 보아도 (이렇게 하는 것이) 조금도 잘못된 점이 없다.

―『부안김씨우반고문서(扶安金氏愚磻古文書)』

2. 사료 해설

양 난 이후 성리학적 지배 질서가 강화되면서, 17세기 중엽부터 부계 중심의 가족 제도가 정착되었다. 재산 상속과 제사는 장자 중심으로 이루어졌으며, 아들이 없으면 양자를 들여 가문을 잇는 것이 일반화되었다. 그리하여 적장자 중심의 상속이 이루어졌다.

게다가 조선 후기에는 1인당 평균 토지 소유 면적이 감소하고 있었는데, 이는 인구의 증가에 비해 토지 면적의 증가는 한계가 있었기 때문이었다. 이러한 상황에서 조선의 많은 가문은 적장자 중심으로 상속을 몰아주거나 '조상제위전민조(祖上祭位田民條)'라는 이름 아래 그 집안 재산의 대부분을 여기에 속하도록 하여 종손 등에게 물려주는 방식을 취하기도 하였다.

성리학적 가족 윤리가 강하게 정착됨에 따라 여성의 사회적 지위는 점차 낮아졌다. 사료에 등장한 부안 김씨 가문의 사례와 같이 여자들은 남자 형제들에 비해 상속받는 액수가 훨씬 적어졌고, 이혼한 여성의 재혼도 어려워졌다.

사료 Plus⁺

- 남매가 재산을 공평하게 나누면 제사도 똑같이 돌아가며 지내야 한다. 사대부가의 딸들은 시집간 후 본가의 제사를 마음대로 실행하지 못하니 … 딸에게 몫을 나눠주되 약간을 감하고, 본가의 제사를 돌아가며 지내지 말라.

  ─ 「오재훈 남매의 상속 문서」(1701)

- 김득문이 본처와 첩과의 사이에서 아들을 얻지 못한 채 사망하여, 동성 20촌 형인 김동언의 셋째 아들로 대를 잇고자 양가가 동의하여 청원서를 올리니, … 윤허한다는 입안을 발급한다.

  ─ 「예조입안(禮曺立案) 문서」(1768)

- 예(禮)에 지자(支子)는 제사를 지내지 않는다. 형은 종자(宗子)이므로 신주를 세워 제사를 주관하지만, 아우는 지자이므로 제사를 주관하지 못하고 다만 제사에 참여하거나 제사를 도울 뿐이다.

  ─ 『가례향의(家禮鄕宜)』

- 아버지(권상충)는 살아생전에 말씀하셨다. "적은 양의 토지와 노비를 자녀 여덟 명(3남 5녀)에게 균등하게 나누어 주면 자식이 모두 가난해진다. 그뿐만 아니라 남자의 경우 돌아가면서 받드는 조상의 제사를 제대로 지내지 못한다. … 약간의 토지와 노비를 세 명의 아들(권목, 권국, 권홍)에게 모두 나누어 주며 여자와 서얼에게는 나누어 주지 않는다."

  ─ 『경북지방 고문서집성』

🔲 사료 텍스트 완성하기

1. 한 17세기 이후 성리학의 생활 규범이 정착하면서 (   ) 중심의 가족 제도가 더욱 강화되었다.

2. 역 17세기 이후 (   ) 이외의 아들이나 딸들은 제사나 재산 상속에서 점차 그 권리를 잃어 갔다.

3. 한 조선 후기에 성리학 윤리가 강조되면서 가족 내에서 (   )의 권리가 약화되었고, 또한 사회적 지위도 점차 낮아졌다.

4. 역 17세기 이후 (   )에 대한 기록은 삭제되거나 축소되었고, 부계의 자손만 남성을 중심으로 수록되었다.

기출 텍스트

1. 능 조선 후기에는 아들이 없는 집안에서는 (   )을/를 들이는 것이 일반화되었다.

2. 능 조선 후기에는 (   ) 위주의 상속 제도가 확립되었다.

3. 능 조선 후기에는 (   )을/를 중심으로 서원과 사우가 세워졌다.

4. 능 조선 후기에는 촌락 내 (   )의 집단 거주가 확대되었다.

빈칸정답		교과서 텍스트	기출 텍스트
	1	부계	양자
	2	적장자(큰아들)	장자
	3	여성	문중
	4	외손	같은 성씨

089 | 향촌사회의 변동

① 近者吏習日渝月變, 小吏路逢貴族, 不肯納拜. ② 吏子吏孫, 其不入仕者, 待境內貴族, 無異平交, 爾汝呼字, 不復爲禮.

— 『牧民心書』

③ 蓋亂民之初起, 本非故欲作鬧而然也. ④ 始因冤苦之極, 欲爲呈訴捄弊. ⑤ 而自致徒黨之漸多, 百千爲群, 則其中或有無良之一二漢, 首倡激動, 至有悖亂之擧矣.

— 『承政院日記』哲宗 13年 7月

⑥ 令道臣飭地方官設鄕會. ⑦ 使各面人民, 圈選綜明老鍊各一人, 作鄕會員, 來會于本邑公堂. ⑧ 凡發令, 醫癍等事, 當自本邑施措者, 評議可否, 公同決定然後施行事.

— 『高宗實錄』 31年 7月

주요 어휘

習 익힐 습	變 변할 변	逢 만날 봉	納 들일 납	拜 절 배
仕 버슬할 사	復 다시 부	鬧 시끄러울 요	冤 원통할 원	苦 쓸 고
極 다할 극	訴 하소연할 소	捄 구원할 구	弊 폐단 폐	漸 점점 점
漢 놈 한	倡 인도할 창	激 격할 격	動 움직일 동	悖 어그러질 패
亂 어지러울 란	圈 구역 권	選 선발할 선	綜 모을 종	鍊 익숙할 련
施 베풀 시	措 둘 조	決 결단할 결	定 정할 정	施 베풀 시

한자 독음

① 근자리습일투월변, 소리노봉귀족, 불긍납배. ② 리자리손, 기불입사자, 대경내귀족, 무이평교, 이여호자, 불부위예.

③ 개난민지초기, 본비고욕작료이연야. ④ 시인원고지극, 욕위정소구폐. ⑤ 이자치도당지점다, 백천위군, 즉기중혹유무양지일이한, 수창격동, 지유패란지거의.

⑥ 영도신칙지방관설향회. ⑦ 사각면인민, 권선종명노련각일인, 작향회원, 내회우본읍공당. ⑧ 범발령, 의막등사, 당자본읍시조자, 평의가부, 공동결정연후시행사.

1. 국문 해석

① 근래 아전의 풍속이 나날이 변하여 하찮은 아전이 길에서 양반을 만나도 절을 하지 않으려 한다. ② 아전의 아들, 손자로서 아전의 역을 맡지 않은 자가 고을 안의 양반을 대할 때, 맞먹듯이 너 나 하며 자(字)를 부르고 다시 예의를 차리지 않는다.

－『목민심서(牧民心書)』

③ 대개 난민들이 처음 모인 것은 본디 소란을 피우려는 까닭이 아닙니다. ④ 처음에는 원통함 끝에 정소(呈訴)를 통해 관청에 호소하여 폐단을 고치고자 한 것입니다. ⑤ 이러한 무리가 점점 커져 수백, 수천이 되면서 그중 한두 사람이 나서 선동하여 난이 벌어지게 되는 것입니다.

－『승정원일기(承政院日記)』 철종(哲宗) 13년(年) 7월(月)

⑥ 감사에게 지방관(地方官)을 신칙하여 향회(鄕會)를 설치하도록 한다. ⑦ 각 면(面)의 백성들에게 공정하고 노련한 사람을 각각 1명씩 선발하도록 하여 향회원(鄕會員)으로 삼은 다음 본 고을의 공당(公堂)에서 모이게 한다. ⑧ 명령을 내리거나 폐단을 바로잡는 등 마땅히 본 고을에서 조치를 취해야 할 것을 협의하여 공동으로 결정한 뒤에 시행하도록 한다.

－『고종실록(高宗實錄)』 31년(年) 7월(月)

사료 Plus⁺

- 영덕의 오래된 가문은 모두 남인이며, 이른바 신향(新鄕)은 모두 서리와 품관의 자손으로, 자칭 서인이라고 하는 자들이다. 근래에 신향이 향교를 주관하면서 구향(舊鄕)과 마찰을 빚었다. 주자의 영정이 비에 손상되자 신향배들은 구향이 죄를 물을까 걱정하여, 남인에게 죄를 전가할 계획을 세우고는 주자와 송시열의 초상을 숨기고, "남인이 송시열의 영정을 봉안하는 것을 꺼려 야음을 틈타 영정을 훔쳐 갔다."라고 하였다.

  －『승정원일기(承政院日記)』 영조(英祖) 23년(年) 6월(月)

- 임금이 명령하다. "향전은 엄히 금지해야 한다. 향임이 권한을 마음대로 행사하여 이 같은 일이 생긴다. 수령이 한쪽만을 편들어 주면 싸움을 조장하는 것이니 주의해야 한다. 구향과 신향을 모두 잘 타일러 서로 화합하게 하라. 이후에도 다시 다툼을 벌이면 구향이나 신향을 막론하고 국법을 어긴 난민으로 처벌할 것이다."

  －『정조실록(正祖實錄)』

- 향전은 통렬히 금해야 할 일이다. … 한쪽의 공초(죄인을 심문한 문서)만을 편파적으로 신뢰하여 그 사이에서 한쪽을 편들고 다른 한쪽을 억누른다면, 이는 분란을 조장하는 것이나 다름이 없다. 이 재판은 시행하지 말고, 조정에서 말을 잘 만들어 해당 관찰사를 엄히 꾸짖게 하되, 관찰사가 임금이 허가한 내용을 가지고 모든 마을의 유생을 거듭 타일러서 구향과 신향이 각각 구습을 통렬히 혁파하고 반드시 화합하게 하라.

  －『일성록(日省錄)』

- 향회(鄕會)라는 것이 한마을 양반의 공론에 따른 것이 아니고, 수령의 손 아래 놀아나는 좌수·별감들이 통문을 돌려 불러 모은 것에 불과합니다. 그 향회에서는 관의 비용이 부족하다는 핑계로 제멋대로 돈을 거두고 법을 만드니, 일의 원통함이 이보다 심한 것이 없습니다.

  －『질암유고(質菴遺稿)』

📝 사료 텍스트 완성하기

교과서 텍스트

1. 한 신향은 수령과 결탁해 사족 모임인 ( )에 적극 참여하고 향임직에 진출하는 방법으로 향촌사회에서 영향력을 확대해 나갔다.

2. 한 조선 후기 관권의 강화는 세도 정치 시기에 수령과 향리에 의한 ( )이/가 심화되는 계기가 되었다.

3. 한 구향과 신향 사이에 향촌 지배권을 둘러싸고 벌어진 다툼을 ( )(이)라고 한다.

4. 한 조선 후기에는 향촌 양반들은 자신들의 지위를 지키고자 ( ) 중심의 서원을 세우고, 부계 중심의 족보를 편찬하였다.

기출 텍스트

1. 전 향촌 사족은 ( )을/를 엄격히 관리함으로써 향리층을 향회에서 배제하고자 하였다.

2. 전 18세기에는 ( )의 사회적 위상이 높아지면서, 이들이 향촌 사족들을 홀대하기도 하였다.

3. 전 19세기에는 민란 지도층이 ( )을/를 활용하여 농민을 동원하기도 하였다.

4. 통 종래 양반의 이익을 대변하던 향회는 주로 수령이 세금을 부과할 때 의견을 묻는 ( ) (으)로 역할이 바뀌었다.

빈칸 정답		교과서 텍스트	기출 텍스트
	1	향회	향안
	2	농민 수탈	향리
	3	향전	향회
	4	문중	자문 기구

090 | 중인층의 성장

① 國朝廢錮庶孼三百餘年矣，爲大敝政無過於此. ② 稽之往古而無其法，攷諸禮律而無所據. ③ 則此不過國初宵小之臣，乘機售憾，遽成大防. ④ 而後來當途之人，託論名高，襲謬成俗. ⑤ 年代浸遠，因循不革矣. … ⑥ 夫自家之庶孼，則誠足卑矣，非可絀於擧世. ⑦ 一門之名分，則固當嚴矣，非可論於通朝耳.

— 『燕巖集』「擬請疏通疏」

주요 어휘 ||||||||||||||||||

廢 폐단 폐	錮 막을 고	孼 첩의 자식 얼	敝 해질 폐	稽 상고할 계
攷 생각할 고	據 의거할 거	宵 작을 소	乘 탈 승	機 기회 기
售 실현할 수	憾 원한 감	託 의탁할 탁	襲 답습할 습	謬 그릇될 유
浸 점점 침	遠 멀 원	循 좇을 순	誠 정성 성	卑 낮을 비
絀 물리칠 출	嚴 엄할 엄	通 통할 통	耳 귀 / 뿐 / 성할 이	

한자 독음 ||||||||||||||||||

① 국조폐고서얼삼백여년의, 위대폐정무과어차. ② 계지왕고이무기법, 고제예율이무소거. ③ 즉차불과국초소소지신, 승기수감, 거성대방. ④ 이후내당도지인, 탁론명고, 습류성속. ⑤ 연대침원, 인순불혁의. … ⑥ 부자가지서얼, 즉성족비의, 비가출어거세. ⑦ 일문지명분, 즉고당엄의, 비가논어통조이.

1. 국문 해석

① 아아, 우리 왕조가 서얼의 벼슬길을 막은 지 300여 년이 되었으니, 폐단이 큰 정책으로 이보다 더한 것이 없습니다. ② 옛날을 상고해도 그러한 법이 없고, 예법과 형률을 살펴봐도 근거가 없습니다. ③ 이는 건국 초기에 간사한 신하들이 기회를 틈타 감정을 푼 것이 바로 중대한 제한 규정으로 되어 버린 것입니다. ④ 후대에는 요직에 있던 인사들이 공론을 핑계 대어 주장함으로써 명성이 높아지자 오류를 답습하여 하나의 습속을 이루었습니다. ⑤ 이로 인해 세대가 차츰차츰 멀어지면서 구습을 따르고 개혁을 하지 못했던 것에 지나지 않습니다. … ⑥ 무릇 자기 집안의 서얼이야 비천하게 여길 수도 있겠지만 온 세상에서 배척받을 이유는 없습니다. ⑦ 한 문중의 명분은 의당 엄히 해야겠지만 온 조정에서까지 논할 바는 아닙니다.

─『연암집(燕巖集)』「의청소통소(疑請疏通疏)」

사료 Plus⁺

- 지금 전하께서 의원과 역관을 권장하고자 하시어 그 재주에 정통한 자를 특별히 동반과 서반에 뽑도록 하셨으니 … 군자를 욕되게 하시고, 선왕의 제도를 버리시어 미천한 사람을 높이려고 하시니, 신 등은 그것이 옳은지를 알지 못하겠습니다. 엎드려 바라건대, 속히 명을 거두시어 신민의 소망에 부응케 하소서.

- 예조판서(禮曹判書) 허종(許琮) 등이 논하다. "의관(醫官), 역관(譯官), 음양관(陰陽官), 산관(算官)과 율관(律官) 등은 한 가지 기예(技藝)만 가졌을 뿐이니, 양반 사대부들과 같은 열에 둘 수 없습니다."

  ─『성종실록(成宗實錄)』

- 역관(譯官)이 당상관(堂上官)으로 진급하면 영광스럽다고 할 만한데도 동료들이 마음에 들지 않는 자를 꾸짖을 때는 반드시 "너는 지지리도 복이 없으니 빨리 당상관이나 되어라."라고 한다.

  ─『효빈잡기(効嚬雜記)』

- 대저 임금이 인재를 씀에는 아무리 작은 국량의 재능이라도 원래부터 버릴 수 있는 사람이 없으며, 한 자가 썩고 한 치가 좋은 재질이라도 오히려 모두 거두어들여서 인재를 포용하고 도야하는 반열에 들어갈 수 있게 하는 법이다. 그러하니 어떤 사람인들 버리겠으며, 어떤 인재인들 쓸 수 없겠는가?

  ─『홍재전서(弘齋全書)』

- 오래도록 막혀 있으면 반드시 터놓아야 하고, 원한이 쌓이면 반드시 풀어야 하는 것이 하늘의 이치이다. 중인, 서얼의 벼슬길이 막힌 일은 우리나라의 편벽된 일로 원통하고 답답함을 품은지 이에 몇 백 년이 되었다.

  ─『규사(葵史)』

- 조선에서 다스리는 일을 나누어 맡는 사람에는 관제와 주현의 향리가 있다. 조정에서 주로 벼슬을 하는 세가대족은 내직을 거쳐 외직으로, 승진하며 명성을 떨치고, 그 업적은 기록되어 기억된다. 하지만 주현에서 벼슬하는 향리는 그 업적이 기억되지 못하는 것이 한스럽다.

  ─『연조귀감(掾曹龜鑑)』 서문(序文)

사료 텍스트 완성하기

교과서 텍스트

1. 역 허균은 한글 소설 (   )에 서얼 차별을 철폐하고, 탐관오리를 응징하여 이상 사회를 건설하는 내용을 담아 당시의 현실을 날카롭게 비판하였다.

2. 역 정조 시기 (   )에는 서얼 출신의 박제가, 이덕무, 서이수 등이 등용되어 정조의 개혁을 뒷받침하며 활약하였다.

3. 핸 서얼에 대한 차별은 점차 완화되었지만, (   )의 차별 철폐 요구는 좌절되었다.

4. 역 중인들도 (   )을/를 짓거나 감상하는 모임을 조직하여 활발한 문예 활동을 벌였다.

기출 텍스트

1. 전 서인이 (   )(으)로 등용됨에 따라 중인과 동류로 인식되어 중서층이라는 말이 생겨났다.

2. 전 조선 후기에는 중인들이 많은 (   )을/를 결성하여 문학 활동을 통해 자신들의 위상을 높여갔다.

3. 전 조희룡의 (   )은/는 특이한 행적을 남긴 기술직 중인을 비롯한 위항인 42명의 전기이다.

4. 등 (   )의 책 이름은 선조(宣祖)가 '해바라기가 해를 향하는 데는 본가지나 곁가지나 다름이 없듯 이들의 충성심도 적자와 다를 바 없다.'라고 한 것에서 따왔다고 한다.

빈칸 정답		교과서 텍스트	기출 텍스트
	1	『홍길동전』	기술관
	2	규장각	시사
	3	기술직 중인	『호산외기』
	4	시	『규사』

091 | 노비 제도의 변화

① 凡奴婢從母役之法, 畫一均用. ② 今法, 公私奴婢, 從母役, 而奴娶良女所生, 則又爲從父. ③ 是法不畫一, 而唯賤之從矣. ④ 宜畫定其法, 使有歸一, 奴娶良女所生, 亦從其母. … ⑤ 私奴入束伍者, 當全免其貢, 而奴婢未罷之前, 勢有所難行, 宜令減奴一疋可也.

— 『磻溪隧錄』

주요 어휘 ||||||||||||

畫 구분할 획   用 사용할 용   娶 장가들 취   唯 오직 유   宜 마땅할 의

歸 돌아갈 귀   免 면할 면   勢 기세 세   難 어려울 난   減 덜 감

한자 독음 ||||||||||||

① 범노비종모역지법, 획일균용. ② 금법, 공사노비, 종모역, 이노취양녀소생, 즉우위종부. ③ 시법불획일, 이유천지종의. ④ 의화정기법, 사유귀일, 노취양녀소생, 역종기모. … ⑤ 사노입속오자, 당전면기공, 이노비미파지전, 세유소난행, 의영감노일필가야.

1. 국문 해석

① 노비(奴婢)는 종모법(從母法)을 한결같이 실시한다. ② 지금 법에는 공사(公私) 노비를 어미 신분을 따라 부리다가도 남종(奴)이 양민 여자(良女)에게 장가를 들어 낳은 자녀는 또 아비의 신분을 따르는 경우가 있다. ③ 이는 법이 한결같지 못하여 오직 천(賤)한 쪽으로 좇게 되어 있다. ④ 그러므로 이에 대한 법을 확정하여 어느 한쪽을 따르도록 해야 하는데, 양민 여자에게 장가를 들어 낳은 자녀도 어미 신분을 따르게 해야 한다. … ⑤ 사노(私奴)로서 속오군에 편입된 자에게 응당 신공을 면제하여 주어야 하지만, 노비 제도가 폐지되기 전에는 형편상 시행하기 어려우므로 마땅히 사노는 면포 1필을 감해주어야 한다.

— 『반계수록(磻溪隧錄)』

2. 사료 해설

조선 후기 양천교혼의 확산은 양인의 감소를 초래하였다. 양인이 감소될 경우 국가 재정의 확보에도 문제가 발생하므로 정부에서는 대책 마련에 고심했다. 그래서 현종 10년(1669)에는 서인의 주도로 종모법이 시행되기도 하였다. 그러나 남인은 이를 반대하였고, 환국 등으로 서인과 남인 정권이 교체될 때마다 이러한 제도는 여러 차례 시행과 폐지를 반복하게 되었다. 그러다가 영조 7년(1731)에 이르러 노비종모법이 최종적으로 확정되었다.

이후에는 노비 계층의 도망과 합법적인 신분 상승 등으로 말미암아 공노비의 노비안이 유명무실해지는 문제점도 발생하였다. 이에 순조 원년(1801)에는 중앙 관서에 속한 공노비 66,000명을 해방하는 조치를 취하기도 하였다.

사료 Plus⁺

- 노비의 매매는 관청에 신고하여야 한다. 사사로이 몰래 매매하였을 경우에는 관청에서 그 노비 및 대가로 받은 물건을 모두 몰수한다. 나이 16세 이상 50세 이하는 가격이 저화(楮貨) 4천 장이고, 15세 이하 51세 이상은 3천 장 이상이다.

  ─ 『경국대전(經國大典)』「형전(刑典)」

- 판부사(判府事) 송시열(宋時烈)이 아뢰었다. "이경억(李慶億)이 충청 감사로 있을 때 공·사노비가 양인 처를 맞이하여 낳은 자식은 어미의 역을 따르도록 상소하였습니다. 이는 일찍이 이이가 주장한 것인데, 당시 조정에서 반대해 시행하지 못하였습니다. 지금 양민이 줄어드는 것은 이 법을 시행하지 않기 때문입니다. 빨리 제도를 만들어 실시하소서."

  ─ 『현종실록(顯宗實錄)』

- 김상성(金尙星)이 군역(軍役)에서의 족징(族徵)과 인징(隣徵)의 폐단을 통렬하게 아뢰고, 이어 금년 이후로는 모든 노비의 양인 처의 소생은 공천·사천을 막론하고 모친의 역에 따르게 하여 양인 장정의 수효를 늘릴 것을 청하였다. 임금이 대신들에게 물으니, 우의정(右議政) 조문명(趙文命)이 힘주어 찬성하였다. 전교하기를, "어사의 보고한 바를 들으니, 양민이 날로 줄어든 폐단이 오로지 여기에서 비롯한 것이다. 사소한 폐단 때문에 크고 중요한 일을 소홀히 할 수는 없는 일이니, 금년부터 … 공천·사천을 막론하고 모친의 역에 따르게 하라."라고 하였다.

  ─ 『영조실록(英祖實錄)』

- 지금 속오군이라는 것은 사노(私奴) 등 천인들로 구차하게 숫자만을 채웠으며, 어린아이와 늙은이들을 섞어 대오를 편성하였다.

  ─ 『목민심서(牧民心書)』「병전육조(兵典六條)」연졸(練卒)

- 노(奴)라고 하고 비(婢)라고 하여 구분하는 것이 어찌 똑같이 사랑하는 동포로 여기는 뜻이겠는가! 왕실의 노비와 중앙의 관청 노비 모두 양민으로 삼도록 하라!

  ─ 『순조실록(純祖實錄)』

사료 텍스트 완성하기

교과서 텍스트

1. 한 노비는 신분적 속박에서 벗어나기 위해 (   )을/를 가는 경우가 많았다.

2. 한 노비는 (   )을/를 세우거나 곡식을 바쳐 양인이 되기도 하였다.

3. 한 (   )(으)로 인해 노비의 신분 상승 기회가 넓어졌다.

4. 한 순조 때는 중앙 관서에 소속된 6만여 명의 (   )을/를 해방하였다.

기출 텍스트

1. 수 노비종모법의 시행 결과 (   )의 수가 감소하였다.

2. 수 노비종모법의 시행 결과 노비의 신분 (   ) 추세가 촉진되었다.

3. 수 순조 시기에는 (   )의 노비를 해방시켜 주었다.

빈칸 정답		교과서 텍스트	기출 텍스트
	1	도망	공노비
	2	전공	상승
	3	노비종모법	중앙 관서
	4	공노비	

092 | 천주교의 유입과 황사영 백서 사건

① 罪人黃嗣永, 士族而蠱惑邪術之最甚者也. ② 知機亡命, 於金吾逮捕之初, 或衣衰麻而變姓, 或隱土窟而潛蹤, 至過半載. ③ 捕廳譏詗, 現捉於堤川地, 搜其文書有帛書. ④ 而將通於北京之天主堂者也. ⑤ 滿幅凶憯, 以周文謨以下諸罪人伏法之事, 細報於西洋人. ⑥ 而中有三條凶言. … ⑦ 一, 則通于西洋國, 裝送大舶數百艘, 精兵五·六萬, 多載大砲等利害兵器, 震駭東國, 使之行敎也.

─『純祖實錄』1年

주요 어휘 ‖‖‖‖‖‖‖‖‖‖‖‖

嗣 이을 **사**	蠱 독 **고**	邪 간사할 **사**	術 꾀 **술**	最 가장 **최**
甚 심할 **심**	機 기미 **기**	金吾(금오) 의정부		逮 잡을 **체**
捕 사로잡을 **포**	衰 쇠할 **쇠** / 상옷 **최**		變 변할 **변**	隱 숨길 **은**
窟 굴 **굴**	潛 잠길 **잠**	蹤 자취 **종**	過 지날 **과**	載 해 **재**
廳 관청 **청**	譏 기찰할 **기**	詗 염탐할 **형**	捉 잡을 **착**	堤 둑 **제**
搜 찾을 **수**	滿 찰 **만**	幅 폭 **폭**	憯 참람할 **참**	細 자세할 **세**
條 가지 **조**	凶 흉할 **흉**	裝 꾸밀 **장**	送 보낼 **송**	艘 배 **소**
載 실을 **재**	砲 대포 **포**	震 진동할 **진**	駭 놀랄 **해**	

한자 독음 ‖‖‖‖‖‖‖‖‖‖‖‖

① 죄인황사영, 사족이고혹사술지최심자야. ② 지기망명, 어금오체포지초, 혹의최마이변성, 혹은토굴이잠종, 지과반재. ③ 포청기형, 현착어제천지, 수기문서유백서. ④ 이장통어북경지천주당자야. ⑤ 만폭흉참, 이주문모이하제죄인복법지사, 세보어서양인. ⑥ 이중유삼조흉언. … ⑦ 일, 즉통우서양국, 장송대박수백소, 정병오·육만, 다재대포등이해병기, 진해동국, 사지행교야.

1. 국문 해석

① 죄인(罪人) 황사영(黃嗣永)은 사족으로서 사술(邪術)에 미혹됨이 가장 심한 자였다. ② 의금부[金吾]에서 체포하는 처음에 기미(機微)를 미리 알고 망명하여 혹은 상복(喪服)을 입고는 성명을 바꾸고 혹은 토굴에 숨어서 종적을 감추어 반년이 지나기에 이르렀다. ③ 포도청에서 은밀히 염탐하여 지금에야 제천 땅에서 붙잡아 그의 문서를 수색하니 백서(帛書)가 있었다. ④ 장차 북경의 천주당에 통하려고 한 것이었다. ⑤ 서폭(書幅)에 꽉 찬 흉악하고 참람한 말은 주문모(周文謨) 이하의 여러 죄인이 복법(伏法)되었다는 일을 서양인에게 상세히 보고하려 한 것이었다. ⑥ 그중에 세 조항의 흉언(凶言)이 있었다. … ⑦ 하나는 서양국(西洋國)에 통하여 큰 선박 수백 척에 정예 병사 5만~6만 명을 갖추어 보내고 대포 등 무서운 병기를 많이 싣고 와서 동국(東國)을 진동하게 하고 사교(邪敎)가 행해지도록 함이었다.

— 『순조실록(純祖實錄)』 1년(年)

2. 사료 해설

17세기 이래 중국을 통해 서양 문물이 전래됨에 따라 천주교가 전파되었다. 천주교 사상은 당시 실세(失勢)한 남인을 중심으로 지식인층에게 전파되었고, 이 과정에서 남인 이승훈(李承薰)도 천주교에 귀의하게 되었다. 이승훈은 정조 7년(1783) 동지사의 서장관으로 떠나는 아버지를 따라 북경으로 가 선교사들에게 필담으로 교리를 배운 뒤, 그라몽(Gramont) 신부에게 세례를 받아 한국인 최초의 영세자가 되었다. 이승훈은 귀국 후 이벽(李蘗)·이가환(李家煥)·정약종(丁若鍾) 형제 등에게 세례를 주고, 김범우(金範禹)의 집을 신앙집회소로 삼아 정기적 신앙 모임을 가짐으로써 한국 천주교회가 창설되었다. 이 무렵에는 부녀자들과 하층민에게도 천주교 교리가 널리 전파되어 교세가 갈수록 확장되었다. 당시 급격한 교세 확장에 대해 노론(老論) 벽파(僻派) 등은 상소 등을 통해 박해할 것을 청했으나, 정조는 "사교는 얼마 가지 않아 자멸할 것이며, 이는 유학의 진흥으로 막을 수 있다."라는 논리를 폄으로써 대대적인 박해로 나아가지 않았다.

그러나 정조 사후 어린 나이의 순조(純祖)가 즉위하고, 이에 정순왕후(貞純王后)를 중심으로 한 벽파가 정권을 장악하게 되자 대대적인 박해가 벌어졌다. 당시 벽파는 정적이던 남인 시파의 세력을 꺾기 위해 오가작통법(五家作統法) 등을 활용한 박해를 가했고, 이 과정에서 중국인 신부였던 주문모(周文謨)를 비롯해서 이승훈·이벽·이가환·정약종 등이 모두 처형당하였다. 이때 황사영(黃嗣永)도 체포 대상이었는데, 그는 충청도 제천의 배론[舟論]이라는 토기 굽는 마을의 토굴에 숨어서 자신이 겪은 박해상을 기록하였다. 그리고 배론까지 찾아온 황심(黃沁)과 상의하여 박해의 경과와 조선 교회의 재건 방안에 대해 서술한 후 북경 주교에게 전달하려 하였으나 이내 체포되었다.

사료 Plus⁺

• 조상의 제사에 대한 거부는 효의 원리를 거부하는 것이다. 효는 인간과 천지가 소통하는 근본 원리다. 천주교는 현세에 관해 말하는 것이 아니고 천국과 지옥 등 내세에 대한 말만 하니 허망하고 유학의 가르침을 해치는 것이다. 인간이 힘을 쏟아야 할 것은 현세에서의 일이다.

— 『천학문답(天學問答)』

• 죽은 사람 앞에 술과 음식을 차려 놓는 것은 천주교에서 금하는 바입니다. 살아 있을 동안에도 영혼이 술과 밥을 받아먹을 수 없거늘, 하물며 죽은 뒤의 영혼이 어떻게 하겠습니까? 한 나라 안에서는 나라의 임금이 가장 중하나 나라의 임금보다 높은 것은 천지의 임금입니다.

— 『상재상서(上宰相書)』

사료 텍스트 완성하기

교과서 텍스트

1. 역 천주교는 처음에 중국을 다녀온 사신을 통해 서양 학문으로 전해졌으나, 18세기 후반 (   ) 계열의 학자들이 신앙으로 받아들였다.

2. 역 천주교는 (   ) 신앙과 평등사상을 앞세워 교세가 더욱 커져갔다.

3. 한 세도 정치기에는 집권 노론 세력이 (   )을/를 탄압하기 위한 정치적 목적으로 천주교 신자들을 처형하기도 했다.

4. 역 천주교가 조선에 전해져 한창 퍼져 나갈 무렵, 경주 지방의 몰락 양반 (   )이/가 동학을 창시하였다.

기출 텍스트

1. 전 조선인 최초의 신부는 (   )(이)다.

2. 전 순조 때 안동 김씨 세력이 남인을 탄압하기 위해 (   )이/가 일어났다.

3. 전 (   )은/는 청에 가서 세례를 받고 서학서를 다수 구입해서 귀국하였다.

4. 등 19세기에는 (   ) 사상이 빠르게 확산되어 갔다.

빈칸 정답		교과서 텍스트	기출 텍스트
	1	남인	김대건
	2	내세	신유박해
	3	남인	이승훈
	4	최제우	동학

093 | 실학의 발달 : 농업 중심 개혁론

검동아, 검미래엔, 검천재, 검해냄에듀

---

① 凡一閭之田, 令一閭之人咸治厥事, 無此疆爾界, 唯閭長之命是聽. ② 每役一日, 閭長注於冊簿. ③ 秋旣成, 凡五穀之物, 悉輸之閭長之堂, 分其糧. ④ 先輸之公家之稅, 次輸之閭長之祿, 以其餘配之於日役之簿.

— 『與猶堂全書』 「田論」

주요 어휘 ||||||||||||||||||

閭 마을 여	咸 모두 함	厥 발굴할 궐	疆 지경 강	唯 오직 유
聽 들을 청	注 기록할 주	簿 장부 부	旣 이미 기	悉 모두 실
輸 나를 수	糧 양식 양	配 나눌 배		

한자 독음 ||||||||||||||||||

① 범일여지전, 영일여지인함치궐사, 무차강이계, 유여장지명시청. ② 매역일일, 여장주어책부. ③ 추기성, 범오곡지물, 실수지여장지당, 분기양. ④ 선수지공가지세, 차수지여장지록, 이기여배지어일역지부.

1. 국문 해석

① 무릇 1여의 토지는 1여의 사람들로 하여금 모두 함께 도우며 경작하게 하고, 내 땅 네 땅의 구분 없이 오직 여장의 명령만을 따른다. ② 매 사람마다의 노동량은 매일 여장이 장부에 기록한다. ③ 가을이 되면 무릇 오곡의 수확물을 모두 여장의 집으로 보내어 그 식량을 분배한다. ④ 먼저 국가에 바치는 공세를 제하고, 다음으로 여장의 녹봉을 제하며, 그 나머지를 날마다 일한 것을 기록한 장부에 의거하여 여민들에게 분배한다.

– 『여유당전서(與猶堂全書)』 「전론(田論)」

2. 사료 해설

17세기 중엽부터 성리학을 비판하며 새롭게 대두한 학문 체계가 바로 실학(實學)이다. 이는 당시 사회·경제적 변동에 따른 사회 모순에 직면하여 그 해결책을 구상하는 과정에서 등장한 학문이자 사회 개혁론이었다.

실학자들은 토지 제도를 비롯한 농촌 경제의 안정에 관심을 두었다. 이와 관련한 개혁안을 제창하는 과정에서 신분제 혁파와 관련한 주장도 하였다. 이러한 실학 개혁론의 선구자는 17세기 후반에 활동한 유형원(柳馨遠)이다. 그는 『반계수록(磻溪隧錄)』에서 농가 1호당 1경(頃)의 토지를 분배하고, 선비에게는 2~4경을 지급하는 등 신분에 따른 토지 재분배를 주장하였다. 또한 재분배된 토지를 기반으로 4경에서 1명의 군인과 3명의 보인을 나오게 하는 병농일치제를 주장하였다.

이익(李瀷)은 유형원의 실학사상을 계승하여 발전시켰다. 그는 농촌 경제를 안정시키는 방법으로 농가마다 생계에 꼭 필요한 영업전(永業田)을 갖도록 하고, 이외의 토지는 매매를 허락하여 점진적으로 토지 균등을 이루자는 한전론(限田論)을 주장하였다. 또한, 나라를 좀먹는 여섯 가지의 폐단을 지적하기도 하였다.

정약용(丁若鏞)은 농업 중심 실학을 집대성하였다. 처음에 그는 토지 제도 개혁론으로 일종의 공동 농장제인 여전론(閭田論)을 내세웠다. 이는 자연촌을 단위로 여장(閭長)을 두고, 여장의 관리하에 지역 내의 농민이 토지를 공동 소유·공동 경작하여 수확을 공동 분배하자는 것이었다. 그리고 수확한 생산물은 개개인의 노동량을 기록한 장부에 의거하여 분배하자고 하였다. 여전론은 모든 토지의 사유화를 인정하지 않고, 농사를 짓는 이들에게만 토지의 점유권과 경작권을 부여한다는 점이 특징적이다.

그런데 정약용은 기존 지배층이 정치·경제적 권력을 장악한 상황에서 여전론 자체가 실현되기 어렵다고 보았다. 그리하여 실현 가능한 대안으로 주장한 것이 바로 정전론(井田論)이다. 이는 수백 년에 이르는 장기 계획으로 점진적인 토지 국유화를 달성하는 방안이었다. 우선 그는 왕실 소유 토지, 각급 관청의 소유 토지 등 국유지부터 정전으로 편입하고, 일반 민전에서는 공전(公田)으로 할 구역만이라도 국가에서 매입하자고 하였다. 그리고 점차 국고금 등을 활용해 민전을 사들여 점진적인 토지 국유화를 달성하자는 구상이었다.

사료 Plus⁺

- 토지 경영이 바로잡히면 모든 일이 제대로 될 것이다. 백성은 일정한 직업을 갖게 되고, 군사 행정에는 도피자를 찾는 폐단이 없어지며, 귀천상하(貴賤上下)가 모두 자기 직책을 갖게 될 것이므로 민심이 안정되고 풍속이 도타워질 것이다. … 농부 한 사람이 토지 1경(頃)을 받아 법에 따라 조세를 낸다. 4경(頃)마다 군인 1인을 낸다. … 토지를 받은 자가 죽으면 반납한다.
  ― 『반계수록(磻溪隧錄)』

- 국가는 마땅히 한 집의 생활에 맞추어 재산을 계산해서 토지 몇 부(負)를 1호의 영업전(永業田)으로 하여 … 땅이 많은 자는 줄이지 않고 미치지 못하는 자도 더 주지 않으며, 돈이 있어 사고자 하는 자는 비록 천백 결이라도 허락하여 주고, 땅이 많아 팔고자 하는 자는 영업전 몇 부 이외에는 허락하여 준다.
  ― 『곽우록(藿憂錄)』

- 토지 소유를 제한하는 법령을 세우십시오. 모년 모월 이후부터 제한된 토지보다 많은 자는 더 가질 수 없고, 그 법령 이전부터 소유한 것은 비록 광대한 면적이라 해도 불문에 부치며, 그 자손으로 지자(支子)나 서자(庶子)가 있어 분급해 주는 것은 허락하고, 혹시 사실대로 하지 않고 숨기거나 법령 이후에 제한을 넘어 더 점유한 자는 백성이 적발하면 백성에게 주고, 관아에서 적발하면 관아에서 몰수하십시오. 이렇게 한다면 수십 년이 못 가서 전국의 토지는 균등하게 될 것입니다.
  ― 『연암집(燕巖集)』 한민명전의(限民名田議)

📗 사료 텍스트 완성하기

교과서 텍스트

1. 📖 유형원의 (   )은/는 모든 사람에게 토지를 분배하되, 관리, 선비, 농민 등 신분에 따라 차등을 두고, 세금과 군역 부담도 다시 조정하자는 주장이다.

2. 📖 이익의 (   )은/는 한 가정의 생활 유지를 위한 최소한의 토지를 영업전으로 정하고, 영업전은 법으로 매매를 금지하자는 주장이다.

3. 📖 정약용의 (   )은/는 마을마다 공동 소유의 농장을 마련하여 공동으로 경작하고, 수확량은 노동량에 따라 차등 분배하자는 주장이다.

기출 텍스트

1. 🔄 유형원은 (   ) 육성을 위해 토지를 재분배하자는 균전론을 주장하였다.

2. 📋 이익은 (   ) 설정 및 매매 금지를 주장하는 한전론을 제시하였다.

3. 📋 정약용은 전론에서 (   ) 단위 토지 분배와 공동 경작을 제안하였다.

빈칸 정답		교과서 텍스트	기출 텍스트
	1	균전론	자영농
	2	한전론	영업전
	3	여전론	마을

094 | 실학의 발달 : 상업 중심 개혁론

한동아, 한미래엔

① 我國, 國小而民貧. ② 今耕田疾作, 用其賢才, 通商惠工, 盡國中之利, 猶患不足. ③ 又必通遠方之物而後, 貨財殖焉, 百用生焉. ④ 夫百車之載, 不及一船, 陸行千里, 不如舟行萬里之爲便利也. ⑤ 故通商者, 又必以水路爲貴. … ⑥ 我乃學其技藝, 訪其風俗, 使國人廣其耳目, 知天下之爲大, 井䵷之可恥, 則其爲世道地也. … ⑦ 只通中國船, 不通海外諸國, 亦一時權宜之策, 非定論. ⑧ 至國力稍强, 民業已定, 當次第通之.

— 『北學議』 通江南浙江商舶議

주요 어휘 ‖‖‖‖‖‖‖‖‖‖

貧 가난할 빈	疾 진력할 질	賢 어질 현	才 재주 재	惠 은혜 혜
盡 다할 진	猶 오히려 유	遠 멀 원	貨 재화 화	財 재물 재
殖 번성할 식	陸 육지 륙	貴 귀할 귀	技 재주 기	藝 심을 예
廣 넓을 광	䵷 개구리 와	恥 부끄러울 치	稍 점점 초	强 굳셀 강

한자 독음 ‖‖‖‖‖‖‖‖‖‖

① 아국, 국소이민빈. ② 금경전질작, 용기현재, 통상혜공, 진국중지리, 유환부족. ③ 우필통원방지물이후, 화재식언, 백용생언. ④ 부백거지재, 불급일선, 육행천리, 불여주행만리지위편리야. ⑤ 고통상자, 우필이수로위귀. … ⑥ 아내학기기예, 방기풍속, 사국인광기이목, 지천하지위대, 정와지가치, 즉기위세도지야. … ⑦ 지통중국선, 불통해외제국, 역일시권의지책, 비정론. ⑧ 지국력초강, 민업이정, 당차제통지.

1. 국문 해석

① 우리나라는 나라가 작고 백성이 가난하다. ② 지금 밭을 가는 작업에 부지런하고, 현명한 인재를 등용하며, 상업을 유통시키고 공업에 혜택을 주어 나라 안의 이익을 다하더라도 오히려 부족할까 근심이다. ③ 또 반드시 먼 지방의 물자가 유통한 후에 재화와 재물이 증식하고, 백 가지 용품을 생산할 수 있다. ④ 대저 수레 백 대에 싣는 것이 한 척의 배에 미치지 못하고, 육로로 천리를 가는 것이 뱃길로 만리를 가는 것보다 편리하지 못하다. ⑤ 그러므로 통상을 하는 자는 또한 반드시 물길을 귀하게 여긴다. … ⑥ 우리가 그 기예를 배우고 그 풍속을 찾아 나라 사람들에게 그 견문을 넓혀 주고, 천하의 위대함과 우물 안 개구리의 부끄러움을 알게 한다면, 곧 그것은 세상의 이치와 형편을 배우는 것이다. … ⑦ 단지 중국의 배만 통상하고, 해외의 모든 나라와 통상하지 않는 것은 역시 일시적인 술책이고, 정론은 아니다. ⑧ 국가의 힘이 조금 강해지고 백성의 생업이 안정되면 차례로 이를 통하는 것이 마땅하다.

-『북학의(北學議)』 통강남절강상박의(通江南浙江商舶議)

2. 사료 해설

18세기 후반에는 상공업 진흥과 기술 혁신을 주장하는 실학자들이 나타났는데, 이들은 청의 영향을 많이 받았으므로 '북학파(北學派)'라고도 부른다. 상업 중심 개혁론의 선구자인 유수원(柳壽垣)은 『우서(迂書)』에서 조선의 문물제도에 대해 고찰한 뒤 여러 가지 개혁안을 제시하였다. 특히 그는 상업의 진흥과 화폐의 유통을 강조하면서, 종래의 신분제가 상공업의 발달을 저해한다고 파악하여 사농공상(士農工商)이 직업에 따라 개편되어야 한다고 보았다.

18세기 후반 연행사(燕行使) 등의 왕래가 빈번해짐에 따라 북학파는 더욱 흥기하게 되었다. 홍대용(洪大容)은 청에 왕래하면서 얻은 경험을 토대로 『담헌서(湛軒書)』, 『의산문답(林下經綸)』 등을 저술하였다. 여기서 그는 과거 제도 폐지 후 공거제(貢擧制)에 의한 인재 등용, 지구(地球)의 자전설(自轉說) 등을 주장하였다. 또한 박지원(朴趾源)은 청에 다녀와 『열하일기(熱河日記)』 등을 저술하였는데, 그는 농업과 상공업 진흥을 위한 기술 개발 등을 강조하고, 이를 위해 청으로부터 기술을 배울 것과 수레 및 화폐의 사용을 적극 주장하였다. 그리고 박제가(朴齊家)는 청에 다녀온 경험을 토대로 『북학의(北學議)』를 저술하였는데, 그는 청 문물의 적극적인 수용, 무역의 활성화, 수레와 선박의 이용 등을 주장하였다. 특히 그는 무역 활성화와 관련하여 서해안 지역의 무역항 개설을 통한 밀무역 양성화, 청과의 통상 강화, 나아가 일본·서양 여러 국가와의 통상까지도 주장하였다.

사료 Plus⁺

- 무릇 물건이 귀하다는 것은 잠시 귀한 데 지나지 않을 뿐, 아주 없어질 이치는 없는 것이다. 상업이 크게 융성하면 귀하다고 하는 것이 귀하지 않으리니, 사방에서 모여들 것이 틀림없기 때문이다.

- 지금 양반이 명분상으로 상공업에 종사하는 것을 부끄러워하지만 그들의 비루한 행동은 상공업자보다 심한 자가 많다. … 상공업을 두고 천한 직업이라 하지만 본래 부정하거나 비루한 일이 아니다. … 스스로의 노력으로 물품 교역에 종사하면서 남에게서 얻지 않고 자기 힘으로 먹고사는 것이다. 어찌 천하거나 더러운 일이겠는가.

  ─『우서(迂書)』

- 우리나라는 본래부터 명분을 중히 여겼다. 양반들은 아무리 심한 곤란과 굶주림을 받더라도 팔짱 끼고 편하게 앉아 농사를 짓지 않는다. 간혹 실업에 힘써서 몸소 천한 일을 달갑게 여기는 자가 있다면 모두들 나무라고 비웃으며 노예처럼 무시하니, 자연 노는 백성은 많아지고 생산하는 자는 줄어든다. 그러므로 재물이 어찌 궁하지 않을 수 있으며, 백성이 어찌 가난하지 않을 수 있겠는가?

- 사ㆍ농ㆍ공ㆍ상에 관계없이 놀고먹는 자는 관에서 벌칙을 마련하여 세상에 용납할 수 없도록 하여야 한다. 재능과 학식이 있다면 비록 농부나 장사치의 자식이 낭묘(廊廟)에 들어가 앉더라도 참람스러울 것이 없고, 재능과 학식이 없다면 비록 공경의 자식이 하인으로 돌아간다고 할지라도 한탄할 것이 없다. 위와 아래가 힘을 다하여 함께 그 직분을 닦는데, 부지런하고 게으름을 살펴서 상벌을 베풀어야 한다.

  ─『담헌서(湛軒書)』

- 우리를 저들과 비교해 본다면 진실로 한 치의 나은 점도 없다. 그럼에도 단지 머리를 깎지 않고 상투를 튼 것만 가지고 스스로 천하에 제일이라고 하면서 '지금의 중국은 옛날의 중국이 아니다.'라고 말한다. 그 산천은 비린내 노린내 천지라 나무라고, 그 인민은 개나 양이라고 욕을 하고, 그 언어는 오랑캐 말이라고 모함하면서, 중국 고유의 훌륭한 법과 아름다운 제도마저 배척해 버리고 만다. 그렇다면 장차 어디에서 본받아 행하겠는가.

  ─『연암집(燕巖集)』

- 7월 15일, 중국의 풍부한 재화 청의 발달된 모습에 놀랐다. 물건이 어느 한곳에 막혀있지 않고 사방에 흩어져 옮겨다닐 수 있는 까닭은 모두 수레를 사용하는 이점 때문이다.

- 무릇 수레라는 것은 하늘이 낸 물건이로되 땅 위를 다니는 물건이다. … 우리 조선에도 수레가 전혀 없는 것은 아니다. 그러나 … 어떤 이들은 우리 조선은 산과 계곡이 많아 수레를 쓰기에 적절치 못하다고 한다. 백성들의 살림살이가 이다지도 가난한 까닭은 무엇이겠는가? 한마디로 말한다면, 수레가 나라에 다니지 않는 탓이라고 할 수 있다.

- 영남 어린이들은 백하젓을 모르고, 관동 백성들은 아가위를 절여서 장 대신 쓰고, 서북 사람들은 감과 감자(柑子)의 맛을 분간하지 못하며, 바닷가 사람들은 새우나 정어리를 거름으로 밭에 내건만 서울에서는 한 움큼에 한 푼을 하니 이렇게 귀함은 무슨 까닭일까? 이제 육진(六鎭)의 마포(麻布), 관서의 명주, 양남의 닥종이, 해서의 솜과 쇠, 내포의 생선과 소금 등은 인민들의 살림살이에서 어느 하나 없지 못할 물건들이다. 청산과 보은의 천 그루 대추, 황주와 봉산의 천 그루 배, 흥양과 남해의 천 그루 귤, 임천과 한산의 천 이랑 모시, 관동의 천 통 벌꿀 등은 모두 일상생활에서 서로 바꾸어 써야 할 것이거늘, 이제 이곳에서 천한 물건이 저곳에서는 귀할뿐더러 그 이름은 들어도 실지로 보지 못함은 어찌된 까닭인가?

  ─『열하일기(熱河日記)』

- 지금 우리나라 안에는 금은보화를 캐지도 않고 재물이 있어도 시장에서 물건을 살 수도 없다. 이는 물건을 이용하는 방법을 모르기 때문이다. 이용할 줄 모르니 생산할 줄 모르고, 생산할 줄 모르니 백성은 나날이 궁핍해지는 것이다. 재물은 비유하자면 샘과 같은 것이다. 우물물은 퍼내면 차고 버려두면 말라 버린다. 그러므로 비단옷을 입지 않아서 나라에 비단 짜는 사람이 없게 되면 여공이 쇠퇴하며 … 수공업자가 기술을 익히지 않으면 기예가 사라진다.

- 진실로 백성에게 이로우면, 그 법이 비록 이적(夷狄)에게서 나왔다 하더라도 성인이 장차 취할 것이다. … 대저 명을 위하여 원수를 갚고 부끄러움을 씻으려면 20년을 힘써 중국을 배운 뒤에 함께 논의하여도 늦지 않을 것이다.

  — 『북학의(北學議)』

- 이 방법은 무거운 물건을 들어 올리는 데는 가장 간단하고 보잘것없는 것입니다. 그러나 사람의 힘을 줄이는 것은 상당합니다. … 조그마한 어린아이의 손 하나 힘으로 수만 근의 무게를 들어 올릴 수 있습니다.

  — 『여유당전서(與猶堂全書)』

┃ 사료 텍스트 완성하기

교과서 텍스트

1. 옙 (   )은/는 선비, 상인, 농민을 평등한 직업인으로 만들어야 한다고 보았다.

2. 옙 박지원은 (   ) 제도를 비판하고 (   )와/과 선박의 이용, 화폐 유통의 필요성을 강조하였다.

3. 옙 박제가는 (   )에서 소비를 권장하여 생산을 늘리고, 청과 교류하며 물품을 사고팔아야 한다고 주장하였다.

4. 옙 북학파의 주장은 19세기 (   ) 사상으로 계승되었다.

기출 텍스트

1. 능 유수원은 (   )에서 사농공상의 직업적 평등과 전문화를 주장하였다.

2. 수 박제가는 (   )을/를 지어 상공업 진흥, 청과의 통상 강화를 주장하였다.

3. 능 박제가는 『북학의』에서 (   )와/과 배의 이용을 강조하였다.

4. 전 정약용은 수원 화성 건설 과정에서 (   )(이)라는 수세를 직접 제작하여 활용하였다.

빈칸 정답		교과서 텍스트	기출 텍스트
	1	유수원	『우서』
	2	양반, 수레	『북학의』
	3	『북학의』	수레
	4	개화	유형거

095 | 세계관의 변화

[옉]씨마스 / [핸]동아

---

① 今中國者, 不過大地中一片土. … ② 大則九州亦一國也. ③ 小則楚亦一國也. ④ 齊亦一國也.

— 『星湖僿說』

⑤ 虛子曰. ⑥ "古人云, '天圓而地方.' ⑦ 今夫子言, '地體正圓', 何也?" ⑧ 實翁曰. ⑨ "甚矣! 人之難曉也. ⑩ 萬物之成形, 有圓而無方, 況於地乎!" … ⑪ 虛子曰. ⑫ "竊常聞之, 此人視有限也, 理或如是." ⑬ 實翁曰. ⑭ "… 且中國之於西洋, 經度之差, 至于一百八十. ⑮ 中國之人, 以中國爲正界, 以西洋爲倒界. ⑯ 西洋之人, 以西洋爲正界, 以中國爲倒界. ⑰ 其實戴天履地, 隨界皆然. ⑱ 無橫無倒, 均是正界."

— 『醫山問答』

⑲ 聖人之法, 以中國而夷狄, 則夷狄之. ⑳ 以夷狄而中國, 則中國之. ㉑ 中國與夷狄, 在其道與政, 不在乎彊域也.

— 『與猶堂全書』「拓跋魏論」

주요 어휘 |||||||||||||||||||||

過 넘칠 **과**	片 조각 **편**	圓 둥글 **원**	體 형상 **체**	難 어려울 **난**
曉 깨달을 **효**	況 하물며 **황**	竊 마음속으로 **절**	視 볼 **시**	且 또 **차**
倒 뒤집을 **도**	戴 받들 **대**	履 신을 **리**	隨 따를 **수**	橫 가로지를 **횡**
彊 국경 **강**				

한자 독음 ∥∥∥∥∥∥∥∥∥∥∥∥∥∥∥∥

① 금중국자, 불과대지중일편토. … ② 대즉구주역일국야. ③ 소즉초역일국야. ④ 제역일국야.

⑤ 허자왈. ⑥ "고인운, '천원이지방.' ⑦ 금부자언, '지체정원', 하야?" ⑧ 실옹왈. ⑨ "심의! 인지난효야. ⑩ 만물지성형, 유원이무방, 황어지호!" … ⑪ 허자왈. ⑫ "절상문지, 차인시유한야, 이혹여시." ⑬ 실옹왈. ⑭ "… 차중국지어서양, 경도지차, 지우일백팔십. ⑮ 중국지인, 이중국위정계, 이서양위도계. ⑯ 서양지인, 이서양위정계, 이중국위도계. ⑰ 기실대천리지, 수계개연. ⑱ 무횡무도, 균시정계."

⑲ 성인지법, 이중국이이적, 즉이적지. ⑳ 이이적이중국, 즉중국지. ㉑ 중국여이적, 재기도여정, 부재호강역야.

1. 국문 해석

① 지금 중국이란 것은 대지 가운데 한 조각 땅에 불과하다. ② 크게는 구주 또한 하나의 나라이다. ③ 작게는 초나라 역시 하나의 나라이다. ④ 제나라 역시 하나의 나라이다.

－『성호사설(星湖僿說)』

⑤ 허자(虛子)가 말하였다. ⑥ "옛사람이 이르기를 '하늘이 둥글고 땅은 모났다.'라고 하였습니다. ⑦ 그런데 지금 부자(夫子)는 '땅의 형상이 둥글다.' 함은 무엇입니까?" ⑧ 실옹(實翁)이 말하였다. ⑨ "심하다! 사람들이 깨닫기 어려운 것이다. ⑩ 온갖 만물의 형체가 다 둥글고 모난 것이 없으니 하물며 땅이랴!" … ⑪ 허자가 말하였다. ⑫ "저는 항상 그것을 듣고 사람들이 한계가 있음을 보았는데, 이치가 이와 같습니다." ⑬ 실옹이 말하였다. ⑭ "… 중국과 서양과 180도 정도 차이가 난다. ⑮ 중국인은 중국을 중심[正界]으로 삼고 서양인을 변두리[倒界]로 삼는다. ⑯ 서양인들은 서양을 중심으로 삼고 중국을 변두리로 삼는다. ⑰ 그러니 실체는 하늘을 이고 땅을 밟는 사람은 땅(경계)에 따라서 모두 그러한 것이다. ⑱ 중심[동서]도 없고 변두리도 없고, 모두가 중심이다."

－『의산문답(醫山問答)』

⑲ 성인의 법은 중국이면서도 오랑캐와 같은 행동을 하면 오랑캐로 대우할 뿐이다. ⑳ 오랑캐이면서도 중국과 같은 행동을 하면 중국으로 대우할 뿐이다. ㉑ 중국과 오랑캐의 구분은 도의와 정치에 달려 있고, 강역에 달려 있는 것은 아니다.

－『여유당전서(與猶堂全書)』「척발위론(拓跋魏論)」

2. 사료 해설

17세기 초반 마테오 리치(Matteo Ricci)의 「곤여만국전도(坤輿萬國全圖)」가 전해진 이래, 많은 세계지도가 조선에 유입되었다. 17세기 중엽 조선 정부는 서양식 역법 체계인『시헌력(時憲曆)』을 채택하였고, 이후 정확한 역법 계산을 위해 지속적으로 천문 관원을 청에 파견하거나 역법서를 몰래 들여와 연구하였다. 18세기 중엽에는 쾨글러(Ignatius Koegler)의 「황도 총성도(黃道 總星圖)」 등 서양식 천문도가 본격적으로 전해졌다.

서양식 세계지도와 천문역법 등은 종래 천원지방(天圓地方)으로 대표되는 동아시아 전통 우주론의 기본 세계관을 뒤흔드는 것이었다. 중화주의적 세계 인식하에서는 중국이 '땅의 중심'이라고 생각하였기 때문이다.

그리하여 일부 지식인들은 서양의 세계관을 수용하기 위해 노력하였다. 이익(李瀷)은 다양한 서양 과학 서적을 읽은 후 이해한 바를『성호사설(星湖僿說)』에 기록하였고, 김석문(金錫文)과 홍대용(洪大容)은 지전설(地轉說)을 주장하였다. 특히 지전설은 중국 중심 세계관을 비판하는 근거가 되기도 하였다. 또한 정약용(丁若鏞)은 대명의리론 등의 종족적·지리적 화이관에서 완전히 탈피한 모습을 보여주었다.

사료 Plus⁺

- 심하다, 너의 둔함이여! 모든 물(物)의 형체가 다 둥글고 모난 것이 없는데 하물며 땅이랴! 달이 해를 가릴 때 일식이 되는데 가려진 모양이 반드시 둥근 것은 달의 모양이 둥글기 때문이며, 땅이 해를 가릴 때 월식이 되는데 가려진 모양이 또한 둥근 것은 땅의 모양이 둥글기 때문이다.

  —『의산문답(醫山問答)』

- 8월 10~14일 서양인은 지구가 둥글다고 인정하면서도 둥근 것이 돈다고 말하지는 않았습니다. 이는 지구가 둥글다는 사실만 알았지, 둥근 것은 반드시 회전한다는 사실은 몰랐던 것입니다. 그러므로 제 생각에는 지구가 한 번 돌아서 하루가 되고, 달이 지구 주위를 한 번 돌아서 한 달이 되며, 태양이 지구를 한 번 돌아서 한 해가 됩니다.

  —『열하일기(熱河日記)』

- 지구는 둥글며 그것을 싸고 있는 공기가 태양의 빛을 받아 광채를 내니, 이것을 지구라고 한다. … 대지는 바다와 함께 하나의 둥근 모습을 이루고 있는데, 포르투갈 사람 마젤란이 지구를 일주하고 돌아와 땅이 둥근 것임을 분명히 밝혔다.

  —『기측체의(氣測體義)』

- 사람은 마음으로 어짊과 의로움을 알고 금수에게는 윤리가 없다. 어찌 태어난 곳이 중국 땅인가 그 바깥인가를 따져서 사람과 금수를 나눌 수 있겠는가? … 순(舜)임금은 동이(東夷)였고 주(周) 문왕(文王)은 서이(西夷)였다. 이러한 것이 어찌 그들의 거룩한 덕에 손상을 입혔겠는가?

  —『대의각미록(大義覺迷錄)』

- 오랑캐와 한족은 다른 땅에서 태어났다. 땅이 다르기 때문에 '기(氣)'가 다르다. 기가 다르기 때문에 습속이 다르고, 습속이 다르기 때문에 지식과 행동이 같을 수 없다. 따라서 오랑캐들은 돌아가야 마땅하다.

  —『독통감론(讀通鑑論)』

사료 텍스트 완성하기

교과서 텍스트

1. 한 세계지도인 (   )은/는 중국을 세계의 중심으로 보는 조선인의 세계관을 확대하는 데 기여하였다.

2. 한 김석문과 홍대용은 (   )을/를 주장하였다.

3. 역 홍대용은 지전설을 주장하며 (   ) 중심의 세계관을 비판하기도 하였다.

4. 역 홍대용은 하늘과 대지의 모습을 알기 위해 천체의 운행과 위치를 측정하는 기구인 (   )을/를 만들었다.

기출 텍스트

1. 전 김석문은 (   )을/를 저술하여 지구의 자전설을 주장하였다.

2. 수 이덕무는 (   )을/를 남겨 문화 인식의 폭을 넓혔다.

3. 능 홍대용은 (   )에서 중국 중심의 세계관을 비판하였다.

4. 능 홍대용은 (   )의 운행을 측정하는 혼천의를 제작하였다.

빈칸 정답		교과서 텍스트	기출 텍스트
	1	곤여만국전도	『역학도해』
	2	지전설	『청장관전서』
	3	중국	『의산문답』
	4	혼천의	천체

096 한백겸의 동국지리지

① 崔致遠始謂馬韓麗也, 辰韓濟也, 此一誤也. ② 權近雖知馬韓之爲百濟, 而亦不知高句麗之非辰韓, 混而說之, 此再誤也. ③ 自是以後作史之家, 承誤襲謬. … ④ 以此見之, 湖西湖南, 合爲馬韓. ⑤ 而嶺南一道, 自分爲辰弁二韓, 又何疑乎.

—『久菴遺稿』「東史纂要後敍」

주요 어휘 ||||||||||||||||

遠 멀 원	謂 이를 위	此 이 차	誤 그릇할 오	雖 비록 수
混 섞일 혼	襲 계승할 습	謬 그릇될 류	湖 호수 호	嶺 재 영
疑 의심할 의				

한자 독음 ||||||||||||||||

① 최치원시위마한려야, 진한제야, 차일오야. ② 권근수지마한지위백제, 이역부지고구려지비진한, 혼이설지, 차재오야. ③ 자시이후작사지가, 승오습류. … ④ 이차견지, 호서호남, 합위마한. ⑤ 이령남일도, 자분위진변이한, 우하의호.

1. 국문 해석

① 최치원(崔致遠)이 처음 마한(馬韓)을 고구려(高句麗)로, 진한(辰韓)을 백제(百濟)로 불렀는데, 이것은 오류이다. ② 권근(權近)은 비록 마한이 백제임을 알았지만, 또한 역시 고구려가 진한이 아님을 알지 못해서 뒤섞여 말을 하니 또한 같은 오류를 범하였다. ③ 이후에 만들어진 것에서도 역사가들이 오류를 답습하였다. … ④ 이로써 호서·호남(충청도·전라도)을 합하여 마한으로 보게 되었다. ⑤ 영남일도(경상도)는 나뉘어 진한과 변한, 두 개의 한으로 나누어 보게 되었는데, 이 또한 가히 의심할 만하다.

—『구암유고(久菴遺稿)』「동사찬요후서(東史纂要後敍)」

2. 사료 해설

한백겸(韓百謙)은 우연히 『동사찬요(東史纂要)』를 보고, 위치 비정이 여러모로 잘못된 것에 대해 문제점을 느꼈다. 그리하여 그는 『동국지리지(東國地理志)』를 편찬하게 되었는데, 이 책은 우리나라 지리에 관한 사항을 여러 고서에서 뽑아 엮은 것이었다.

이 책에서 한백겸은 '북자북(北自北) 남자남(南自南)'을 주장하였다. 이는 한강을 경계로 하여 '삼조선(三朝鮮)－사군(四郡)－이부(二府)－고구려(高句麗)'의 흐름과 '삼한－백제·신라·가야'의 남북 이원체계가 유지되었다고 본 것이었다.

그는 삼한의 위치를 새롭게 고증하여 최치원과 권근의 설을 비판하였다. 한백겸은 마한을 백제 땅으로, 진한을 신라 땅으로, 변한을 가야 땅으로 각각 비정했다. 이전의 최치원은 마한을 고구려 땅으로, 변한을 백제 땅으로 비정하였고, 권근은 마한을 백제로, 변한을 고구려로 비정하였는데, 두 사람의 지리 비정 오류를 고친 것이었다.

사료 Plus⁺

- 우리 동방은 옛날에 남북으로 나뉘어 북쪽은 본래 세 조선(朝鮮)의 땅이어서 단군은 요 임금과 나란히 섰고 기자 및 위만을 거쳐 나뉘어 사군(四郡)이 되고 합하여 이부(二府)가 되었다. 한나라 원제 건소 원년에 고주몽(高朱蒙)이 일어나 고구려가 되었다. 남쪽은 삼한의 땅이다. 한의 성격에 대해서는 그 시작을 알지 못한다. 그러나 한나라 초기에 기준이 위만에게 쫓겨나 바다로 해서 남쪽으로 갔다. 한(韓)의 땅인 금마군에 도읍을 정하고 한왕(韓王)이라 칭했는데 이것이 마한(馬韓)이다. 진나라에서 도망간 사람들이 부역을 피해 한의 땅에 들어왔다. 한은 동쪽 경계를 떼어주었으니 이것이 진한(辰韓)이다. 그리고 그 남쪽에 변한(弁韓)이 있는데, 진한에 속해 있고 각기 우두머리가 있다. … 남쪽은 남쪽대로 북쪽은 북쪽대로 본래 서로 개입하지 않았다. 비록 경계가 명확하게 어디인지 모르지만, 한강 일대가 경계로서 남북을 가르는 강인 것 같다.
  － 『구암유고(久菴遺稿)』 「동사찬요후서(東史纂要後序)」

- 신라의 군신들은 통일 과정에서 고구려의 영토를 당에 넘겨주고 말았다. 고구려 영토의 상실로 국력이 약해졌고, 이후 고려, 조선에 이르기까지 끊임없이 외적의 침입을 받게 되었으니 탄식할 일이다.
  － 『동국지리지(東國地理志)』

사료 텍스트 완성하기

교과서 텍스트

1. 역 17세기 초 오랑캐라 여겼던 청이 명을 멸망시키자 조선에서는 (   ) 중심의 세계관에서 벗어나려는 움직임이 나타났다.

2. 역 이중환은 (   )에서 우리나라의 지리 환경과 함께 각 지역의 경제생활과 풍속을 자세히 기록하였다.

3. 역 김정호는 기존의 지도와 경위도표를 활용하여 산맥, 하천, 도로망, 거리 등을 정밀하게 표시한 (   )을/를 제작하였다.

4. 역 신경준은 (   )을/를 써서 글의 원리를 그림으로 풀어 설명하고, 한글의 우수성을 밝혔다.

기출 텍스트

1. 전 (   )은/는 한강을 중심으로 북의 삼조선과 남의 삼한이 독자적으로 역사를 전개하였다는 남북 이원적 국사 체계를 세웠다.

2. 수 정약용은 (   )을/를 지어 역사 지리에 대한 이해를 심화시켰다.

3. 능 유득공은 (   )을/를 저술하여 고대사 연구 시야를 만주 지방까지 넓혔다.

4. 수 이의봉은 (   )을/를 편찬하여 우리의 방언과 해외의 언어를 정리하였다.

빈칸 정답		교과서 텍스트	기출 텍스트
	1	중국	한백겸
	2	『택리지』	『아방강역고』
	3	대동여지도	『발해고』
	4	『훈민정음운해』	『고금석림』

① 夫仁賢之化, 實自箕子始, 而後孫傳業不替, 衛滿以欺詐屛逐之. ② 準猶率其人南奔, 開斥土疆, 屬國五十餘. ③ 是則東方之正統不絕, 而衛氏亦不過如周之狄人, 漢之曹瞞. ④ 秉史筆者, 宜不與數也. … ⑤ 自準之南, 衛氏雖據朝鮮故地, 纔八十餘年而滅. ⑥ 衛滅而馬韓惟延至一百有一十有七年之久. ⑦ 西北一面, 付之四郡二府, 而東土之有國傳緒, 惟馬韓是已. … ⑧ 其亡也, 借地百濟, 而百濟圖之. ⑨ 百濟之譎奸, 卽衛氏之故智.

— 『星湖集』「三韓正統論」

주요 어휘 ||||||||||||||

賢 어질 현	實 실로 실	替 쇠퇴할 체	欺 속일 기	詐 속일 사
屛 물리칠 병	逐 쫓을 축	準 준할 준	猶 오히려 유	奔 향해 갈 분
疆 지경 강	狄 오랑캐 적	曹 관아 조	瞞 속일 만	秉 잡을 병
筆 붓 필	宜 마땅할 의	據 의거할 거	纔 겨우 재	滅 멸망할 멸
惟 생각할 유	圖 꾀하여 손에 넣을 도	譎 속일 휼	智 모략 지	

한자 독음 ||||||||||||||

① 부인현지화, 실자기자시, 이후손전업불체, 위만이기사병축지. ② 준유솔기인남분, 개척토강, 속국오십여. ③ 시즉동방지정통부절, 이위씨역불과여주지적인, 한지조만. ④ 병사필자, 의불여수야. … ⑤ 자준지남, 위씨수거조선고지, 재팔십여년이멸. ⑥ 위멸이마한유연지일백유일십유칠년지구. ⑦ 서북일면, 부지사군이부, 이동토지유국전서, 유마한시이. … ⑧ 기망야, 차지백제, 이백제도지. ⑨ 백제지휼간, 즉위씨지고지.

1. 국문 해석

① 인현(仁賢)의 교화는 실로 기자(箕子)에서 시작되었으며 후손들이 기업을 이어받아 침체하지 않았는데, 위만(衛滿)이 사기술을 써서 기준을 쫓아내었다. ② 기준(箕準)은 오히려 그 사람들을 거느리고 남쪽으로 피해 와서 국토를 개척하여 그 당시 속국이 50여 나라였다. ③ 이는 동방의 정통이 아직 끊어지지 않은 것으로서, 위씨(衛氏)는 주나라의 오랑캐인과 한나라의 조만(曹瞞)에 불과할 뿐이다. ④ 사필을 잡은 자는 마땅히 이들을 정통에 넣지 말아야 한다. … ⑤ 기준이 남쪽으로 피해 가자 위씨가 비록 조선의 옛 땅을 차지하였지만, 고작 80여 년 만에 멸망하였다. ⑥ 위씨가 멸망한 뒤에도 마한(馬韓)은 117년이란 오랜 세월을 더 유지하였다. ⑦ 서북 지방의 일부분을 한나라의 사군 이부에 넘겨주긴 했지만, 우리나라의 전통 있는 국가는 역시 마한뿐이었다. … ⑧ 마한이 망한 것은 백제에게 땅을 빌려줬다가 백제에서 삼켜 버린 것이다. ⑨ 백제의 간사하고 교활한 것은 바로 옛날 위씨의 약삭빠른 행위였다.

－『성호집(星湖集)』「삼한정통론(三韓正統論)」

2. 사료 해설

이익은 '단군(檀君)－기자(箕子)－마한(馬韓)'으로 이어지는 정통론을 주장하였다. 이러한 주장의 기저에는 명·청 교체기 소중화 의식의 성립과 밀접한 연관이 있다. 이는 중국과 우리의 문화적 대등성을 내세운 것이기도 했고, 양란 이후 성장한 민족의식의 성장을 바탕으로 민족적 자주성을 강조하는 것이기도 했다.

이익은 "위만(衛滿)이 나라를 찬탈하였으므로 기자조선의 정통성은 고조선의 마지막 왕인 기준(箕準)이 남쪽으로 옮겨 와서 세웠다고 하는 마한으로 이어진다."라고 주장하였다. 이러한 그의 인식은 제자인 안정복의 『동사강목(東史綱目)』에도 그대로 수용되었다.

사료 Plus⁺

> 사람들이 간악한 것은 재물이 모자라는 데서 생기고, 재물이 모자라는 것은 농사에 힘쓰지 않기 때문이다. 농사에 힘쓰지 않는 것은 여섯 가지 좀 때문인데, 장사꾼은 그 가운데 들어 있지 않다. 첫째가 노비 제도이고, 둘째가 과거 제도이고, 셋째가 문벌 제도이고, 넷째가 사치와 미신이며, 다섯째가 승려이고, 여섯째가 게으름뱅이이다.
>
> －『성호사설(星湖僿說)』

사료 텍스트 완성하기

교과서 텍스트

1. 한 이익은 (   )을/를 연구하였다.

2. 한 청의 고증학을 수용한 (   ) 학풍은 역사와 지리에 관한 국학 연구로도 이어졌다.

3. 역 유득공은 (   )를 써서 발해가 고구려를 계승한 나라임을 밝혔다.

기출 텍스트

1. 등 조선 후기에는 (   ) 정통론을 내세운 역사서가 저술되었다.

2. 등 (   )은/는 세기(世紀), 지(志), 전기(傳紀)로 구성되었다.

3. 등 (   )은/는 조선 왕조의 역사를 기사본말체로 서술하였다.

빈칸 정답		교과서 텍스트	기출 텍스트
	1	서양천문학	삼한
	2	실사구시	『해동역사』
	3	『발해고』	『연려실기술』

098 | 동사강목의 편찬

한동아

① 東方史亦備矣. ② 紀傳則有金文烈, 鄭文成之三國高麗史. ③ 編年則徐四佳, 崔錦南奉敎撰通鑑. ④ 因是而兪氏提綱, 林氏會綱作焉. ⑤ 抄節則有權氏史畧, 吳氏撰要等書, 彬彬然盛矣. ⑥ 然而三國史踈畧而爽實, 高麗史繁冗而寡要, 通鑑義例多舛, 提綱 · 會綱筆法或乖. ⑦ 至於因謬襲誤, 以訛傳訛, 諸書等爾. ⑧ 鼎福讀之慨然, 遂有刊正之意, 博取東史及中史之有及于東事者, 一遵紫陽成法. … ⑨ 大抵史家大法, 明統系也, 嚴篡賊也, 褒忠節也, 正是非也, 詳典章也. ⑩ 諸史於此, 實多可議, 故一皆釐正, 而至若訛謬之甚者, 別爲附錄二卷, 系之于下.

— 『東史綱目』「序」

주요 어휘 ||||||||||||||

備 갖출 비	紀 기록할 기	編 엮을 편	佳 아름다울 가	錦 비단 금
撰 지을 찬	兪 점점 유	提 제시할 제	綱 벼리 강	抄 뽑을 초
節 요약할 절	彬 빛날 빈	盛 성할 성	踈 거칠 소	畧 줄일 략
爽 잘못될 상	繁 많을 번	寡 적을 과	例 법식 례	舛 어그러질 천
謬 그릇될 류	襲 계승할 습	誤 그릇될 오	鼎 바야흐로 정	福 간직할 부
讀 읽을 독	慨 개탄할 개	遵 좇을 준	紫 자줏빛 자	陽 볕 양
嚴 엄할 엄	篡 빼앗을 찬	賊 도둑 적	褒 기릴 포	釐 다스릴 리
訛 그릇될 와	附 붙을 부	錄 기록할 록	系 이을 계	

한자 독음 ||||||||||||||

① 동방사역비의. ② 기전즉유김문렬, 정문성지삼국고려사. ③ 편년즉서사가, 최금남봉교찬통감. ④ 인시이유씨제강, 임씨회강작언. ⑤ 초절즉유권씨사략, 오씨찬요등서, 빈빈연성의. ⑥ 연이삼국사소략이상실, 고려사번용이과요, 통감의예다천, 제강 · 회강필법혹괴. ⑦ 지어인류습오, 이와전와, 제서등이. ⑧ 정부독지개연, 수유간정지의, 박취동사급중사지유급우동사자, 일준자양성법. … ⑨ 대저사가대법, 명통계야, 엄찬적야, 포충절야, 정시비야, 상전장야. ⑩ 제사어차, 실다가의, 고일개리정, 이지약와류지심자, 별위부록이권, 계지우하.

1. 국문 해석

① 동방의 역사도 갖추어 있다. ② 기전체(紀傳體)로는 김문열(金文烈, 김부식)의 『삼국사기(三國史記)』와 정문성(鄭文成, 정인지)의 『고려사(高麗史)』가 있다. ③ 편년체(編年體)로는 서사가(徐四佳, 서거정)와 최금남(崔錦南, 최보)의 봉교찬(奉教撰)인 『동국통감(東國通鑑)』이 있다. ④ 이를 따라서 유계(俞棨)의 『여사제강(麗史提綱)』과 임상덕(林象德)의 『동사회강(東史會綱)』이 있다. ⑤ 초절(抄節)한 것으로는 권근(權近)의 『동국사략(東國史畧)』과 오운(吳澐)의 『동사찬요(東史纂要)』 등의 책이 있어 빈빈하게 성하다. ⑥ 그러나 『삼국사기』는 소략하면서 사실과 틀리고, 『고려사』는 번잡하면서 요점이 적고, 『동국통감』은 의례(義例)가 어그러짐이 많고, 『여사제강』과 『동사회강』은 필법이 혹 어그러진 것이 있다. ⑦ 오류로 인하여 오류를 답습하고 잘못으로 잘못 전한 것에 이르러서는 여러 역사서가 비슷하다. ⑧ 바야흐로 간직한 것들을 읽고는 개연히 바로잡을 뜻이 있어, 동국의 역사 및 중국의 역사에서 동국의 일에 언급한 것을 널리 가져다가 산절(刪節)하여 책을 만들었는데, 일체 자양(紫陽, 주자)이 이루어 놓은 법을 따랐다. … ⑨ 대체로 역사가의 대법(大法)은 통계(統系)를 밝히고, 찬역(篡逆)을 엄히 하고, 시비를 바로잡고, 충절(忠節)을 포양하고, 전장(典章)을 자세히 해야 하는 것이다. ⑩ 여러 역사책이 여기에 실로 의논할 만한 것이 많으므로 약간 손질을 가하고, 오류가 심한 것에 있어서는 별도로 부록(附錄) 2권을 만들어 아래에 붙여 놓았다.

－ 『동사강목(東史綱目)』 「서(序)」

2. 사료 해설

　『동사강목(東史綱目)』은 고조선에서 고려에 이르기까지의 통사를 강목체로 서술한 역사서이다. 본편 17편, 부록 3편으로 구성되어 있으며, '단군조선–기자조선–마한–통일신라–고려'로 정통 국가를 구별하여 서술하였다. 이 책에서 삼국을 무통으로 취급한 것은 주자가 병립한 국가들을 무통으로 처리한 전례에 따른 것인데, 이는 삼국이 서로 대등한 나라로서 어느 한 나라를 정통으로 삼기 어렵다고 본 것이었다. 한편, 안정복은 이 책에서 강목(綱目) 아래에 '안(按)' 자를 붙여 자신의 견해를 기술하였다. 책의 서두에는 각 국가의 계통도를 도표로 표현하고, 그 뒤에 주요 국가의 강역을 지도로 표현하고 있는데, 이는 이전까지는 없었던 획기적인 역사 서술 방식이었다.

　『동사강목』이 조선 시대 이래 강화된 성리학적 이데올로기를 통해 정통 왕조의 계보를 세우고 유교적 기준에 따라 국왕의 치적과 신하의 충절을 평가한 점, 사료를 광범위하게 수집하여 고증한 점, 지리적·제도적 측면을 강조한 점 등은 당시 새로운 역사학의 흐름을 반영한 것으로 평가받고 있다.

사료 Plus⁺

　정통(正統)은 단군·기자·마한·신라 문무왕·고려 태조를 말한다.

－ 『동사강목(東史綱目)』 범례(凡例)

📙 사료 텍스트 완성하기

교과서 텍스트

1. 역 『동사강목』은 기존 (   ) 중심의 역사관에서 벗어나 한국사의 독자적인 체계를 세웠다.

2. 역 안정복은 우리 역사의 (   )을/를 내세운 동사강목을 편찬하였다.

3. 역 안정복은 『동사강목』을 지어 (   )부터 고려 말까지의 역사를 체계적으로 정리하였다.

기출 텍스트

1. 전 (   )은/는 단군, 기자, 마한을 정통이 없는 시대로 간주하는 것은 부당한 것으로 보았다.

2. 수 『동사강목』은 18세기 안정복이 (   )에 입각하여 시대순으로 기록한 통사이다.

3. 능 『동사강목』은 주자의 (   )을/를 모범으로 삼았다.

4. 능 『동사강목』은 (   )의 기반을 마련하였다.

빈칸 정답		교과서 텍스트	기출 텍스트
	1	중국	『동사강목』
	2	독자적 정통성	정통론
	3	고조선	『통감강목』
	4		고증사학

선생님을 위한,

한문사료노트
중세사/근세사

PART 04

중국의 역사 下

099 | 왕안석의 신법

① 青苗法者, 以常平糴本作青苗錢, 散與人戶, 令出息二分, 春散秋斂. ② 均輸法者, 以發, 運之職改為均輸, 假以錢貨, 凡上供之物, 皆得徙貴就賤, 用近易遠. ③ 預知在京倉庫所當辦者, 得以便宜蓄買. ④ 保甲之法, 籍鄉村之民, 二丁取一, 十家為保, 保丁皆授以弓弩, 教之戰陣. ⑤ 免役之法, 據家貲高下, 各令出錢, 雇人充役. ⑥ 下至單丁, 女戶, 本來無役者, 亦一概輸錢, 謂之助役錢. ⑦ 市易之法, 聽人賒貸縣官財貨, 以田宅或金帛為抵當. ⑧ 出息十分之二, 過期不輸, 息外每月更加罰錢百分之二. … ⑨ 方田之法, 以東·西·南·北各千步, 當四十一頃六十六畝一百六十步為一方, 歲以九月, 令·佐分地計量, 驗地土肥瘠, 定其色號. ⑩ 分為五等, 以地之等, 均定稅數.

— 『宋史』「列傳」王安石

주요 어휘 ||||||||||||||||

青 푸를 청	苗 모 묘	平 평평할 평	糴 쌀 사들일 적	散 흩을 산
息 숨 쉴 식	秋 가을 추	斂 거둘 렴	均 고를 균	輸 나를 수
運 돌 운	改 고칠 개	徙 옮길 사	貴 귀할 귀	就 이룰 취
易 바꿀 역	遠 멀 원	預 미리 예	倉 곳집 창	庫 곳집 고
辦 준비할 판	便 편할 편	宜 마땅할 의	蓄 모을 축	買 살 매
籍 등록할 적	鄉 시골 향	授 줄 수	弩 쇠뇌 노	教 본받을 교
戰 싸울 전	陣 방비 진	據 의거할 거	貲 재물 자	雇 품 살 고
概 대개 개	賒 세 낼 사	貸 빌릴 대	財 재물 재	貨 재화 화
抵 거스를 저	當 당할 당	加 더할 가	罰 죄 벌	歲 해 세
計 계산할 계	量 헤아릴 량	驗 조사할 험	肥 비옥할 비	瘠 메마를 척

한자 독음 ⅠⅠⅠⅠⅠⅠⅠⅠⅠⅠⅠⅠⅠⅠⅠⅠ

① 청묘법자, 이상평적본작청묘전, 산여인호, 영출식이분, 춘산추렴. ② 균수법자, 이발, 운지직개위균수, 가이전화, 범상공지물, 개득사귀취천, 용근역원. ③ 예지재경창고소당판자, 득이편의축매. ④ 보갑지법, 적향촌지민, 이정취일, 십가위보, 보정개수이궁노, 교지전진. ⑤ 면역지법, 거가자고하, 각영출전, 고인충역. ⑥ 하지단정, 여호, 본래무역자, 역일개수전, 위지조역전. ⑦ 시역지법, 청인사대현관재화, 이전도혹금백위저당. ⑧ 출식십분지이, 과기불수, 식외매월갱가벌전백분지이. … ⑨ 방전지법, 이동·서·남·북각천보, 당사십일경육십육무일백육십보위일방, 세이구월, 령·좌분지계량, 험지토비척, 정기색호. ⑩ 분위오등, 이지지등, 균정세수.

1. 국문 해석

① 청묘법(靑苗法)은 상평창(常平倉)의 재원을 청묘전(靑苗錢)으로 삼아, 백성들에게 나누어 준 다음 20%의 이자를 내게 하는 것으로서, 봄에 지급하였다가 가을에 환수하였다. ② 균수법(均輸法)은 발운사(發運使)의 직능을 균수(均輸)로 바꾸어 동전을 지급해 준 후, 모든 상공물(上供物)을 비싼 곳 대신 저렴한 곳에서, 또 먼 지역 대신 가까운 지역에서 구매하도록 하는 것이었다. ③ 그리고 미리 수도 인근의 창고에 준비하도록 알려 주어 마땅히 모아 매입하도록 했다. ④ 보갑법(保甲法)은 향촌의 백성들을 등록하여 성인 두 사람 가운데 한 사람을 징발하고, 10가구를 1보(保)로 삼는 것이었는데, 징발된 장정[保丁]에게는 모두 활과 쇠뇌[弓弩]를 주어 전투의 진형을 가르쳤다. ⑤ 면역법(免役法)은 재물의 높고 낮음에 따라 세금을 내도록 하고, 그 돈으로 사람을 고용하여 역을 치루도록 하였다. ⑥ 성인이 한 사람만 있는 가구[單丁]나 여자만 있는 가구[女戶], 본래 요역이 없던 자[無役者]들 또한 대부분 세금을 내도록 하였는데, 이를 가리켜 조역전(助役錢)이라고 하였다. ⑦ 시역법(市易法)은 상인들[聽人]이 관의 재화를 외상으로 빌리는 것이었는데, 땅이나 집, 혹은 금과 비단 등을 저당잡히는 것이었다. ⑧ 이자로 20%를 내야 했고, 보내지 못하고 기한이 지날 경우 매월 2%의 세금을 가산하여 붙였다. … ⑨ 방전법(方田法)은 동·서·남·북 각 1,000보(步)의 농토, 즉 41경(頃) 66무(畝) 160보(步)를 1방(方)으로 삼아, 매해 9월마다 현령과 보조하는 이들이 땅을 나누어 측량하고, 농토의 비옥함과 메마름 여부를 조사하여 그 등급을 정했다. ⑩ 땅의 등급은 5등급으로, 세금 액수를 균등히 부과하였다.

－『송사(宋史)』「열전(列傳)」 왕안석(王安石)

2. 사료 해설

송은 건국 후 100년의 시간이 지남에 따라 여러 사회경제적 폐해가 발생하고 있었다. 특히 가장 심각한 것은 재정 적자의 문제였다. 서화와의 7년 전쟁 후 증대되기 시작한 군사비, 무분별하게 늘어난 군대 유지 비용, 문신 우위 정책으로 인한 많은 봉록의 문제 등이 그 원인이었다. 게다가 농민들은 차역(差役) 등을 매우 부담스러워하고 있었다.

왕안석(王安石)은 과거 합격 후 10여 년 동안 강남 지방의 지방관을 역임하였다. 그는 인종 말기 중앙에서 근무하게 되었는데, 지방관 생활에서 얻은 경험을 토대로 이른바 '만언서(萬言書)'라 불리는 장문의 보고서를 인종에게 제출하였다. 여기서 그는 생산력을 자극해 무거운 세금을 부과하지 않고도 재정을 증대시킬 수 있다고 주장하였으며, 그 방법은 『주례(周禮)』에서 찾을 수 있다고 하였다. 개혁의 포부를 밝혔던 그의 보고서는 당시에는 아무런 주목을 받지 못했다. 그러나 신종이 즉위하면서 왕안석이 주목받게 되었고, 결국 신종의 강력한 지지 속에서 그의 신법(新法) 개혁이 추진되었다.

신법은 재정 문제의 해결이라는 측면도 있었지만, 송대 사회 경제 체제를 일신하는 사회개혁이기도 했다. 신법은 중소 지주층에 기반을 두고 기존의 대지주와 대상인의 횡포를 막으며, 관료 체제를 정비하고 중앙 집권을 강화하고자 하는 것이었다. 신법 시행의 결과 재정 수지는 적자에서 막대한 흑자로 돌아섰다. 그러나 농민 부담의 경감 측면에서는 그 실효성이 미미한 점도 있었다.

신종 사후 철종이 즉위했지만, 철종은 나이가 너무 어렸던 탓에 조모 선인태후(宣仁太后)가 섭정을 하였다. 선인태후는 민심을 안정시킨다는 의미에서 신법에 반대하였던 인물들을 복귀시키고, 사마광(司馬光)을 재상으로 임용하였다. 재상이 된 사마광은 왕안석의 신법을 모두 폐지하였다. 그러나 얼마 지나지 않아 왕안석과 사마광 모두 세상을 떠났고, 섭정을 하던 선인태후마저 죽어 철종이 친정을 하게 되었다.

친정에 돌입한 철종은 신법당 인사들을 기용하고 신법을 부활시켰으나, 이때 등용된 신법당 인사들은 구법당에 대한 복수에만 혈안이 되어 있었다. 그러나 철종 역시도 얼마 지나지 않아 세상을 떠났고, 그의 동생인 휘종에 즉위하게 되었다. 휘종 역시도 어린 나이였기 때문에 그의 모친인 상태후(向太后)가 섭정을 하게 되었는데, 태후는 당쟁을 조정하고자 노력하였지만 당쟁은 더욱 격심해졌을 뿐이었다.

이어 휘종이 친정을 하게 됨에 따라 다시 신법당 인사들이 중용되었다. 이때 재상에 등용된 인물이 바로 채경(蔡京)이다. 채경은 사마광 등 300여 명의 구법당 인사들을 간당(姦黨)이라 부르며, 그 이름을 '원우당적비(元祐黨籍碑)'에 새겨 전국에 세우도록 하였다. 여기에 실린 인사들은 본인은 물론 그들과 혈연관계에 있는 자들까지 모두 수도에 들어오는 것을 금지했으며, 관리로서의 등용도 제한하였다.

사료 Plus⁺

얼마 후 제치삼사조례사(制置三司條例司)가 창설되어 왕안석으로 하여금 지추밀사(知樞密事)인 진승지(陳升之)와 함께 이를 관장하도록 했다. 왕안석은 자신의 심복인 여혜경(呂惠卿)에게 이와 관련된 일을 주관하도록 했다. 그리하여 농전수리법(農田水利法), 청묘법(靑苗法), 균수법(均輸法), 보갑법(保甲法), 면역법(免役法), 시역법(市易法), 보마법(保馬法), 방전법(方田法) 등의 법안이 잇따라 반포되고 이것들을 일컬어 신법(新法)이라고 했다.

― 『송사(宋史)』 「열전(列傳)」 왕안석(王安石)

사료 텍스트 완성하기

교과서 텍스트

1. 세 (   )은/는 춘궁기 때 정부가 백성에게 저렴한 이자로 돈을 빌려주는 제도이다.

2. 세 (   )은/는 정부가 소상인에게 저렴한 이자로 돈을 빌려주는 제도이다.

3. 세 (   )은/는 농민에게 요역 대신 돈을 내게 하고, 그 돈으로 정부가 실업자를 고용하여 노역을 대신하게 하는 제도이다.

4. 세 (   )은/는 직업 군인 제도를 고쳐 병농 일치의 민병을 양성하는 제도이다.

기출 텍스트

1. 수 왕안석은 (   )을/를 목표로 개혁을 실시하였다.

2. 전 왕안석은 대상인의 독과점 강화를 막기 위해 (   )(이)란 관청을 설치하고 시장가격의 안정과 원활한 상품유통을 도모하였다.

3. 전 왕안석의 신법을 둘러싸고 (   )이/가 격화되었고, 이로 인해 사회모순이 심화되어 송 강의 난과 같은 반란이 발생하였다.

4. 전 (   )의 결과 남송 시대 양자강 하류 지역은 최대의 미곡 생산지로 변하면서 '소호숙 천하족(蘇湖熟 天下足)'이라는 속담이 생기게 되었다.

빈칸 정답		교과서 텍스트	기출 텍스트
	1	청묘법	부국강병
	2	시역법	시역무(市易務)
	3	모역법	당쟁
	4	보갑법	농전수리법

100 성리학의 탄생과 영향

① 無極而太極. ② 太極動而生陽, 動極而靜. ③ 靜而生陰, 靜極復動. ④ 一動一靜, 互爲其根, 分陰分陽, 兩儀立焉.

— 『太極圖說』

⑤ 古者小學, 敎人以灑掃應對進退之節, 愛親敬長隆師親友之道. ⑥ 皆所以爲修身齊家治國平天下之本.

— 『小學』「書題」

⑦ 凡禮有本有文. ⑧ 自其施於家者言之, 則名分之守愛敬之實, 其本也. ⑨ 冠婚喪祭儀章度數者, 其文也. ⑩ 其本者有家日用之常禮, 固不可以一日而不修. ⑪ 其文又皆所以紀綱人道之始終. ⑫ 雖其行之有時, 施之有所, 然非講之素明, 習之素熟. ⑬ 則其臨事之際, 亦無以合宜而應節. ⑭ 是不可一日而不講且習焉也.

— 『朱子家禮』「家禮序」

주요 어휘 ||||||||||||||||

極 다할 극	動 움직일 동	陽 볕 양	靜 고요할 정	陰 응달 음
互 서로 호	根 뿌리 근	儀 거동 의	灑 뿌릴 쇄	掃 쓸 소
應 응할 응	對 대답할 대	進 나아갈 진	退 물러날 퇴	親 사랑할 친
敬 공경할 경	長 어른 장	隆 클 융	師 스승 사	友 벗 우
實 가득찰 실	冠 갓 관	婚 혼인할 혼	喪 죽을 상	祭 제사 제
章 글 장	度 법도 도	綱 벼리 강	應 응할 응	節 절조 절
講 익힐 강	習 익힐 습			

한자 독음 ||||||||||||||||||

① 무극이태극. ② 태극동이생양, 동극이정. ③ 정이생음, 정극부동. ④ 일동일정, 호위기근, 분음분양, 양의입언.

⑤ 고자소학, 교인이쇄소응대진퇴지절, 애친경장융사친우지도. ⑥ 개소이위수신제가치국평천하지본.

⑦ 범예유본유문. ⑧ 자기시어가자언지, 즉명분지수애경지실, 기본야. ⑨ 관혼상제의장도수자, 기문야. ⑩ 기본자유가일용지상예, 고불가이일일이불수. ⑪ 기문우개소이기강인도지시종. ⑫ 수기행지유시, 시지유소, 연비강지소명, 습지소숙. ⑬ 즉기임사지제, 역무이합의이응절. ⑭ 시불가일일이불강차습언야.

1. 국문 해석

① 무극(無極)이면서 태극(太極)이다. ② 태극이 움직여 양(陽)을 낳고 움직임이 극도에 이르면 고요해진다. ③ 그 고요함에서 음(陰)을 낳고 고요함이 극도에 이르면 다시 움직인다. ④ 한 번 움직이고 한 번 고요한 것이 서로 그 뿌리가 되어 양(陽)으로 나뉘고 음(陰)으로 나뉘어 양의(兩儀)가 선다.

― 『태극도설(太極圖說)』

⑤ 옛날 소학에서는 사람을 가르치되 물 뿌리고 쓸며 응하고 대답하며 나아가고 물러나는 예절과 어버이를 사랑하고 어른을 공경하며 스승을 높이고 벗을 친히 하는 도로써 하였다. ⑥ 이는 모두 몸을 닦고 집안을 가지런히 하고 나라를 다스리고 천하를 평안히 하는 근본이 된다.

― 『소학(小學)』「서제(書題)」

⑦ 무릇 예(禮)에는 근본(根本)과 문식(文飾)이 있다. ⑧ 집에서 베푸는 것으로부터 말하면 명분(名分)을 지키는 것과 사랑하고 공경하는 진실한 마음이 그 근본이 된다. ⑨ 관혼상제(冠婚喪祭)의 의장(儀章)과 도수(度數)는 그 문식이 된다. ⑩ 그 근본은 집에서 매일 행해야 될 항상된 예이니, 진실로 하루라도 닦지 않으면 안 된다. ⑪ 그 문식은 모두 기강과 인간 도리의 처음과 끝을 올바로 세우는 큰 줄거리이다. ⑫ 비록 이를 시행하는 데에 때와 장소가 있지만 평소에 명확하고 익숙하게 익혀야 한다. ⑬ (그렇지 않으면) 일에 닥쳤을 때, 절도에 맞고 올바르게 대처할 수 없게 된다. ⑭ 그러므로 하루라도 예를 익히지 않으면 안 되는 것이다.

― 『주자가례(朱子家禮)』「가례서(家禮序)」

2. 사료 해설

당말 활동한 한유(韓愈)는 불교와 도교에 대한 비판을 가하고, 유교의 인성론(人性論)을 바탕으로 유교의 우위성을 주장하였다. 그의 활동으로 말미암아 송대의 유학자들은 춘추 전국 시대의 유학을 재해석하고, 이를 통해 유교 사상을 체계화하고자 하였다.

특히 북송 시기 주돈이(周敦頤)는 성리학의 틀을 만든 인물로 평가된다. 그는 도가(道家)와 불교의 주요 인식과 개념들을 받아들여 우주의 원리와 인성에 관한 형이상학적인 새로운 유학 이론을 개척했다. 그의 『태극도설(太極圖說)』은 주역의 태극 이론을 토대로 태극도 안에 태극과 음양, 오행, 만물의 생성 과정을 도표화하고, 이에 대해 짧은 해설을 가했다. 그는 '무극(無極)이 곧 태극(太極)'이란 우주의 절대적 경지를 리(理)라는 진리로 해석하였는데, 여기서 송대 성리학의 무극(無極)·이(理)·기(氣)·심(心)·성(性) 등 중요 개념들이 태동하게 되었다. 이러한 주돈이의 태극도설은 정호(程顥)·정이(程頤) 형제의 이론(理論)과 장재(張載)의 기론(氣論)에 의해 이기론(理氣論)으로 발전하였다.

주희는 이러한 유학자들의 이론을 집대성하여 성리학의 사상 체계를 완성하였다. 성리학은 우주 만물의 존재를 이(理)와 기(氣)로 설명한 이기론, 인간의 마음과 본성을 심층적으로 분석한 심성론, 성인이 되는 방법을 제시한 수양론 등으로 구성되어 있다.

특히 주희는 성인(聖人)이 되기 위해서 하늘이 부여한 이치를 보존하고 인간으로서 지닌 욕심을 멀리하는 수양이 필요하다고 주장하였다. 이를 위해 먼저 천지 만물에 담긴 하늘의 이치를 깨닫는 도덕 법칙의 탐구가 이루어져야 한다고 보았다. 따라서 그는 항상 마음을 경건하게 하고[居敬], 사물에 나아가 이치를 탐구함으로써 지극한 앎을 이루어야 한다[格物致知]고 하였다. 이는 도덕적 지식을 먼저 알아야 도덕적 행동을 할 수 있다[先知後行]는 것이다.

한편, 주희는 『대학장구(大學章句)』와 『중용장구(中庸章句)』를 저술하였다. 이 과정에서 『대학(大學)』은 초학 입문에, 그리고 『중용(中庸)』은 구극(究極)의 서(書)로 간주하였다. 그리고 『논어(論語)』와 『맹자(孟子)』를 포함하여 사서로 정하고, 이를 성리학 체계의 근간으로 삼았다. 이러한 '사서(四書)'의 체계 구성은 당대에는 크게 주목받지는 못하였지만, 원대에 들어와 과거 시험의 정과(正科)에 포함됨에 따라 그 권위가 높아져 갔다. 그리고 명나라 시기 영락제의 칙명에 의해 『사서대전(四書大全)』, 『오경대전(五經大全)』, 『성리대전(性理大全)』이 간행되면서 마침내 지식인들의 필독서로 자리잡게 되었다.

당시 주희는 재상이던 조여우(趙汝愚)의 천거로 시강(侍講)의 자리에 오르기도 했다. 그러나 한탁주(韓侂冑)가 조여우를 몰아내기 위한 움직임을 보이자, 이를 황제에게 상서하다 오히려 면직되었다. 이후 한탁주 일파는 주희의 학문을 위학(偽學)으로 공격하였고, 이로 인해 주희의 저작은 모두 금서가 되기도 하였다.

사료 Plus⁺

- 성(性)은 곧 이(理)이다. 천하의 이는 그 시작하는 곳을 살펴보면 선이 아닌 것이 없다. 희로애락이 밖으로 나타나기 전에는 무엇이든 선하지 않은 것이 없다. 밖으로 나타나서 절도에 맞는다면 또한 선하지 않은 것이 없다.

  ― 『근사록(近思錄)』

- 성(性)은 본래 선한 것이니, 이(理)를 좇아 행하게 된다. … 사람은 본래 이(理)를 가지지만 단지 기(氣)를 받아 물욕(物慾)에 가리어진다. 만약 격물치지(格物致知)하지 않게 된다면 … 거듭 실패하게 된다. … 배우는 자의 공부는 오직 거경(居敬)과 궁리(窮理) 두 가지에 있다.

  ― 『주자어류(朱子語類)』

- 『대학』은 공자가 남긴 글로서, 학문하는 사람이 맨 처음에 배워야 할 덕행의 지름길이다. 곧 오늘날 사람이 옛사람들의 글을 배우는 첫 번째 순서가 『대학』이며, 『논어』와 『맹자』가 다음이다. 『대학』으로부터 학문을 시작하면 깨달음을 얻는 데 어긋남이 없을 것이다.

  ― 『대학장구(大學章句)』

- 복건성에는 아이가 없는 과부가 여러 사람들 앞에서 공개적으로 자살하는 풍습이 있다. … 특정한 넓이의 공간이 정해지면 거기에 단이 세워진다. 그녀는 단 주위에 곡식을 뿌리고, 다른 사람의 격려를 받으며 스스로 목을 매단다. 모든 것이 끝나면 구경꾼들은 그녀의 도덕적 행동에 대해 떠들썩하게 칭찬하는데, 시체를 집으로 옮길 때는 풍악까지 울리며 거리를 행진한다.

  ― 『장락현지(長樂縣誌)』

▎사료 텍스트 완성하기

교과서 텍스트

1. 동 정이는 인간의 본성과 우주 만물이 (   )(이)라는 보편적인 원리에 의하여 하나로 묶여 있다고 보았다.

2. 세 당시 사대부는 대중적으로 퍼진 불교와 도교의 영향을 받아 (   )의 원리와 인간의 (   )을/를 탐구했고, 남송의 주희가 이를 성리학으로 집대성하였다.

3. 동 주희는 (   )와 격물치지라는 수행 방법을 통해 본성을 회복해야 한다고 보았다.

4. 세 성리학은 군주와 신하 사이의 의리와 대의명분, (   )을/를 강조했는데, 이는 북방 민족의 침략을 받아 약해졌던 당시 송의 대외 관계를 반영하고 있다.

기출 텍스트

1. 수 주희는 (   )을/를 중시하여 경전의 주석에 심혈을 기울였다.

2. 수 주희가 지은 (   )은/는 개인의 수양과 국가 통치를 위한 규범을 담고 있다.

3. 수 주희는 유학에 (   )적 측면을 보강하여 성리학을 집대성하였다.

4. 전 주돈이(周敦頤) 이래 송대 철학자들은 우주 만물의 이치와 인간사회의 문제를 (   )적으로 일관되게 설명하고자 하였는데, 이러한 사상 흐름은 주희(朱熹)에 이르러 성리학으로 집대성되었다.

빈칸 정답		교과서 텍스트	기출 텍스트
	1	'이(理)'	사서
	2	우주, 본성	『대학장구』
	3	거경궁리	형이상학
	4	화이론	이론

101 | 자치통감과 강목·기사본말체

📖리베르 / 🔵금성, 🔵동아, 🔵리베르,·🔵미래엔, 🔵비상, 🔵지학사, 🔵천재

① 上起戰國，下終五代，凡一千三百六十二年，修成二百九十四卷． ② 又略舉事目，年經國緯，以備檢尋，爲目錄三十卷． ③ 又參考羣書，評其同異，俾歸一塗，爲考異三十卷． ④ 合三百五十四卷．

— 『資治通鑑』「進資治通鑑表」

⑤ 蓋表歲以首年，而因年以著統，大書以提要，而分注以備言． ⑥ 使夫歲年之久近，國統之離合，事辭之詳略，議論之同異，通貫曉析，如指諸掌． ⑦ 名曰資治通鑑綱目，凡若干卷．

— 『資治通鑑綱目』「序例」

⑧ 包括數千年事跡，經緯明晰，節目詳具． ⑨ 前後始末，一覽了然． ⑩ 遂使紀傳編年貫通爲一，實前古之所未有也．

— 『四庫全書總目提要』「史部」通鑑紀事本末

주요 어휘

起 일어날 기	終 끝날 종	略 다스릴 략	經 날 경	緯 씨 위
檢 조사할 검	尋 찾을 심	參 헤아릴 참	考 상고할 고	羣 여럿 군
俾 더할 비	歸 돌아갈 귀	塗 길 도	著 드러낼 저	提 이끌 제
注 주를 달 주	離 떼놓을 리	詳 자세할 상	略 다스릴 략	曉 환히 알 효
析 밝힐 석	指 가리킬 지	掌 손바닥 장	綱 벼리 강	包 쌀 포
括 묶을 괄	數 셀 수	晰 밝을 석	具 갖출 구	覽 볼 람

한자 독음

① 상기전국, 하종오대, 범일천삼백육십이년, 수성이백구십사권. ② 우략거사목, 연경국위, 이비검심, 위목록삼십권. ③ 우참고군서, 평기동이, 비귀일도, 위고이삼십권. ④ 합삼백오십사권.

⑤ 개표세이수년, 이인년이저통, 대서이제요, 이분주이비언. ⑥ 사부세년지구근, 국통지리합, 사사지상략, 의론지동이, 통관효석, 여지제장. ⑦ 명왈자치통감강목, 범약간권.

⑧ 포괄수천년사적, 경위명석, 절목상구. ⑨ 전후시말, 일람요연. ⑩ 수사기전편년관통위일, 실전고지소미유야.

1. 국문 해석

① 위로는 전국 시대부터 시작하여 아래로는 오대(五代)까지 모두 1362년 동안을 다루어 전체 294권을 만들었습니다. ② 또한 개괄적으로 사건의 요목을 들고, 연월로 날줄로 삼고 나라를 씨줄로 삼아 들춰 보면서 찾아볼 수 있도록『목록(目錄)』30권을 만들었습니다. ③ 또한 여러 서적을 참고하면서 그 내용의 같고 다른 점을 보고 평가할 수 있도록, 더하고 하나로 합칠 수 있도록 하기 위해『고이(考異)』30권을 만들었습니다. ④ 그리하여 모두 합쳐 354권이었습니다.

－『자치통감(資治通鑑)』「진자치통감표(進資治通鑑表)」

⑤ 대개 해[歲]를 표기하여 년(年)을 먼저 하고, 년(年)으로 인하여 정통(正統)을 드러내었으며, 큰 글자로 요점을 제시하고, 분주(分注)로 상세히 설명하였다. ⑥ 세년(歲年)의 오래되고 가까움, 국통(國統)의 흩어지고 합함, 사건 설명의 상세하고 간략함, 논의의 같고 다름을 통관(通貫)하여 환하게 밝혀서 마치 손바닥을 보는 것과 같게 하였다. ⑦ 이름을『자치통감강목(資治通鑑綱目)』라고 지었는데, 무릇 약간의 권이 되었다.

－『자치통감강목(資治通鑑綱目)』「서례(序例)」

⑧ 대개 세(歲)를 표기하여 년(年)을 먼저 하고, 년(年)으로 인하여 정통(正統)을 드러내었으며, 큰 글자로 요점을 제시하고, 분주(分注)로 상세히 설명하였다. ⑨ 세년(歲年)의 오래되고 가까움, 국통(國統)의 흩어지고 합함, 사건 설명의 상세하고 간략함, 논의의 같고 다름을 통관(通貫)하여 환하게 밝혀서 마치 손바닥을 보는 것과 같게 하였다. ⑩ 이름을『자치통감강목(資治通鑑綱目)』이라 명명(命名)하니 모두 약간의 권이 되었다.

－『사고전서총목제요(四庫全書總目提要)』「사부(史部)」통감기사본말(通鑑紀事本末)

2. 사료 해설

『자치통감(資治通鑑)』은 주(周)나라 위열왕(威烈王)이 진(晉)나라 3경(卿:韓 ·魏 ·趙氏)을 제후로 인정한 기원전 403년(전국 시대)부터 5대(五代) 후주(後周)의 세종(世宗) 때인 960년에 이르기까지 1362년간의 역사를 1년씩 묶어서 편찬한 것이다. 사마광(司馬光)은 이를 써 역대 사실(史實)을 밝혀 정치의 규범으로 삼고, 왕조 흥망의 원인과 대의명분을 밝히려 하였다. 그리하여 중요하다고 생각되는 기사에는 '신광왈(臣光曰)'이라고 하여 사마광 자신의 평론을 드러내기도 하였다. 편년에서도 위(魏) ·촉(蜀) ·오(吳) 삼국 시대의 경우에는 위(魏)나라의 연호를, 남북조의 경우에는 남조의 연호를 각각 써서 그것이 정통(正統)임을 명시하기도 하였다. 이 책의 사실 진부에 대해서는 사마광이 따로 『통감고이(通鑑考異)』를 지어 역사적 사실에 대한 고증에 참고가 되게 하였으며, 『계고록(稽古錄)』을 지어 부족한 내용을 보충하였다.

주희(朱熹)는 이러한 『자치통감』이 의리상 미진하다고 보았다. 그리하여 그는 공자(孔子)의 춘추필법(春秋筆法)에 따라 정통과 비정통을 명확하게 구별하고자 『자치통감강목(資治通鑑綱目)』을 편찬하였다. 여기서 그는 『자치통감』이 조조의 위(魏)나라를 기년으로 삼은 것이 대의를 어지럽히는 것이라 보고, 유비(劉備)의 촉한(蜀漢)을 정통으로 보는 관점에서 저술하였다. 또한 무주(武周) 정권의 정통성을 인정하지 않고 사실상 존재하지도 않은 중종(中宗)의 연호를 쓰고, 무측천(武則天)의 연호를 삭제하기도 하였다. 그 밖에도 왕망(王莽) 등의 찬탈자들을 난신(亂臣)으로 간주하여, 왕망의 연호도 사용하지 않았다.

원추(袁樞)는 편년체로 쓰인 『자치통감』이 사건의 추이를 파악하는 데 불편하다는 점을 개선하고자 새로운 역사 서술 체계를 고안하였다. 즉, 사건별로 정리해서 발생과 결과를 자세히 기록한 것이다. 이를 통해 294권에 달하는 『자치통감』을 저본으로 하여 42권 239개 표제로 구성된 『통감기사본말(通鑑紀事本末)』을 편찬하였다.

PART

04

사료 텍스트 완성하기

교과서 텍스트

1. 세 송대에 학교가 증가하고 과거제가 강화되어 유교적 소양을 갖춘 (   )이/가 지배층으로 성장하였다.

2. 세 송나라 시기에는 역사서가 대거 편찬되었는데, 특히 사마광의 (   )은/는 시대순으로 역사를 기술하는 편년체 역사 서술의 모범이 되었다.

3. 세 11세기 중엽 북송의 (   )이/가 활판 인쇄술을 발명하였다. 이는 진흙에 글자를 하나씩 새긴 뒤 불에 구워 단단하게 만들고 쇠로 만든 판에 글자를 배열하여 종이에 찍어내는 방법이었다.

기출 텍스트

1. 전 사마광은 위·촉·오 삼국 시대의 서술은 (   )의 연호(年號)에 따라 서술하였다.

2. 전 주희는 위·촉·오 삼국 시대에서 (   )을/를 정통으로 보았다.

3. 전 (   )은/는 각 사건의 원인과 발단, 전개 과정, 결과 및 영향을 일관되게 보여주는 장점이 있다.

빈칸 정답		교과서 텍스트	기출 텍스트
	1	사대부	위
	2	『자치통감』	촉
	3	필승	기사본말체

102 | 삼통의 편찬

① 夫行敎化在乎設職官, 設職官在乎審官才. ② 審官才在乎精選擧. ③ 制禮以端其俗, 立樂以和其心. ④ 此先哲王致治之大方也. ⑤ 故職官設然後興禮樂焉, 敎化隳然後用刑罰焉. ⑥ 列州郡俾分領焉, 置邊防遏戎狄焉. ⑦ 是以食貨爲之首, 選擧次之, 職官又次之, 禮又次之, 樂又次之, 刑又次之, 州郡又次之, 邊防末之. ⑧ 或覽之者庶知篇第之旨也.

─ 『通典』 「序」

⑨ 臣今總天下之大學術而條其綱目, 名之曰 '略'. ⑩ 凡二十略. ⑪ 百代之憲章, 學者之能事, 盡於此矣. ⑫ 其五略漢唐諸儒所得聞, 其十五略, 漢唐諸儒所不得聞也.

─ 『通志』 「總序」

⑬ 凡敍事則本之經史, 而參之以歷代會要以及百家傳記之書, 信而有證者從之, 乖異傳疑者不錄, 所謂 '文' 也. ⑭ 凡論事則先取當時臣僚之奏疏, 次及近代諸儒之評論, 以至名流之燕談稗官之紀錄. ⑮ 凡一話一言可以訂典故之得失, 證史傳之是非者, 則採而錄之, 所謂 '獻' 也. ⑯ 其載諸史傳之紀錄而可疑, 稽諸先儒之論辨而未當者, 硏精覃思, 悠然有得, 則竊著己意, 附其後焉, 命其書曰文獻通考.

─ 『文獻通考』 「自序」

주요 어휘 ⅲⅲⅲⅲⅲⅲⅲⅲⅲ

審 살필 **심**	精 정밀할 **정**	端 단정할 **단**	隳 무너뜨릴 **휴**	罰 죄 **벌**
俾 시킬 **비**	邊 가 **변**	防 방어할 **방**	遏 막을 **알**	戎 오랑캐 **융**
狄 오랑캐 **적**	覽 볼 **람**	庶 여러 **서**	旨 뜻 **지**	綱 벼리 **강**
略 간략할 **략**	憲 법 **헌**	章 글 **장**	聞 들을 **문**	奏 아뢸 **주**

稗官(패관) 임금이 민간의 풍속이나 정사를 살피기 위해 거리의 이야기 등을 기록시키던 관리

獻 바칠 헌　　　疑 의심할 의　　　稽 상고할 계　　　辨 변론할 변　　　研 연구할 연

悠 한가로울 유　　　竊 살짝 절　　　著 나타낼 저　　　附 붙을 부

한자 독음 ||||||||||||||||||

① 부행교화재호설직관, 설직관재호심관재. ② 심관재재호정선거. ③ 제예이단기속, 입악이화기심. ④ 차선철왕치치지대방야. ⑤ 고직관설연후흥예악언, 교화휴연후용형벌언. ⑥ 열주군비분령언, 치변방알용적언. ⑦ 시이식화위지수, 선거차지, 직관우차지, 예우차지, 악우차지, 형우차지, 주군우차지, 변방말지. ⑧ 혹람지자서지편제지지야.

⑨ 신금총천하지대학술이조기강목, 명지왈'략'. ⑩ 범이십략. ⑪ 백대지헌장, 학자지능사, 진어차의. ⑫ 기오략한당제유소득문, 기십오략, 한당제유소부득문야.

⑬ 범서사즉본지경사, 이참지이역대회요이급백가전기지서, 신이유증자종지, 괴이전의자불록, 소위'문'야. ⑭ 범론사즉선취당시신려지주소, 차급근대제유지평론, 이지명유지연담패관지기록. ⑮ 범일화일언가이정전고지득실, 증사전지시비자, 즉채이록지, 소위'헌'야. ⑯ 기재제사전지기록이가의, 계제선유지논변이미당자, 연정담사, 유연유득, 즉절저기의, 부기후언, 명기서왈문헌통고.

1. 국문 해석

① 무릇 교화를 행하는 것의 바탕은 직관(職官)을 설치하는 데 있고, 직관을 설치하려면 우선 관리로서의 재능을 살펴야 한다. ② 관리로서의 재능을 살피는 바탕은 인재를 뽑는 일을 정밀하게 하는 데 있다. ③ 예법을 제정하여 그 풍속을 바로잡고, 음악을 세워 마음을 온화하게 해야 한다. ④ 이것이 옛날 성인 임금이 다스림을 이루는 큰 방략이었다. ⑤ 고로 직관이 설치된 연후에야 예악이 일어나고, 형벌은 교화가 무너진 다음에야 비로소 사용하는 것이다. ⑥ 지방의 주군(州郡)을 늘어놓아 나누어 다스릴 수 있게 하며, 변경 방어를 설치해야 오랑캐들을 막을 수 있다. ⑦ 이 때문에 「식화전(食貨典)」을 첫머리로 삼았으며, 「선거전(選擧典)」을 그 다음에 두었고, 「직관전(職官典)」을 그 다음에 두었고, 「예전(禮典)」을 그 다음에 두었고, 「악전(樂典)」을 그 다음에 두었고, 「형법전(刑法典)」을 그 다음에 두었고, 「주군전(州郡典)」을 그 다음에 두었고, 「변방전(邊防典)」을 마지막에 두었다. ⑧ 이를 통해 이 책을 열람하는 사람이 혹시 이러한 편찬 순서에 담긴 뜻을 알아주기를 기대한다.

-『통전(通典)』「서(序)」

⑨ 신이 이제 천하의 큰 학술을 모두 총괄하고 그 대략적인 줄거리와 자세한 항목을 분류하여 '략(略)'이라는 이름을 붙였습니다. ⑩ 모두 20략입니다. ⑪ 모든 시대의 법령과 제도와 학자들의 업적이 모두 여기에 다 갖추어져 있습니다. ⑫ 그 가운데 다섯략은 한(漢)과 당(唐)의 여러 학자들이 들어본 바가 있겠지만, 나머지 열다섯략은 한과 당의 유학자들도 들어보지 못한 것입니다.

-『통지(通志)』「총서(總序)」

⑬ 사실에 대한 서술은 경전과 사서에 근본하였는데, 역대의 『회요(會要)』 및 백가·전기의 서적을 참고하여 믿을 만하고 증거가 있는 것은 따르고 괴이하고 의심스러운 것은 수록하지 않았으니 이른바 '문(文)'이다. ⑭ 사실에 대한 논평은 당시 신료들의 주소를 먼저 취하였고, 그 다음으로 근대 여러 유자들의 평론까지 다루었으며, 명류들의 연담과 패관의 기록에까지 미쳤다. ⑮ 그래서 전고의 득실을 바로잡고 사전의 시비를 증명할 수 있는 모든 한마디 이야기와 한마디 말들은 채택해서 수록하였으니 이른바 '헌(獻)'이다. ⑯ 여러 역사와 전기의 기록에 수록되어 있으나 의심스러운 것들, 그리고 선유들의 논변에서 상고했지만 타당하지 않은 것은 정밀하게 연구하고 깊이 생각하여 유유히 터득한 점이 있으면 나의 뜻을 살짝 드러내어 그 뒤에 붙였으니, 이 책을 『문헌통고(文獻通考)』라고 이름 짓는다.

― 『문헌통고(文獻通考)』 「자서(自序)」

사료 텍스트 완성하기

교과서 텍스트

1. 세 송대 쓰인 (   )라는 책을 통해 화약이 국가적으로 제조되고 관리되었음을 알 수 있다.
2. 세 북송의 과학자 심괄은 (   )에서 나침반의 사용 방법을 기록하였다.

기출 텍스트

1. 전 '삼통(三通)'은 『통전(通典)』과 『통지(通志)』, (   )을/를 가리킨다.
2. 전 『통지(通志)』의 핵심 부분은 제왕의 정치와 행적을 기록한 제기(帝紀), 제왕 이외의 뛰어난 인물의 행적 등을 기록한 열전(列傳), 학술 및 전장(典章) 제도의 대강을 정리한 (   )(이)다.

빈칸 정답		교과서 텍스트	기출 텍스트
	1	『무경총요(武經總要)』	『문헌통고(文獻通考)』
	2	『몽계필담(夢溪筆談)』	략(略)

103 | 거란의 통치체제

① 太祖神冊六年, 詔'正班爵'. ② 至於太宗, 兼制中國, 官分南北. ③ 以國制治契丹, 以漢制待漢人. ④ 國制簡樸, 漢制由沿名之風固存也. ⑤ 遼國官制, 分北南院. ⑥ 北面治宮帳部族屬國之政, 南面治漢人州縣, 租賦軍馬之事. ⑦ 因俗而治, 得其宜矣. … ⑧ 北面朝官契丹北樞密院, 掌兵機武銓群牧之政, 凡契丹軍馬皆屬焉. ⑨ 以其牙帳居大內帳殿之北, 故名北院. … ⑩ 契丹南樞密院, 掌文銓部族丁賦之政, 凡契丹人民皆屬焉. ⑪ 以其牙帳居大內之南, 故名南院.

一『遼史』「志」百官

주요 어휘 ||||||||||||||||||

詔 고할 조	班 나눌 반	爵 벼슬 작	兼 겸할 겸	制 제도 / 법도 제
簡 간략할 간	樸 소박할 박	沿 따를 연	固 굳을 고	存 있을 존
帳 휘장 장	租 세금 조	賦 부세 부	宜 마땅할 의	樞 근원 추
密 비밀로 할 밀	院 관아 원	掌 주관할 장	銓 선발할 전	群 무리 군
屬 엮을 속	牙 대장기 아	牙帳(아장) 군중(軍中)의 장막(帳幕)		殿 궁궐 전

한자 독음 ||||||||||||||||||

① 태조신책육년, 조'정반작'. ② 지어태종, 겸제중국, 관분남북. ③ 이국제치글란, 이한제대한인. ④ 국제간박, 한제유연명지풍고존야. ⑤ 요국관제, 분북남원. ⑥ 북면치궁장부족속국지정, 남면치한인주현, 조부군마지사. ⑦ 인속이치, 득기의의. … ⑧ 북면조관글란북추밀원, 장병기무전군목지정, 범글란군마개속언. ⑨ 이기아장거대내장전지북, 고명북원. … ⑩ 글란남추밀원, 장문전부족정부지정, 범글란인민개속언. ⑪ 이기아장거대내지남, 고명남원.

1. 국문 해석

① 태조(太祖) 신책(神冊) 6년, 조서를 내려 '반작(班爵)을 바르게 하라.'라고 하였다. ② 태종 대에 이르러 중국의 제도를 겸하여 받아들여 관서를 남과 북으로 나누었다. ③ 거란은 국제(國制)로 다스리고 한인(漢人)은 한제(漢制)로 다스렸다. ④ 국제는 간단하였고 한제는 이름을 연습하는 풍속이 여전히 존재하였다. ⑤ 요나라의 관제는 북원(北院)과 남원(南院)으로 나누어진다. ⑥ 북면(北面)은 궁장(弓帳)·부족(部族)·속국(屬國)에 관한 정사를 다스렸고, 남면(南面)은 한인의 주현(州縣)·조부(租賦)·군마(軍馬)의 일을 다스렸다. ⑦ 풍속에 따라 다스렸으므로 마땅하다는 평을 얻은 것이다. … ⑧ 거란 북추밀원(北樞密院)은 병기(兵機)·무전(武銓)·군목(群牧) 같은 정사를 관장하니, 대개 거란의 군마는 모두 여기에 속하였다. ⑨ 그 아장(牙帳)이 대내장전(大內帳殿)의 북쪽에 있어서 북원이라고 하였다. … ⑩ 거란 남추밀원(南樞密院)은 문전(文銓)·부족(部族)·정부(丁賦)의 정사를 관장하니, 대개 거란 백성들이 모두 여기에 속한다. ⑪ 그 아장(牙帳)이 대내의 남쪽에 있어서 남원이라고 하였다.

－『요사(遼史)』「지(志)」백관(百官)

2. 사료 해설

남면관(南面官)·북면관(北面官)은 거란의 이중 통치 방식을 가리킨다. 먼저 북면관은 거란 등을 비롯한 유목 민족을 부족제에 따라 통치하는 기구로, 천자의 궁궐, 부족, 속국의 정치를 담당하였다. 이는 거란 황제의 어장(御帳) 북쪽에 위치하여 북면관이라 불렸고, 북면관의 최고 기구는 북추밀원(北樞密院)이었다. 북면관의 최고 집행 기구를 북남재상부라고 설명하기도 하는데, 북남재상부는 북추밀원보다 권력관계에서 하위에 놓여 있었다. 다만, 북남재상부는 행정을 담당한다는 측면에서 최고 행정 기구로 볼 수 있고, 북추밀원은 최고 권력기관으로 볼 수 있다.

남면관은 한인(漢人)과 발해인(渤海人)을 주현제에 따라 다스리는 기구였으며, 한인과 발해인의 주현(州縣)·조부(租賦)·군마(軍馬) 등의 사무를 처리하는 기구였다. 거란 황제의 어장 남쪽에 위치하여 남면관이라 불렸고, 남면관의 최고 기구는 남추밀원(南樞密院)이었다. 남면관의 장관은 거란인 혹은 한인·발해인의 상위 지배층이 임명되었다.

남추밀원의 아래에는 중서성(中書省), 문하성(門下省), 상서성(尙書省) 3성(省)이 설치되었다. 문하성은 명목으로만 존재하였고, 중서성은 한인 사무를 담당하다가 남추밀원에게 업무를 이관하였다. 이후 중서성은 6품 이하의 관리를 임명하고 예부의 업무를 보기도 하였다.

사료 Plus+

야율아보기(耶律阿保機)는 8부를 강제로 병합하여 하나로 만들고 멋대로 황제라 칭하였다. 또 스스로 천황왕 (天皇王)이라 부르며 신책(神冊)·용덕(龍德)·천찬(天贊) 등의 연호를 사용하였다. 후당 천성(天成) 원년, 아보기가 죽고 야율덕광(耶律德光)이 뒤를 이었다. 그 이듬해 천현(天顯)이라 개원하고 영주(營州)와 평주 (平州)를 쳐서 빼앗아 갔다. 후진(後晉)의 고조는 즉위하며 야율덕광에게 구원을 요청하고 그 댓가로 연운십 육주를 할양하였다. 이에 덕광은 자신의 수도를 상경(上京) 임황부(臨潢府)라 하고, 연주(燕州)를 연경(燕京) 유도부(幽都府)라 하였으며 발해의 옛 땅에 동경(東京) 요양부(遼陽府)를 두었다. 후진 천복(天福) 3년에는 회동(會同)이라 개원하고 국호를 대요(大遼)라고 하였다.

― 『동도사략(東都事略)』「부록(附錄)」 요국(遼國)

사료 텍스트 완성하기

교과서 텍스트

1. 세 거란의 이중 지배체제에서 (   )은/는 천자의 궁궐, 부족, 속국의 정치를 담당하였다.
2. 세 거란의 이중 지배체제에서 (   )은/는 한족의 주현·조세·군마를 담당하였다.

기출 텍스트

1. 수 거란은 유목민에 대해서는 북면관이 (   )(으)로 다스리게 하였다.
2. 수 거란은 농경민에 대해서는 남면관이 (   )(으)로 다스리게 하였다.

빈칸 정답		교과서 텍스트	기출 텍스트
	1	북면관	관습법
	2	남면관	주현제

104 | 금의 건국과 통치체제

① 金之初年, 諸部之民無它徭役, 壯者皆兵. ② 平居則聽以佃漁射獵習爲勞事, 有警則下令部內, 及遣使詣諸孛菫徵兵. ③ 凡步騎之仗糗皆取備焉. ④ 其部長曰'孛菫', 行兵則稱曰'猛安'·'謀克', 從其多寡以爲號. ⑤ 猛安者千夫長也, 謀克者百夫長也. ⑥ 謀克之副曰'蒲裏衍', 士卒之副從曰'阿裏喜'. ⑦ 部卒之數, 初無定制. ⑧ 至太祖卽位之二年, 旣以二千五百破耶律謝十, 始命以三百戶爲謀克, 謀克十爲猛安.

―『金史』「兵志」

주요 어휘 ‖‖‖‖‖‖‖‖‖‖‖‖

諸 모든 제	徭 역사 역	聽 들을 청	佃 밭 갈 전	漁 고기 잡을 어
射 궁술 사	獵 사냥 렵	習 익힐 습	勞 일할 로	警 경계할 경
詣 이를 예	孛 혜성 패	菫 진흙 근	徵 부를 징	步 걸을 보
騎 말 탈 기	仗 무기 장	糗 볶은 쌀 구	備 갖출 비	猛 사나울 맹
謀 꾀할 모	克 이길 극	寡 적을 과	蒲 부들 포	裏 속 리
衍 넘칠 연	阿 언덕 아	喜 기쁠 희	旣 이미 기	破 깨뜨릴 파
耶 어조사 야	律 법 률	謝 사례할 사	始 처음 시	

한자 독음 ‖‖‖‖‖‖‖‖‖‖‖‖

① 금지초년, 제부지민무타요역, 장자개병. ② 평거즉청이전어사렵습위노사, 유경즉하령부내, 급견사예제패근징병. ③ 범보기지장구개취비언. ④ 기부장왈'패근', 행병즉칭왈'맹안'·'모극', 종기다과이위호. ⑤ 맹안자천부장야, 모극자백부장야. ⑥ 모극지부왈'포리연', 사졸지부종왈'아리희'. ⑦ 부졸지수, 초무정제. ⑧ 지태조즉위지이년, 기이이천오백파야율사십, 시명이삼백호위모극, 모극십위맹안.

1. 국문 해석

① 금(金)의 초기 여러 부족민들 모두 다른 요역은 없고 성인 남자면 모두 병사가 되었다. ② 평상시에는 수렵과 어로에 종사하다가 유사시 전역에 명령을 내리고 또 사자를 여러 부족장에 파견하여 군대를 징발하였다. ③ 보병과 기병을 막론하고 병기와 식량은 모두 스스로 갖추게 했다. ④ 그 부족장을 '패근(孛菫)'이라 하고 군대를 지휘하게 되면 '맹안(猛安)'·'모극(謀克)'이라 했는데, 군사의 많고 적음에 따라 붙여진 이름이었다. ⑤ 맹안은 천부장(千夫長)이고 모극은 백부장(百夫長)이다. ⑥ 모극의 다음 직위는 '포리연(蒲里衍)', 따르는 병사들을 '아리희(阿里喜)'라 하였다. ⑦ 휘하 병사들의 숫자는 정해져 있지 않았다. ⑧ 태조 즉위 2년, 2,500명으로 거란의 장군 야율사십(耶律謝十)을 격파한 다음, 처음으로 300호를 모극이라 하고 10모극을 맹안으로 하라고 명령하였다.

- 『금사(金史)』 「병지(兵志)」

2. 사료 해설

맹안·모극제는 본래 여진족의 군사 조직이었다. 맹안(猛安)이란 천(千)이란 뜻이고 모극(謀克)은 부족장을 의미한다. 여진족의 성년 남자는 모두 병사가 되는 것이 원칙이고 맹안·모극은 한부락 혹은 몇 개의 부락을 지배하는 우두머리였다. 맹안과 모극에 소속된 장정들은 평시에는 수렵에 종사하나 전쟁이 일어나면 징발되어 병사로 전쟁에 나가야 했다.

이러한 맹안·모극을 금나라 건국 직전 해인 1114년 태조가 재정비하였다. 300호를 1모극, 10모극을 1맹안으로 조직하고, 1모극에서 100명의 군사를 징발하여 1맹안(3,000호)을 단위로 병단을 조직한 것이다. 특히 이러한 맹안·모극에 행정 기능까지 담당하도록 하였다. 이를 통해 태조 아골타는 행정과 군사 기능을 맡은 맹안·모극을 바탕으로 자신의 권력을 강화해 나갈 수 있었다.

사료 Plus⁺

- 수국(收國) 원년 정월 임신(壬申), 태조(아골타)가 황제에 즉위하였다. 태조가 말했다. "요는 빈철(鑌鐵, 빛나는 철)을 이름으로 삼고 있는데 견고하기 때문이다. 빈철은 견고하기는 하지만 역시 마지막에는 변하여 부서진다. 오직 금만이 변하지 않고 부서지지도 않는다. 금의 색깔은 흰색이다. 우리 완옌부[完顏部]는 흰색을 숭상한다." 이에 나라 이름을 대금(大金)이라 하고, 수국(收國)이라고 개원하였다.

- 『금사(金史)』 「태조기(太祖紀)」

- 관부의 토지는 조(租)라 하고, 개인의 토지는 세(稅)라 한다. 조세 이외에 그 전원과 주택, 마차, 가축, 수모의 숫자와 그들이 소유한 현금의 많고 적음에 따라 현금을 징수하는데, 이를 물력전(物力錢)이라고 한다. 물력전을 징수하는 것은 위로는 공경대부부터 아래로는 서민에 이르기까지 면제받는 자가 없다. 만일 근신(近臣)이 외국으로 사신을 갔다가 돌아오면 반드시 물력전이 증가하게 되는데, 그 이유는 그들이 외국에서 선물을 받기 때문이다.

- 『금사(金史)』 「지(志)」 식화(食貨)

사료 텍스트 완성하기

교과서 텍스트

1. 세 금은 그들의 전통적인 부족 제도인 (   )을/를 군사 조직으로 정비하여 여진족과 거란 족에게 적용하고, 한족 등 농경민은 주현제로 지배하였다.

2. 세 금은 300호를 1모극, 10모극을 1맹안으로 조직하고, 1모극에서 100명의 군사를 징발하여 1맹안(3,000호)을 단위로 (   )을/를 조직하였다.

기출 텍스트

1. 수 금은 (   )에 대해서는 전통적인 씨족 조직이자 군사 조직인 맹안 모극제로 통치했다.

2. 수 금은 농경민에 대해서는 (   )(으)로 통치했다.

빈칸 정답		교과서 텍스트	기출 텍스트
	1	맹안 모극제	유목민
	2	병단	주현제

105 | 원의 통치 제도

---

① 其取於內郡者, 曰丁稅, 曰地稅. … ② 取於江南者, 曰秋稅曰夏稅. … ③ 丁稅地稅之法, 自太宗始行之. … ④ 丁稅少而地稅多者納地稅. ⑤ 地稅少而丁稅多者納丁稅. … ⑥ 秋稅夏稅之法, 行於江南. ⑦ 初世祖平宋時, 除江東浙西. ⑧ 其余獨征秋稅而已. … ⑨ 成宗元貞二年, 始定征江南夏稅之制.

— 『元史』「食貨志」

주요 어휘 ||||||||||||||||||

取 취할 **취**   稅 세금 **세**   秋 가을 **추**   夏 여름 **하**   納 바칠 **납**

除 제외할 **제**   浙 강 이름 **절**   征 취할 **정**

한자 독음 ||||||||||||||||||

① 기취어내군자, 왈정세, 왈지세. … ② 취어강남자, 왈추세왈하세. … ③ 정세지세지법, 자태종시행지. … ④ 정세소이지세다자납지세. ⑤ 지세소이정세다자납정세. … ⑥ 추세하세지법, 행어강남. ⑦ 초세조평송시, 제강동절서. ⑧ 기여독정추세이이. … ⑨ 성종원정이년, 시정정강남하세지제.

1. 국문 해석

① 내군(內郡)에서 취한 것을 정세(丁稅)와 지세(地稅)라고 한다. … ② 강남에서 취한 것을 추세(秋稅)와 하세(夏稅)라고 한다. … ③ 정세와 지세의 법은 태종(太宗) 때부터 시행되었다. … ④ 정세가 적고 지세가 많으면 지세로 납부한다. ⑤ 지세가 적고 정세가 많으면 정세로 납부한다. … ⑥ 추세와 하세의 법은 강남에서 시행하였다. ⑦ 처음 세조가 송을 평정할 때 강동, 절서 지역은 제외하였다. ⑧ 그 나머지는 다만 추세를 취하였을 뿐이다. … ⑨ 성종 원정(元貞) 2년, 처음으로 강남의 하세의 제도를 정하였다.

— 『원사(元史)』「식화지(食貨志)」

2. 사료 해설

원나라는 관리 선발과 관료 사회의 구성 면에서 민족 차별주의 정책을 기반으로 한 이원적 사회였다. 이는 중국 한인을 분열시킴으로써 중국의 통치를 원활하게 이끌기 위함이었다.

원은 화북과 강남 지역에 다른 세법을 적용하였다. 먼저 화북 지역에는 세량(稅量)·과차(科差)의 법을 적용하였다. 세량이란 일종의 호세(戶稅)로 할당된 곡물세인데, 개별 호의 정세(丁稅)와 지세(地稅) 중 더 많은 것을 징수하는 것이었다. 과차 또한 호를 대상으로 하는 일종의 물납세인데, 사료(絲料)와 포은(包銀)으로 이루어져 있었다. 사료는 생사(生絲)를 징수하는 것이었고, 포은은 본디 은납(銀納)이었다가 초납(鈔納)으로의 징수를 규정한 세제였다.

반면 강남 지역에는 추세(秋稅)와 문탄세(門攤稅)를 부과하였다. 문탄세는 일종의 호세(戶稅)에 해당하는 것이었는데, 이는 화북 지역에 적용된 호세를 강남 지역에도 적용한다는 의미가 담긴 것이었다. 그러나 문탄세는 강남 지역의 빈부 격차가 워낙 심했던 것과 연관되어 많은 반발을 불러일으켰다. 그리하여 원나라 정부는 성종 대덕 3년(1299)에 문탄세를 중단하고 다시 하세를 부과하였다. 이는 당 중기 이래 유지되었던 양세법(兩稅法)을 강남 지역에서 다시 부활한 것이면서도, 원의 독자성이 많이 반영된 것이라고 평가받는다. 특히 하세(夏稅)와 추세(秋稅) 모두 초납을 규정하였다는 점, 화북의 농민에 비해 과도하게 징수하였다는 점 등은 원의 통치체제와 연관된 특징으로 꼽히고 있다.

사료 Plus⁺

- 몽골은 초기에 당·송·금의 제도를 모방하여 지폐를 통용시켰으나 기록이 없어 상세한 내용은 알 수 없다. 세조(世祖) 중통(中統) 원년, 비로소 비단 본위제의 교초를 만들어 은 50냥을 교초 1,000냥과 통용시키도록 하였다. 다른 물품의 가격은 비단을 기준으로 삼았다. 이 해 10월 다시 지폐인 중통원보(中統元寶)를 발행하여 각 지방에 통용시켰다. 그 1관(貫)을 교초의 1냥과 같도록 하고 2관은 백은 1냥과 같도록 하였다.

  ─ 『원문류(元文類)』

- 조폐창에서 지폐를 대량으로 제조하여 대칸이 관할하는 전 지역에서 통용하는데, 백성들은 필요한 물건들을 이 지폐로 사고팔 수 있다. 대칸의 군대는 이 지폐로 군량미를 받는다. 대칸의 경제적 지배권은 세계의 어떤 군주보다 폭넓다고 할 수 있다.

  ─ 『동방견문록(東方見聞錄)』

↓ 사료 텍스트 완성하기

교과서 텍스트

1. 쿠빌라이 칸은 수도를 (   )(으)로 옮기고 국호를 원으로 바꾼 후 남송을 멸망시키고 중국의 전역을 장악하였다.

2. 원은 국가의 최고 고위직은 모두 소수의 (   )이/가 독점하였고, 재정과 행정 등의 업무는 서역의 무슬림이 다수를 차지한 (   )이/가 담당하였다.

3. 원의 극심한 민족 차별 정책으로 관직 진출이 어려웠던 한족 지식인은 (   )에서 두각을 나타냈다.

4. 원의 황실 지배층은 티베트 불교인 (   )을/를 신봉하여 사원과 불탑을 건립하는 데 국고를 소모하여 재정이 어려워졌다.

기출 텍스트

1. 칭기즈칸은 씨족제를 (   )(이)라는 군사 조직으로 재편하여 부족을 결집하였다.

2. 칭기즈칸은 천호장·백호장의 아들을 (   )(으)로 편성하였다.

3. 원은 (   )에게 재정 운영을 담당하게 하였다.

4. 원은 색목인을 우대하고 (   )의 관직 진출을 제한하였다.

빈칸 정답		교과서 텍스트	기출 텍스트
	1	대도(베이징)	천호·백호
	2	몽골인, 색목인	친위 부대(케식)
	3	문화 활동	색목인
	4	라마교	한족

106 | 원의 대외교류

圖미래엔

---

① 元自世祖定江南, 凡鄰海諸郡與蕃國往還互易舶貨者, 其貨以十分取一, 粗者十五分取一, 以市舶官主之. ② 其發舶回帆, 必著其所至之地, 驗其所易之物. ③ 給以公文, 爲之期日, 大抵皆因宋舊制而爲之法焉. ④ 於是至元十四年, 立市舶司一於泉州, 令孟古岱領之. ⑤ 立市舶司三於慶元 · 上海 · 澉浦, 令福建安撫使楊發督之. ⑥ 每歲招集舶商, 於蕃邦博易珠翠香貨等物. ⑦ 及次年回帆, 依例抽解, 然後聽其貨賣.

― 『元史』「食貨志」市舶

주요 어휘 ||||||||||||||||

鄰 이웃 린	蕃 울타리 번	還 돌아올 환	互 서로 호	易 바꿀 역
粗 거칠 조	舶 큰 배 박	貨 재화 화	回 돌 회	帆 돛 범
著 기록할 저	驗 검사할 험	物 물건 물	給 공급할 급	澉 씻을 감
浦 개 포	招 부를 초	商 헤아릴 상	博 넓을 박	珠 구슬 주
翠 푸를 취	香 향기 향	抽 뺄 추	解 풀 해	聽 들을 청
貨 재화 화	賣 팔 매			

한자 독음 ||||||||||||||||

① 원자세조정강남, 범린해제군여번국왕환호역박화자, 기화이십분취일, 조자십오분취일, 이시박관주지. ② 기발박회범, 필저기소지지지, 험기소역지물. ③ 급이공문, 위지기일, 대저개인송구제이위지법언. ④ 어시지원십사년, 입시박사일어천주, 령맹고대영지. ⑤ 입시박사삼어경원 · 상해 · 감포, 령복건안무사양발독지. ⑥ 매세초집박상, 어번방박역주취향화등물. ⑦ 급차년회범, 의예추해, 연후청기화매.

1. 국문 해석

① 원(元)은 세조(世祖)가 강남을 평정한 이래, 연해에서 인근 국가와 왕래하며 상품을 교역할 때 상품의 1/10을 징수하고, 중요하지 않은 상품에 대해서는 1/15을 징수하는데, 조세의 징수는 시박관(市舶官)이 담당하였다. ② 선박이 나가고 들어올 때 필히 행선지를 기록하고, 교역 물품을 기록하였다. ③ 그리고 공문을 지급하여 왕래의 기일을 규정해 주었는데, 대저 이러한 제도는 송대의 옛 제도를 모범으로 삼은 것이다. ④ 지원(至元) 14년, 천주(泉州)에 시박사를 설치하고 뭉케타이[孟古岱]로 하여금 관할하게 하였다. ⑤ 시박사 3개를 경원(慶元) · 상해(上海) · 감포(澉浦)에 설치하고 복건안무사(福建安撫使) 양발(楊發)이 감독하게 하였다. ⑥ 매해 인근 국가에서 무역상을 불러모아 비취와 향료 등의 물품을 교역하였다. ⑦ 이듬해 배가 돌아오면, 의례(依例)대로 추해(抽解)한 다음에야 비로소 지니고 온 물품의 판매가 허용되었다.

— 『원사(元史)』 「식화지(食貨志)」 시박(市舶)

2. 사료 해설

몽골 제국은 세계 제국을 성립시켜 동서 교통을 방해하고 있던 인위적 장벽을 제거하였으며, 또한 넓은 지역을 통치하기 위하여 참적(站赤, 또는 역전)제가 완비되었기 때문에 국내외의 교통이 크게 발달하였다.

탈라스 전투의 패배 이후 당은 서역과의 육로 교통로를 상실하였다. 그리하여 이 지역에 난립한 여러 세력들로 이곳을 통과해야만 하는 상업 교류가 축소되었다. 이후 송은 정복왕조 등의 존재로 말미암아 해상교역에 기반한 남해 무역이 발달하였고, 이를 위해 항구도시에 시박사를 설치하여 무역세의 징수, 무역품 판매허가증의 교부 등을 담당하게 하였다.

몽골 제국은 각지에 역참제를 설치 및 운영하였고, 기존에 동서 교역로 사이에 난립했던 세력들을 정리해 주었기 때문에 동서 교류는 더욱 발달할 수밖에 없었다. 이러한 상황에서 이슬람 상인들이 두각을 나타냈으며, 이들은 대상(隊商)을 조직하여 무역을 하는 한편 일부는 원의 중국 지배에 참여하기도 하였다.

송나라 시기 발달한 해상 무역은 원나라 시기에 더욱 발달하였다. 특히 원은 남송 때의 무역 제도를 답습하여 천주(泉州)에 시박사를 설치하였는데, 시박사에서는 무역세의 징수, 무역품 판매허가증의 교부 등을 행하였다.

그런데 바닷길을 통한 교역에는 문제점이 있었다. 당시 유럽인의 입장에서 바닷길을 통한 교역은 조선술 등의 한계로 말미암아 장기간의 시간이 걸리면서 수많은 위험 속에 노출될 수밖에 없었다. 반면 초원길을 통한 교역은 시간도 절반 가까이 축소되면서 예상치 못한 자연재해 등으로부터 상대적으로 안전한 교류 방식이었다.

몽골 제국의 등장은 초원길, 바닷길 등 모든 동서 교역로가 활성화되는 계기였다. 따라서 유럽 상인들은 품목이나 규모에 맞춰 보다 더 적합한 방식의 교역을 선택할 수 있게 되었다. 또한, 이 과정에서 중국과의 무역 전초기지라고 할 수 있는 흑해 지방에 상관이나 상업 식민지를 확보하고 있던 제노바 상인들이 주도적인 역할을 하게 되었다. 이들 제노바 상인들은 원의 수도 북경 이외에도 광주, 항주, 천주 등에서 활발하게 교역을 하였다.

프란체스코 수도회는 당시 최대의 항구도시였던 천주에 푼두크를 설립하였다. 본디 푼두크는 아랍어로 대상들이 머무는 숙소를 의미하는데, 중세 이슬람 국가에서는 외국 상인들에게 할애된 숙소와 창고가 딸린 일종의 거류지를 지칭하는 용어로 사용되고 있었다. 프란체스코 수도사들의 보고서에 따르면 이곳에서 꽤 많은 제노바 상인들이 활동하고 있었다고 한다.

교통로를 통하여 동서 무역과 문화 교류가 활발하게 이루어졌다. 특히, 아라비아 투르크계의 이슬람 상인들의 진출이 두드러졌다. 이들은 대상(隊商)을 조직하여 무역을 하는 한편 일부는 원의 중국 지배에 참여하기도 하였다.

사료 Plus⁺

- 임안(臨安)의 주민들은 군인들과 대칸의 경비병을 싫어하는데, 자신들의 군주를 빼앗겼다고 생각하기 때문이다. … 대칸은 많은 군대를 주둔시켜 임안을 방비하도록 하였다. 많은 재화가 이 도시에 있어 막대한 세금을 거두어들이고 있기 때문이다. 또 대칸은 주민들이 반란을 일으키지 않을까 하는 걱정 때문에 많은 군대로 하여금 철저하게 지키게 하였다.

- 수도는 많은 도로가 각 지방을 향하여 나 있다. 각각의 도로에는 행선지의 이름을 따서 명칭이 붙어 있다. 칸은 사신들이 이 도로를 통행할 때 필요한 물자는 무엇이든 구할 수 있도록 준비시키고 있다. … 국내 여러 지방으로 통하는 주요 도로에는 25~30마일마다 역참이 배치되어 있다. 이 역참에서는 넓고 근사한 침대와 모든 필요한 물건들이 제공된다. 또한 각 역참에는 300~400마리의 말이 사신을 위해 준비되어 있다. 이러한 시설은 칸의 명령이 행하여지는 모든 지방과 왕국에 갖추어져 있다.

- 육로와 수로가 모두 갖추어져 있어 교통은 사방으로 원활하게 통한다. 운하와 시내의 길은 매우 넓어서 배와 수레는 주민들에게 필요한 물건을 충분히 싣고 왕래한다. 사람들의 말에 따르면 다리의 수는 1만 2,000여 개에 달한다고 한다. 다리는 주로 운하 위에 놓여서 각 대로를 이어 주는데, 높은 아치 형태로 매우 정교하게 축조되었다. 다리의 아치형 공간 아래로 돛대를 세운 배가 통과하고, 동시에 다리 위로는 수레와 말이 지나다닐 수 있다.

- 큰 건물의 지하 상점은 각종 제품을 갖추고 있는데, 향료·약재·진주를 비롯한 장식품 등 거의 모든 물건을 판매한다. 어떤 상점은 술 이외에 다른 물건은 팔지 않는다. … 수많은 길과 시장은 서로 통하는데 그중 어떤 길에는 냉욕 목욕탕이 있다. 그곳에는 손님들을 위해 몸을 닦아 주는 남녀 일꾼이 고용되어 있다. … 시장이 열리는 날마다 물건을 팔러 온 상인들과 시민들이 어깨를 부딪치며 인산인해를 이루고 온갖 물건들이 실려 나간다. 예를 들어, 콩으로 킨사이[杭州] 주민의 식품 소비량을 가늠해 볼 수 있는데, 하루 콩 판매량이 중량 90kg짜리 자루로 43자루에 달한다.

- 세계에서 가장 귀하고 진기한 물건들은 모두 이곳 캄발루[大都]에서 찾아볼 수 있다. 인도의 상품도 있고, 비단도 매일 1천 수레가 들어온다.

- 후추를 비롯한 각종 향신료가 풍부하기 때문에 수많은 상인과 선박이 자와섬을 찾아온다고 한다. 이곳 자와 섬에서 수출되는 향신료의 양은 아마도 세계에서 가장 많을 것이다.

  —『동방견문록(東方見聞錄)』

- 여행자에게 중국은 가장 안전하고 좋은 고장이다. 한 사람이 혼자 거금을 소지하고 9개월이나 돌아다녀도 걱정할 일이 없다. 전국의 모든 역참에는 숙소가 있는데, 관리자가 서기와 함께 와서 투숙객의 이름을 등록하고 확인 도장을 찍은 다음 숙소 문을 잠근다. 관리자는 기병과 보병을 데리고 늘 머물러 있다. 전국의 모든 역참이 이렇게 하고 있다. … 사람을 파견해 다음 역참까지 안내하고, 안내자는 전원이 도착했다는 확인서를 받아 온다.

  — 이븐 바투타, 『여행기(旅行記)』

- 마르코 폴로와 같은 이탈리아 상인은 중앙아시아를 통과할 때 대상의 일원이 되거나, 추천장을 갖춘 소그룹으로 무리 지어 원에서 설치한 역참을 이용하며 왕래했다. … 이탈리아 상인들이 중국에서 체류했던 것만은 확실하다. 양저우에서 1342~1344년의 연도가 새겨져 있는 그들의 묘비가 많이 발견되었기 때문이다.

  — 장피에르 드레주, 『실크로드, 사막을 넘은 모험자들』

사료 텍스트 완성하기

교과서 텍스트

1. 세 (   )을/를 통해 유럽인과 이슬람 상인들이 편리하게 중국을 방문하는 등 초원길과 비단길을 통한 교류가 활발해졌다.

2. 세 몽골의 네스토리우스파 크리스트교도였던 (   )은/는 예루살렘으로의 성지 순례를 위해 출발했다가 유럽 각지를 순방하였다.

3. 세 바닷길을 통한 교역이 활발해지면서 항저우, 취안저우 등에 설치된 (   )이/가 대외 무역 사무를 담당하였다.

4. 세 서역 상인이 자주 왕래하여 물자 교류가 활발하였으며, 화폐 사용이 늘어 (   )이/가 널리 사용되었다.

기출 텍스트

1. 수 원은 역참제를 통해 (   )을/를 통치하였다.

2. 수 역참을 통해 (   )이/가 활발해졌다.

3. 수 (   )은/는 간단한 숙박 시설과 말, 식량을 갖추고 통행을 가진 관리나 사절 등이 이용할 수 있는 곳이다.

4. 수 송나라와 원나라는 무역항에 (   )을/를 설치하여 교역을 감독하였다.

빈칸 정답		교과서 텍스트	기출 텍스트
	1	역참	정복 지역
	2	랍반 사우마	동서 교류
	3	시박사	역참
	4	교초	시박사

107 | 정난의 변과 북경 천도

① 我太祖高皇帝·孝慈高皇后嫡子, 國家至親. ② 受封以來, 惟知循法守分. ③ 今幼主嗣位, 信任姦回, 橫起大禍, 屠戮我家. ④ 我父皇·母后創業艱難, 封建諸子, 藩屛天下, 傳續無窮. ⑤ 一旦殘滅, 皇天后土, 實所共鑒. ⑥ 祖訓云, "朝無正臣, 內有姦惡, 必訓兵討之, 以淸君側之惡." ⑦ 今禍迫予躬, 實欲求生, 不得已也. ⑧ 義與姦邪不共戴天, 必奉行天討, 以安社稷. ⑨ 天地神明, 照鑒予心.

— 『國朝典故』「奉天靖難記」

주요 어휘 |||||||||||||||||

嫡 정실 적	親 친척 친	至親(지친) 숙부와 조카	惟 생각할 유
循 좇을 순	幼 어릴 유	嗣 이을 사	任 맡길 임	姦 간사할 간
橫 멋대로 광	起 일어날 기	屠 잡을 도	戮 죽일 륙	艱 어려울 간
難 어려울 난	藩 지킬 번	屛 병풍 병	續 이을 속	窮 중단할 궁
殘 해칠 잔	滅 멸망할 멸	鑒 거울 감	側 곁 측	迫 닥칠 박
躬 몸 궁	邪 간사할 사	戴 일 대	稷 기장 직	照 비출 조

한자 독음 |||||||||||||||||

① 아태조고황제·효자고황후적자, 국가지친. ② 수봉이래, 유지순법수분. ③ 금유주사위, 신임간회, 횡기대화, 도육아가. ④ 아부황·모후창업간난, 봉건제자, 번병천하, 전속무궁. ⑤ 일단잔멸, 황천후토, 실소공감. ⑥ 조훈운, "조무정신, 내유간악, 필훈병토지, 이청군측지악." ⑦ 금화박여궁, 실욕구생, 부득이야. ⑧ 의여간사불공대천, 필봉행천토, 이안사직. ⑨ 천지신명, 조감여심.

1. 국문 해석

① 나는 태조고황제(太祖高皇帝)와 효자고황후(孝慈高皇后)의 적자(嫡子)로서 국가의 지친(至親)이다. ② 봉건받은 이래 오직 법을 좇고 분수를 지켜왔다. ③ 오늘날 어린 군주가 황위를 계승하여 간사한 자를 신임하고, 멋대로 큰 화를 일으켜, 우리 가문을 도륙내고 있다. ④ 내 아버지 황제와 어머니 황후는 창업의 어려운 때에 여러 아들을 봉건하여 천하의 울타리가 되도록 하고, 왕조를 전하고 지속시켜 무궁하도록 했다. ⑤ 하루아침에 소멸될 처지가 된 것은 황천과 후토가 실로 함께 비추어 아는 바이다. ⑥ 조훈(祖訓)에 의하면, "조정에 바른 신하가 없고 안으로 간악한 자가 있으면, 필히 군사를 훈련시켜 이를 토벌하여 군주 옆의 악을 깨끗하게 하라."라고 하였다. ⑦ 지금 화가 내 몸에 닥쳤으니, 부득이하게도 실로 살 방법을 찾지 않을 수 없다. ⑧ 의로운 자와 간악한 자가 한 하늘을 이고 살 수 없으니, 하늘이 토벌하라는 뜻을 받들어 사직을 편안히 지키겠다. ⑨ 천지신명은 내 마음을 비추어줄 것이다.

― 『국조전고(國朝典故)』 「봉천정난기(奉天靖難記)」

2. 사료 해설

명을 건국한 홍무제(洪武帝)는 장자를 황태자로 세우고, 나머지 아들들은 북변을 비롯한 각지의 왕으로 봉하였다. 그런데 황태자가 병사함에 따라 황태자의 아들이 황태손에 책봉되었고, 이후 황태손은 건문제(建文帝)로 즉위하게 되었다.

건문제는 즉위 후 지방 정권으로 성장해가고 있던 봉건왕들에 대한 영지 삭감을 시도하였다. 그리하여 주왕 등 5왕을 폐하는 등 봉건왕들의 세력 약화를 시도하였는데, 이에 신변의 위협을 느낀 연왕(燕王) 체(棣)는 황제 옆의 간신을 제거하고 명나라 왕조를 유지한다는 명목으로 반란을 일으켰다. 이를 '정난(靖難)의 변(變)'이라 한다. 연왕 체는 휘하에 몽골인·여진인·서역인 등으로 구성된 강력한 무장 집단을 거느리고 있었고, 남경 정부에서 환관 세력이 호응함에 따라 승리할 수 있었다.

연왕 체는 건문제를 물리치고, 영락제(永樂帝)로 즉위하게 되었다. 영락제는 즉위 후 남경에 수도를 둔 채 북평을 북경이라 명명하고 부도(副都)로 승격시켰다. 그리고 행재소(行在所)를 설치하여 장기간 이곳에서 거주하면서 자신에게 도전할 만한 변방의 제후왕 세력을 약화시켰다. 그리고 나서 영락 19년(1421)에야 정식으로 천도하였다. 이와 함께 경제 중심지인 강남으로부터 북경까지의 물자 수송을 위해 회통하(會通河)·청강포(淸江浦) 등을 축조하였다.

북경 천도로 인해 북방 방위가 용이해졌고, 중국 전체의 발전을 도모할 수 있는 기반이 마련되었다. 또한 강남 지역의 생산물이 화북 지방으로 활발하게 수송됨에 따라 남북의 경제 교류도 활발해졌다.

사료 Plus⁺

천하에 강남 지역이 있다는 것은 마치 부잣집에 창고와 장롱이 있는 것과 같다. 예컨대 돈 많은 부잣집 아들이라면 창고와 장롱은 반드시 몸소 지키고 그 문과 뜰은 하인들에게 맡길 것이다. 남경(南京)을 수도로 삼지 않은 것은 하인에게 창고나 장롱을 맡기는 것이고, 북경(北京)을 수도로 삼는 것은 몸소 문이나 뜰을 지키는 것이다. 천하를 다스리는 지혜가 돈 많은 부잣집 아들보다 못해서야 되겠는가?

— 『명이대방록(明夷待訪錄)』

▌사료 텍스트 완성하기

교과서 텍스트

1. 세 영락제의 정변이 성공하는 데 (   )이/가 큰 역할을 하여 이후 정치에 중용되었다.

2. 세 영락제는 능력이 뛰어난 문관을 선발하여 황제의 자문을 담당하게 하였는데, 이들을 (   )(이)라 한다.

3. 세 영락제는 대외 팽창 정책을 추진하여 (   )을/를 공격하고 베트남을 점령하였다.

기출 텍스트

1. 수 영락제는 (   )을/를 건설하고, 수도를 난징에서 (   )(으)로 옮겼다.

2. 수 영락제는 화북과 강남 지방을 연결하는 (   )을/를 정비하였다.

3. 수 영락제는 군대를 보내 (   ) 북부를 점령하기도 하였다.

빈칸 정답		교과서 텍스트	기출 텍스트
	1	환관	자금성, 베이징
	2	내각	대운하
	3	몽골	베트남

108 | 금화은의 시행

① 至正統元年, 副都御史周銓言. ② "行在各衛官俸支米南京. ③ 道遠費多, 輒以米易貨, 貴買賤售, 十不及一. ④ 朝廷虛糜廩祿, 各官不得實惠. ⑤ 請於南畿·浙江·江西·湖廣不通舟楫地, 折收布·絹·白金解京充俸." … ⑥ 遂仿其制, 米麥一石, 折銀二錢五分. ⑦ 南畿·浙江·江西·湖廣·福建·廣東·廣西米麥共四百餘萬石, 折銀百萬餘兩, 入內承運庫, 謂之金花銀. ⑧ 其後槪行於天下.

— 『明史』「食貨志」

주요 어휘 ||||||||||||||||

副 버금 부	銓 저울질할 전	衛 지킬 위	俸 녹 봉	支 지급할 지
遠 멀 원	費 쓸 비	輒 문득 첩	易 바꿀 역	貨 재화 화
售 팔 수	虛 빌 허	糜 문드러질 미	廩 곳집 름	祿 복 록
實 실제 / 진실 실	舟 배 주	楫 노 즙	折 꺾을 절	收 거둘 수
解 풀 해	仿 본뜰 방	麥 보리 맥	承 받들 승	運 돌 운
庫 곳집 고	槪 대개 개			

한자 독음 ||||||||||||||

① 지정통원년, 부도어사주전언. ② "행재각위관봉지미남경. ③ 도원비다, 첩이미역화, 귀매천수, 십불급일. ④ 조정허미름록, 각관부득실혜. ⑤ 청어남기·절강·강서·호광불통주즙지, 절수포·견·백금해경충봉." … ⑥ 수방기제, 미맥일석, 절은이전오분. ⑦ 남기·절강·강서·호광·복건·광동·광서미맥공사백여만석, 절은백만여양, 입내승운고, 위지금화은. ⑧ 기후개행어천하.

1. 국문 해석

① 정통(正統) 원년, 부도어사(副都御史) 주전(周銓)이 말하였다. ② "행재(行在)의 각 위관(衛官)의 녹봉은 남경(南京)에서 쌀로 지급합니다. ③ 그런데 길이 멀고 비용이 많이 들어 번번이 쌀을 물화(物化)로 바꾸지만, 비싸게 사고 싸게 파니 수입이 10%에도 미치지 못합니다. ④ 조정은 녹봉을 허비하고 각 위관은 실질적인 은혜를 받지 못하고 있습니다. ⑤ 청하건대 남직예[南畿]·절강(浙江)·강서(江西)·호광(湖廣)에서 배가 통하지 않는 지역은 포(布)·견(絹)·백금(白金)으로 환산 징수하여 경사에 보내 녹봉으로 충당하시기 바랍니다." … ⑥ 마침내 그 제도를 본떠 미(米)·맥(麥) 1석을 은(銀) 2전 5분으로 절납하도록 하였다. ⑦ 남직예[南畿]·절강(浙江)·강서(江西)·호광(湖廣)·복건(福建)·광동(廣東)·광서(廣西)의 미(米)·맥(麥) 합계 400여 만석을 은 100만여 량으로 환산하여 거두어 내승운고(內承運庫)에 들이도록 하였는데, 이를 일컬어 금화은(金花銀)이라 하였다. ⑧ 그 후 천하(天下)에 이를 널리 행하였다.

-『명사(明史)』「식화지(食貨志)」

2. 사료 해설

명나라 초의 조세[田賦]는 쌀·보리의 현물납(現物納)이 원칙이었고, 관료에 대한 봉급도 이를 기반으로 지급하였다. 그런데 강남 지역에서 확보한 현물들을 북경까지 운반하는 것이 번거로웠기 때문에 여러 가지 방법이 고안되었는데, 무관의 봉급은 원래의 수도인 남경에서 받게 되어 있었다. 무관들은 운송 과정의 번거로움과 각종 비용 발생 등으로 인해 북경에서 봉첩(俸帖, 봉급수령증)을 은을 받고 팔아버리는 경우가 많았다. 한편, 남경으로 세량을 납부하러 오는 이들은 쌀을 팔아 은을 소지한 채 남경까지 온 뒤 남경에서 다시 쌀을 사서 납부하는 경우가 많았다. 이때 상인들은 이중의 이득을 보는 상황이었다.

이러한 상황을 해결하기 위해 정통 원년을 기점으로 은납(銀納)이 점차 확산되었다. 은납은 쌀 4섬 대 은 1냥[兩]의 환산률로 행해졌으며, 그 절량은(折糧銀)을 '금화은(金花銀)'이라고 하였다. '금화은'은 순도가 높은 양질의 은이라는 뜻을 갖고 있다. 금화은의 확대 실시는 단순히 무관에 대한 봉급 지급 문제나 납세호의 불편 문제를 해결하기 위한 것뿐만 아니라 궁극적으로는 중앙 정부에서 은에 대한 수요가 많아진 현실을 고려한 조치였다. 이렇게 시작한 은납화는 본격적인 은 경제 시대를 촉발하였다.

사료 Plus⁺

• 홍무 7년, 황제는 보초제거사(寶鈔提擧司)를 설치하였다. 다음해에 비로소 중서성에 조(詔)를 내려 대명보초(大明寶鈔)를 만들고 민간에 통행시키도록 하였다. 상양(桑穰)을 재료로 썼는데, 그 모양은 네모였고, 높이는 1척, 폭은 6촌이었으며, 바탕은 청색이고, 바깥은 용의 문양과 꽃무늬였다. 횡으로 그 액면(額面)에 '대명통행보초'라 쓰고, 그 안의 상변 안쪽에 다시 전문(篆文)으로 '대명보초천하통행'이라는 여덟 글자를 썼다. 그 가운데 동전 꾸러미를 그려 넣었는데, 10관(串)을 1관(貫)으로 삼았다.

― 『명사(明史)』 「식화지(食貨志)」

• 오늘날 지폐는 통용되지 않고, 동전만이 겨우 작은 교역에만 사용될 뿐, 모든 조세 업무를 은 하나로만 하니 은이 부족하게 되었다. … 은이 부족해지는데도 부세는 옛날 그대로이고 교역도 변함이 없다. 허둥지둥 은을 구하고자 해도 어디에서 구할 수 있겠는가?

― 『명이대방록(明夷待訪錄)』

• 복건 순안어사 류화(柳華)가 각 부·현에 다음과 같은 격문을 보냈다. "성곽과 향촌의 크고 작은 항(巷)·도(道)의 출입구에 모두 하나의 검문소를 설치하고, 그 문 위에 집을 지어서 각각 종과 북과 무기를 비치하라! 큰 향촌은 네 귀퉁이에 높은 망대를 세우고, 작은 향촌에는 그 중앙에 세워라! 각 향민은 열 명 또는 다섯 명 단위로 조를 편성하고, 총갑(總甲)·소갑이 처벌하는 것을 허락한다." 이로부터 총갑·소갑은 각각 마음대로 행동할 수 있었으며, 향인들에게 명령하여 불러 모아도 감히 거스르는 자가 없었다. 등무칠(鄧茂七)은 동생 등무팔(鄧茂八)과 함께 편성되어 총갑이 되었다. 일찍이 타인의 토지를 소작하는 경우 관례에 따라 소작료 이외에 지주에게 햅쌀·닭·거위를 바쳤다. 등무칠은 맨 앞에서 그 백성에게 이것을 폐지하도록 주창하였다. 또 소작료를 멀리까지 수송하는 경우는 지주가 스스로 가져가도록 하고 소작인이 그 집까지 운반해 주는 것을 허락하지 않았다. 지주들은 등무칠을 현 당국에 고소했고 … 등무칠은 무리와 맹세하고 거병하여 반란을 일으켰다.

― 「공지휘기절(龔指揮氣節)」

사료 텍스트 완성하기

교과서 텍스트

1. 동 명 초에는 동전과 지폐인 보초가 화폐로 사용되었는데, 대체로 (   )은/는 고액 화폐로 유통되었다.

2. 동 명 조정이 보초를 남발하여 그 가치가 하락하자, 민간에 보초를 대신할 새로운 화폐로 (   )이/가 사용되었다.

3. 세 명·청 시대에 (   ) 지방에서는 면직물과 비단을 만드는 수공업이 발달하였고, 도자기 생산도 크게 늘어났다.

기출 텍스트

1. 전 보초(寶鈔)의 유통을 위해 명은 (   )을/를 설치하였다.

2. 전 금화은(金花銀)의 실시로 (   ) 재배가 증가하였다.

3. 전 은에 대한 무리한 채굴은 (   )이/가 주도한 광부의 반란으로 이어졌다.

빈칸 정답		교과서 텍스트	기출 텍스트
	1	보초	보초제거사(寶鈔提擧司)
	2	은	환금작물
	3	창장강 하류	섭종류(葉宗留)

109 | 장거정의 개혁과 일조편법

圝금성, 圝미래엔

① 一條鞭法者, 總括一州縣之賦役, 量地計丁, 丁糧畢輸於官. ② 一歲之役, 官為僉募. ③ 力差, 則計其工食之費, 量為增減. ④ 銀差, 則計其交納之費, 加以增耗. ⑤ 凡額辦·派辦·京庫歲需與存留·供億諸費, 以及土貢方物, 悉並為一條, 皆計畝征銀, 折辦於官. ⑥ 故謂之'一條鞭', 立法頗為簡便. ⑦ 嘉靖間, 數行數止, 至萬曆九年乃盡行之.

— 『明史』 「食貨志」

주요 어휘 ||||||||||||||||||

條 가지 조	鞭 매질할 편	賦 부세 부	役 부릴 역	量 헤아릴 양
計 계산할 계	糧 양식 양	畢 마칠 / 모두 필	輸 나를 수	僉 모두 첨
募 모을 모	費 쓸 비	增 더할 증	減 덜 감	交 서로 교
納 바칠 납	耗 줄 모	額 액수 액	辦 준비할 판	派 물갈래 파
需 구할 수	億 헤아릴 억	畝 이랑 무	征 칠 정	頗 자못 파
簡 간편할 간	嘉 아름다울 가	靖 편안할 정	盡 다할 진	

한자 독음 ||||||||||||||||||

① 일조편법자, 총괄일주현지부역, 양지계정, 정량필수어관. ② 일세지역, 관위첨모. ③ 역차, 즉계기공식지비, 양위증감. ④ 은차, 즉계기교납지비, 가이증모. ⑤ 범액판·파판·경고세수여존유·공억제비, 이급토공방물, 실병위일조, 개계무정은, 절판어관. ⑥ 고위지'일조편', 입법파위간편. ⑦ 가정간, 수행수지, 지만력구년내진행지.

1. 국문 해석

① 일조편법(一條鞭法)이라는 것은 한 주현의 부역(賦役)을 총괄하여 지(地)와 정(丁)을 계산하여 정은(丁銀)과 세량(歲糧)을 모두 관에 보내는 것이다. ② 한 해의 역은 관에서 골라 뽑아 해결하였다. ③ 역차(力差)는 그 삯에 대한 비용을 계산하여 가감한다. ④ 은차(銀差)는 교납(交納)하는 비용을 계산하여 증모를 더한다. ⑤ 액판(額辦)·파판(派辦)·경고(京庫)의 세수(歲需)와 존류(存留)·공억(供億)의 여러 비용 및 지방에서 바치는 특산품은 모두 하나의 항목으로 합쳐, 토지 면적을 기준으로 은을 징수해 관에서 처리하게 하였다. ⑥ 고로 이를 '일조편(一條鞭)'이라 하였는데, 만든 법이 자못 간편하였다. ⑦ 가정 연간에 여러 차례에 걸쳐 실행과 중지가 반복되었는데, 만력 9년에 이르러 모두 시행되었다.

－『명사(明史)』「식화지(食貨志)」

사료 Plus⁺

- 가정 말경 왜구가 매우 참혹하게 복건을 노략질했다. 그러나 관군이 적을 타파하는 날이 되어서 어찌 왜구 중에서 사람 하나, 말 한 마리 살아서 그 나라로 돌아갈 수 있었겠는가? 그들이 약탈한 것의 반은 이런 무리들의 주머니에 들어갔을 따름이다. 그렇기에 최근 해외 무역을 금하는 것은 매우 잘하는 것이다. 그러나 완전히 금할 수 있을지 걱정이다. 무릇 권세 있는 집안[巨室]에서 이것으로 말미암아 이익을 얻는 자가 많기 때문이다. 가정 말경 왜구가 절강·직예·복건·광동·광서를 침범했지만 산동만 그 힘이 미치지 못했던 것은 산동인이 물에 익숙하지 못해서 왜구를 유도하는 자가 없었기 때문이다. 이러한 예로 보면 왜구의 정황을 명확히 이해할 수 있을 것이다.

  －『오잡조(五雜俎)』

- 이부(吏部)에 명령하여 업적 평가 규정을 엄격히 시행하고 명성과 사실이 일치하는지를 자세히 심사하도록 해 주십시오. 조종의 옛 제도를 따라 경관과 외관은 3년, 6년마다 고과 평정을 하는데, 이때 일괄적으로 복직시키거나 과분하게 은전을 베풀지 마시고 반드시 '칭직(稱職)', '평상(平常)', '불칭직(不稱職)'을 매겨 명백히 등급을 밝히십시오. 만약 그 공적과 잘못이 현저하지 않아서 바로 승진시키거나 강직·파면해서는 안되는 자는 고칙(誥勅), 훈계(勳階) 등을 주시되 조금 차등을 주어 격려하십시오. 용사와 진퇴는 오로지 실질적인 공을 기준으로 하십시오. 명성에 현혹되지 말고, 자격에 구애되지 말고, 비방과 칭찬에 흔들리지 말고, 애증으로 흐려지지 말고, 한 가지 일로 그 사람의 평생을 억누르지 말고, 작은 과실로 그의 대절(大節)을 가리지 마십시오.

  －『장거정집(張居正集)』

사료 텍스트 완성하기

교과서 텍스트

1. 동 명의 정치 문란 속에서 개혁의 뜻을 품고 있던 장거정은 재상이 된 후 (   )을/를 시행하여 부패하거나 무능한 관료를 축출하였다.

2. 동 장거정은 이민족을 토벌하고 (   )을/를 보수하여 대외적인 안정을 꾀하였다.

3. 동 (   )은/는 만력제 초기 재상인 장거정에 반대하는 관료들을 중심으로 만들어졌다.

기출 텍스트

1. 수 장거정이 대학사에 취임할 무렵 명은 (   )의 지속적인 침입으로 재정 위기가 발생하였다.

2. 수 은 유통의 증가는 (   ) 시행에 영향을 주었다.

3. 수 장거정은 전국적으로 (   )을/를 실시하고 은으로 세금을 받는 일조편법을 시행하였다.

빈칸 정답		교과서 텍스트	기출 텍스트
	1	인사 고과 제도	북로남왜
	2	만리장성	일조편법
	3	동림당	토지 조사 사업

110 왕양명의 활동

圖미래엔, 圖천재 / 세천재

① 無善無惡心之體, 有善有惡意之動, 知善知惡是良知, 爲善去惡是格物.

② 天地雖大, 但有一念向善, 心存良知, 雖凡夫俗子, 皆可爲聖賢.

③ 夫良知卽是道. ④ 良知之在人心, 不但聖賢, 雖常人亦無不如此.

⑤ 無心外之理, 無心外之物.

— 『傳習錄』

주요 어휘 ||||||||||||||||

體 몸 체	動 움직일 동	良 좋을 양	知 알 지	格 바로잡을 격
物 만물 물	雖 비록 수	聖 성스러울 성	賢 어질 현	如 같을 여
此 이 차				

한자 독음 ||||||||||||||||

① 무선무악심지체, 유선유악의지동, 지선지악시양지, 위선거악시격물.

② 천지수대, 단유일염향선, 심존양지, 수범부속자, 개가위성현.

③ 부양지즉시도. ④ 양지지재인심, 부단성현, 수상인역무불여차.

⑤ 무심외지리, 무심외지물.

1. 국문 해석

① 선도 없고 악도 없는 것이 마음의 본체이고, 선도 있고 악도 있는 것이 뜻(意)의 움직임이며, 선을 알고 악을 아는 것이 양지이고, 선을 행하고 악을 제거하는 것이 격물(格物)이다.

② 천지(天地)가 비록 크지만 단지 일념으로 선을 향하고 마음에 양지를 갖추면, 비록 평범하고 속된 자라도 모두 성현(聖賢)이 될 수 있다.

③ 양지(良知)가 바로 도(道)이다. ④ 양지(良知)가 사람의 마음에 있는 것은 성현(聖賢)뿐만 아니라 보통 사람들의 경우에도 마찬가지이다.

⑤ 마음 밖에 이치가 없으며 마음 밖에 사물이 없다.

— 『전습록(傳習錄)』

2. 사료 해설

　　왕수인(王守仁)은 어린 시절부터 주자학에 심취하였는데, 다양한 가르침을 수용하던 과정 중에 '리(理)'란 외부의 사물이 아니라 인간의 마음에 있다고 보았다. 그리하여 그는 맹자의 사상을 이어받아 참된 앎인 양지를 누구나 선천적으로 지니고 있다고 보았으며, 이러한 양지를 깨닫고 적극적으로 실천하는 것[致良知]을 중시하게 되었다. 그가 제창한 양명학은 마음이 인간의 본체라고 여기며 지행합일을 강조하였고, 인간이 본질이 평등하다고 주장하여 서민들의 큰 호응을 얻었다.

　　다만 왕양명은 마음의 작용이 사적인 욕망으로 흐르는 것은 경계하였다. 그 전에 마음의 본모습에 대한 자각을 해야 하며, 성인이 되기 위해서는 욕망을 없애는 것이 절대적 조건이고, 욕망을 버리면 누구나 성인이 될 수 있다고 하였다.

　　왕양명 사후 그의 학파는 좌·우 양파로 갈라졌다. 좌파(左派)에서는 왕심제(王心齊)와 같은 이들이 출현하여 "인욕(人欲)도 또한 천리(天理)"라고 주장하면서 형식화한 주자학적 도덕의 허위성을 격렬히 공격하였다. 반면 나홍선(羅供先) 등의 우파는 양명학의 양지설(良知設)을 종(宗)으로 하되 수양의 필요를 역설하여 주자학 쪽으로 접근하였다.

사료 Plus⁺

- 이치란 것은 모두 마음속에 있는 것이며, 마음이 곧 이(理)이다. 마음이 사욕으로 가려지지 않으면 그것이 바로 천리(天理)이니, 조금이라도 밖에서 무엇 하나 가져와 보탤 것이 없다. 온전하게 천리를 따르는 이 마음이 어버이를 섬기는 일에 드러나면 이것이 바로 효도이고, 임금을 섬기는 일에 드러나면 이것이 바로 충성이고 … 마음에서 사람의 사사로운 욕심을 제거하고 천리를 보존토록 노력하기만 하면 그것으로 족한 것이다.
- 옛날에는 사농공상(士農工商)이 하는 일이 다르더라도 도(道)는 같이하였다. 그 마음을 다하는 것은 한 가지인 것이다. 정치가는 다스리고, 농부는 기르는 데 이바지하고, 수공업자는 사물을 편리하게 하고, 상인은 재화를 흐르게 한다.
- 마음[心]의 본체는 성(性)이고, 성은 곧 리(理)이다. 그러므로 부모에게 효도하는 마음이 있으면 효의 리가 있고, 부모에게 효도하는 마음이 없으면 효의 리도 없다. 왕에게 충성하는 마음이 있으면 충의 리가 있고, 왕에게 충성하는 마음이 없으면 충의 리도 없다. 그러니 리가 어찌 마음의 바깥에 있겠는가!

－『전습록(傳習錄)』

사료 텍스트 완성하기

교과서 텍스트

1. 동 명 대에 도덕적 통치를 위해 (   )이/가 강조되고 과거 합격을 위한 학문으로 여겨지는 경향이 강해지자, 이에 반발하여 실천을 강조하는 (   )이/가 나타났다.

2. 동 왕수인은 굳이 배우지 않아도 타고난 도덕적 자각인 (   )을/를 통해 사물을 바르게 알 수 있다고 주장하였다.

3. 세 왕수인은 '마음이 곧 하늘의 이치'라는 (   )와/과 '지식은 행위를 통해 성립한다.'라는 (   )을/를 주장하였다.

기출 텍스트

1. 수 앎은 (   )을/를 통해 완성된다는 지행합일을 강조하였다.

2. 수 사물의 (   )보다 실천을 중시하는 지행합일을 강조하였다.

3. 수 누구나 본래부터 갖추고 있는 선천적·본원적인 도덕지(道德知)의 실현을 강조하며, 거리의 사람들이 모두 (   )이라고 주장하였다.

빈칸 정답		교과서 텍스트	기출 텍스트
	1	성리학, 양명학	실천
	2	양지(良知)	이치 탐구
	3	심즉리설, 지행합일설	성인

111 | 이탁오의 사상

① 夫童心者, 絶假純眞, 最初一念之本心也.

— 『焚書』「童心說」

② 不可止以婦人之見爲見短也. ③ 故謂人有男女則可, 謂見有男女豈可乎. ④ 謂見有長短則可, 謂男子之見盡長, 女子之見盡短, 又豈可乎?

— 『焚書』「答以女人學道爲短見書」

⑤ 名之曰‘藏書’, ‘藏書’者何. ⑥ 言此書但可自怡, 不可示人. ⑦ 故名曰‘藏書’也.

— 『藏書』「世紀列傳總目前論」

주요 어휘 ||||||||||||

夫 지아비 / 대저 부	童 아이 동	絶 끊을 절	假 거짓 가	純 순수할 순
眞 진리 참	最 가장 최	見 볼 / 식견 견	盡 다할 진	藏 감출 장
何 어찌 하	但 다만 단	怡 기쁠 이	示 보일 시	

한자 독음 ||||||||||||

① 부동심자, 절가순진, 최초일념지본심야.

② 불가지이부인지견위견단야. ③ 고위인유남녀즉가, 위견유남녀기가호. ④ 위견유장단즉가, 위남자지견진장, 여자지견진단, 우기가호?

⑤ 명지왈‘장서’, ‘장서’자하. ⑥ 언차서단가자이, 불가시인. ⑦ 고명왈‘장서’야.

1. 국문 해석

① 동심이란 거짓을 끊어버린 순진한 마음이며 가장 처음 갖게 되는 본심을 말한다.

- 『분서(焚書)』「동심설(童心說)」

② 단지 부인의 견해라 하여 식견이 짧다고 여기면 안 된다. ③ 그러므로 사람에게 남녀의 구분이 있다고는 할 수 있어도, 식견에 남녀의 차이가 있다고 하는 것이 옳겠는가. ④ 식견에도 길고 짧음이 있다고 할 수 있으나, 어찌 남자의 식견은 다 길고 여자의 식견은 다 짧다고 할 수 있겠는가?

- 『분서(焚書)』「답이여인학도위단견서(答以女人學道爲短見書)」

⑤ 책의 이름을 '장서(藏書)'라고 지었으니 '장서'라고 이름 지은 것은 어째서인가. ⑥ 이 책은 단지 나 혼자만의 즐거움으로 삼을 만하고, 다른 사람들에게 보여서는 안 됨을 말한 것이다. ⑦ 이 때문에 '장서'라고 이름을 지은 것이다.

- 『장서(藏書)』「세기열전총목전론(世紀列傳總目前論)」

2. 사료 해설

이지(李贄)의 자는 굉보(宏甫), 호는 탁오(卓吾)이다. 그는 당시 사회경제적 변화와 북로남왜의 혼란상을 목도하며 새로운 사상에 대해 관심을 많이 가졌는데, 이 과정에서 양명학(陽明學)을 공부하기 시작했다. 그는 양명학 좌파인 태주학파에 경도되었는데, 이때 동심설(童心說)을 제창하게 되었다. 동심(童心)이란 후천적인 지식이나 도덕 이전의 자아[自我]를 말하고, 이는 '독서견문(讀書見聞)'으로 물들지 않은 아동의 맑고 깨끗한 마음이 가장 가치 있다고 간주하는 것이었다.

사료 Plus⁺

- 동심(童心)은 왜 느닷없이 사라지는 것일까? 원래 그 시초는 듣고 보는 것이 귀와 눈으로부터 들어와 안에서 사람을 주재하게 되면 동심이 없어지는 데서 발단한다. 자라서 도리(道理)가 견문(見聞)으로부터 들어와 사람의 내면을 주관하게 되면 어느덧 동심도 사라지고 마는 것이다.

- 『분서(焚書)』「동심설(童心說)」

- 일정한 논리에 집착하여 죽은 책을 정리하고 간행하여 세상과 후세에 전하려 한다면, 이것은 바로 집일(執一)이다. 그리고 집일은 도(道)를 망친다.

- 『장서(藏書)』

> ① 故古之人君, 量而不欲入者, 許由務光是也. ② 入而又去之者, 堯舜
> 是也. ③ 初不欲入而不得去者, 禹是也. ④ 豈古之人有所異哉? ⑤ 好逸惡
> 勞, 亦猶夫人之情也. ⑥ 後之爲人君者不然, 以爲天下利害之權皆出於我.
> ⑦ 我以天下之利盡歸於己, 以天下之害盡歸於人, 亦無不可. ⑧ 使天下之
> 人不敢自私, 不敢自利, 以我之大私爲天下之大公. ⑨ 始而慚焉, 久而安
> 焉. ⑩ 視天下爲莫大之產業, 傳之子孫, 受享無窮.

—『明夷待訪錄』「原君」

주요 어휘 ||||||||||||||||

量	헤아릴 량	欲	하고자 할 욕	許	허락할 허	務	일 무	去	떠날 거
堯	요임금 요	舜	순임금 순	禹	하우씨 우	豈	어찌 기	異	다를 이
好	좋을 호	逸	편안할 일	惡	싫어할 악	亦	또한 / 모두 역	猶	오히려 유
夫	사내 부	情	사랑 / 정성 정	利	이익 이	害	손해 해	盡	다할 진
歸	돌아갈 귀	敢	감히 감	慚	부끄러울 참	視	볼 시	傳	전할 전
享	누릴 향	窮	다할 궁						

한자 독음 ||||||||||||||||

① 고고지인군, 양이불욕입자, 허유무광시야. ② 입이우거지자, 요순시야. ③ 초불욕입이부득거자, 우시야. ④ 기고지인유소이재? ⑤ 호일악로, 역유부인지정야. ⑥ 후지위인군자불연, 이위천하이해지권개출어아. ⑦ 아이천하지이진귀어기, 이천하지해진귀어인, 역무불가. ⑧ 사천하지인불감자사, 불감자리, 이아지대사위천하지대공. ⑨ 시이참언, 구이안언. ⑩ 시천하위막대지산업, 전지자손, 수향무궁.

1. 국문 해석

① 고로 옛날 군주 가운데 생각해 보고 (군주 자리에) 오르려고 하지 않는 사람은 허유(許由)와 무광(許由)이었다. ② (군주의 자리에) 올랐어도 이어 그만둔 사람은 요(堯)와 순(舜)이었다. ③ 처음에는 (군주의 자리에) 오르고 싶지 않았지만 그만두지 못한 사람은 우(禹)였다. ④ 어찌 옛날 사람이라고 다를 바가 있었겠는가? ⑤ 편안함을 좋아하고, 수고로움을 싫어하는 것 또한 평범한 사람들과 같았을 것이다. ⑥ 후대의 군주들은 그렇지 않아서, 천하의 이익과 해로움의 권한이 자기에게서 나온다고 한다. ⑦ 천하의 이익은 모두 스스로에게 돌리고, 천하의 손해는 모두 남에게 돌리는데, 잘못이라는 생각이 없다. ⑧ 천하 사람들로 하여금 자사(自私)와 자리(自利)를 취하지 못하게 하면서, 스스로는 큰 이익을 (취하는 것을) 천하의 큰 공이라고 한다. ⑨ 처음에는 부끄러워 하다가, 오래 지나 안주한다. ⑩ 천하를 막대한 산업으로 보고, 이를 자손들에게 전하여 무궁토록 향유한다.

－『명이대방록(明夷待訪錄)』「원군(原君)」

2. 사료 해설

황종희(黃宗羲)는 명조가 멸망한 이후 격렬한 반청 활동을 벌이다가, 40세 이후 고향으로 돌아와 학술 연구에 매진하였다. 그는 명조 멸망의 원인을 주자학과 양명학의 학문적 결함에서 찾고, 새로운 사회상을 모색하는 과정에서 『명이대방록(明夷待訪錄)』을 저술하게 되었다. 특히 이 책이 많은 주목을 받았던 이유는 중국 전제군주제의 폐단을 지적했기 때문이었다. 이러한 주장은 청말 민국 초기에 왕조체제를 넘어서서 공화제를 모색하는 혁명파에게 이론적 기반을 제공하기도 하였다.

사료 Plus⁺

세속의 유자(儒者)들이 살피지 않고 공업과 상업을 말단으로 여기고 망령된 의론으로 그것을 억눌렀다. 공인이 진실로 성왕이 오기를 원하는 바이고 상인도 그들로 하여금 길에 나오기를 원한 것이니, 이것이 모두 근본이다.

－『명이대방록(明夷待訪錄)』

사료 텍스트 완성하기

교과서 텍스트

1. 동 명 말에는 관학인 주자학과 공론화된 양명학에 반발하여, 농학·지리학·역법 등의 연구를 통해 (   )을/를 추구하는 학문 경향이 나타났다.

2. 동 청대에도 실사구시적 학문 방법이 이어지면서, 유교 경전과 금석문 등을 실증적으로 연구하는 데 초점을 맞춘 (   )이/가 발전하였다.

기출 텍스트

1. 수 (   ) 등은 역사적 실증을 중시하여 고증학의 토대를 마련하였다.

2. 수 청 정부가 추진한 (   ) 사업은 고증학의 발전에 도움이 되었다.

빈칸 정답		교과서 텍스트	기출 텍스트
	1	경세치용	황종희
	2	고증학	대규모 서적 편찬

113 지정은제의 성립

옌금성, 옌미래엔

① 今海宇承平己久, 戶口日繁. ② 若按見在人丁加徵錢糧, 實有不可. ③ 人丁雖增, 地畝並未加廣. ④ 應令直省督撫, 將見今錢糧冊內有名丁數, 勿增勿減, 永爲定額. ⑤ 其自後所生人丁, 不必徵收錢糧.

— 『清史稿』

주요 어휘 ‖‖‖‖‖‖‖‖‖‖

宇 집 우	久 오랠 구	繁 많을 번	若 만약 약	按 생각할 안
加 더할 가	徵 징수할 징	錢 돈 전	糧 양식 량	實 실로 실
增 더할 증	應 응할 응	督 살펴볼 독	撫 어루만질 무	減 덜 감
定 정할 정				

한자 독음 ‖‖‖‖‖‖‖‖‖‖

① 금해우승평이구, 호구일번. ② 약안견재인정가징전량, 실유불가. ③ 인정수증, 지무병미가광. ④ 응령직성독무, 장견금전량책내유명정수, 물증물감, 영위정액. ⑤ 기자후소생인정, 불필징수전량.

1. 국문 해석

① 지금 천하가 태평한 지가 오래되어 호구가 날마다 늘어난다. ② 만약 살펴 생각해보건대, 인정에 전량(錢糧)을 더하는 것은 실로 불가함이 있다. ③ 인정이 비록 증가하더라도 땅은 아울러 넓어지지 않는다. ④ 응당 각 성의 독무들에게 명령을 내리나니, 장차 지금의 전량을 거두는 책에 기록되어 있는 인정(人丁)의 숫자는 더하지도 말고 감하지도 말고 영구히 액수를 고정하라. ⑤ 이 뒤에 태어나는 인정들은 전량을 징수할 필요가 없도다.

一『청사고(淸史稿)』

사료 Plus⁺

- 건양현은 산이 많고 경지가 적다. 개간하지 않은 산에는 토지세를 매기지 않기 때문에 이전부터 산을 관리하던 사람이 그 주인이 되었다. 최근 강서 사람이 임대료를 내고 개간해 차를 심게 하는 사람이 많아졌다. 이는 임대료는 싸지만 생산이 많았기 때문이다. 음력 2월에 갑자기 강서 사람 수십만 명이 몰려왔으므로 교통의 요충지, 시장, 여관, 나루터에서는 수레가 부딪치고 어깨가 닿을 정도로 번창해지고 쌀값이 급등했다. 이익이 있는 곳에 해 역시 따르니 조치를 강구하지 않으면 안 된다. 건양현의 산 아래 계곡에는 샘이 솟아나기 때문에 전에는 가뭄을 염려하지 않았다. 최근에는 산에서 물이 끊임없이 흘러가지만 개간 때문에 개울이 쉽게 고갈되어 열흘만 비가 내리지 않으면 바로 벼가 자라지 못하게 되었다. 또한, 계절에 따라 큰비가 내리면 토사가 쓸려나가 버리니 기름진 논밭도 자갈밭으로 변했다. 이에 오곡이 자라지 못해 수확이 없음에도 토지세를 부담하지 않으면 안 되었다. 그러므로 산지의 농민과 평지의 농민들이 툭하면 싸워 소송이 생기니 개간하여 사람을 부양하려는 것이 도리어 사람을 해치게 되었다. 하천 가까이 있는 산은 산 밑에 배수구를 설치하여 물이 잘 흐르도록 한 사람에게만 개간하여 농사짓는 것을 허락한다면 평지도 피해를 입지 않을 것이다.

一『문속록(問俗錄)』

- 조세를 거두고 다시 중복해서 부과세를 징수하는 것은 원래 바람직한 일이 아니나 종래의 관행상 어쩔 수 없었다. 1할의 할증이 2할이 되고 양렴은이 수만 냥에 이르게 된다 해도, 관리가 백성에게서 그 이상은 한 푼도 취하지 않고 양렴은 외에는 한 푼도 지니지 않으면 훌륭한 정치라고 할 만하다.

一『청사고(淸史稿)』

- 건륭 60년 동안의 태평성대를 거치면서 인심은 사치에 물들어 있고, 풍속은 질펀하게 놀아나는 데 익숙해져 있으며, 수도 베이징이 가장 심하다.

一 공자진(龔自珍), 「서역치행성의(西域置行省議)」

사료 텍스트 완성하기

교과서 텍스트

1. 동 청에서는 요역 항목의 인두세인 정세를 토지세인 지세에 포함시켜 (　　　)(으)로 세금을 징수하는 지정은제를 시행하였다.

2. 세 옹정제는 (　　　)을/를 설치하여 모든 정보와 결정권을 황제에게 집중시켰으며 지정은제를 통해 조세 제도를 정비하였다.

기출 텍스트

1. 전 지정은제의 시행 결과 (　　　)이/가 크게 증가하였다.

빈칸 정답		교과서 텍스트	기출 텍스트
	1	은	인구
	2	군기처	

114 사통과 문사통의

① 史有三長. ② 才學識世罕兼之, 故史者少. ③ 夫有學無才, 猶愚賈操金, 不能殖貨. ④ 有才無學, 猶巧匠無梗枬斧斤, 弗能成室. ⑤ 善惡必書, 使驕君賊臣知懼, 此爲無可加者.

─『新唐書』「劉子玄傳」

⑥ 六經皆史也. ⑦ 古人不著書, 古人未嘗離事而言理, 六經皆先王之政典也.

─『文史通義』「易敎」

주요 어휘 ||||||||||||||||

才 재능 재　　識 식견 식　　罕 드물 한　　猶 오히려 유　　愚 어리석을 우
賈 상인 고　　操 품을 조　　殖 번성할 식　　巧 실력 있을 교　　匠 장인 장
梗 큰 나무 편　　枬 녹나무 남　　斧 도끼 부　　斤 자귀 근　　驕 교만할 교
賊 도둑 적　　懼 두려워할 구　　著 저술할 저　　離 떼놓을 리　　理 이치 이

한자 독음 ||||||||||||||||

① 사유삼장. ② 재학식세한겸지, 고사자소. ③ 부유학무재, 유우고조금, 불능식화. ④ 유재무학, 유교장무편남부근, 불능성실. ⑤ 선악필서, 사교군적신지구, 차위무가자.

⑥ 육경개사야. ⑦ 고인부저서, 고인미상리사이언이, 육경개선왕지정전야.

1. 국문 해석

① 역사가가 되는 데는 세 가지 능력이 필요하다. ② 재능[才], 배움[學], 식견[識]이 그것인데, 이를 겸비한 사람이 드물기 때문에 역사가가 적다. ③ 배움이 있어도 재능이 없는 경우는 마치 어리석은 상인이 금을 가지고도 재화를 늘리지 못하는 것과 같다. ④ 재능이 있지만 배움이 없는 경우는 마치 실력 있는 장인이 나무 같은 재료와 도끼와 자귀 같은 연장이 없어 집을 짓지 못하는 것과 같다. ⑤ 선악을 반드시 기록하여 폭군(暴君)이나 적신(賊臣)이 두려움을 알게 한다면, 더할 것이 없는 역사서가 된다.

─『신당서(新唐書)』「유자현전(劉子玄傳)」

⑥ 육경(六經)은 모두 역사이다. ⑦ 옛사람들은 저술하지 않았으며 일을 떠나 이치를 말한 적이 없었으니 육경은 모두 선왕(先王)의 정전(政典)이었던 것이다.

─『문사통의(文史通義)』「역교(易敎)」

2. 사료 해설

유지기(劉知幾)의 『사통(史通)』은 당나라 이전의 역사서와 역사체제에 대한 평론을 가한 비평서이다. 그는 이 책의 내편에서 기전(紀傳)·편년(編年)과 같은 사서의 체제를 다루었으며, 외편에서는 역대 사서의 연혁과 그 득실을 비평하였다. 또한 그는 역사 서술에 있어 관찬을 반대하고 사찬을 주장하였으며, 역사가가 갖추어야 할 기본적인 자질로 재능[才], 지식[學], 의식[識]을 주장하였다. 특히 의식의 역할을 중시하여 역사가는 투철한 역사의식을 가지고 선악을 바르게 기록해야 한다고 주장하였다.

장학성(章學誠)은 『문사통의(文史通義)』에서 '육경(六經)이 모두 역사[六經皆史]'라고 하였다. 그리하여 6경은 다만 삼대(三代)의 도(道)를 전할 뿐이고, 그 이후의 도는 역사(史)에서 구해야 한다고 주장하였다. 또한 역사학을 찬집(撰集)과 저술이라는 두 종류로 분류하였는데, 저술은 자기 나름대로의 역사관, 즉 역사 속에 잠겨있는 원동력과 원칙을 추구해야 한다고 하였다.

사료 Plus⁺

재능과 학문, 식견 세 가지에서 하나만 얻기도 쉽지 않은데 셋을 겸하기는 더욱 어렵다. 천고 이래로 문인은 많지만 훌륭한 역사가가 적은 것은 바로 이 때문이다. 옛날 유지기(劉知幾)는 대체로 이러한 주장을 가지고 "그 이치를 충분히 다 이야기한 것이다."라고 하였다. 그렇지만 사(史)에서 가장 귀하게 여기는 것은 의리이며, 갖추고 있는 것은 사실이며, 의거하는 바는 문장이다. … 사가로서의 식견을 갖출 수 있는 사람이라면 반드시 사덕(史德)이라는 것을 알아야 한다. 그렇다면 사덕이란 무엇인가? 책을 짓는 사람의 마음가짐[심술(心術)]이다. 무릇 더러운 사서를 펴낸 사람은 실제적으로 스스로의 몸을 더럽히는 것이고, 남을 비방하는 사서를 쓰는 사람은 실제로 스스로를 비방하는 것이 되어 그 평소 행동을 남들이 부끄럽게 여기는 바가 되니, 그가 쓴 문장이 어디 사람들에게 중시될 수 있겠는가?

─『문사통의(文史通義)』

① 海國圖志六十卷, 何所據? ② 一據前兩廣總督林尚書所譯西夷之四洲志. ③ 再據歷代史志, 及明以來島志, 及近日夷圖夷語. … ④ 又圖以經之, 表以緯之, 博參羣議以發揮之. ⑤ 何以異於昔人海圖之書? ⑥ 曰, '彼皆以中土人譚西洋, 此則以西洋人譚西洋也.' ⑦ 是書何以作? ⑧ 曰, '爲以夷攻夷而作, 爲師夷之長技, 以制夷而作.'

— 『海國圖志』 「序」

주요 어휘 ||||||||||||||||

據 의거할 거	總 거느릴 총	督 감독할 독	譯 번역할 역	語 말씀 어
經 날줄 경	緯 씨줄 위	博 넓을 박	參 헤아릴 참	揮 떨칠 휘
彼 저 피	譚 이야기 담	則 본보기로 삼을 칙	攻 칠 공	技 재주 기
制 억제할 제				

한자 독음 ||||||||||||||||

① 해국도지육십권, 하소거? ② 일거전양광총독임상서소역서이지사주지. ③ 재거역대사지, 급명이래도지, 급근일이도이어. … ④ 우도이경지, 표이위지, 박참군의이발휘지. ⑤ 하이이어석인해도지서? ⑥ 왈, '피개이중토인담서양, 차칙이서양인담서양야.' ⑦ 시서하이작? ⑧ 왈, '위이이공이이작, 위사이지장기, 이제이이작.'

1. 국문 해석

① 이 『해국도지(海國圖志)』 60여 권은 어디에 근거하였는가? ② 첫째로, 전양광총독(前兩廣總督) 임칙서 상서(尙書)가 편역한 『사주지(四洲志)』이다. ③ 둘째로, 역대 사서(史書)와 명대(明代) 이래의 도지(島志), 그리고 근래 오랑캐들의 지도와 서적이다. … ④ 그림을 날줄로, 표를 씨줄로 삼고, 널리 비교하고 모아서 의논하여, 그 논지를 폈다. ⑤ 옛사람들의 해도(海圖)와 관련된 책들과 다른 점이 무엇인가? ⑥ '그것들은 모두 중국인이 서양의 것을 번역한 것인데, 이는 즉 서양인이 서양을 이야기한 것을 본보기로 삼은 것이다.' ⑦ 이 책은 무엇 때문에 지었는가? ⑧ '이적으로써 이적을 공격하기 위해 지은 것이니, 이적의 장기를 배워서 이로써 이적을 제어하기 위해 지은 것이다.'

— 『海國圖志(해국도지)』「序(서)」

2. 사료 해설

위원(魏源)은 여러 차례 과거에 떨어진 후 강서 포정사 하장령(賀長齡)의 막부에 있으면서 그와 함께 『황조경세문편(皇朝經世文編)』을 편찬했다. 아편 전쟁 당시에는 양강총독 유겸(裕謙) 밑에서 종군하였는데, 이때의 경험을 토대로 『해국도지(海國圖志)』와 『성무기(聖武記)』를 썼다.

『해국도지』는 세계의 지리와 물산, 풍속, 역사, 종교, 상공업, 정치 체제 등에서부터 함선, 화약, 망원경, 지뢰, 수뢰(水雷) 등에 관한 제조 방법을 비롯하여 해양 방어전략, 병사 선발과 훈련 방법 등 군사 기술과 전략까지 다루었다. 『성무기』는 청조 개국 이래의 무공(武功)에 대해 기술한 것이다.

위원의 경세 사상(經世 思想)은 양무운동에 지대한 영향을 미쳤다. 양무운동 당시 제창된 해방론(海防論), 근대적 조선소와 화기국(火器局)의 설립 등은 모두 그의 사상에 영향을 받아 나타난 것이다.

특히 『해국도지』는 일본에도 전해져 메이지 유신[明治維新]에 큰 영향을 끼쳤다. 사쿠마 쇼잔[佐久間象山], 요시다 쇼인[吉田松陰], 사이고 다카모리[西鄕隆盛] 등 일본의 근대화에 영향을 끼친 인물들이 이 책의 애독자로 알려져 있다. 또한, 이 책은 조선의 개화사상(開化思想)에도 큰 영향을 주었다. 오경석(吳慶錫)·박규수(朴珪壽)·유홍기(劉鴻基) 등 초기 개화사상가들이 소개한 『해국도지』는 뒷날 개화파 형성에 큰 영향을 주었으며, 최한기(崔漢綺)의 『지구전요(地球典要)』, 유길준(俞吉濬)의 『서유견문(西遊見聞)』 등의 저술에도 영향을 끼쳤다.

사료 Plus⁺

대진(大秦)이라는 이름이 중국에 알려진 것은 한대(漢代)부터다. 대진과 중국이 교류하게 된 것은 명대 만력 시기 마테오리치부터 시작되었다. 대진은 서양의 이탈리아이다. … 천주교의 종주국으로 세상을 주관하는 교황이 있어 하늘을 대신하여 사람들을 교화시킨다. 지금 서양 각국 왕이 즉위하려면 반드시 교황의 책봉을 받아야 하며 중요한 사건이 있으면 의견을 물어 결정하고 명을 따라야 한다.

— 『해국도지(海國圖志)』

사료 텍스트 완성하기

교과서 텍스트

1. 통 (   )은/는 청의 위원이 서양의 여러 서적들을 참고하여 세계 각국의 지리와 역사를 소개하고, 서양과 동양의 역법 및 군함과 대포 등의 무기 제조법을 다룬 책이다.

2. 통 일본의 후쿠자와 유키치가 쓴 (   )에는 서양 문물의 소개와 막부의 개혁을 요구하는 내용이 담겨 있다.

3. 통 유길준이 서양을 둘러보고 쓴 (   )은/는 정치·경제·법률·교육 등 각 분야에 필요한 근대화 방안과, 당시 조선이 취해야 할 정치적·외교적 개혁의 방향성을 제시하였다.

기출 텍스트

1. 동 흥선대원군은 중국에서 들여온 (   )에 의거하여 철선을 제조하는 등의 실험을 하였다.

2. 수 양무운동은 『해국도지』의 저자인 (   )에게서 영향을 받은 것이다.

빈칸 정답		교과서 텍스트	기출 텍스트
	1	『해국도지』	『해국도지』
	2	『서양사정』	위원
	3	『서유견문』	

116 | 캉유웨이의 사상

① 始作僞經亂聖制者, 自劉歆, 布行僞經篡孔統者, 成於鄭玄. … ② 於是奪孔子之經以與周公, 而抑孔子爲傳.

— 『新學僞經考』 「序」

③ 凡大地教主, 無不改制立法也. ④ 諸子已然矣. ⑤ 中國義理制度, 皆立于孔子, 弟子受其道而傳其教, 以行之天下, 移易其舊俗.

— 『孔子改制考』 「孔子創儒教改制考」

⑥ 民權自下而上爲大同之先驅. ⑦ 民權進化, 自下而上, 理之自然也. ⑧ 故美國旣立, 法之大革命繼起而國隨之. ⑨ 於是立憲遍行, 共和大盛, 均產說出, 工黨日興.

— 『大同書』

주요 어휘 ||||||||||||||||

僞 거짓 위	亂 어지러울 란	制 지을 제	劉 죽일 유	歆 받을 흠
篡 빼앗을 찬	統 큰 줄기 통	成 이룰 성	鄭 나라 이름 정	玄 검을 현
奪 빼앗을 탈	與 줄 여	抑 누를 억	凡 무릇 범	已 이미 이
傳 전할 전	移 옮길 이	易 바꿀 역	自 스스로 자	驅 몰 구
進 나아갈 진	旣 이미 기	法 법 / 프랑스 법		繼 이을 계
起 일어날 기	隨 따를 수	遍 두루 편	盛 담을 성	黨 무리 당

한자 독음 ||||||||||||||||

① 시작위경난성제자, 자유흠, 포행위경찬공통자, 성어정현. … ② 어시탈공자지경이여주공, 이억공자위전.

③ 범대지교주, 무불개제입법야. ④ 제자이연의. ⑤ 중국의리제도, 개입우공자, 제자수기도이전기교, 이행지천하, 이역기구속.

⑥ 민권자하이상위대동지선구. ⑦ 민권진화, 자하이상, 이지자연야. ⑧ 고미국기립, 법지대혁명계기이국수지. ⑨ 어시입헌편행, 공화대성, 균산설출, 공당일흥.

1. 국문 해석

① 위조된 경전을 처음으로 만들어서 성인이 제작한 경전을 어지럽힌 것은 유흠에서 시작되었고, 위조된 경전을 널리 통행시켜 공자(孔子)의 정통을 찬탈한 것은 정현에 의해 이루어졌다. … ② 이에 공자의 경전을 빼앗아서 주공(周公)에게 주고, 공자를 낮추어서 경전의 전승자로 삼았다.

— 『신학위경고(新學僞經考)』「서(序)」

③ 모든 지구상의 교주(敎主) 중에서 제도를 개혁하고 법도를 세우지 않은 사람이 없다. ④ 제자백가들도 이미 모두 그러했다. ⑤ 중국의 의리와 제도는 모두 공자에 의해 세워졌으며, 제자들은 그의 도를 전수받고 그의 교설을 전함으로써 그것을 천하에 실행하고, 옛 풍속을 바꾸었다.

— 『공자개제고(孔子改制考)』「공자창유교개제고(孔子創儒敎改制考)」

⑥ 민권은 아래로부터 위로 오르는 상향식이 대동의 선구이다. ⑦ 민권은 진화하고 아래로부터 위로 권력이 향하는 것은 이치상 자연스럽다. ⑧ 그러므로 미국이 이미 우뚝 섰고 프랑스 대혁명이 뒤이어 일어남에 여러 나라가 이를 따랐다. ⑨ 이에 입헌제가 보편적으로 시행되었고 공화제가 크게 발전하였으며 생산의 균등 분배 이론이 나왔고 공업을 슬로건으로 내거는 당이 날로 흥하였다.

— 『대동서(大同書)』

2. 사료 해설

캉유웨이(康有爲)는 1891년 『신학위경고(新學僞經考)』의 저술을 통해 고문경학의 토대가 되는 고문경전(古文經典)이 모두 유흠(劉歆)에 의해 조작된 위조 경전임을 주장했다. 즉, 한나라 시대에는 고문(古文)이라고 할 만한 것 자체가 없었으며, 유흠이 왕망(王莽)의 왕위 찬탈과 제도 개혁을 돕기 위해 고문경전들을 거짓으로 만들어 냈다고 하였다. 이는 오랜 기간 받아들여 온 경전에 대한 전면적 부정을 선언하는 것이었기에 그 파장은 클 수밖에 없었다.

이후 캉유웨이는 1895년 북경 회시(會試)에 참가하여 광서제에게 이른바 '공거상서(公車上書)'를 올렸는데, 이것이 황제에게 전달되어 호평을 받기도 하였다. 이 무렵 캉유웨이는 량치차오(梁啓超)와 함께 북경에서 강학회(强學會)를 조직하여 10일에 한 번씩 집회를 가져 연설을 하고, 『중외기문(中外記聞)』 등 잡지를 통해 변법사상을 확산시키고자 노력하였다. 이러한 캉유웨이의 적극적 활동 뒤에는 이홍장의 주화론적인 외교에 반대하고, 주전론을 주장했던 청류파 대신들의 지원이 컸다.

1897년 캉유웨이는 자신이 주장하는 서구식 입헌군주제의 도입을 전통적 이념의 틀 안에서 추진하기 위해 『공자개제고(孔子改制考)』를 간행하였다. 그는 여기서 공자 역시 사회적 변혁을 거부하지 않았으며, 그가 다가올 새 왕조를 위해 제도를 개정했다고 하면서 변법의 이론적 근거를 공자에게서 구하였다.

　　1898년 보국회(保國會)를 조직한 캉유웨이는 광서제의 신임을 얻어 본격적인 변법을 시행했다. 캉유웨이는 개혁 추진 기구인 제도국(制度局)의 개설 등을 건의하였고, 황제는 이에 호응해 개혁 추진 기구를 마련하라는 등의 명령을 내렸다. 또한, 개혁에 미온적인 수구파 관료 몇 사람을 파직하였는데, 이러한 모습이 서태후를 중심으로 한 수구파의 우려를 사게 되었고, 결국 무술정변으로 말미암아 개혁은 중단되었다.

　　캉유웨이는 량치차오와 함께 일본 등으로 망명하였는데, 그는 계속된 망명 생활 중에도 보황회(保皇會)를 조직하여 광서제의 복위를 도모하였다. 이후 1912년 그는 유가 사상을 종교적으로 개조하여 현대 사회에 맞는 국교를 만들고자 공교회(孔敎會)를 조직하여 회장을 맡기도 하였고, 1917년에는 장훈(張勳)을 도와 폐위된 마지막 황제 부의(傅儀)의 복벽을 도모하다가 실패하기도 하였다.

사료 Plus⁺

- 중국이 부강한 나라를 이룩하려면 서양의 제도를 배워야 한다. 서양의 의회 제도는 군주와 백성이 하나가 되고 윗사람과 아랫사람이 한마음이 되자는 것이지, 황제의 권력에 손상이 가는 것이 아니다.

  ─『무술주고』

- (일본의) 유신 초기에 바꿔야 할 것은 아주 많았지만, 오로지 핵심은 다음 세 가지였습니다. 첫째는 군신과 더불어 크게 서약함으로써 국가 정책의 기본 방침을 정한 것이었습니다. 둘째는 대책을 세워 현명한 인재를 모집한 것이었습니다. 셋째는 제도국을 열고 헌법을 정한 것이었습니다.

- 신은 황제께서 러시아 표트르 대제의 마음을 심법(心法)으로 삼고, 일본 메이지 국왕의 정치를 정법(政法)으로 삼으시기를 간청하는 바입니다. … 일본의 (메이지) 유신으로부터 귀감을 찾는 것 만한 게 없습니다.

- 청·프 전쟁, 청·일 전쟁에서 왜 패배하였는가? … 정부가 민의를 존중하지 않으면 우수한 기계를 들여와도 잘 운영될 리가 없기 때문이다. … 서구의 의회 제도는 군민일체와 상하일심의 정치를 이룩하는 것으로 중국이 채용해야 할 제도이다.

  ─『캉유웨이 전집[康有爲全集]』

- 회원의 딸에게 전족을 시킬 수 없다. 회원의 아들은 전족한 여인을 아내로 맞을 수 없다. 회원의 딸이 이미 전족을 했을 경우, 8세 이하이면 반드시 전족을 풀어야 한다.

  ─「부(不)전족회의 규정」(1897)

사료 텍스트 완성하기

교과서 텍스트

1. 동 청·일 전쟁 이후 열강의 (   )에 시달리던 청은 캉유웨이, 량치차오 등의 주장을 받아들여 변법자강 운동을 전개하였다.

2. 세 캉유웨이, 량치차오 등은 일본의 (   )을/를 모방하여 제도 개혁을 해야 한다고 주장하였다.

3. 세 캉유웨이와 량치차오 등은 (   )의 신임을 얻어 입헌 군주제 확립, 상공업 육성, 근대 교육 실시, 신식 군대 양성 등의 개혁을 추진하였다.

4. 동 청·일 전쟁 이후 청에서는 서양식 학교인 학당의 설립이 늘어나기 시작하였다. 곳곳에 소학당과 중학당이 세워졌고, 베이징에는 대학에 해당하는 (   )이/가 세워졌다.

기출 텍스트

1. 수 캉유웨이와 량치차오 등은 황제의 지지하에 (   )을/를 모델로 한 개혁을 추진하였다.

2. 수 변법자강 운동은 입헌 군주제의 도입을 비롯하여 여러 방면의 개혁을 시도하였으나 (   )을/를 비롯한 보수파의 반발로 실패하였다.

3. 수 (   )의 패배는 청이 변법자강 운동을 전개하는 배경이 되었다.

4. 전 무술변법 때 캉유웨이는 1853년 만들어진 (   )의 폐지를 주장하였다.

빈칸 정답		교과서 텍스트	기출 텍스트
	1	이권 침탈	메이지 유신
	2	메이지 유신	서태후
	3	광서제	청일 전쟁
	4	경사 대학당	이금(釐金)

한국사 영역[PART 01~03]

· 2015(2018) 교육과정 역사 / 한국사 교과서
· 고동환 외, 『조선 시대사』 1-2권, 푸른역사, 2015.
· 김인호 외, 『고려 시대사』 1-2권, 푸른역사, 2017.
· 류승렬 외, 『뿌리깊은 한국사 샘이 깊은 이야기』 1-7권, 가람기획, 2016.
· 만인만색연구자네트워크 모임, 『만인만색 역사공작단』, 서해문집, 2021.
· 문중양 외, 『민음 한국사』 1-5권, 민음사, 2014.
· 변태섭, 『한국사통론』, 삼영사, 2007.
· 우리역사넷(http://contents.history.go.kr/)
· 제임스 버나드 팔레, 『유교적 경세론과 조선의 제도들』 1-2권, 산처럼, 2008.
· 한국사데이터베이스(http://db.history.go.kr/)
· 한영우, 『다시 찾는 우리역사』, 경세원, 2014.

중국사 영역[PART 04]

· 2015(2018) 교육과정 역사 / 세계사 / 동아시아사 교과서
· 구범진, 『청나라, 키메라의 제국』, 민음사, 2007.
· 김병준 외, 『사료로 보는 아시아사』, 위더스북, 2014.
· 김형종, 『서문으로 보는 중국의 역사 사상』, 위더스북, 2017.
· 데라다 다카노부, 서인범 역, 『중국의 역사: 대명제국』, 혜안, 2006.
· 신성곤 외, 『한국인을 위한 중국사』, 서해문집, 2004.
· 신채식, 『동양사개론』, 삼영사, 2018.
· 스도 요시유키 외, 이석현 역, 『중국의 역사: 송대』, 혜안, 2018.
· 오타기 마쓰오, 임대희 역, 『중국의 역사: 대원제국』, 혜안, 2013.
· 이근명, 『중국 역사』, 신서원, 2002.
· 이시바시 다카오, 홍성구 역, 『대청제국 1616~1799』, 휴머니스트, 2009.
· 이준갑 외, 『아틀라스 중국사』, 사계절, 2015.
· 판슈즈, 이영옥 외 옮김, 『100가지 주제로 본 중국의 역사』, 고려대학교출판부, 2007.

선생님을 위한,

한문사료노트
중세사/근세사

초판인쇄 | 2021. 4. 20. **초판발행** | 2021. 4. 26. **편저자** | 구영모

발행인 | 박 용 **발행처** | (주)박문각출판 **등록** | 2015년 4월 29일 제2015-000104호

주소 | 06654 서울특별시 서초구 효령로 283 서경 B/D **팩스** | (02)584-2927

전화 | 교재 문의 (02)6466-7202, 동영상 문의 (02)6466-7201

저자와의
협의하에
인지생략

ISBN 979-11-6704-014-5 / ISBN 979-11-6704-012-1(세트)

정가 26,000원